杭州

州

贰零贰壹

2021
HANGZHOU JISHI

纪

事

中共杭州市委党史研究室
编
（杭州市人民政府地方志办公室）

ZHEJIANG UNIVERSITY PRESS
浙江大学出版社
·杭州·

图书在版编目（CIP）数据

杭州纪事. 2021 / 中共杭州市委党史研究室（杭州市人民政府地方志办公室）编. -- 杭州 : 浙江大学出版社, 2022.11

ISBN 978-7-308-22958-6

Ⅰ. ①杭… Ⅱ. ①中… Ⅲ. ①杭州－地方史－大事记－2021 Ⅳ. ①K295.51

中国版本图书馆CIP数据核字 (2022) 第152925号

杭州纪事2021

中共杭州市委党史研究室（杭州市人民政府地方志办公室） 编

图书策划	柯华杰（khj2019@zju.edu.cn）
责任编辑	柯华杰
责任校对	汪荣丽
文稿整理	赵　钰
装帧设计	林智广告
出版发行	浙江大学出版社
	（杭州市天目山路148号　　邮政编码　310007）
	（网址：http://www.zjupress.com）
排　　版	杭州林智广告有限公司
印　　刷	杭州捷派印务有限公司
开　　本	710mm×1000mm　1/16
印　　张	26.25
字　　数	484千
版 印 次	2022年11月第1版　2022年11月第1次印刷
书　　号	ISBN 978-7-308-22958-6
定　　价	128.00元

数字杭州 2021

- 全市常住人口1220.4万人
  户籍人口834.5万人

- 地区生产总值18109亿元，比上年增长8.5%
  三次产业增加值结构为1.8 ： 30.3 ： 67.9

- 财政总收入4561.7亿元，比上年增长18.4%
  一般公共预算收入2386.6亿元，比上年增长14.0%
  一般公共预算支出2392.6亿元，比上年增长15.6%

- 社会消费品零售总额6744亿元，比上年增长11.4%

- 固定资产投资比上年增长9.0%
  基础设施投资比上年增长8.2%
  交通投资比上年增长13.0%

- 居民人均可支配收入67709元，比上年增长9.4%
  扣除价格因素实际增长8.0%
  居民人均消费支出44609元，比上年增长16.7%

- 城镇居民人均可支配收入74700元，比上年增长8.8%
  扣除价格因素实际增长7.4%

- 农村居民人均可支配收入42692元，比上年增长10.3%
  扣除价格因素实际增长8.9%

- 货物进出口总额7369亿元，比上年增长23.7%
  出口4647亿元，比上年增长25.9%
  进口2722亿元，比上年增长20.0%
  跨境电商进出口总额171.4亿美元，比上年增长9.4%
  服务贸易出口152.5亿美元，比上年增长10.2%

- 新引进外商投资项目989个
  实际利用外资81.7亿美元，比上年增长13.5%

- 新引进外商投资项目989个
  实际利用外资81.7亿美元，比上年增长13.5%

- 研究与试验发展经费支出与生产总值之比为3.6%
  专利授权量12.3万件，比上年增长13.6%
  发明专利授权量2.3万件，比上年增长32.4%

- 有国家级企业技术中心48个
  有国家技术创新示范企业12个
  有国家级科技企业孵化器57个
  有国家级众创空间91个

- 境内公路总里程16989千米
  高速公路801千米

- 主城区公共交通运营线路388条
  地铁客运量9.0亿人次，比上年增长54.2%

- 新建成停车泊位13.2万个，其中公共泊位1.2万个

- 一般公共预算支出中民生支出1839.7亿元
  占一般公共预算支出的76.9%

- 年末职工基本养老保险参保人数799.6万人，比上年增长6.4%
  城镇职工基本医疗保险参保人数760.5万人，比上年增长6.6%

- 有城乡社区居家养老服务照料中心3154个
  有各类福利院、敬老院330所
  有儿童福利机构8个

- 市区空气优良天数321天，优良率87.9%
  市控以上断面Ⅰ-Ⅲ类水质比例为100%
  市县级以上集中式饮用水水源地水质达标率100%

- 森林覆盖率66.85%

十件民生实事 2021

① 建设农村家宴"阳光厨房"、中小学和等级幼儿园食堂智能"阳光厨房"

② 改造提升老旧小区211个,创建"美好家园"住宅示范小区148个,既有住宅加装电梯1405台,实施老旧高层住宅小区二次供水设施改造

③ 完成回迁安置1.2万户,新开工保障性住房111.6万平方米,分配公共租赁住房6006套、货币补贴保障家庭5.4万户

④ 新建和提升改造城市小公园53个、健身绿道821千米,保护修缮农村乡土建筑

⑤ 优化地铁接驳公交线路,新增定制公交专线,增加地铁出入口非机动车停放点、非机动车停车位,新开通地铁94千米,新建成停车泊位13.2万个,其中公共泊位1.2万个

6 建成农村文化礼堂531个

建成城市道路132条118千米，新改建农村公路4220千米，实施"断头路"打通工程

7 新建成中小学、幼儿园104所，新增学位9.7万个

8 增加婴幼儿照护服务社区成长驿站，组织婴幼儿家长养育技能提升专业课堂

9 有各类福利院、敬老院330所，床位7.56万张，有城乡社区居家养老服务照料中心3154个，实施困难老年人家庭适老化改造

10 规范提升星级"残疾人之家"、残疾儿童康复机构，创建无障碍社区，提升城市无障碍环境

编辑说明

一、《杭州纪事》是中共杭州市委党史研究室（杭州市人民政府地方志办公室）编纂的年度出版物，是原《杭州日记》《杭州纪事》整合改版后的第二卷，以编年体大事纪要的形式，忠实记录、真实反映杭州城市发展历程，为保存城市历史留存基础资料，为社会各界了解杭州提供权威参考。

二、《杭州纪事（2021）》坚持以马克思列宁主义、毛泽东思想、邓小平理论、"三个代表"重要思想、科学发展观、习近平新时代中国特色社会主义思想为指导，坚持辩证唯物主义和历史唯物主义的立场、观点和方法，存真求实，全面记录2021年在中共杭州市委、杭州市人民政府正确领导下，杭州忠实践行"八八战略"、奋力打造"重要窗口"，奋进新时代、建设新天堂，向着世界一流的社会主义现代化国际大都市阔步前进的奋斗历程。

三、《杭州纪事（2021）》记录时间为2021年1月1日至12月31日。全书按月分为12个部分，以时间为序，记录2021年杭州市自然、经济、政治、文化、社会等方面的大事、要事和新事。

四、《杭州纪事（2021）》涉及的数据来自杭州市《政府工作报告》、杭州市国民经济和社会发展统计公报等正式文件和官方媒体。无特别说明时，书中提及的"上年"均指"2020年"，"省"均指"浙江省"，"市"均指"杭州市"。

目录

一
月

HANGZHOU JISHI

1 日 YI YUE

● ● 市委副书记、市长刘忻到杭州市燃气集团燃气抢修水湘综合基地、江干区新塘路城管驿站、上城区西湖大道定安路交叉口和湖滨派出所看望和慰问节日一线值班值守人员，向他们的辛勤付出表示诚挚感谢，为他们送上新年的衷心祝福。

4 日 YI YUE

● ● 吉林省党政代表团到浙江考察。当天下午，两省在杭州召开座谈会，交流对口合作工作情况，共商深化浙吉合作。浙江省委书记袁家军主持会议并讲话，吉林省委书记景俊海讲话。浙江省委副书记、省长郑栅洁，吉林省委副书记、代省长韩俊分别介绍两省经济社会发展及对口合作工作情况。浙江省领导陈金彪、朱从玖等，吉林省领导吴靖平、胡家福、田锦尘、李伟，杭州市领导刘忻等参加有关活动。

会上，两省签署了《深化对口合作框架协议》。其间，代表团还召开浙江省知名企业家座谈会，并在杭州市考察。

● ● 新年上班第一天，省委书记袁家军到杭州调研，拉开了浙江省实施"三服务"2.0版的序幕。袁家军先后到滨江区宏华数码科技公司和西湖区转塘街道外桐坞村考察调研。陈金彪、许明等陪同。

袁家军强调，新的一年各地各部门要坚持系统观念，坚持数字赋能，对标对表"重要窗口"迭代升级，在服务理念、方法、机制、作风等方面系统重塑、不断升级，全面打造"三服务"2.0版，开展全程服务、精准服务、联动服务，推动全省各地各部门围绕"十四五"经济社会发展目标任务，迈好第一步、展现新气象。

● ● 市领导会见由长春市委副书记、市长张志军率领的长春市考察团一行。

● ● 市长刘忻到萧山开展"走亲连心三服务"活动。刘忻先后到杭州为家美小家电有限公司、浙江盛和网络科技有限公司、浙大计算机创新技术研究院、临浦镇通二村、临浦镇社会矛盾纠纷调处化解中心走访，与企业经营者和基层干部群众共谋发展大计。佟桂莉参加。

刘忻强调，要认真学习贯彻习近平总书记关于保障和改善民生的重要论述，深入践行以人民为中心的发展思想，持续做好"六稳"工作、落实"六保"任务，完善助企纾困政策体系，优化民生服务保障举措，充分激发企业、群众、基层的创新创造活力，为"十四五"开好局、起好步注入强劲动力。

● ● 市政协主席潘家玮到余杭区径山镇开展"走亲连心三服务"活动。潘家玮先后到前溪村、漕桥村、杭州星华反光材料公司、杭州银泉茶业公司走访，访民生，看发展，为基层群众和企业加油鼓劲、服务助力。张振丰参加。

潘家玮指出，径山镇要认真学习贯彻党的十九届五中全会和省委、市委全会精神，贯彻新发展理念，践行以人民为中心的发展思想，深入实施乡村振兴战略，不断绘就美丽乡村新画卷。要立足当地资源特色，推动产业提档升级、做大做强，加快农村经济发展。坚持党建引领，促进共建共治共享，不断提升基层社会治理水平。

● ● 杭州市政府出台全国首个加装电梯政府规章——《杭州市老旧小区住宅加装电梯管理办法》，自2021年4月1日起施行。全文共35条，除继续坚持"业主主体、社区主导、政府引导、各方支持"原则外，还进一步明确了适用范围、审批机制、表决条件、安全监督等重点问题。

该办法的出台既是对《关于开展杭州市区既有住宅加装电梯工作的实施意见》的完善，也是贯彻落实《民法典》等法律法规的必然要求，对总结形成老旧小区住宅加装电梯"杭州方案"，实现这一领域的制度创新具有积极意义。同时，也有助于进一步破解杭州市在老旧小区住宅加装电梯中面临的协调民意、项目审批、长效管理等难点问题，不断巩固、提升已经形成的工作机制和取得的实践成果，增强群众的获得感、幸福感和安全感。

● ● 省、市、区三级联动，在杭州富阳区东洲岛亚运水上公园开展义务植树活动。

5 日 YI YUE

●● "马克思主义在中国的传播"图片展开幕暨长三角红色博物馆合作联盟成立仪式在下城区武林之星博览中心举行。市直机关党员领导干部、部队官兵、街道社区工作者、区县（市）党史地方志部门负责人，以及来自长三角三省一市重要红色场馆的负责人等150多人参加。

●● 沪杭高速抬升临平项目首联现浇箱梁成功浇筑，这标志着沪杭高速临平段改建工程取得重要进展——结束桥梁下部结构施工，开启桥梁上部结构施工阶段。沪杭高速抬升临平项目首联现浇箱梁全长3.04千米，共有现浇箱梁78联。

沪杭高速公路临平段改建工程是2022年杭州亚运会重大交通基础设施项目，西起杭浦高速，东至运河二通道，与运河二通道的沪杭高速桥相接。该项目改建内容包括沪杭高速抬升为高架，余杭互通改建，增加东湖路互通，同步实施主线高架桥下双向六车道地面道路（浦运路）及2条南北向被交路。抬升后整体将往南最大偏移约50米，全长约3.04千米，工程总投资约27.8亿元。该项目是临平新城"三服务"工作中服务群众的民生项目，完工之后将打破临平南北割据的局面，实现与东湖快速路网贯通，地面道路迎宾路、南大街拉通南北通道，地面道路浦运路与海宁连杭大道联通，直接拉近杭宁距离，将成为临平新城规划建设、南北协调发展的节点性成果，计划于2022年6月完工。

●● 中国（萧山）长三角自由贸易智库联盟湘湖新年论坛在湘湖金融小镇举行。这是智库联盟首次召开学术性研讨会。联盟首批成员单位上海财经大学自由贸易区研究院、天津市自由贸易区研究院、第一财经研究院、上海金融与发展实验室、华东政法大学自贸区法律研究院、中国（浙江）自贸试验区研究院、丝路研究院（海口）有限公司等，以及来自北京、上海、天津、广东、海南、湖北、浙江、辽宁等地的自贸区专家参会。

6
日 YI YUE

● ● 市人大常委会主任于跃敏到临安区开展"走亲连心三服务"活动。于跃敏先后走访了太湖源省级现代农业园、杭叉集团、杭州华正新材料有限公司，听心声、解难题，与企业、群众共话发展。卢春强参加。

于跃敏指出，现代农业产业园是推进乡村振兴的有效载体，要立足资源禀赋，推进农旅融合，发展美丽生态经济，发挥龙头企业作用，为促进农业高质高效、乡村宜居宜业、农民富裕富足做出更大贡献。企业负责人要利用工业互联网、5G技术等，推动制造业加速向数字化、智能化发展，做强做优实体经济。

其间，于跃敏看望了全国人大代表沈满洪、省人大代表汪力成、市人大代表陈伟强。

● ● 江干区人力社保局被国务院农民工工作领导小组评选为"全国农民工工作先进集体"。该荣誉由国务院农民工工作领导小组在全国范围内开展评选表彰，五年一次，全省仅5个单位获此殊荣，江干区人力社保局是全市唯一获得该荣誉的单位。

● ● 中国（浙江）自由贸易试验区萧山区块建设动员大会在杭州国际博览中心召开。会上，自贸区萧山区块建设23条任务举措和10个方面27条创新清单发布，中国（萧山）长三角自由贸易智库联盟揭牌，首批入驻企业代表营业执照颁发，12个项目现场签约。

● ● 杭州医学院与浙江省医疗健康集团（以下简称"浙医健"）医疗卫生健康事业发展合作签约暨附属医院揭牌仪式在杭州举行。双方将建立产学研协作关系，通过党建共建、学科共建、人才共建、科研共建、管理共建，实现产学融合、成果转化、内涵提升、产业拓展、惠及民生目标。

此次浙医健总部医院（筹）、浙医健杭州医院、浙医健衢州医院、浙医健长兴医院挂牌杭州医学院附属医院，将纳入杭州医学院附属医院建设发展规划，进行同质化管理。双方将依托各自优势，将产学研融为一体，提升医疗服务能力及医院管理水平，探索覆盖全生命周期、内涵丰富、结构合理的健康服务业体系，满足人民群众多样化的医疗健康服务需求，为"健康浙江"的打造贡献力量。

7日 YI YUE

● ● 第19届亚运会组委会第五次执委会暨全委会、第4届亚残运会组委会第二次执委会暨全委会通过视频方式举行。国家体育总局局长、中国奥委会主席苟仲文，中国残联主席、中国残奥委会主席张海迪，省长郑栅洁出席会议并讲话。

市委主要领导，国家体育总局、中国残联及有关部委领导高志丹、李颖川、李建明、周长奎、吕世明、贾勇、王梅梅、李玲蔚，省有关领导成岳冲、王文序、裘东耀出席。会议听取市委副书记、市长刘忻所做的杭州亚运会、亚残运会筹办工作报告，审议通过竞赛项目设置等事项。市领导戴建平、缪承潮、陈卫强参加。

郑栅洁指出，办好杭州亚运会、亚残运会是浙江"重要窗口"建设中最具辨识度的重大标志性成果。过去一年，筹办工作取得了重要阶段性成果。大家要始终牢记习近平总书记嘱托，对标北京冬奥会和冬残奥会，坚持高标准、高质量、高效率，按照总体工作计划，全力以赴做好筹办各项工作，确保到2021年年底"基本具备办赛条件、基本实现运行就绪"的备战目标，努力把2022年杭州亚运会、亚残运会办成"中国特色、浙江风采、杭州韵味、精彩纷呈"的体育文化盛会。重点要突出体育亚运，紧盯场馆建设这个关键，坚持质量第一、节俭办会，倒排时间抓进度、争分夺秒抢时间，高品质实现场馆建设收官，高标准推进场馆化运行，高水平开展赛事保障。要突出城市亚运，围绕"办好一个会，提升一座城"，建强城市交通，做优城市生态，完善城市配套，加快建设"智慧城市"，让赛事保障更有力、城市运转更高效。要突出品牌亚运，开闭幕式力求更佳效果，市场开发力求更大效益，亚运宣传力求更浓氛围，讲好亚运故事，增强群众获得感，让亚运会真正成为"全民的盛会""我们的亚运"。要突出问题导向、目标导向、效果导向，以科学完善的工作推进机制，全力保障筹办工作落地见效，向党中央和全国人民交出一份满意答卷。

苟仲文指出，杭州亚运会、亚残运会是在"两个一百年"历史交汇期举办的重大体育盛会。办好"两个亚运"，有利于展示中国抗疫成果，提振亚洲乃至世界人民战胜疫情的信心，促进竞技体育水平提升和体育精神传播，助推体育强国建设。

2021年是筹办的关键之年，要科学统筹各项工作，真正使杭州亚运会深入人心，留下记忆。

张海迪指出，要把筹办亚残运会的过程变成传播残疾人体育精神、关心关爱残疾人事业的过程。要积极营造扶残助残、残健融合的社会氛围，让更多残疾人共享社会发展成果。要促进亚洲残疾人组织的团结与合作，提高亚洲残疾人体育运动水平。

●● 市长刘忻到萧山区就2021年《政府工作报告》和《杭州市国民经济和社会发展第十四个五年规划和二〇三五年远景目标纲要（草案）》征求意见建议。市委副书记、萧山区委书记佟桂莉参加。

刘忻强调，立足新发展阶段、承担新发展使命，萧山区要深入贯彻落实中央和省委、市委全会精神，紧紧围绕"数智杭州·宜居天堂"的发展导向，找准定位、创新实干、砥砺前行，奋力打造"重要窗口"示范样板，勇当省、市社会主义现代化建设排头兵。2020年，萧山区全面贯彻落实中央和省委、市委决策部署，坚定不移深化改革、扩大开放，统筹推进战疫情、促发展，"双线作战"，扎实做好"六稳"工作、落实"六保"任务，实现经济社会平稳健康发展，为杭州"十三五"圆满收官做出了重要贡献。2021年是建党100周年，是"十四五"开局、现代化新征程开启的关键之年，做好各项工作意义尤为重大。萧山区要以决战决胜的信心、奋勇争先的姿态，在杭州加快建设社会主义现代化国际大都市的新征程中扛起使命担当，争取更多重大项目、重大改革、重大政策、重大平台落实落地，在服务保障亚运、建设硬核科技创新策源地、发展高层次开放型经济、提升资源要素综合承载力等方面实现更大作为，为杭州展现"重要窗口"头雁风采贡献磅礴力量。市委、市政府将全力支持萧山改革创新、攻坚突破，共同谱写市区共赢发展新篇章。

●● 农工党杭州市十届八次全体（扩大）会议召开，传达学习中共十九届五中全会、农工党中央全会精神和中共杭州市委全会精神，听取审议常委会和监督委员会工作报告，表彰各类先进。

7 — 8 日 YI YUE

● ● 杭州市社科联第八次代表大会召开。会议学习贯彻党的十九届五中全会和省委十四届八次全会、市委十二届十一次全会精神，审议通过市社科联第七届理事会工作报告，谋划杭州市哲学社会科学未来五年发展，修改市社科联章程，选举市社科联第八届理事会和常务理事会，产生市社科联新一届领导班子。

8 日 YI YUE

● ● 省长郑栅洁到杭州和杭州市部分省人大代表、省政协委员、基层干部群众深入座谈，就将要提请省十三届人大五次会议审议的《政府工作报告（征求意见稿）》和"十四五"规划《纲要草案》广泛征求意见。市长刘忻参加。

郑栅洁指出，大家的发言，展现了强烈的责任意识，体现了服务大局、服务发展、服务基层、服务群众的干事激情和务实作风。提出的意见建议有思考、有对策，对做好政府工作很有帮助。省政府及有关部门要按照分门别类的原则，认真研究梳理，充分采纳吸收，进一步丰富和完善报告内容，进一步加强和改进政府工作。

● ● 杭州城市大脑2019年至2020年总结发布会召开。会议回顾了城市大脑给城市带来的变化，研究如何让数字不断赋能城市建设。市委主要领导出席会议并讲话。市委副书记、市长刘忻主持，佟桂莉等市四套班子领导出席。会上，中国工程院院士、城市大脑总架构师王坚做主旨演讲，余杭区、高新区（滨江）、淳安县、市委组织部、市委政法委、市红会医院负责人做交流发言。

会议强调，要深入贯彻习近平总书记关于新型智慧城市建设的重要指示精神，坚持系统观念、用好统筹方法，翻篇归零再出发，按照"市民满意、聪明管用"的要求，全面提升城市大脑建设水平和实际成效，推进党政系统数字化转型，率先构建整体智治体系，使城市大脑成为数智杭州的最强支撑、宜居天堂的幸福体验。

会上，"杭州城市大脑"数字界面发布，它依托城市大脑中枢与技术框架体系，融合杭州办事服务等平台，建构便民、惠企、民生、民意、新闻服务"五个直达"。普通百姓可以借助"多游一小时""非浙A急事通""小客车摇号""公积金办理"等数字界面，轻松"乘坐"城市大脑"快车"，遨游38个依托于城市大脑建设的场景。其中，此次推出的新闻直达场景，是杭州媒体平台与城市大脑"双向"赋能，无缝对接、融汇一体，实现"新闻+政务+服务+商务"的媒体深度融合探索。

● ● 市委理论学习中心组（扩大）专题学习会召开，邀请中国工程院院士、浙江大学微纳电子学院院长吴汉明做《"中国芯"制造面临的机遇与挑战》专题报告。于跃敏、潘家玮、佟桂莉等出席报告会。戚哮虎主持。

9

日 YI YUE

● ● 市长刘忻主持召开座谈会，就将要提请市十三届人大六次会议审议的《政府工作报告》，征求各民主党派、工商联和无党派人士的意见建议。陈新华参加。

刘忻强调，要深学笃行习近平总书记重要讲话和指示精神，全面贯彻落实中央和省委、市委决策部署，充分发挥多党合作和政治协商制度独特优势，全力画好同心圆，求取最大公约数，为高水平打造"数智杭州·宜居天堂"、加快建设社会主义现代化国际大都市做出新的贡献。

刘忻指出，《政府工作报告》是指导推动政府新一年工作的行动纲领，报告的修改完善过程，就是一个集思广益、群策群力、凝聚共识的过程。大家提出的意见建议有水平、有质量、有见地，对进一步修改完善报告、加强改进政府工作具有重要的参考价值。报告起草组和市级相关部门要认真研究、积极采纳，切实把真知灼见转化为科学指南和务实举措。

● ● 中国民主建国会杭州市第十三届委员会第十次全体会议召开，深入学习中共十九届五中全会、民建中央全会和中共杭州市委全会精神，通过《中国民主建国会杭州市第十三届委员会第十次全体（扩大）会议决议》，审议并批准常委会工作报告。

● ● 中国围巾城开业暨"圆通速递杯"第二届横村国际围巾设计大赛颁奖典礼活动举行。当日中国毛纺协会授予横村镇"中国围巾之乡"称号并进行新项目签约。

中国围巾城位于桐庐县横村镇徐家埠路20号，建筑主体包括针织品市场、室外广场，总投资近1.5亿元，建筑面积2.5万平方米，共有153个店铺，城内配有电商、直播培训、产学研合作室。

11日 YI YUE

● ● 市人大常委会与市政府联席会议召开。市长刘忻、市人大常委会主任于跃敏出席并讲话。市人大常委会副主任、市政府副市长参加。

会上，市人大常委会和市政府相互通报交流了2020年工作情况和2021年重点工作安排，并就进一步加强统筹协调、提高立法质量和效率、完善代表建议解决机制、落实国家工作人员宪法宣誓制度等进行了协商。

刘忻指出，2020年，市人大及其常委会立法工作理念新、监督检查力度大、问政民生亮点多、建议办理效率高，许多工作走在了全省、全国前列。在市委的坚强领导下，在市人大及其常委会的支持监督下，市政府统筹推进"战疫情、促发展"，加速推动产业高质量发展，着力提升城乡功能品质，不断擦亮生态人文底色，持续优化城市营商环境，实现了经济社会平稳健康发展和"十三五"圆满收官。2021年，市政府将始终牢记习近平总书记重要政治嘱托，全面贯彻中央和省委、市委决策部署，紧紧围绕"数智杭州·宜居天堂"发展导向，埋头苦干、务实创新，在构建现代产业体系、加快城市国际化、推进城乡面貌蝶变、彰显历史文化名城魅力、提升群众获得感幸福感等方面谋新篇、展风采，确保在建党100周年和"十四五"开局之年交出高分报表。

于跃敏指出，2020年是极不平凡的一年，在市委领导下，市政府围绕市十三届人大五次会议确定的目标任务，抓"六稳"、促"六保"、拓"六新"，推动全市经济社会发展迈上新台阶，工作亮点纷呈，成绩有目共睹。市政府坚定人大制度自信，对市人大常委会依法行使职权以及开展代表工作给予了大力支持和密切配合。2021年，市人大常委会将深入学习贯彻习近平法治思想和关于坚持和完善人民代表大会制度的重要思想，自觉坚持党的领导、人民当家作主、依法治国有机统一，认真贯彻中央和省委、市委决策部署，依法全面有效履行职责，更好发挥立法引领推动作用、监督支持促进作用、人大代表主体作用、人大建设保证作用，推动人大数字化转型，为杭州市"十四五"开好局、起好步，高水平打造"数智杭州·宜居天堂"做出贡献。

●● 市政府与市政协工作协商联席会议举行。市长刘忻、市政协主席潘家玮出席并讲话。市政府副市长，市政协党组副书记、副主席参加。

刘忻指出，2020年，市政协围绕杭州市经济社会发展重大问题积极议政建言，政治站位高、协商选题准、监督内容实、平台载体新、议政效果好，为杭州高水平全面建成小康社会、实现"十三五"圆满收官做出了重要贡献。2021年是建党100周年，是全面建设社会主义现代化国家新征程开启之年。市政府将深入贯彻落实习近平总书记对杭州工作的重要指示精神，紧扣忠实践行"八八战略"、奋力打造"重要窗口"的主题主线，切实抓好常态化疫情防控，持续做强经济"双引擎"，聚力推进城市重大基础设施建设，深入实施乡村振兴战略，有力推动文化大繁荣大发展，精心打造美丽中国杭州样本，不断提升民生服务保障水平，在建设社会主义现代化国际大都市的新征程中迈出坚实步伐，奋力开创"数智杭州·宜居天堂"的美好未来。

潘家玮指出，2020年，市政府深入学习贯彻习近平总书记考察浙江、杭州重要讲话精神，坚定落实中央和省委、市委决策部署，统筹推进疫情防控和经济社会发展，抓"六稳"促"六保"拓"六新"，推动杭州改革发展稳定各项事业取得了新成绩。市政协深入贯彻落实中央和省委、市委政协工作会议精神，加强思想政治引领，发挥专门协商机构作用，积极服务助力"战疫情、促发展"，聚焦杭州经济社会高质量发展献计出力，扎实推进政协自身建设，各方面工作取得新进展。2021年，市政协将在市委的领导和市政府的支持下，围绕高水平打造"数智杭州·宜居天堂"、加快建设社会主义现代化国际大都市，广泛凝聚奋进新征程的共识和力量，努力为展现"重要窗口"头雁风采做出政协贡献。

●● 市总工会召开第十五届委员会第七次全体（扩大）会议，深入学习贯彻党的十九届五中全会、全国劳动模范和先进工作者表彰大会及省委党的群团工作会议精神，全面贯彻市委十二届十一次全会的决策部署，总结2020年工作，研究部署2021年工作任务，通过《杭州市总工会关于团结动员全市广大职工"建功十四五、奋进新征程"的决议》。

● ● 杭州市第十次归侨侨眷代表大会召开。会上表彰了杭州市侨界"十杰"、优秀归侨侨眷和侨联系统先进集体、先进工作者。

12日 YI YUE

● ● 全市村社组织换届总结暨新任村社书记培训班开班动员大会召开。会议以视频形式召开，各区县（市）和钱塘新区、西湖风景名胜区以及各乡镇（街道）设分会场。

会议指出，要深入贯彻习近平总书记关于加强基层党组织建设的重要指示精神，从战略和全局的高度，全面加强村社组织建设，在赋能中激发活力，在减负中提质增效，在关爱中激励保障，在严管中彰显厚爱，着力打造坚强的战斗堡垒。

● ● 市政府常务会议召开，市长刘忻主持会议。会议审议《2021年政府工作报告》《杭州市国民经济和社会发展第十四个五年规划和2035年远景目标纲要（草案）》《杭州市2020年国民经济和社会发展计划执行情况与2021年国民经济和社会发展计划草案的报告》《杭州市及市本级2020年预算执行情况和2021年预算草案的报告》等文件。

会议指出，《政府工作报告》和《杭州市国民经济和社会发展第十四个五年规划和2035年远景目标纲要》是指导推动政府新一年和今后五年工作的权威性纲领性文件，是各地各部门抓落实、抓推进的"施工图"和"作战图"。前期经广泛听取老领导、人大代表、政协委员、民主党派等的意见建议，集思广益、数易其稿，取得了阶段性成果。在下一步修改完善中，要坚持以习近平新时代中国特色社会主义思想为指导，坚持以人民为中心，做到与中央和省委、市委全会精神充分贯通、紧密衔接，开门问策、广纳真言，最终形成一个体现时代特征、彰显杭州特色、反映民心民意的好报告和好规划，为高水平打造"数智杭州·宜居天堂"提供科学指南。

会议强调，要立足"十四五"开局之年实际，把握"亚运会、大都市、现代化"重要窗口期，坚持稳中求进工作总基调，坚持以制度创新为引领，坚持系统观念，进一步巩固拓展疫情防控和经济社会发展成果，持续抓"六稳"促"六保"拓"六新"，扎实办好民生实事，以优异工作成绩庆祝建党100周年。

● ● 致公党杭州市第六届委员会第七次全体（扩大）会议召开，传达学习中共十九届五中全会、致公党中央全会和中共杭州市委全会精神，听取并审议常委会工作报告，审议通过市委会监督委员会组成人员名单，表彰各类先进。

● ● 全省第四批"无违建县（市、区）"、第五批"基本无违建县（市、区）"发布，杭州新增西湖区、建德市2个"无违建县（市、区）"和江干区等3个"基本无违建县（市、区）"。至此，杭州累计创成5个"无违建县（市、区）"，"无违建县（市、区）"数量居全省之首；同时全市所有县（市、区）均达到了"基本无违建县（市、区）"及以上水平，圆满实现了"十三五"规划提出的"基本无违建市"的工作目标。

13 日 YI YUE

● ● 市新冠肺炎疫情防控工作领导小组会议召开。市长刘忻主持会议并讲话。戚哮虎、戴建平、金志、柯吉欣、胡伟、陈卫强出席会议。

会上，市卫生健康委、市公安局、市交通运输局、市市场监管局等部门分别汇报了医疗和疫苗接种准备、涉疫区来杭人员管控、城市入口管理、物防工作等情况。

刘忻强调，要深入贯彻习近平总书记关于疫情防控的重要讲话和指示精神，全面落实省委常委会会议暨省疫情防控工作领导小组会议决策部署，从严从紧抓好常态化疫情防控，进一步堵漏洞、强弱项、补短板，确保筑起疫情防控铜墙铁壁，有力保障全市人民健康安全。

● ● 市长刘忻检查指导亚运场馆建设工作。刘忻首先到奥体博览城体育馆、游泳馆、综合训练馆、亚运轮滑比赛场馆、杭州电子科技大学体育馆项目现场检查场馆建设收尾工作，并乘地铁7号线到萧山国际机场，检查机场地铁接驳换乘、常态化疫情防控和安全运营管理情况。缪承潮、陈卫强参加。

刘忻强调，2021年是亚运会筹办的决战决胜之年，要认真对照"施工图""任务书"、"时间表"，全力以赴推进场馆及配套设施建设，保质量、保安全、保进度，打造经得起历史和人民检验的精品工程，为办成一届"中国特色、浙江风采、杭州韵味、精彩纷呈"的体育文化盛会提供强有力支撑。

●● 九三学社杭州市第八届委员会第六次全体（扩大）会议召开，传达学习中共十九届五中全会、九三学社第十四届四中全会和中共杭州市委十二届十一次全会精神，听取并审议常委会工作报告、监督委员会工作报告，表彰各类先进。

14 日 YI YUE

●● 市委常委会召开会议，传达学习习近平总书记在中央农村工作会议上的重要讲话精神、省委常委会有关精神，研究杭州市贯彻落实意见，听取杭州市2020年"三农"工作情况和2021年工作思路汇报、全市疫情防控工作情况汇报和市人大常委会、市政府、市政协、市法院、市检察院党组工作汇报，并讨论市人大常委会、市政府、市法院、市检察院提交市十三届人大六次会议的工作报告稿和市政协常委会提交市政协十一届五次会议的工作报告稿。

会议指出，习近平总书记在中央农村工作会议上的重要讲话，高屋建瓴、总揽全局，对进一步做好新时代"三农"工作具有十分重要的指导意义。要提高政治站位，坚持用大历史观来看待农业、农村、农民问题，科学谋划2021年及"十四五"时期杭州"三农"工作，统筹好人与地、工与农、城与乡、一二三产融合等重大关系，强化农业农村优先发展，促进农业高质高效、乡村宜居宜业、农民富裕富足，在高水平推进乡村振兴中争当示范表率。要强化底线思维，牢牢把握粮食安全主动权。要强化系统观念，深化"千万工程"具体实践。要强化创新意识，推进新时代乡村集成改革。要强化党的领导，形成上下统筹"一盘棋"格局，切实把党的领导政治优势转化为加快农业农村发展的实际成效。要准确研判形势，切实增强疫情防控紧迫感，持续做好打硬仗的思想准备和行动准备。要紧扣省委提出的"四个确保一个力争"工作总目标，深化"源头查控+硬核隔离+精密智控"机制。

会议强调，2021年是中国共产党成立100周年，是"十四五"开局之年，也是开启全面建设社会主义现代化新征程的第一年。市人大常委会党组要紧扣市委决策部署，找准人大工作的聚焦点、切入点、发力点，全面担负起宪法法律赋予的各项职责，聚焦经济高质量发展，积极回应人民群众重大关切，在依法行权履职上更加规范精准高效，更好推进人民代表大会制度在杭州的生动实践。市政府党组要围绕中心、服务大局，善于从政治上认识问题、推进工作，统筹推进疫情防控和经济社会发展，抓紧抓好各项任务的落实，不断增强人民群众的获得感，切实加强政府自身建设，推动各项工作再上新台阶。市政协党组要牢牢把握人民政协的新方位新使命，加强政治引领、广泛凝聚共识，更好发挥专门协商机构作用，加强委员队伍的能力建设，不断提高履职水平和成效，树立新时代人民政协的新样子。市法院党组要坚持司法为民、公正司法，加快推进智慧法院建设，深化互联网法治，全面提升审判执行质效，为推动高质量发展提供司法保障。市检察院党组要深耕主责主业，提升法律监督刚性，推动检察工作高质量发展，深入打造一流检察队伍，切实维护司法公平正义。

●● 民盟杭州市十三届六次全体（扩大）会议召开，学习贯彻中共十九届五中全会、民盟十二届四中全会、中共杭州市委十二届十一次全会及民盟浙江省委会十二届五次全会精神，听取审议常委会工作报告。

●● 第十六届杭州市道德模范（平民英雄）、第八届"最美杭州人"评选揭晓。市领导佟桂莉、戚哮虎、罗卫红、陈国妹、叶鉴铭为获奖者颁奖。

获第十六届杭州市道德模范（平民英雄）的是：戚宝兴公益服务中心创始人戚宝兴、淳安县大墅镇大墅村宣传文化员方平尔、杭州市司法局直属市富春强制隔离戒毒所民警陈杰、中国邮政集团余杭区分公司投递员向达勇、桐庐县分水镇小源村村民韩伦诺、富阳区灵桥镇灵桥村村民黄小建、浙江大学医学院附属第二医院感染管理科主任陆群、江干区信访局干部韦长春（已故）、浙江老年关怀医院副主任医师王志雄、临安区太湖源镇金岫村村民汪红玉。

获第八届"最美杭州人"的是：上城区紫阳街道春江社区党委书记王水英、"饿了么"蓝骑士救援群体、滨江区浦沿街道社区卫生服务中心原科长（挂任丹寨县兴仁镇中心卫生院原副院长）张超（已故）、"美团"骑手姚权刚、千岛湖传媒集团副总编辑余昌顺、建德市朝美日化有限公司总经理林焰峰、杭州人民广播电台《杭州之声》主持人雷鸣、杭州市第三人民医院呼吸内科主任医师梁斌、杭州地铁集团安全督查队、万科物业服务公司余杭分公司网格管家计良庆。周君等10个个人获得第八届"最美杭州人提名奖"。

15 日

YI YUE

●● 市委党的群团工作会议举行。市委主要领导出席会议并讲话。佟桂莉、许明、戴建平、毛溪浩、张振丰、朱建明、郑荣胜、卢春强、王立华、滕勇在主会场或分会场出席。会上，市总工会、团市委、市妇联、市红十字会、滨江区委、富阳区新登镇负责人做交流发言。会议以视频形式召开，各区县（市）和钱塘新区、西湖风景名胜区设分会场。

会议强调，要深入贯彻习近平总书记关于党的群团工作的重要指示精神，认真落实省委党的群团工作会议要求，坚持党的领导、人民至上、守正创新、务实高效，围绕打造红色群团、实干群团、为民群团、数字群团、品牌群团，持续"增三性、去四化"，持续推进重点领域关键环节改革，不断提升群团工作现代化水平，更好发挥群团组织的功能作用，努力成为展示"重要窗口"头雁风采的重要标识。

●● 民进杭州市第十三届委员会第六次全体（扩大）会议召开。全会学习中共十九大和十九届二中、三中、四中、五中全会精神，深入贯彻中共省委、市委全会精神和民进中央、省委会全会精神，听取并审议常委会工作报告，成立监督委员会，表彰先进。

●● 高新区（滨江）举行中国（浙江）自由贸易试验区杭州片区滨江区块建设推进大会，会上发布了该区块建设方案、政策措施和创新清单，全球产业知识产权运营平台也上线。

自贸试验区杭州片区滨江区块建设，将围绕杭州市"三区一中心"功能定位，打造全国领先的新一代人工智能创新发展试验区、国家金融科技创新发展试验区和全球一流的跨境电商示范中心，建设数字经济高质量发展示范区，聚焦数字创新、数字产业、数字贸易、数字金融、数字政府五大重点领域，努力建成贸易投资便利、创新活力强劲、高端产业集聚、金融服务完善的数字自由贸易区。围绕这些目标定位，高新区（滨江）将聚焦特色、做强优势，抓好"八件事"，即推动数字新技术新业态新模式、贸易平台全球布局、数字智能口岸监管、数字贸易规则创新和营商便利化改革"五个先行先试"，同时，打造数字技术创新中心、金融科技创新中心和跨境电商创新中心"三个创新中心"。

从自贸试验区滨江区块建设启动以后，建筑面积近4.5万平方米的自贸大厦揭牌，18个入驻自贸试验区（自贸大厦）项目进行了现场签约，8个企业授牌自贸试验区滨江区块数字金融创新示范企业，7个位于国家数字服务出口基地的企业列入贸易外汇收支便利化试点企业名单。

17 日 YI YUE

● ● 杭州警备区党委八届六次全体（扩大）会议召开。会议表彰了警备区2020年度先进单位和先进个人。

● ● 市总工会出台八条鼓励留杭过春节实施意见。具体包括设立专项资金开展送温暖活动，延长补贴时段鼓励错峰休假，加大"杭工e家"App普惠力度，送礼包、送话费、送快递关爱卡，开展惠游美丽杭州活动，丰富节日期间文化生活，增设2万元的专项意外保障，提供免费法律咨询服务。

18 日 YI YUE

● ● 市长刘忻调研部分重点区块和重大项目建设工作。刘忻先后到杭州云城项目建设现场和"三江汇"未来城市实践区调研。

刘忻强调，要深入贯彻落实习近平总书记对杭州工作的重要指示精神，切实扛起"重要窗口"头雁的使命担当，牢牢把握"亚运会、大都市、现代化"历史机遇，高质高效推进重点区块和重大项目建设，打造一批具有强大引领力、辐射力、带动力的标志性工程，使之成为"窗口中的窗口""标杆中的标杆"。

● ● 市政协主席潘家玮主持召开座谈会，就市政协十一届五次会议《常委会工作报告》《提案工作情况的报告（征求意见稿）》以及新一年市政协工作征求部分区县（市）政协主席、市政协委员、界别小组召集人和专家学者的意见建议。

潘家玮指出，大家的发言，既围绕两个报告提出了许多富有价值的意见建议，又对加强和改进新时代政协工作积极出谋划策，具有很强的针对性和启发性。市政协将认真梳理，充分吸纳，进一步修改完善好两个报告，体现到新一年市政协工作中。

● ● 民革杭州市委会召开十一届六次全体会议，学习贯彻中共十九届五中全会、民革十三届四中全会、民革省委会十三届五次全会精神和中共杭州市委十二届十一次全会精神，听取审议常委会工作报告，成立内部监督委员会。

● ● 杭州市印发《关于开展春节期间面向在杭外来务工人员"十送"关爱行动的通知》，组织实施"十送"关爱行动，通过用心用情服务，体现杭州温度和城市关爱，让在杭过年外来务工人员度过欢乐安全祥和的春节假期。"十送"行动具体包括开展"送红包"行动、开展"送温暖"行动、开展"送祝福"行动、开展"送健康"行动、开展"送平安"行动、开展"送文化"行动、开展"送技能"行动、开展"送保障"行动、开展"送旅游"行动、开展"送亲情"行动。

19 日 YI YUE

● ● 市规划委员会召开专题会议。市委主要领导出席并讲话。刘忻、许明、缪承潮、滕勇出席。会议听取杭州历史文化名城保护规划编制情况汇报。

会议强调，要深入贯彻习近平总书记关于传承发展中华优秀传统文化的重要指示精神，牢记嘱托、接续奋斗，精心保护文化遗产、有效延续城市文脉，厚植历史文化名城特色优势，持续提升城市文化软实力，让杭州厚重的历史、灿烂的文化呈现出独特韵味别样精彩，努力打造世界级历史文化名城。要坚持高水平规划，要完善文化遗产保护名录，要强化刚性约束，要推动空间落地，要加强综合利用。各地各有关部门要压紧压实责任，强化保障机制，加大投入力度，确保各项规划落地落实。

● ● 市长刘忻调研南宋皇城遗址保护工作。刘忻先后到德寿宫遗址保护展示工程项目现场、南宋太庙遗址和省军区后勤物资库地块调研，向奋战在一线的施工人员表示慰问和感谢，听取遗址文物发掘、填土封护等情况介绍，了解遗址保护的历史沿革、概念规划、政策举措等。

刘忻强调，要深入学习贯彻习近平总书记关于文化遗产保护的重要指示精神，以高度的历史自觉和文化自信，扎扎实实做好南宋皇城遗址保护、传承、利用这篇大文章，找准历史与现实结合点，塑造古今交汇文化新盛景，让"城市记忆"绵延不绝，让"杭州故事"历久弥新，努力打造世界级的历史文化名城。

20
日 YI YUE

● ● 市政府召开新闻发布会，介绍了由市医疗保障局会同市财政局、市税务局联合出台的《杭州市商业补充医疗保险实施方案》，发布杭州市商业补充医疗保险——"西湖益联保"。

新上线的"西湖益联保"由政府引导支持，商业保险公司承办，按照商业化运作，定位为杭城百姓专属的普惠型商业补充医疗保险产品。保费标准为每人每年150元，四项保险责任合计总保额300万元。"西湖益联保"投保缴费不设置投保限制条件，无等待期。允许职工医保参保人员利用个人历年账户余额，为本人和已参加杭州医保（含省直医保）的直系亲属缴纳保费。保险主要涵盖规定病种门诊、住院、特定肿瘤药品以及罕见病药品等多重保障。参保人员可在就医结算时，同步实现商业补充医疗保险费用的赔付。

21
日 YI YUE

● ● 市委常委会召开会议，传达学习习近平总书记在中央政治局民主生活会上的重要讲话精神和习近平总书记在省部级主要领导干部学习贯彻党的十九届五中全会精神专题研讨班开班式上的重要讲话精神，研究杭州市贯彻落实意见。

会议指出，习近平总书记在中央政治局民主生活会上的重要讲话，围绕加强政治建设、提高政治能力、坚守人民情怀，对提高政治判断力、政治领悟力、政治执行力以及严于律己等提出明确要求，高屋建瓴、系统全面、博大精深、语重心长，充分体现了对新形势下加强党的建设的深远思考，饱含着对党员领导干部的殷切期望，为党员领导干部砥砺党性修养指明了方向、提供了遵循。习近平总书记在省部级主要领导干部学习贯彻党的十九届五中全会精神专题研讨班开班式上的重要讲话，系统分析了进入新发展阶段的理论依据、历史依据、现实依据，深刻阐述了深入贯彻新发展理念的新要求，清晰阐明了加快构建新发展格局的主攻方向。习近平总书记的重要讲话是大家学习贯彻党的十九届五中全会精神的"新年第一课"，对推动全面建设社会主义现代化国家开好局、起好步具有重大而深远的指导意义。要按照中央和省委的部署安排，精心组织、认真学习、进脑入心，切实把思想和行动统一到习近平总书记重要讲话精神上来。

●● 市政府与市总工会召开第22次联席会议。会上通报了市总工会2020年工作推进情况，市级相关部门就加强杭州工匠培育、完善职工疗休养政策、开展职工技术创新奖评定等议题做了发言。市长刘忻讲话，郑荣胜、柯吉欣参加。

刘忻强调，要认真学习贯彻习近平总书记在全国劳动模范和先进工作者表彰大会上的重要讲话精神，更好发挥工会组织联系职工群众的桥梁纽带作用，大力弘扬劳模精神、劳动精神、工匠精神，努力建设一支知识型、技能型、创新型的新时代产业工人队伍，为杭州经济社会高质量发展提供强大人才保障。

●● 杭州2022年第19届亚运会赞助企业大会召开。杭州亚运会各层级赞助企业代表、杭州亚组委相关部室负责人等参加会议，外省赞助企业以视频会议的形式同步参与。这是杭州亚运会已签约的26个赞助企业首次"齐聚一堂"，也是13个供应商（非独家）层级赞助企业的首次亮相。

会上举行杭州亚运会官方供应商（非独家）的集体授牌仪式，以及杭州亚运会赞助商俱乐部第二家轮值主席单位的换届授牌仪式，长龙航空成为第二家轮值主席单位。

●● 市工商联、市科技局联合召开2021年首场"亲清直通车·政企恳谈会"。恳谈会以"科技自立自强促发展"为主题，旨在通过探讨杭州支持企业科技创新相关政策及落实情况、企业家和专家学者关于科技创新、自立自强的对策和建议等，搭建起政府、高校院所与企业的沟通平台，帮助解决企业在创新发展中遇到的困难和问题。会上，12名民营企业家代表和4个高校科研院所踊跃发言，提出了推进科技创新、助力民企发展等见解和想法。

根据常态化防疫要求，恳谈会线上线下互动，会议除设主会场外，在杭州市上虞商会、杭州市湖州商会、杭州市南昌商会等10个商会还设置了视频分会场，与部分企业家网上连线。同时，会议还通过网络直播，让广大民营企业家能在线实时收看并提出意见建议。据统计，"亲清直通车"恳谈活动同步在线收看直播人数达2万人次。

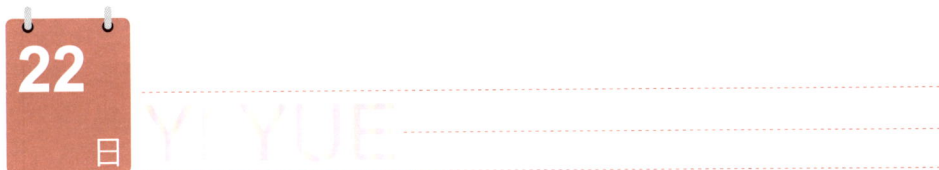

22 日

● ● 市政协十一届二十次常委会会议召开，协商审议市政协十一届五次会议有关事项。市政协主席潘家玮讲话，张仲灿、叶鉴铭、谢双成、陈永良、王立华、周智林、冯仁强、滕勇参加。

会议听取市政府关于市政协十一届四次会议以后提案、建议案办理情况的通报；审议通过市政协十一届五次会议议程（草案）、日程（草案）；审议通过十一届市政协常委会工作报告（草案）、提案工作情况报告（草案）及报告人；审议通过市政协十一届五次会议秘书长、副秘书长名单；审议通过市政协十一届五次会议候选建议案；审议通过市政协十一届五次会议大会选举办法（草案）及有关人事事项。会议授权市政协主席会议审议市政协十一届二十次常委会会议未尽事宜。

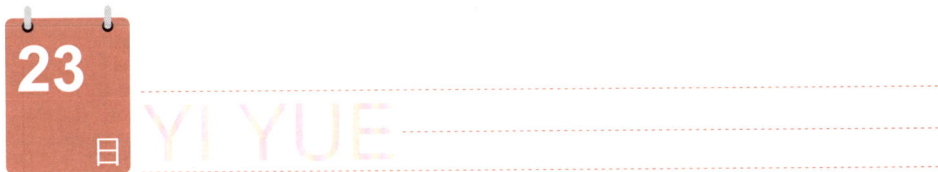

23 日

● ● 市人大常委会第三十三次会议召开。市人大常委会主任于跃敏，副主任郑荣胜、陈红英、罗卫红、卢春强、徐小林出席。

会议听取审议常务副市长戴建平受市政府委托提交关于提请审议《2020年政府重大投资项目计划执行情况和2021年第一批政府重大投资项目计划（草案）》的议案并做说明，表决通过关于市政府《2021年第一批政府重大投资项目计划（草案）》审议意见，提出要认真贯彻落实中央和省委、市委部署要求，加强项目质量、安全、进度和投资管控，提高资金使用绩效，确保项目顺利实施。

会议通过市十三届人大六次会议议程、日程和有关名单（草案）、民生实事项目人大代表票决办法（草案）、议案截止时间的决定（草案）、专门委员会部分组成人员人选通过办法（草案）、专门委员会部分组成人员人选建议名单（草案）；原则通过市人大常委会工作报告（稿）、2021年工作要点（稿）；表决通过个别代表的代表资格审查报告及有关人事任免事项。

25 日 YI YUE

●● 市长刘忻主持召开疫情防控专题调度推进会，就抓好疫情防控工作进行再动员、再部署、再推进。会上刘忻查看集中隔离点监控系统远程接入情况，听取"杭州健康码"赋码运行情况介绍，市公安局、市市场监管局、市卫生健康委、市交通运输局、市数据资源局等分别汇报近期疫情防控工作进展。陈卫强参加。

刘忻强调，要深入贯彻习近平总书记重要讲话和指示精神，严格落实党中央、国务院和省委、省政府决策部署，坚持"外防输入、内防反弹"不动摇，以慎终如始的精神、抓铁有痕的决心、严谨缜密的作风，确保把各项疫情防控举措落实落细落到位，继续交出高分报表，牢牢守住杭州阵地。要坚持问题导向、目标导向、结果导向，要强化精密智控，要坚持人物同防，要增强防疫能力。

●● 全市宣传思想工作会议召开。会议总结工作、分析形势，研究部署2021年宣传思想文化工作。

●● 市发改委发布《"十送"关爱行动春节期间在杭外来务工人员补助政策兑付细则》。

该细则规定，此次发放的1000元"在杭大红包"，可以通过"亲清在线"平台进行申报，持有杭州地区居住证的灵活就业参保人员也可以通过城市大脑App直接申领。非浙户籍灵活就业参保人员，可通过城市大脑App以个人身份进行政策申请兑付。细则指出，若个人在春节期间离杭，可主动退还补助资金。在核查中如发现承诺信息与事实不符的申报单位和个人，一经核实，取消政策兑付资格，依法追缴补助款项，并记入失信记录；情节严重的，追究相应法律责任。

26
日
YI YUE

●● 出席省十三届人大五次会议和省政协十二届四次会议的杭州代表、委员，围绕省政府工作报告、"十四五"规划和二〇三五年远景目标纲要（草案）进行分团、分组审议和讨论。

省人大代表柴松岳、姒健敏、王文序、任少波、冯明等参加审议，刘忻、于跃敏等列席会议。省政协委员潘家玮等参加小组讨论。

27
日
YI YUE

●● 刘忻、陈红英、张仲灿到上城区湖滨街道走访慰问退役军人郝龙清。郝龙清，92岁，曾参加过淮海、渡江等重大战役和抗美援朝战争。

●● 市房地产市场平稳健康发展领导小组办公室发布《关于进一步加强房地产市场调控的通知》，从住房限购、住房限售、税收调节和无房家庭认定标准及高层次人才优先购房政策等方面进一步加强调控。

●● 由浙江省疾控中心，杭州、绍兴等地疾控中心20名疾控人员组成赴河北援助开展新冠疫情防控工作的流行病学调查队完成任务返回浙江。

从1月11日至1月26日24时，调查队完成73名病例的流调，排查追踪密接和次密接444人；先后协助制定藁城区隔离点、病家、转运车辆、终末消毒评估等6项技术方案，到120个病家或隔离点开展消毒或消毒效果监测评价工作，通过线上或线下的方式，对300多名社区、乡镇的采样人员和消杀人员开展培训；先后对石家庄晋州市（16个）、藁城区（23个）及正定县（21个）共60个集中隔离点开展现场督导指导。

28
日 YI YUE

●● 市长刘忻到余杭区、江干区专题调研社区治理和疫情防控工作。刘忻先后到余杭区乔司街道综治中心、余杭区星桥街道贾家社区便民服务中心和"智慧星桥"物业数据中心、江干区丁兰街道皋城村，调研基层矛盾调处化解工作，与一线社区工作者深入座谈交流，参观文化礼堂。王宏参加。

刘忻强调，要认真学习贯彻习近平总书记关于加强和创新社会治理的重要指示精神，坚持以人民为中心，努力在社区"微细胞"中做好基层治理创新的"大文章"，强化系统集成、深化数字赋能、优化民生服务，守好疫情防控社区"小门"，从群众最关心的地方做起、把群众最需要的事情做实，为探索具有杭州特点的大城市治理现代化新路提供鲜活样本，为展现"重要窗口"的头雁风采擦亮幸福底色。

29
日 YI YUE

●● 《杭州2022年亚运会、亚残运会形象景观总体规划》在线上发布。该规划坚持"指导性、选择性、约束性"原则，是杭州2022年亚运会、亚残运会形象景观设计运用的重要指南，内容包括会徽、口号、吉祥物、体育图标、核心图形及色彩系统等形象元素在亚运会、亚残运会场馆内外及城市景观中的运用规范。后续，杭州亚组委将根据实际应用情况和各方反馈意见，对该规划作进一步修改完善和迭代升级。

30
日

● ● 市委常委会召开会议，传达学习十九届中央纪委五次全会精神、省"两会"精神和全国组织部长会议、全国统战部长会议、全国公安厅局长会议和全省公安局长会议、全国老干部局长会议精神，研究杭州市贯彻落实意见。

会议指出，全市各级党组织和广大党员干部要深刻学习领会中央纪委全会精神，强化推动全面从严治党向纵深发展的思想自觉、政治自觉、行动自觉，以实际行动增强"四个意识"、坚定"四个自信"、做到"两个维护"。省"两会"是在争创社会主义现代化先行省起步之年召开的一次十分重要的会议，总结成绩实事求是，查找短板客观精准，预期目标鼓舞人心，工作重点清晰明确，为做好当前和今后一个时期工作指明了方向、提供了指导。要深刻学习领会，主动扛起省会责任担当，把省"两会"精神转化为高水平打造"数智杭州·宜居天堂"的强大动力、加快建设社会主义现代化国际大都市的务实举措，确保中央和省委、省政府各项决策部署落地落实，以优异成绩庆祝建党100周年。要以学习贯彻全国组织部长会议精神为契机，全面落实新时代党的建设总要求和新时代党的组织路线，进一步谋深、谋细、谋实工作思路，着力提高组织工作水平。要全力推动清廉杭州建设，充分发挥全面从严治党引领保障作用。要把握新发展阶段、贯彻新发展理念，在率先探索服务构建新发展格局的有效路径上精准发力。要认真落实全国老干部局长会议精神，继续用心用情做好老干部工作。

● ● 由市委办公厅、市政府办公厅、市委组织部、市委宣传部主办，市委直属机关工委、市对口支援和区域合作局、市民族宗教事务局、市委党史研究室、市档案馆承办的"决战脱贫攻坚，决胜全面小康——杭州市助力对口地区全面奔小康成果展"在中国杭州低碳科技馆开展。

展览共展出300多份照片、视频等档案资料，通过平面展板、视频、触摸屏相结合的方式进行展示，分为对口支援、对口帮扶、对口合作、山海协作、抗疫情促发展五大板块，从产业、教育、医疗、民生四方面，回望对口工作开展以来的奋斗历程，全面展示杭州与对口地区8个省（自治区、直辖市）各级党委、政府以及社会协同发力、合力攻坚的辉煌成就。

●● 浙江赴河北援助核酸检测医疗队103名队员完成支援任务，抵达杭州萧山国际机场。

医疗队携带25台核酸提取仪、50台PCR扩增仪、14万人份核酸提取试剂和25万人份核酸检测试剂，自1月6日起，24天累计检测新冠核酸样本308万人份。

医疗队队员分别来自省卫生健康委、省疾控中心、浙江医院、浙江省人民医院、浙江省立同德医院、浙江省皮肤病医院、浙江大学医学院附属第一医院、浙江大学医学院附属第二医院、浙江大学医学院附属邵逸夫医院以及杭州、宁波、嘉兴、湖州、绍兴5个地市级医疗单位。

下旬 YI YUE

●● 新春佳节即将来临，市领导分别走访慰问在杭州的副市级以上老同志，代表市委、市政府向他们致以节日问候。

●● 于跃敏、潘家玮、佟桂莉等市四套班子领导分别走访慰问所联系的高层次人才代表。每到一处，市领导都详细了解他们的工作、生活情况，听取他们的意见和建议，并向他们致以衷心感谢和诚挚祝福。

●● 中共中央宣传部、国家发展改革委联合发布了2020年"诚信之星"，包括3个集体和9名个人。其中，建德市乾潭镇陵上新村梅塘村卫生室乡村医生吴光潮成为省内唯一上榜的个人。

二 月

1 日

ER YUE

● ● 市政协十一届五次会议开幕。来自31个界别的近500名市政协委员参加。开幕会由潘家玮、叶鉴铭、谢双成、王立华、周智林、冯仁强、滕勇和金翔主持，全体市政协常委在主席台就座。

会议审议通过市政协十一届五次会议议程、日程后，市政协主席潘家玮代表十一届市政协常务委员会，向大会做工作报告。市政协副主席谢双成受十一届市政协常务委员会委托，向大会做市政协十一届四次会议以来提案工作情况的报告。会上表彰了2020年度优秀提案，2019—2020年度优秀履职者和优秀文史图书。举行大会发言。大会共收到发言材料68份，16位委员在大会上做发言，其他大会发言材料作为书面发言进行交流。

● ● 浙江省安全生产暨消防工作电视电话会议召开。会后，市长刘忻主持召开续会，部署落实全省会议精神。柯吉欣、缪承潮、王宏、胡伟、陈卫强出席。

会议强调，要深入贯彻习近平总书记关于安全生产工作的重要指示精神，全面落实党中央、国务院和省委、省政府部署要求，坚持人民至上、生命至上，从严从实从细履行安全生产责任制，坚决遏制重特大安全事故发生，为建设"重要窗口"和打造"数智杭州·宜居天堂"筑牢平安防线。

● ● 中国首条民营资本控股的高铁——杭绍台铁路工程转入全线铺轨阶段。

杭绍台铁路是连接杭州、绍兴、台州三地的一条城际铁路，北起杭州东站，利用杭甬高铁至绍兴北站，之后新建正线至台州市温岭站，线路全长266.9千米，设计时速350千米。新建正线设绍兴北、东关、三界、嵊州新昌、天台、临海、台州中心、温岭8个车站。杭绍台铁路建成运营后，将联通沪昆高铁、商合杭高铁、宁杭高铁、杭黄高铁、杭深高铁，接入长江三角洲地区高铁网，形成一条长三角核心区辐射浙西南地区、浙江省内沟通杭州都市区与温台沿海城市群的快捷通道。届时，台州到杭州的铁路出行时间将由目前的2小时左右压缩至1个小时左右，便利沿线群众出行，促进温台城市群融入长江经济带，扩大浙江省"1小时交通圈"范围，助力长三角地区更高质量一体化发展。

2日

●● 杭州2022年第4届亚残运会体育图标线上发布。此次发布的体育图标包括22个大项，其设计以奔涌的钱江潮为灵感来源，呼应杭州亚残运会会徽"向前"奋勇拼搏的运动激情和勇立潮头的浙江精神。

亚残运会体育图标是杭州亚残运会重要的视觉形象元素，在艺术表达上以会徽描绘的"坐在轮椅上奋勇前行的残疾人"为基础造型，严格参照单项运动的竞技特点和形态特征，凝练最具表现力的精彩瞬间，赋予其审美韵味，呈现浪花翻滚态势，达到"形"与"意"的统一。图标以"虹韵紫"和"月桂黄"之间的渐变色为底色，寓意残疾人运动员自强不息、顽强拼搏的奋斗精神，也与运动会举办前后的中国传统节日中秋佳节互为映衬。该图标由中国美术学院设计艺术学院副院长陈正达、视觉传达设计系教师王弋的团队设计完成，将广泛应用于场馆内外的标识和装饰、城市空间、道路指示系统、广告宣传、景观环境布置、电视转播、纪念品设计、运动员参赛和观众观赛指南等各个方面。

●● 第十届中国湿地博物馆湿地主题绘画大赛启动。

大赛是由中国湿地博物馆发起的全国性青少年儿童绘画大赛，设"万物生——献礼建党100周年""湿地欢歌——献礼建党100周年""湿地，我的绿色家园""画说我身边的湿地""湿地——生命的摇篮""温暖旧时光""畅想湿地未来""我和水的故事""我的湿地旅行手记""湿地滋润万物"10个主题，设特等奖10名、金奖50名、银奖100名、铜奖200名、优秀奖300名，设优秀组织奖若干名、优秀辅导老师奖若干名。

3日

●● 市十三届人大六次会议开幕。市长刘忻做政府工作报告。开幕式由会议执行主席、主席团常务主席于跃敏主持。会议执行主席李火林、佟桂莉、郑荣胜、毛溪浩、陈红英、罗卫红、卢春强、徐小林、张如勇等和会议主席团成员在主席台就座。省人大常委会党组书记、副主任梁黎明应邀出席会议并在主席台就座。

潘家玮、任少波、陈擎苍、戚哮虎、许明、戴建平、金志、陈新华、张振丰、朱建明、唐春所、柯吉欣、缪承潮、王宏、胡伟、陈国妹、陈卫强、张仲灿、叶鉴铭、谢双成、陈永良、王立华、周智林、冯仁强、滕勇和杭州警备区司令员朱云忠、市中级人民法院院长斯金锦、市人民检察院检察长陈海鹰等有关领导在主席台就座。在主席台就座的还有市十二届人大常委会主任王金财，副主任朱金坤、项勤、吴春莲、徐苏宾等。

会议审查了《杭州市国民经济和社会发展第十四个五年规划和二〇三五年远景目标纲要（草案）》，审查了杭州市2020年国民经济和社会发展计划执行情况与2021年国民经济和社会发展计划草案的报告，审查了杭州市及市本级2020年预算执行情况和2021年预算草案的报告。

市政府组成人员和有关领导同志，出、列席市政协十一届五次会议的人员列席了本次会议。市直属有关单位主要负责人在市民中心会场收看了会议的实况直播。

●● 由市文联主办，杭州市美协、杭州画院承办的"2021，我们的中国梦，文化进万家"文化惠民活动启动。

4
日

●● 中央第三生态环境保护督察组督察浙江省情况视频反馈会召开。督察组组长耿惠昌在中央督察组主会场通报督察意见，省委书记袁家军在浙江省主会场做表态发言，省委副书记、省长郑栅洁主持。督察组副组长翟青和督察组有关人员，省有关领导出席。情况反馈会在各市、县（市、区）设分会场。

中央第三生态环境保护督察组督察浙江省情况反馈会结束后，杭州市继续召开会议，贯彻落实会议精神，部署杭州市督察整改工作。刘忻主持，佟桂莉等市四套班子领导在杭州分会场出席。

会议指出，对于督察反馈问题和信访交办件，要不折不扣抓好整改落实，并举一反三、以点带面，深入践行习近平生态文明思想，按照"绿水青山就是金山银山"理念，持续深化美丽中国样本建设，厚植生态文明之都特色优势，为高水平打造"数智杭州·宜居天堂"提供良好的生态环境支撑。

● ● 市政协十一届五次会议闭幕。

闭幕会由潘家玮、张仲灿、叶鉴铭、谢双成、王立华、周智林、冯仁强、陈国妹、滕勇、金翔主持，全体市政协常委在主席台就座。

大会以无记名投票的方式，选举张仲灿、陈国妹为政协第十一届杭州市委员会副主席，方中勇、石仕元、石利群、朱铮、孙月红、陈新、周妙荣、高宁、虞文娟为政协第十一届杭州市委员会常务委员会委员。

会议通过政协第十一届杭州市委员会提案委员会关于十一届五次会议提案审查情况的报告；通过政协第十一届杭州市委员会第五次会议建议案；通过政协第十一届杭州市委员会第五次会议决议。

5 日

ER YUE

● ● 市政府举行参事聘任仪式，新聘任9人为市政府参事。市长刘忻出席聘任仪式并讲话。他强调，要坚持以习近平新时代中国特色社会主义思想为指导，紧扣忠实践行"八八战略"、奋力打造"重要窗口"主题主线，更好发挥参事"参政议政、建言献策、咨询国是、民主监督、统战联谊"作用，为高水平打造"数智杭州·宜居天堂"集智慧、聚合力、增动能。戴建平参加。

此次新聘任参事是王坚、李虹、陈文兴、陈宗年、金雪军、施一公、唐国华、葛继宏、楼时伟。他们之中既有中国工程院院士，也有知名企业家，还有来自教育、法律、文旅、传媒等领域的专家学者，与已聘任的其他8位参事共同构成一支精英云集、人才荟萃的参谋智囊队伍。

● ● 市长刘忻主持召开市疫情防控工作专题会议，研究部署当前疫情防控工作。戚哮虎、许明、戴建平、金志、柯吉欣、王宏、胡伟、陈卫强出席。

刘忻强调，要深入贯彻落实党中央、国务院和省委、省政府决策部署，坚持人民至上、生命至上，坚持精密智控、科学防控、闭环管控，筑牢人物同防、监测预警、医疗救治等防线，确保不出现聚集性疫情，坚决打赢冬春季疫情防控攻坚战。

刘忻指出，春节将至，返乡人员增多，聚集性活动增加，疫情防控面临新的挑战。各级各部门要把抓好春节前后疫情防控工作摆在突出位置，坚决克服麻痹思想和厌战情绪，深入查找短板漏洞，及时化解风险隐患，牢牢把握防控工作主动权，确保筑起疫情防控坚固防线。

● ● 市十三届人大六次会议闭幕。

会议由会议执行主席、主席团常务主席于跃敏主持。会议执行主席李火林、佟桂莉、郑荣胜、毛溪浩、陈红英、罗卫红、卢春强、徐小林、张如勇等和会议主席团成员在主席台就座。

会议通过总监票人、副总监票人名单。会议采用无记名投票方式，依法补选李火林为市十三届人大常委会主任，补选江成器、李莲萍、沈旭微、林沛、郑利敏、赵国钦、骆安全、聂江、黄昊明为市十三届人大常委会委员。

新当选的市人大常委会主任李火林在会议主会场进行了宪法宣誓。

会议通过市政府2021年度民生实事项目；通过市十三届人大专门委员会部分组成人员人选名单，通过关于政府工作报告、"十四五"规划和二〇三五年远景目标纲要、2020年国民经济和社会发展计划执行情况与2021年国民经济和社会发展计划、市及市本级2020年预算执行情况和2021年预算的决议，通过关于市人大常委会工作报告、市中级人民法院工作报告、市人民检察院工作报告的决议；通过新修订的《杭州市人民代表大会议事规则》。

闭幕式由会议执行主席、主席团常务主席李火林主持。

会后，新当选的市人大常委会委员和市人大专门委员会有关组成人员进行了宪法宣誓。

6
日 ER YUE

● ● 市新型冠状病毒肺炎疫情防控工作领导小组办公室发出《关于切实做好春节期间疫情防控工作的通知》。

通知要求，坚决落实国务院联防联控机制"六个不"要求。"六个不"即不得随意禁止外地群众返乡过年，不对返乡人员实施集中和居家隔离措施，不对低风险地区跨省流动到城市的非重点人群进行核酸检测，不对省域内低风险地区返乡的非重点人群查验核酸检测证明，不对省域内返乡人员进行居家健康监测，不得随意延长居家健康监测的期限。

通知提出，在健康监测具体执行过程中要做到"五不得"。"五不得"即不得以任何理由将不属于重点人群的省内返乡人员纳入健康监测；不得将跨省域返回城市的低风险地区人员纳入健康监测；不得随意扩大农村边界，简单地将县（市、区）全域划为农村地区；不得将农村地区返乡人员健康监测变相转为居家隔离；不得要求低风险地区师生假期提前返回或需实施隔离性质的健康监测后才能返校。

通知明确，农村地区范围由各区县（市）科学划定。要求各地各单位不得层层加码、过度防控，不得采取封闭小区出入通道等措施，不得随意限制本地区、本单位人员春节期间的合理出行，节后不得针对本地区、本单位返来杭人员制定额外的限制措施。非农村地区的酒店、宾馆对持健康码绿码的人员，不得增加核酸阴性证明等入住条件，餐饮服务单位不得简单以限制人数作为管理手段。

通知指出，各地各单位要进一步推进科学防疫、精准防疫、依法防疫，加强对涉疫矛盾纠纷排查，及时妥善处理，切实尊重群众权利、关怀群众需求，体现防疫工作的温度，努力把对群众生活的影响降到最低。

7
日

●● 省纪委十四届六次全会在杭州召开。省纪委常委会主持会议。许罗德在会议上做了题为《奋力推动纪检监察工作高质量发展，为争创社会主义现代化先行省提供坚强保障》的工作报告。省委书记袁家军出席会议并讲话。郑栅洁、葛慧君和其他副省级以上领导干部出席会议。省委常委、省纪委书记、省监委主任许罗德主持会议。杭州市四套班子领导在杭州分会场参加。

会议以视频形式召开，各市设分会场。省纪委委员、在杭省部属有关单位主要负责人等在省主会场参加会议。

●● 省委书记袁家军在杭州专题调研未来社区建设工作，并主持召开未来社区试点建设工作座谈会。袁家军到瓜沥七彩社区考察，走进TOD公交中心、文化客厅、创业中心等了解未来社区"三化九场景"建设运营，听取萧山区未来社区建设整体推进及七彩社区总体规划情况汇报，并与社区居民交流。随后，袁家军主持召开座谈会。省发展改革委负责人汇报未来社区试点建设工作，杭州市负责人汇报杭州未来社区试点情况。衢州市、温州市鹿城区、丽水市莲都区负责人做了交流发言。陈金彪等参加考察和座谈。

袁家军强调，要深入学习贯彻习近平总书记以人民为中心发展思想，全面贯彻落实新发展理念，全面加快未来社区建设，让社区成为居民最放心、最安心的港湾，力争打造成浙江省的一张金名片和"重要窗口"建设的标志性成果。

●● 市委常委会召开会议，传达学习中央第三生态环境保护督察组督察浙江省情况视频反馈会精神，研究杭州市贯彻落实整改工作；传达贯彻省纪委十四届六次全会精神，听取全市2020年纪检监察工作情况和2021年主要任务安排建议、市委巡察工作2020年工作情况和2021年工作建议的汇报。

会议指出，开展生态环保督察，是以习近平同志为核心的党中央推进生态文明建设的一项重大制度安排。要深入学习贯彻习近平生态文明思想，强化政治担当，高标准严要求落实督察整改意见，在建设人与自然和谐相处、共生共荣的宜居城市方面创造更多经验，以督察整改的实际行动践行"两个维护"。

会议强调，省纪委十四届六次全会深入贯彻落实十九届中央纪委五次全会精神，立足浙江实际，总结工作、分析形势、剖析问题，就做好2021年浙江省纪检监察工作做出全面部署。

8 日 ER YUE

●● 市纪委十二届六次全会召开。会议以视频形式召开，各区县（市）、钱塘新区、西湖风景名胜区设分会场。刘忻、李火林、潘家玮、佟桂莉等市四套班子领导在主会场或分会场出席。市委常委、市纪委书记、市监委主任陈擎苍代表市纪委常委会做工作报告。

会议强调，要把深入学习贯彻习近平总书记重要讲话精神作为重要政治任务，切实强化政治自觉，深刻领悟"在应对重大风险考验中推进全面从严治党"的科学总结，深刻领悟"全面从严治党首先要从政治上看"的深远考量，深刻领悟"充分发挥全面从严治党引领保障作用"的战略部署，深刻领悟"以系统施治、标本兼治的理念正风肃纪反腐"的一贯要求，进一步增强政治自信、提高政治站位、强化政治担当、提升政治能力，坚定不移把全面从严治党推向前进。

● ● 市人大常委会党组召开扩大会议，传达学习十九届中央纪委五次全会和省纪委十四届六次全会、市纪委十二届六次全会精神，传达学习中央第三生态环境保护督察组督察浙江反馈意见和省、市"两会"精神，研究部署贯彻落实工作。市人大常委会党组书记、主任李火林主持并讲话，郑荣胜、陈红英、罗卫红、卢春强、徐小林参加。

会议强调，要切实把思想和行动统一到习近平总书记在十九届中央纪委五次全会上的重要讲话精神上来，统一到中央和省委、市委关于全面从严治党的工作部署上来，一以贯之落实好全面从严治党要求，纵深推进人大党的建设，以学习贯彻新成效推动人大工作迈上新台阶，为杭州"十四五"开好局起好步做出新贡献。

9 日

● ● 省长郑栅洁在杭州检查疫情防控、安全生产和群众就地过年服务保障等工作。郑栅洁先后到杭州市中医院、杭州机场快线施工现场和浙江大学，询问医院接诊、筛查流程以及防护、诊疗等举措，了解工程进展、检查施工安全管理情况，检查留校学生住宿、用餐等保障情况，并与留校的外省学生和外国留学生亲切交谈。高兴夫、成岳冲、刘忻、任少波、吴朝晖参加检查。

郑栅洁强调，当前外防输入、内防反弹的疫情防控任务仍然艰巨，努力交出春节平安高分报表对各级政府而言是一场大考。各地各部门要坚决贯彻落实习近平总书记重要讲话重要指示精神，按照省委部署要求，切实承担起"促一方发展、保一方平安"的政治责任，坚持人民至上，坚守人民情怀，树牢"百姓过节、干部过关"思想，做到目光所至看到问题、耳听范围想到问题、所思所想所作所为直面问题解决问题，以精准严密的防控措施和周到细致的服务工作，全力以赴保安全、保畅通、保供应、保民生，确保广大群众过一个平安健康祥和的春节。

●● 李火林、缪承潮、叶鉴铭到西湖风景名胜区，走访慰问低保户巴德兴、困难残疾人何阿毛、烈军属葛淼花。

●● 市委召开全市基层党建和人才工作述职评议会。佟桂莉等出席，省委组织部负责人讲话，各区县（市）委书记和市委直属机关工委、市教育局、市卫生健康委、市国资委党委主要负责人做述职。

会议强调，要深入学习贯彻习近平总书记关于党的建设和人才工作的重要论述，认真落实全省基层党建和人才工作述职评议会精神，自觉主动地扛起使命担当，纵深推进新时代党的建设新的伟大工程，加快形成与社会主义现代化国际大都市建设相适应的党建工作新格局，实现以高质量党建推进高质量发展，奋力展现党建之窗的头雁风采，以优异成绩庆祝中国共产党百年华诞。

上旬 ER YUE

●● 杭州市开展节前安全生产大检查，由副市长带队，分路对重大危险源、烟花爆竹批发零售点、燃气经营场所、"两客一危"车辆、客运枢纽场站、桥梁隧道、轨道交通、建筑工地、人员密集场所、大型商业综合体、文博单位、学校医院、防疫隔离点、养老机构和棚户区、群租房、城乡农贸市场、民间宗教信仰场所、客运索道、大型游乐设施等开展了一次集中走访、检查。全市出动8个检查组、76名检查人员，共排查登记27个企业，发现问题和隐患107个，完成整改96个。其中，春节前重大问题隐患整改率100%，仍在整改中的问题隐患11个，对未能在春节假期前整改的隐患全部落实具体管控措施，管控落实率100%。

12日 ER YUE

●● 农历大年初一，省委书记袁家军，省委副书记、省长郑栅洁在杭州看望慰问春节值班人员、外地留浙人员，检查疫情防控和节日民生保障工作，向大家致以诚挚问候和新春祝福。

袁家军强调，全省各地一定要深入贯彻习近平总书记关于做好常态化疫情防控工作的重要讲话重要指示精神，大力发扬孺子牛、拓荒牛、老黄牛精神，提高政治站位，坚持系统观念，统筹做好新冠肺炎疫情防控、就地过年服务保障和春节期间各项工作，确保广大人民群众过一个健康安定祥和的春节，确保交出一份漂亮的民生答卷。

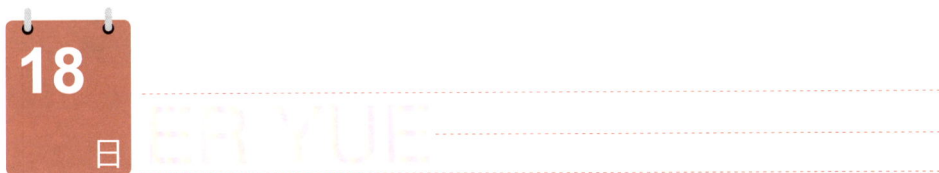

18 日

●● 省委召开全省数字化改革大会，全面部署浙江省数字化改革工作。省委书记袁家军出席会议并讲话。郑栅洁主持，葛慧君、陈金彪、王昌荣、梁黎明、高兴夫出席。省委改革办、省大数据局负责人分别汇报数字化改革总体方案和一体化智能化公共数据平台建设方案。省委办公厅、省政府办公厅、省经信厅、省发展改革委、省委政法委负责人分别汇报相关工作方案。省直有关部门主要负责人参加会议。会议以视频形式召开，各设区市、县（市、区）有关负责人在分会场参加。杭州市四套班子领导在杭州分会场或各区县（市）分会场参加。

数字化改革"1+5+2"工作体系："1"即一体化智能化公共数据平台；"5"即五个综合应用，分别是党政机关整体智治综合应用、数字政府综合应用、数字经济综合应用、数字社会综合应用和数字法治综合应用，包含"产业大脑+未来工厂""城市大脑+未来社区"等核心业务场景；"2"即数字化改革的理论体系和制度规范体系。数字化改革是一个长期的螺旋式迭代过程，围绕"一年出成果、两年大变样、五年新飞跃"的总时间表，把握好节奏和力度，到2021年底，初步构建一体化智能化公共数据平台，5个综合应用实现功能全上线、省市县全贯通。

●● 全市深化作风建设暨综合考评大会召开。会议以视频形式召开。市委副书记、市长刘忻主持。李火林、潘家玮、佟桂莉等市四套班子领导出席，陈擎苍、许明分别对作风建设和综合考评工作做总结部署，富阳区、桐庐县、市委直属机关工委、市发改委、市税务局、市地铁集团负责人做表态发言。

会议强调，要深入贯彻中央和省委全会、全省数字化改革大会精神，以"学改转优"为主题，深入开展数智攻坚年、狠抓落实年活动，推动"十四五"迈好第一步、展现新气象，为高水平打造"数智杭州·宜居天堂"、加快建设社会主义现代化国际大都市做出新的贡献，以优异成绩庆祝建党100周年。

●●《关于进一步提升杭州市市政道路建设质量管理的若干意见》及配套文件《关于进一步强化设计质量的指导意见》《杭州市市政道路工程联合质量抽检实施细则》印发。

杭州城市道路质量提升的新标准，明确落实了设计质量源头管理、施工质量管理、强化政府质量监管三个方面14条监管意见和市政道路设计"一路一方案"、优化管网布置及管材选用、强化道路特殊部位的处理、道路典型路面结构4个方面15条专业意见。

●●《2020年度杭州综合考评社会评价意见报告》发布，这是杭州连续第14年发布"民意白皮书"，也是第5次发布社会评价意见"十大热词"。

报告显示，2020年度综合考评社会评价继续全面实施电子化评价，积极拓展意见征集渠道，78168名社会各界代表参评，征集到各类意见建议15842条，同比增长25.95%。相较于2019年度，2020年度意见征集总量有所增加，市直单位和区县（市）的意见量均呈现上升态势。

社会各界对各地各部门2020年度工作成效的总体满意率维持较高水平。其中，对市直单位工作成效的总体满意率为99.12%，与2019年基本持平。对区县（市）党委、政府工作评价的总体满意率为98.70%，与2019年基本持平，其中，对"战疫情、促发展"工作的平均满意率最高，达到99.75%。从意见内容上看，政府治理和民生保障两类意见所占比例最高。

19 日 ER YUE

●●省委书记袁家军到他的基层工作联系点淳安县枫树岭镇下姜村调研。袁家军先后到村委旧址、思源亭、大下姜乡村大脑运营指挥中心、千岛湖大下姜旅游集散中心和衍昌村，走村巷、访农户、看变化，与当地党员干部群众一起，共谋乡村振兴之策，共商推进共同富裕大计。陈金彪等省、市领导参加调研。

袁家军指出，下姜村的发展变化得益于总书记的亲自指导，饱含着总书记深厚的为民情怀。大家要牢记总书记的殷切期望，把对总书记的感恩之情转化为忠实践行"八八战略"、奋力打造"重要窗口"的强大动力。希望村里广大党员一道牢记总书记的嘱托，更好发挥党员先锋模范作用，吸引更多年轻人带着科技、资本回来，大家齐心协力把下姜村建设得更好。

● ● 市政府召开全体扩大会议，深入贯彻习近平总书记重要讲话和指示精神，紧紧围绕省委、市委决策部署和市"两会"确定的目标任务，部署推进2021年政府工作。

刘忻强调，要聚焦"六个倒逼"、突出"六个化"、提升"六个力"，全面撬动各方面、各环节、各领域系统性变革，为高水平打造"数智杭州·宜居天堂"、加快建设社会主义现代化国际大都市做出新的贡献。

● ● 市人大常委会召开会议，研究部署贯彻落实全省人大数字化改革工作视频推进会议精神。市人大常委会主任李火林，副主任郑荣胜、陈红英、罗卫红、卢春强、徐小林参加。

会议指出，推进人大数字化改革，是坚决贯彻落实习近平总书记指示要求和省委、市委决策部署的具体行动，是积极投身打造数智杭州的必然要求，是引领新时代人大工作创新发展的迫切需要。要按照市委深入开展数智攻坚年、狠抓落实年活动的要求和省人大常委会的统一部署，切实增强推进全市人大数字化改革的思想自觉、政治自觉、行动自觉，突出系统集成、实用为先、交互共享的鲜明导向，突出综合平台、应用场景、数据资源的统筹衔接，推动全市人大数字化改革取得更大成效。

● ● 市人大常委会主任李火林到"五四宪法"历史资料陈列馆走访调研。李火林一行先后走访了陈列馆北山街馆区和栖霞岭馆区，并召开座谈会。

李火林指出，2021年是中国共产党成立100周年，陈列馆将迎来开馆五周年。要深入学习宣传贯彻习近平法治思想和习近平总书记对陈列馆的重要指示精神，坚持党的领导、人民当家作主、依法治国有机统一，加强宪法制度和实践宣传，与时俱进讲好中国宪法故事、中国法治故事，更好发挥陈列馆的独特阵地作用，努力为普及宪法知识、增强宪法意识、弘扬宪法精神、推动宪法实施做出贡献。要认真贯彻落实中央和省委、市委有关在"五四宪法"历史资料陈列馆基础上建设国家宪法宣传教育馆的决策部署，扛起使命担当，抓紧研究谋划，做好陈列馆的深化、拓展和提升文章，全力把陈列馆打造成宪法资料收藏中心、宪法发展历程展示中心、宪法宣传教育中心及宪法研究中心。要按照全省数字化改革大会、全市深化作风建设暨综合考评大会的要求，积极推进智慧陈列馆建设，利用数字化技术和手段，丰富宪法宣传教育形式，进一步扩大陈列馆的影响力和传播力。要以党建为统领抓好队伍建设，提高政治站位，提升业务能力，加强与兄弟馆的交流互鉴，打造更专更精、善作善成的一流队伍，把宪法宣传教育阵地的"金名片"擦得更亮。

● ● 市政协主席潘家玮走访市各民主党派、市工商联机关，向大家致以亲切问候。张仲灿、王立华、滕勇参加。

潘家玮指出，2020年是极不平凡的一年。在中共杭州市委的坚强领导下，市各民主党派、工商联坚持围绕中心、服务大局，充分发挥优势，认真参政履职，当好"重要窗口"建设的实践者、推动者、展示者，为杭州经济社会各项事业发展和政协工作提质增效做出了重要贡献。各民主党派、工商联是人民政协的重要组成单位，是政协履职的主力军。市各民主党派、工商联坚持以习近平新时代中国特色社会主义思想为指引，发扬光荣传统，坚守合作初心，强化思想政治引领，提高政治判断力、政治领悟力、政治执行力，引导广大成员和所联系群众不断增进对中国共产党领导和中国特色社会主义的政治认同、思想认同、理论认同、情感认同。要聚焦中心大局履职尽责，紧紧围绕把握新发展阶段、贯彻新发展理念、构建新发展格局，深入调查研究，认真履行职能，积极建言献策，广泛凝聚共识，为杭州"十四五"开好局起好步、加快建设社会主义现代化国际大都市、奋力展现"重要窗口"头雁风采贡献智慧和力量。要发挥界别特色优势，加强界别自身建设，建好委员工作站等阵地，精心设计履职载体内容，更好联系和服务界别群众，在政协履职舞台上更好书写精彩、彰显价值。市政协要进一步为各民主党派、工商联履职创造条件、搭建平台，共同谱写新时代多党合作和政治协商事业发展新篇章。

● ● 2021年"新春纳才，杭向未来"长江三角洲高层次人才云聘会开幕。活动由市委人才办、市人力社保局主办，持续1个月。

云聘会依托杭州人才网平台和智联招聘平台，联动前程无忧、猎聘、Boss直聘、丁香人才等平台，通过空中洽谈、空中宣讲会、云端直播带岗等形式，为企业和求职者搭建定位更为精准的线上专场。云聘会邀请长三角地区包括上海航天汽车、南京普天通信、海康威视等知名企业、上市公司，以及浙江大学、中国美术学院、之江实验室、西湖大学、国科大杭高院等高端科研院所在内的5000多个用人单位，推出高层次人才岗位8万余个，涵盖数字经济、生物制药、智能制造、金融服务、人力资源、医疗卫生、教育等重点行业，并增设博士后专场、海外高层次人才专场、上市公司等细分专场。云聘会期间，杭州各区县（市）和钱塘新区有关负责人在线推介当地人才政策和环境，开展视频面试，实现政府、企业、人才云纳才。

20日

● ● 省人大常委会副主任赵光君带队到杭，就深入推进民主立法工作开展调研。赵光君一行先后到浙江天册律师事务所、西溪街道文三人大代表联络站调研，考察了西溪湿地数字停车系统。市人大常委会主任李火林，副主任陈红英参加。

赵光君指出，建立基层立法联系点制度是中国特色社会主义民主政治的重要形式，是全过程民主在立法工作中的具体体现。要深入学习贯彻习近平总书记关于基层立法联系点的重要指示精神，全力推进联系点各项工作，让立法工作更好地接地气、察民情、聚民智。要将基层立法联系点打造成连接民意的"直通车"，要将基层立法联系点打造成开门立法的"最前线"，要将基层立法联系点打造成法治宣传的"新窗口"。代表联络站是人大代表联系服务群众的重要桥梁，是传递社情民意的重要渠道，要深入贯彻习近平总书记关于坚持和完善人民代表大会制度的重要思想，提升代表联络站建设实效，更好发挥代表作用，深入了解人民群众立法需求，充分听取意见建议，更好推动科学决策、民主决策。

22日

● ● 省委落实中央巡视反馈问题整改工作动员部署会在杭州召开。省委书记、省委落实中央巡视反馈问题整改工作推进小组组长袁家军做动员讲话。郑栅洁主持，葛慧君出席。陈金彪就《中共浙江省委关于落实中央巡视反馈问题整改工作方案》做说明，杭州市、宁波市主要负责人分别就落实中央巡视反馈问题整改工作做表态发言。会议以视频会议方式召开，市县设分会场。刘忻、李火林、潘家玮、佟桂莉等市四套班子领导在杭州分会场或各区县（市）分会场参加。

●● 市委常委会召开会议，深入学习贯彻习近平总书记在听取十九届中央第六轮巡视汇报时的重要讲话、十九届中央第六轮巡视反馈视频会议精神和中央第四巡视组巡视反馈意见以及省委常委会会议精神，专题研究落实中央巡视反馈问题整改工作方案，明确杭州市巡视反馈问题整改工作任务措施。

会议指出，巡视是加强党内监督的战略性安排，是落实全面从严治党的重大举措。这次中央巡视组反馈意见，既对杭州工作给予肯定鼓励，又深刻指出了主要问题，提出了意见建议。这是一份把脉问诊、警示提醒的"政治体检"报告，充分体现了中央巡视组对杭州的关心爱护，杭州要诚恳接受、照单全收、坚决整改。要坚持"四个融入"，细化"四张清单"，严肃认真抓好整改，做到举一反三、全面提升。要把整改融入日常工作，把整改融入深化改革，要把整改融入全面从严治党，要把整改融入班子队伍建设。

●● 在北京举办的《中国旅游经济蓝皮书》发布会上，余杭区、浙江省文化和旅游厅联合中国旅游研究院共同发布了"余杭文旅融合指数"。这个以余杭为样本构建的国内首个区县级文化和旅游融合指数测评指标体系，将客观反映文化和旅游融合现状，精准评测文化和旅游融合效果，更好指引文化和旅游未来发展。

2020年，余杭地区生产总值3051.61亿元，财政总收入和地方财政收入分别为825.9亿元及441.1亿元，共接待旅游总人次2323.44万人次，恢复到2019年同期91.63%；旅游总收入284.19亿元，同比增长0.25%。

23 日 ER YUE

●● 省委常委、政法委书记王昌荣到富阳区调研。王昌荣先后到杭州市公安局富阳区分局县级执法办案管理中心、富阳区检察院、富阳区法院、富阳区矛调中心调研，并到富阳区心理咨询工作室考察社会心理服务体系建设工作。许明参加。

王昌荣强调，要深学笃行习近平法治思想，深入学习贯彻习近平总书记关于诉源治理的重要指示精神，按照中央全面深化改革委员会会议部署和省委要求，坚持发展新时代"枫桥经验"，提高站位、深化认识，创新机制、细化举措，持续深化诉源治理工作，切实推动矛盾纠纷源头化解取得更大实效，为建设平安中国、法治中国示范区，争创社会主义现代化先行省护航添彩。

●● 市委落实中央巡视反馈问题整改工作暨2021年市委巡察工作动员部署会召开。市委主要领导出席会议，市委副书记、市长刘忻主持，李火林、潘家玮、佟桂莉等市四套班子领导出席，陈擎苍宣布新一轮市委巡察"回头看"授权任职和任务分工决定，西湖区、华数集团负责人分别做交流、表态发言。

会议强调，要深入学习贯彻习近平总书记关于巡视工作的重要讲话和省委落实中央巡视反馈问题整改工作动员部署会精神，坚持立行立改、全面整改、彻底整改，以"学改转优"为主题全面开展数智攻坚年和狠抓落实年"两个年"活动，扎扎实实推进巡视整改工作，推动全面从严治党取得显著成效，推动各级党组织和党员干部建设社会主义现代化国际大都市能力实现显著提升，努力交出巡视后半篇文章的"高分答卷"，以优异成绩庆祝中国共产党百年华诞。

●● 国家市场监管总局印发《市场监管总局关于同意开展电梯智慧监管试点的批复》，杭州市成为首批电梯智慧监管试点城市，其他试点城市还有上海市、南京市、广州市。

●● 富阳区新登镇和建德市梅城镇入选浙江省第一批（共11个）千年古城复兴试点建设名单，试点建设时限约为3～5年。

24 日

●● 市委审计委员会第五次会议召开，深入学习贯彻习近平总书记关于审计工作的重要指示批示精神，传达全国审计工作会议和省委审计委员会第五次会议精神，审议通过2020年全市审计工作总结和2021年审计工作计划等，研究部署2021年和"十四五"时期审计重点工作。

●● 市委统战工作领导小组全体（扩大）会议召开。会议通报了2020年度全市统战工作情况和2021年重点工作，审议并通过市委统战工作领导小组成员单位2021年重点工作任务和《关于构建"八个一"工作体系持续深化杭州市网络人士统战工作实践创新的实施方案》等文件。

● ● 2021年全市卫生健康工作会议召开。会议指出，2020年，全市卫生健康系统在市委、市政府的领导下，以实际行动汇聚成风雨同舟、共克时艰的强大合力，展现了迎难而上、敢打硬仗的责任担当。会议还对2021年全市卫生健康重点工作进行了部署。

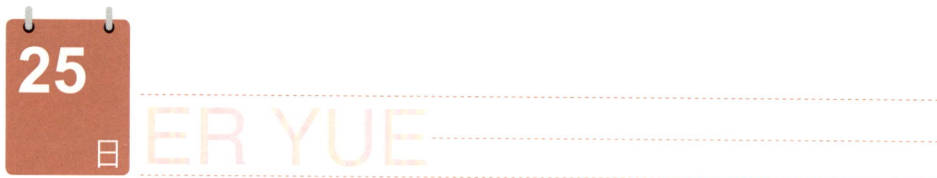

25日

ER YUE

● ● 全国脱贫攻坚总结表彰大会在北京人民大会堂举行。中共中央总书记、国家主席、中央军委主席习近平向全国脱贫攻坚楷模荣誉称号获得者颁奖并发表重要讲话。大会对全国脱贫攻坚先进个人、先进集体进行表彰。其中，叶正猛、汪四花、沈翔、吴斌、刘启宏、盛春霞、王晓桢、王强、陈立群、周君10名杭州人获评"全国脱贫攻坚先进个人"，浙江吉利控股集团有限公司、传化集团有限公司、阿里巴巴（中国）有限公司、中共淳安县枫树岭镇下姜村总支部委员会、海亮集团有限公司、浙江省杭州市帮扶黔东南州工作队6个杭州集体获评"全国脱贫攻坚先进集体"。

● ● 省政协主席葛慧君在临安区调研"扎实推进共同富裕"重点履职课题，并就市县政协换届工作听取意见。葛慧君先后到锦城街道南苑小区、高虹镇"龙门秘境"，考察老旧小区公共服务集成示范点"温馨南苑"建设情况、调研省级农村综合改革集成示范区建设情况，并召开座谈会。市政协主席潘家玮，副主席张仲灿参加。

葛慧君指出，近年来，临安城乡面貌焕然一新，融杭发展取得积极进展，乡村振兴有了自己的品牌，生态富民的路子越走越宽，基本公共服务投入力度大、成效明显，政协工作有特色、有亮点、有质量。2021年是市县政协换届之年，要抓住换届的有利契机，进一步推动解决好"两个薄弱"问题。要在深入调研、摸清底数上下功夫，进一步总结经验，把准问题；在挖掘潜力、激发活力上下功夫，进一步用好数字赋能；在聚焦主业、做强平台上下功夫，进一步发挥好专门协商机构作用，把党的决策部署落实下去，把各方面的智慧力量凝聚起来。

潘家玮表示，市政协将按照市委部署和省政协要求，进一步发挥政协职能优势，持续深化"政协走亲"、政协"六送"服务等活动，积极围绕城乡共同富裕、推进乡村振兴、改善民生福祉等议题开展调查研究、建言献策，为杭州"十四五"开好局、起好步贡献智慧和力量。将以换届为契机，进一步加强委员队伍建设，推进"两个薄弱"问题解决，为新时代杭州政协工作高质量发展夯实基础。

● ● 市委理论学习中心组召开专题学习会，学习贯彻习近平总书记在省部级主要领导干部学习贯彻党的十九届五中全会专题研讨班上的重要讲话精神和《中国共产党党员权利保障条例》《中国共产党地方组织选举工作条例》《中国共产党统一战线工作条例》。

市委主要领导主持会议并讲话。刘忻、李火林、潘家玮、陈擎苍、毛溪浩、陈新华、张振丰、朱建明做交流发言，市委理论学习中心组其他成员和市直有关部门负责人参加。

会议指出，习近平总书记重要讲话是对党的十九届五中全会精神又一次集中、深刻、精准、权威的阐释，是一篇闪耀着马克思主义理论光辉的重要文献，具有重大现实意义和长远指导意义。要学深悟透精神实质，从政治的高度认识和理解党的重大理论创新成果，从历史的深度认识和理解现代化发展进程，从全球的广度认识和理解开启中国式现代化新征程的系统思考，全面准确领会把握新发展阶段、贯彻新发展理念、构建新发展格局的重要意义和丰富内涵。

● ● 市人大常委会、市政府和市政协共同召开会议，表彰2020年度建议提案办理工作11个优秀单位和25位先进个人，部署2021年建议、提案办理工作。

2021年市"两会"期间，市人大代表、市政协委员和政协各参加单位共提出建议、提案近千件，最终立案841件，其中人大代表建议371件、政协提案470件。其中围绕打造"数智天堂·宜居杭州"、加快建设社会主义现代化国际大都市等主题的建议提案比较集中。此外，打造优化营商环境、智慧养老、乡村振兴、加快公共租赁房建设等内容也是代表委员关注的热点。

● ● 2021年全市科技工作会议召开。2021年，杭州市科技系统将围绕"数智杭州·宜居天堂"发展导向，全面实施创新驱动发展战略，推进"一加强六聚焦"，全面加强创新策源力、技术供给力、成果转化力，构建具有全球影响力的创新创业体系。

"一加强六聚焦"即加强党对科技工作的全面领导，聚焦"三大科创高地"、聚焦培育战略科技力量、聚焦揭榜挂帅、聚焦创新策源地、聚焦企业主体、聚焦体制机制创新。

●● 杭州市跨境贸易便利化专项行动推进会召开，杭甬两市发布促进杭甬跨境贸易便利化若干措施的公告，推出了第二批25条具体措施，优化跨境贸易营商环境。其中，进口"水水中转"自动审放在列，通过优化通关流程，有效节省企业通关时间，实现转关业务办理"一次不用跑"。

26 日
ER YUE

●● 全市农村工作会议召开。市委主要领导出席会议并讲话，市委副书记、市长刘忻主持，李火林、潘家玮、佟桂莉等市四套班子领导出席。会议通报了2020年度实施乡村振兴战略实绩考核结果等，市规划和自然资源局、市种业集团、萧山区、桐庐县、黄湖镇、下姜村负责人做交流发言。

会议强调，要深入学习贯彻中央农村工作会议、全国脱贫攻坚总结表彰大会和省委农村工作会议精神，进一步提高政治判断力、政治领悟力、政治执行力，善于用政治眼光观察分析"三农"问题，坚持农业农村优先发展，高水平推进乡村振兴，在加快农业农村现代化中继续走在前列，为加快建设社会主义现代化国际大都市开好局、起好步提供有力支撑。

●● 《浙江省数字经济促进条例》宣传贯彻视频会议召开。市人大常委会主任李火林，副主任郑荣胜、陈红英、罗卫红、徐小林，副市长柯吉欣在杭州分会场参加。会后，市人大常委会召开专题会议，对贯彻实施条例进行部署。

该条例是中国首部以促进数字经济发展为主题的地方性法规，于3月1日起施行。条例首次将数字经济领域的相关基础性概念上升为法律概念，聚焦数字基础设施、数据资源两大支撑和数字产业化、产业数字化、治理数字化三大重点，创设一系列具体制度，规定一系列激励保障措施。

三月

1 日

SAN YUE

● ● 市委常委会召开会议，传达学习习近平总书记在全国脱贫攻坚总结表彰大会和党史学习教育动员大会上的重要讲话精神，研究部署杭州市贯彻落实工作。

会议指出，要切实把思想和行动统一到中央和省委的部署要求上来，把学习贯彻习近平总书记重要讲话精神与学习贯彻党的十九届五中全会精神结合起来，与抓好习近平总书记考察浙江、杭州重要讲话精神再学习再领悟再落实结合起来，与开展党史学习教育结合起来，接续奋斗、攻坚克难，着力解决发展不平衡不充分问题，率先推进共同富裕，奋力展现"重要窗口"头雁风采。要持续巩固成果，加强对低收入群体的动态监测和帮扶，健全临时救助体系，完善发展型社会救助政策，扎实推进"六大西进"、区县（市）协作、联乡结村等工作，推动共同富裕取得更为明显的实质性进展。要扛起责任担当，深化对口支援、对口合作、对口协作等各项工作，努力为全省全国大局做出更大贡献。

● ● 市委常委会召开2020年度民主生活会暨中央巡视反馈问题整改专题民主生活会。省委督导组有关同志到会指导。会议通报了中央巡视反馈问题、市委常委会"不忘初心、牢记使命"专题民主生活会整改措施完成情况和2020年度民主生活会征求意见建议情况。

会议坚持以习近平新时代中国特色社会主义思想为指导，认真学习贯彻习近平总书记在中央政治局民主生活会上的重要讲话精神，紧扣民主生活会主题，对照中央巡视反馈意见，联系个人思想和工作实际，联系严格执行关于加强和维护党中央集中统一领导的若干规定精神的实际，联系贯彻落实习近平总书记重要指示批示和党中央决策部署的实际，联系严格执行中央八项规定及其实施细则精神和解决形式主义突出问题、为基层减负的实际，联系市委常委会工作实际，进行深入的自我检查、党性分析，严肃认真开展批评和自我批评。

● ● 全省政法队伍教育整顿动员部署会议召开。会议结束后，杭州市继续召开会议，学习贯彻全国全省会议精神，部署相关工作任务。

会议强调，要认真学习贯彻习近平总书记重要指示和训词精神，全面落实中央和省委决策部署，领会意图、把握要求，谋深做实、抓紧抓细，加强领导、精心组织，高标准高质量推进杭州市政法队伍教育整顿，确保有力有序有效。

● ● 全省离退休干部"百年回眸，百个故事"云接力仪式在皮市巷3号——杭州的小营·江南红巷（浙江省第一个地方党组织——中共杭州小组诞生于此）举行。

该活动由浙江省委老干部局、杭州市委老干部局共同主办。作为全省离退休干部纪念建党百年系列活动的重要内容之一，当日起至5月底，浙江省老干部局寻访百位最美老党员和百位最美正能量之星，以"红色微故事"接力的形式，征集离退休党员干部亲身参与革命斗争、参与杭州改革发展历程及"数智杭州·宜居天堂"的经历，让老同志深情讲述红色奋斗路，带领广大党员群众重温伟大革命历程，共同奋进筑梦美好未来。

● ●《杭州市农村建筑工匠积分和评价管理暂行办法》实施。

农村建筑工匠积分制是杭州在农房建设领域对提升乡村治理体系和治理能力现代化的有益探索。2019年，杭州市智慧农房系统上线试运行，运用信息化技术为杭州农房建设管理赋能。尤其是系统中加入了建房工匠的信息、信用分、累计服务次数、综合评分等内容，让村民可以像线上购物一样货比三家。

2 日
SAN YUE

● ● 全市党史学习教育动员部署会召开。会议以视频形式召开。市委主要领导出席会议并讲话，市委副书记、市长刘忻主持，李火林、佟桂莉等市四套班子领导在主会场或分会场出席，戚哮虎就全市党史学习教育方案做情况说明。

会议强调，要深入学习贯彻习近平总书记在党史学习教育动员大会上的重要讲话精神，认真落实全省党史学习教育动员部署会精神，以"头雁标准"开展党史学习教育，牢记殷切期望，传承红色基因，奋力开创社会主义现代化国际大都市建设新局面，以优异成绩庆祝建党100周年。

● ● 全市"美丽城镇创建工作推进会"首场会议在建德市三都镇召开。随着数字治理的实践不断铺开，建德市在各镇村试点先行的基础上，开启打造县（市）级美丽城镇乡村小脑数字化集成平台建设的新探索。

● ● 浙江省商务厅公布了2020年度"浙江出口名牌"，杭州共有56个品牌上榜，其中新增8个、复核48个。至此，杭州已累计培育"浙江出口名牌"111个。

上榜的杭州企业行业分布非常全面，涵盖了机械电子、建材冶金、轻工工艺、化工医药、纺织服装等行业，其中机械电子占比最高，上榜企业有31个。

3 日 SAN YUE

● ● 市委全面依法治市委员会立法协调小组召开会议，学习贯彻习近平法治思想，贯彻落实市委有关决策，动员部署2021年立法工作。市人大常委会党组书记、主任李火林出席并讲话，戴建平、陈红英参加。

根据市人大常委会2021年立法计划，2021年有继续审议项目2件，正式项目7件，预备项目和调研项目12件。会上，市人大常委会法工委就立法计划任务分解做说明，相关单位进行了讨论，明确了立法计划实施方案。

● ● 国务院办公厅在中国政府网发布了《优化营商环境条例》实施情况第三方评估发现的部分创新举措，15项被"点赞"的举措中，杭州占4项。杭州入选的4项创新举措分别为：推进工程建设项目综合测绘、通过"亲清在线"平台实现惠企政策精准直达、畅通各类专业技术人才平等参与职称评审渠道、优化水电气报装。

● ● 市房地产市场平稳健康发展领导小组办公室发布《关于进一步规范房地产市场秩序的通知》，规范房地产市场秩序，促进杭州市房地产市场平稳健康发展。

4 日 SAN YUE

● ● 省委常委、政法委书记、省委建设平安浙江领导小组副组长王昌荣带队到杭州市开展平安建设考核抽查。王昌荣到杭州市社会治理综合服务中心，考察整体建设运行情况，并听取杭州市2020年度平安创建工作汇报。许明、金志和市法检"两长"参加。

王昌荣强调，杭州市要切实按照中央和省委关于深化平安建设的部署，以省会城市的站位进一步强化标杆意识，保持虚心学习的胸怀，着力固根基、扬优势、补短板、强弱项，争当市域社会治理现代化"领头羊"，努力为高水平建设平安中国示范区贡献杭州力量、展现杭州担当。

●● 全市安全生产暨消防工作会议召开。市长刘忻出席会议并讲话。戴建平主持，缪承潮出席。

刘忻强调，要深入贯彻习近平总书记关于安全生产的重要指示精神，牢固树立大安全观，坚持人民至上、生命至上，以如履薄冰、如临深渊的状态，以守土负责、守土尽责的担当，抓紧抓实抓细安全生产各项工作，全力以赴守护好人民群众健康安全，以安全发展的优异成绩迎接建党100周年。

●● 市人大常委会主任李火林带队赴富阳区调研。李火林实地考察杭黄高铁站前广场、富春湾大道、秦望"城市眼"项目和新桐乡、场口镇东梓关村等。

李火林指出，富阳区委区政府紧紧抓住融入杭州机遇，看得远、谋得深，定目标有大气魄、抓项目有大手笔，富阳经济社会发展值得期待。富阳区人大围绕中心、服务大局，积极发挥人大职能，助推新城建设等重大项目落实，值得肯定。富阳区要认真贯彻落实中央和省委、市委决策部署，加快推进重大标志性项目建设，持续高水平推进乡村振兴，全力绘就现代版"富春山居图"。富阳区人大要更好发挥监督支持促进作用，为"十四五"开好局、起好步贡献人大力量。

●● "武林大妈平安志愿服务项目"获全国巾帼志愿服务"十大优秀项目"称号。

"武林大妈"巾帼志愿服务团队从最初的18个人发展到了5.3万人。她们身穿红马甲，穿行于街头巷尾，为居民提供文明劝导、平安巡防、邻里互助等各类志愿服务，点亮了千家万户的美好生活。

5
日 SAN YUE

●● "决战2021"亚运攻坚动员大会召开。市委主要领导出席会议，副省长成岳冲讲话，市委副书记、市长刘忻主持。佟桂莉、戚哮虎、许明、戴建平、缪承潮出席，陈卫强部署2021年度亚运筹办和亚运城市行动重点工作，省直有关部门和协办城市、协办高校负责人出席。萧山区、市体育局、市残联、亚组委工作人员代表做表态发言，协办城市和省部属高校代表发言。

会议指出，开展"决战2021"亚运攻坚行动是学习贯彻习近平总书记重要指示精神的内在要求，是实现筹办工作2021年底基本收官、2022年精彩亮相的迫切需要，是提升城市综合能级、加快城市国际化进程的重要举措。要深化认识、扛起担当，迅速掀起"决战2021"亚运攻坚高潮。

成岳冲要求，要聚焦场馆建设抓攻坚，要聚焦比赛运行抓攻坚，要聚焦亚运城市抓攻坚，要聚焦赛事保障抓攻坚，切实提升办赛质量，全力办好亚运盛会。

●● 全市组织工作会议暨组织部门数字化改革部署会召开，贯彻落实全国、全省组织部长会议和市委部署要求，总结2020年工作，部署安排2021年组织工作重点任务，部署组织部门党史学习教育暨"争做新时代浙江组工人模范生"主题实践活动，确保全年组织工作起好步、开好局。

6
日 SAN YUE

●● 全国政协委员、市政协主席潘家玮在北京接受《杭州日报》连线专访。

8
日 SAN YUE

●● 市委理论学习中心组召开专题学习会，传达学习习近平总书记在党史学习教育动员大会上的重要讲话精神和《习近平在浙江》采访实录。市委主要领导主持会议并讲话。刘忻、李火林、佟桂莉、戚哮虎、许明、陈新华、张仲灿做交流发言，市委理论学习中心组其他成员和市直有关部门负责人参加。

会议指出，习近平总书记在党史学习教育动员大会上的重要讲话为大家在党史学习教育中温故知新、重整行装指明了方向，以昂扬姿态奋力开启全面建设社会主义现代化国家新征程提供了根本遵循。《习近平在浙江》是《学习时报》反映习近平总书记成长历程系列采访实录的第七部。习近平总书记在浙江工作的6个年头，是浙江改革开放取得历史性成就的关键时期，是浙江百年党史的重要组成部分，为习近平新时代中国特色社会主义思想萌发提供了重要理念和实践准备，具有极其重要的历史意义、政治意义、理论意义、实践意义。要坚持学党的创新理论、百年党史、优良传统有机统一，更加坚定做到"两个维护"。

9 日

●● 全省第一批政法队伍教育整顿驻点指导工作驻杭州指导组见面会召开。第一驻点指导组组长马以向杭州市传达省委政法队伍教育整顿驻点指导工作总体任务要求和有关情况，市委主要领导做表态讲话，许明主持，金志出席，省委驻杭州指导组全体成员参加。

指导组指出，根据中央和省委部署，省委驻点指导组将采取"听、谈、查、访"等方式，充分发挥指导、督促、协调、推动的职能作用，助力杭州发现问题、分析问题、整改问题，推动政法队伍教育整顿工作走深走实。重点立足推动"当下治"，聚焦责任落实、学习教育、问题查纠、顽症整治等方面，指导督促、协调推动教育整顿单位深入查找问题、深化整改。立足推动"长久立"，聚焦英模典型的选树、工作亮点经验的挖掘总结，推进建章立制、成果转化。杭州市、县两级党委及相关部门建立健全协商会商机制，协助做好来信来电处理，及时核查处置问题线索等相关工作，与驻点指导组一道，齐心协力完成好省委部署的政法队伍教育整顿工作任务。

会议指出，开展政法队伍教育整顿是党中央从党和国家事业发展全局的高度做出的重大决策部署，是深化全面从严管党治警的重要举措。指导组驻点指导杭州，既是对杭州市开展教育整顿工作的有力帮助，也是对杭州市政法队伍的全面检验。杭州要切实把思想和行动统一到习近平总书记重要指示精神和中央、省委的决策部署上来，以最坚决的态度、最优良的作风、最严明的纪律，全力抓好政法队伍教育整顿，坚决完成"筑牢政治忠诚、消除害群之马、整治顽瘴痼疾、弘扬英模精神"四项任务，确保达到预期目标、取得实实在在的效果。与"促发展"相结合，推动教育整顿成果制度化、常态化、长效化，做到举一反三到位。

●● 市委全面依法治市委员会第三次会议召开，深入学习贯彻习近平法治思想，全面落实中央全面依法治国工作会议和省委全面依法治省委员会第三次会议精神，总结2020年法治杭州建设工作，研究部署2021年及"十四五"时期法治杭州建设主要任务。市委主要领导主持会议并讲话。刘忻、戚哮虎、许明、戴建平、毛溪浩、金志、陈红英出席。

会议审议并原则通过《2021年法治杭州建设重点工作清单》《法治杭州建设六大专项工作方案》《深化法治化改革工作专班方案》《法治杭州建设规划（2021—2025年）》，富阳区、市城管局汇报履行推进法治建设第一责任人职责情况。

●● 省人大常委会党组副书记、副主任李卫宁带队到杭州调研民族宗教工作。李卫宁一行赴建德千年古刹玉泉寺调研宗教活动场所管理情况，走访了洋溪街道少数民族村团结村。随后召开座谈会，听取市民宗局、建德市关于贯彻执行《浙江省宗教事务条例》和民族团结进步创建工作情况汇报。市人大常委会党组书记、主任李火林，副主任徐小林参加。

李卫宁指出，立足新发展阶段，贯彻新发展理念，构建新发展格局，全省各级人大常委会要深入学习贯彻习近平法治思想和习近平总书记关于民族宗教工作的重要论述，在同级党委领导下，依法履职尽责，助推民族宗教工作再上新台阶。要进一步提高政治站位，以铸牢中华民族共同体意识为主线做好民族工作，使民族团结的思想基石更加坚实；以推进宗教中国化为重点做好宗教工作，更好引导宗教与社会主义社会相适应。要坚持围绕中心服务大局，找准工作结合点、着力点，围绕建设共同富裕示范区，谋划推进民族乡、民族村等的发展，在整体智治格局下，加快推进民族宗教工作数字化转型，在党史学习教育中，开展人大代表走访服务选民活动，切实帮助群众解决"急难愁盼"问题。要提高民族宗教工作法治化水平，全面贯彻《宗教事务条例》《浙江省宗教事务条例》等法规，善于运用法治思维、法治方式推进民族宗教工作，为"十四五"开好局、起好步凝聚力量。

李火林指出，市人大常委会要在市委领导下，坚持以人民为中心的发展思想，围绕打造"数智杭州·宜居天堂"，进一步增强法治意识，做到依法监督与有效支持相结合，助推全市民族宗教工作数字化、法治化发展，为推进民族团结、宗教和谐做出人大贡献。

●● 全市外贸形势分析会召开。会上，杭州数字外贸服务平台上线试运行。

平台分为数字公共服务、数字展洽、全球大讲堂、全球投资、数字商业服务等板块，提供一键报关、一键退税、数字参保、数字征信等服务。通过平台的数据沉淀，可以更加全面了解杭州外贸行业发展现状，获取企业需求，精准服务企业。平台还提供数字建站、数字商机、数字展会、数字分销、数字维权、数字质检、数字贷款等一站式服务。企业可以通过数字展厅功能搭建涵盖外贸企业形象、外贸产品的数字化展示空间，面向全球超过百万个专业买家，发布企业的产品、产能、交货期、价格等详细信息；利用平台大数据，分析风险、选择市场，寻找目标买家，实现"一键数据挖掘"；借助平台发布的一带一路实体展会和线上数字展览，链接即时通讯，在线解答参展咨询，实现"一键参展"。此外，通过整合中国信保、拾贝、贸点点等优质服务资源，平台实现了一键参保、一键维权、一键品控等服务。

● ● 市政府新闻办公室举行西湖龙井茶品牌保护新闻发布会，会上发布：2021年西湖龙井茶龙井43品种将于3月12日正式开采，群体种将于3月下旬开采。

10日

SAN YUE

● ● 市委常委会召开会议，传达学习十四届省委第十二轮巡视暨巡察指导督导工作动员部署会精神，听取关于做好配合省委巡视杭州相关准备工作建议方案的汇报。

会议指出，十四届省委第十二轮巡视暨巡察指导督导工作动员部署会传达学习了省委书记专题会议精神，对做好省委巡视和巡察指导督导工作进行了全面部署。杭州要深入学习贯彻习近平总书记关于巡视工作的重要论述，切实把思想和行动统一到中央和省委对巡视巡察工作的新部署新要求上来，自觉主动接受省委巡视的"政治体检"，牢牢把握"学、改、转、优"主题，把配合支持省委巡视同推进中央巡视反馈意见整改落实有机结合起来，同学党史、悟思想、办实事、开新局有效贯通起来，不断把全面从严治党引向深入，推动全市各项工作再上新台阶。

● ● 省政协党组副书记、副主席孙景淼率调研组到杭州就"未来社区建设和治理情况"开展调研。调研组一行实地走访了始版桥未来社区展示馆等地，并召开座谈会听取上城区和市、区相关部门关于未来社区建设情况的汇报，就项目推进过程中存在的困难和问题进行互动交流。冯仁强参加。

孙景淼指出，未来社区建设具有引领性、前瞻性。要科学谋划，积极借鉴先进经验，充分发挥中华传统文化深厚积淀，结合实际做好顶层设计。要敢于担当，着力破解试点工作中遇到的难题，努力形成浙江和杭州未来社区建设的模式和标准，使试点工作可持续、可复制、可推广。要深入探索，在加快建设的同时，根据未来社区的特点，深入研究未来社区的治理工作，真正让未来社区建设惠及人民群众。

●● 由省绿委、省林业局主办，市林业水利局、市园林文物局、西湖风景名胜区管委会（杭州西溪国家湿地公园管委会）共同协办，杭州植物园承办的省级"互联网＋全民义务植树"基地授牌暨义务植树活动在植物园举行。

创建于1956年的杭州植物园，是一所集科学研究、科普教育、旅游休闲为一体的综合性城市植物园。杭州西湖西溪景区以该园作为基地，发挥"互联网+全民义务植树"的实效，在蚂蚁森林上线杭州植物园公益林，人们可通过低碳生活方式积攒能量，再用这些绿色能量浇灌杭州植物园的公益林。从线上延伸至线下，从虚拟能量到现实植树，"互联网＋"为全民义务植树提供了新路径，促进了低碳生活。

●● 亚运会主战场、主阵地萧山区启动"亚运兴城攻坚年"行动。行动围绕"保障亚运、服务亚运、放大效应、全面效应"总目标，实施"亚运兴城""六大攻坚战"，包括打好基础设施提升、美丽萧山建设、城市国际化推进、产业创新发展、数字治理赋能和幸福城区建设，涉及6张攻坚清单、21个板块和80大项工作重点，6张攻坚清单分别由区领导"揭榜挂帅"。

11 日 SAN YUE

●● 市人大常委会召开民生实事项目专项监督部署会。市人大常委会主任李火林出席并讲话，戴建平讲话，郑荣胜主持。

市十三届人大六次会议票决产生了市政府2021年10件民生实事项目。这些项目涉及基础教育、养老服务、食品安全、老旧小区改造等方面。市人大常委会组建了10个市人大代表监督小组，分别由市人大机关部门牵头，各区县（市）人大常委会协助，以上下联动的方式，助推民生实事项目落实。会上，监督小组、协助单位代表做了交流发言。

　　李火林指出，要提高站位，深化思想认识。开展民生实事项目专项监督，助力办好民生实事，是把握立足新发展阶段、贯彻新发展理念、构建新发展格局要求，加强杭州市"十四五"时期民生保障工作的重要抓手，是检验杭州市人大党史学习教育成效的实际体现，是落实中央巡视反馈问题整改的具体举措。要深入学习贯彻习近平总书记在全国"两会"期间的重要讲话精神和关于人大监督工作等重要指示精神，坚持以人民为中心的发展思想，按照市委部署要求，依法履行监督职责，合力推动民生实事项目办实办好、落地见效。

12 日

●● 省委书记袁家军，省委副书记、省长郑栅洁，省政协主席葛慧君，陈金彪、朱国贤、许罗德、黄建发、王昌荣等省、市领导到杭州萧山区钱江世纪城亚运村建设地块景观绿化带参加义务植树活动。副省级领导干部，刘忻、李火林、潘家玮、佟桂莉等市四套班子领导，省、市、区机关干部和解放军、武警官兵代表等300多人参加植树活动。

●● 市委召开领导干部会议，传达学习全国"两会"精神，对全市贯彻落实工作做出部署。

　　市委主要领导主持会议并讲话。刘忻传达中央领导同志重要讲话精神，潘家玮、于跃敏传达全国"两会"精神，李火林、佟桂莉出席。副市级以上领导干部和老同志，区县（市）党政主要负责人，市直单位主要负责人等参加会议。

　　会议指出，这次全国"两会"是上承"十三五"、下启"十四五"的一次盛会，对于乘势而上开启全面建设社会主义现代化国家新征程具有重要而深远的意义。全国"两会"期间，习近平总书记发表了一系列重要讲话，为大家做好当前和今后一个时期的各项工作提供了行动指南、根本遵循。全市各级各部门要把学习贯彻全国"两会"精神与学习贯彻习近平总书记考察浙江、杭州的重要讲话精神结合起来，与正在开展的党史学习教育结合起来，按照省委"四个对照"的要求，切实把思想和行动统一到全国"两会"精神上来，紧紧围绕忠实践行"八八战略"、奋力打造"重要窗口"，高水平打造"数智杭州·宜居天堂"、加快建设社会主义现代化国际大都市，确保"十四五"开好局、起好步，在浙江省争创社会主义现代化先行省中更好发挥头雁作用。

● ● "亚运好声音，'西子'来传韵"杭州亚运会首批优秀音乐作品发布活动在杭州奥体中心网球中心举行。杭州亚运会首批30首优秀音乐作品揭晓，面向大众为期9个月的征集工作圆满收官。亚组委副主席、杭州市市长刘忻出席发布活动并现场发布优秀音乐作品。戚哮虎、许明、郑荣胜、陈卫强、滕勇参加。

此次发布的首批优秀音乐作品具有鲜明的中国特色、江南韵味、现代气息，汇聚多元化、国际化的艺术风格，弘扬了昂扬向上的体育精神，展现了主办城市的历史文化魅力，表达了共建亚洲和人类命运共同体的美好愿景，向全世界传递了杭州亚运会的欢乐佳音。

● ● 根据浙江省新冠疫苗接种工作整体部署安排及相关要求，杭州市全面启动新冠疫苗免费接种工作，接种对象为18岁（含）以上所有在杭人员（不能接种新冠疫苗几类人群除外）。新冠疫苗需接种2剂次（针），两剂次间隔14~28天。

● ● 市发改委发布2021年市重点项目建设目标任务——2021年杭州重点围绕调结构、补短板、强功能、惠民生，聚焦农林水、交通能源、工业、社会发展、城市基础设施、现代服务业六大领域，共安排重点项目483个，其中实施项目420个、预备项目63个、新开工项目107个，年度计划投资2518亿元，占全部固定资产投资的33.57%。在重大项目的数量和投资额上继续创新高。

● ● 团市委等多个单位联合发起"恰百年风华·正青春""杭州青年说"活动，并同步启动杭州市青年宣讲团成员选拔大赛。

大赛面向35周岁以下的在杭州的青年开展选拔。宣讲内容为：党的奋斗历史、党的创新理论、青年相关政策、青年成长事迹、创新创业故事、杭州特色故事等。赛程分为提交作品、初审选拔100强选手、复赛选拔30强选手、宣讲集训营、总决赛选拔10位金牌宣讲员五个阶段。

15 日 SAN YUE

● ● 市政协"千名委员读百年党史"活动启动，线上读书群同步开读。市政协主席潘家玮讲话并进行导读，张仲灿、叶鉴铭、谢双成、王立华、周智林、冯仁强参加。

潘家玮指出，要深入学习贯彻习近平总书记在党史学习教育动员大会上的重要讲话精神，准确把握开展党史学习教育的重大意义、重点任务和工作要求，结合政协实际，切实增强开展"千名委员读百年党史"活动的思想自觉和行动自觉。要学出坚定理想信念，筑牢初心使命。要深刻认识人民政协肩负的政治责任，把牢专门协商机构职责定位，为杭州开创社会主义现代化国际大都市建设新局面、奋力展现"重要窗口"头雁风采贡献智慧力量。

● ● 市市场监督管理局联合支付宝推出"放心消费单位"在线公示功能。只要消费者在支付宝的"蚂蚁企业信用"小程序内搜索"放心消费单位"，即可搜索到杭州市范围内已经创建的放心消费商店、餐厅、工厂等单位，并可以看到经营者做出的诚信承诺。同时，消费者可以通过"点赞"按钮表达对企业服务、消费体验的认可，如发现商家行为与承诺不符也可以通过"反馈"按钮一键提交评价或投诉。

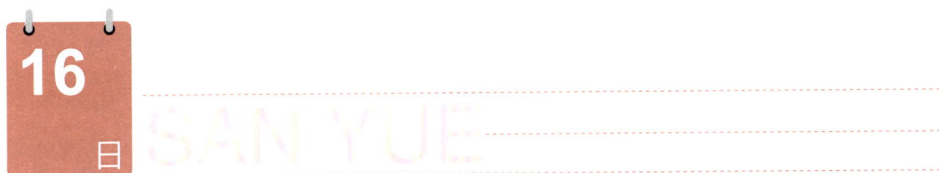

16 日

● ● 杭州亚组委"百人百场"宣讲活动在浙江树人大学举行。杭州亚组委副秘书长、副市长陈卫强应邀参加，为浙江树人大学学子做亚运主题教育宣讲活动。

● ● 全市残疾人工作会议暨市残联主席团会议召开。总结2020年工作，部署2021年目标任务。

● ● 杭州国际社工日主题宣传活动在上城区社区学院举行。国际社工日的中国主题是："汇聚社工力量，助力乡村振兴。"

● ● 中国服装科创研究院在余杭临平新城艺尚小镇揭牌。这标志着一个集科技创新和公益性工业互联网研发为一体的服务平台在艺尚小镇诞生。

中国服装科创研究院的落户地——艺尚小镇，为研究院的发展提供了沃土。小镇于2020年与三大国字号行业相关协会深化协作，发布打造中国数字时尚创新基地行动计划，引进构美、特步等平台大型企业20多个，成功举办中国国际时尚儿童周等重大活动，全年实现营收170亿元、税收6.67亿元，同比增幅达48%和40%。此次研究院在艺尚小镇成立，后续将聚焦产、学、研、用等的结合，推动提升行业核心竞争力，增强服装行业源头创新和示范能力。

17

日

SAN YUE

● ● 省委、省政府举行全省扩大有效投资重大项目集中开工活动，共计开工361个重大项目，总投资5823亿元，其中超100亿元的特大项目8个。杭州市共有20个项目参加了集中开工活动，总投资超420亿元，年度计划投资40亿元，涉及高端装备制造、社会事业发展、城市基础设施完善等多个领域，涵盖了工业及服务业、社会发展、城市基础设施、交通等多个行业。

省委书记、省人大常委会主任袁家军宣布开工，省委副书记、省长郑栅洁讲话，省政协主席葛慧君出席。陈金彪主持，陈伟俊、彭佳学、梁黎明、高兴夫、成岳冲、陈奕君、刘小涛、刘忻、裘东耀等出席主会场或分会场活动。李火林、潘家玮、许明、戴建平、柯吉欣、缪承潮、陈国妹、陈卫强在杭州分会场参加。

● ●《杭州市西湖龙井茶保护管理条例》立法工作领导小组第一次会议召开，对推进该项立法进行研究部署。市人大常委会主任、立法工作领导小组组长李火林出席并讲话，郑荣胜主持，王宏讲话。

李火林指出，开展西湖龙井茶保护管理立法是坚决贯彻落实习近平总书记重要指示精神的实际行动，是彰显杭州独特韵味别样精彩的有效举措，是新形势下依法保护西湖龙井茶的现实需要。要按照市委部署要求，深化思想认识，提高政治站位，扛起使命担当，加快立法进度，为西湖龙井茶保护管理提供坚实的法治保障。

● ● 市政协十一届二十二次常委会会议召开，传达学习全国"两会"精神，对全市政协系统贯彻落实工作做出部署。市政协主席潘家玮讲话，王宏通报有关工作，张仲灿、谢双成分别传达有关会议和讲话精神。王立华、周智林、冯仁强、陈国妹参加。

潘家玮指出，全市政协系统要把深入学习贯彻全国"两会"精神特别是习近平总书记重要讲话精神作为重要政治任务，与持续深入学习贯彻习近平总书记关于加强和改进人民政协工作的重要思想、习近平总书记考察浙江和杭州重要讲话精神紧密结合起来，与正在开展的党史学习教育紧密结合起来，切实把思想和行动统一到全国"两会"精神上来，加强党对政协工作的领导，深化党的创新理论武装，不断提高政治判断力、政治领悟力、政治执行力，更好担负起新时代新阶段人民政协的重大使命。

●● 市委教育工作领导小组第五次全体会议召开。市委副书记、市委教育工作领导小组组长佟桂莉出席会议并讲话。戚哮虎、陈国妹参加。会议传达上级有关精神，听取领导小组成员单位履职情况，总结工作，审议规划，部署任务。

●● 市人大常委会召开开发区（园区）人大工作座谈会，市人大常委会党组副书记、副主任郑荣胜出席会议并讲话，萧山区、临安区、桐庐县人大常委会，西湖风景名胜区管委会分管领导和职能部门负责人，市人大常委会人事代表工委、财经工委相关负责人参加座谈会。

●● 2021年全市城市道路总体建设计划发布。2021年，杭州市计划实施36个快速路项目206千米、136个主次干道项目220千米、77个支小路项目44千米、6个市区过街设施项目，总计实施255个道路建设项目，计划总投资超450亿元。重点围绕亚运会前建成464千米总体目标，在完善"四纵五横"骨架的同时，加快向外围郊区新城延伸，为亚运会前快速路网四年行动计划收官打下基础。

●● 市党群服务中心携手市文化广电旅游局，整合统筹市域范围内红色旅游资源，推出"北山红色""勇立萧湘""吴山清风"等10条红色走读线路，打造"1+10"红色经典路线升级版，构建可看可感可参与的红色旅游矩阵体系，迎接建党100周年。

　　"1+10"红色经典线路于2019年底发布，包含"城市之芯""牢记嘱托""美丽城乡""数字经济"等主题，2020年度，共接待基层党组织近150批次。而最新上线的10条红色走读路线，将中国共产党杭州历史馆、"五四宪法"历史资料陈列馆、杭州市方志馆、萧山跨湖桥遗址博物馆等环湖环江环河红色基地串点成线，连通了杭州党史重要节点，拓展了"1+10"红色经典路线的深度和广度。

●● 国家广播电视总局发布《关于2020年度全国国产电视动画片制作发行情况的通告》，浙江有10部动画作品入选，占推优数量20%以上，居全国各省（区、市）第一位。而在这10部浙产优秀动画中，《挑战大魔王》《阿U爱发明》《阿优的日常》《乌龙院之活宝传奇7》《舒克贝塔第二季》《口袋森林第二季》6部杭产动画作品榜上有名。杭产动画入选数量不仅占到全省数量的60%，更居全国各大城市榜首。这也是杭州第四年蝉联全国各城市推优数量第一名。其中，学龄前动画《挑战大魔王》还在此前荣获亚洲电视大奖ATA最佳2D动画，这也是中国内地首部获此殊荣的动画片。

18 日 SAN YUE

● ● "湘湖·三江汇"未来城市先行实践区建设动员大会召开。市委主要领导出席并讲话。市委副书记、市长刘忻主持，李火林、潘家玮、佟桂莉、戚哮虎、许明、戴建平、卢春强、缪承潮出席。有关专家对未来城市先行实践区规划做了解读，市三江汇未来城市建设管委会授牌，市钱江新城管委会（市三江汇管委会）、萧山区、西湖区、市发改委、市规划和自然资源局、市林水局负责人做表态发言。

会议强调，要深入贯彻习近平总书记重要指示精神，认真落实省委、省政府决策部署，进一步提高政治站位，以画龙点睛的匠心打造"湘湖·三江汇"，唱好新时代"西湘记"，绘就现代版"富春山居图"，奋力展现双湖辉映的钱塘盛景。

● ● 市委全面深化改革委员会第九次会议召开。市委主要领导主持会议并讲话。刘忻、佟桂莉和市委全面深化改革委员会其他成员出席会议。

会议听取2021年贯彻落实中央、省委深改委会议精神和全面深化改革推进情况、浙江杭州区域性国资国企综合改革试验工作情况汇报，审议并通过《"数智杭州"建设总体方案》《关于进一步加强行政服务中心建设的实施方案》《关于深化医疗保障制度改革的实施意见》《关于促进中医药传承创新发展的实施意见》、2020年度改革攻坚考核情况和市委深改委2021年会议议题计划等。

会议强调，要深入学习贯彻习近平总书记关于全面深化改革的重要论述，全面落实中央深改委第十八次会议和全省数字化改革大会各项部署，以数字化改革撬动各领域各方面改革，高水平打造"数智杭州"，努力在改革突破上奋勇争先。

● ● 杭州市召开老干部情况通报会，传达学习十三届全国人大四次会议、全国政协十三届四次会议精神及全市领导干部会议精神，并就离退休干部参与党史学习教育进行动员。

全国人大代表、市人大常委会副主任罗卫红，全国政协委员、市政协副主席谢双成出席会议并传达了"两会"精神。

● ● 浙江大学康复医院项目在余杭崇贤港开工。这是民企名校产学研深度合作，打造"医养结合"康养医疗生态的一个新成果。

浙江大学康复医院是由浙江大学、浙江大学医学院附属第一医院、富春控股集团三方合作共建的三级康复医院，依托浙江大学、浙江大学医学院附属第一医院的品牌和技术优势，引入国际领先康复医学技术、医学人才，建设一流康复医学科研平台，成为集临床、科研、教学一体的康复医院。医院将以康复医学为特色开设神经康复、骨与关节康复、重症康复、心肺康复、老年康复等特色专科。

19
日
SAN YUE

● ● 市长刘忻主持召开市政府常务会议，就重点产业链打造、金融服务实体经济发展、绿色建材推广应用等议题进行研究部署，重点围绕"数智城生金、文平总衣服"等关键领域，就打造更高水平的产业生态体系进行专题研究。会议审议《关于金融支持服务实体经济高质量发展的若干措施》和《杭州市政府采购（投资）支持绿色建材促进建筑品质提升试点实施方案》。

会议强调，要立足新发展阶段，贯彻新发展理念，服务新发展格局，以系统观念推动构建现代产业体系，以创新举措支持金融服务实体经济高质量发展，以定向扶持促进绿色建材应用和建筑品质提升，努力交出经济社会发展高分报表，以优异成绩庆祝建党100周年。

● ● 市人大常委会主任李火林带队到下城区、江干区调研人大工作。李火林一行先后到下城区潮鸣街道、江干区采荷街道考察，听取下城、江干两区人大常委会有关工作情况汇报，并看望了部分市、区两级人大代表。滕勇在江干区参加。

李火林指出，人大代表要用好代表联络站和居民议事制度平台，听取民意、汇集民智，共建共享美好幸福家园。要以身作则当好表率，发挥密切联系群众的优势，一心向党、一心为民，真情履职、依法履职，汇聚推进社会主义现代化国际大都市建设的磅礴力量。

● ● 市政协召开党史学习教育动员部署会。市政协党组书记、主席潘家玮做动员讲话，王立华主持，谢双成、冯仁强参加。

潘家玮指出，在庆祝中国共产党百年华诞的重大时刻和"两个一百年"奋斗目标历史交汇的关键节点上，党中央部署在全党开展党史学习教育，意义重大、影响深远。人民政协事业是党的事业的重要组成部分，开展党史学习教育，对于更好彰显政协政治组织功能、发挥政协制度优势、做好新时代人民政协工作具有特殊重要的意义。市政协要深入学习贯彻习近平总书记在党史学习教育动员大会上的重要讲话精神，提高政治站位，增强政治自觉，切实把思想和行动统一到中央和省委、市委重大决策部署上来。

● ● 全市机关党的工作暨清廉机关建设、"助万企、帮万户"活动推进会召开。市委常委、秘书长、政法委书记、机关工委书记许明出席并讲话。市委、市纪委有关负责人参加。市委直属机关工委负责人主持会议。市委办公厅、市财政局、市林水局、余杭区委直属机关工委等10个单位做经验交流。

● ● 全省千年古城复兴启动新闻通气会召开。会前，公布了浙江第一批（共11个）千年古城复兴试点建设名单，其中杭州2个入选，分别为富阳区新登镇和建德市梅城镇。

千年古城复兴工作将每年开展一次试点申报，计划三年形成30个左右千年古城复兴试点名单，以复兴试点古城历史文化和提升百姓获得感为考核重点、以差异化发展为导向构建公平客观的考核体系。试点过程中，将优先支持试点古城争取特色小镇、未来社区试点，优先支持相关重点产业项目列入省重大产业项目、省重点建设项目名单，并依托古城特色产业基础和文旅产业优势建设4A级景区镇，争创5A级景区镇。

● ● "共治壶源江共享幸福河"暨杭绍金三地壶源江"流域共治"启动仪式在富阳区的龙鳞坝举行。在活动现场，富阳区、桐庐县、诸暨市、浦江县的治水办（河长办）负责人共同签订壶源江"流域共治"合作协议。"流域共治"行动将推动安全、生态、交通、旅游、文化等融合共建，促进全流域大提升。

拥有龙鳞坝等景点的壶源江，又名壶源溪，是富春江的重要支流，发源于浦江县天岭岩西北麓高塘，干流全长102.8千米，流域面积760.9平方千米，途经浦江、桐庐、诸暨、富阳4个县（区、市），在富阳区境内的青江口与富春江汇合。2019年壶源溪被评为杭州市"美丽河湖"，2020年被评为浙江省"美丽河湖"。

● ● 市工商联（总商会）第十三届七次执委（理事）会议召开，表彰2020年度的各类先进，回顾总结2020年度主要工作，研究部署2021年度重点工作。

20
日

SAN YUE

● ● 党史学习教育中央宣讲团宣讲报告会在杭州举行。党史学习教育中央宣讲团成员，中国社科院党组成员、当代中国研究所所长姜辉做宣讲报告。省委书记袁家军主持报告会并讲话。郑栅洁、葛慧君和其他副省级以上领导干部出席。在杭副省级以上老同志，省部属各单位主要负责同志，高校师生代表、社科界专家学者代表和企业代表在主会场参加报告会。刘忻、李火林、潘家玮、佟桂莉等市四套班子领导在杭州分会场参加。

姜辉围绕"学习百年史、践悟新思想、奋进新征程"的主题，从深入学习领会习近平总书记关于党的历史的重要论述，充分认识开展党史学习教育的重大意义；认真研读党史基本著作，全面了解中国共产党百年奋斗的光辉历程和历史性贡献；深刻把握开展党史学习教育的六个重点；开展党史学习教育，要学懂弄通做实习近平新时代中国特色社会主义思想，增强"四个意识"、坚定"四个自信"、做到"两个维护"等4个方面进行了系统宣讲。

袁家军强调，全省各地各部门要高标准落实中央部署和要求，守好"红色根脉"、奋力争先创优、扛起"五大历史使命"，努力在党史学习教育上走在前列、当好示范。要积极践行"九学九新"，精心组织好党史专题学习活动，学好用好党史学习教育的"指定书目"和《习近平在浙江》等自选教材，做到明理增信、入脑入魂，努力交出党史必修课的高分报表。要抓好关键群体、找准重点环节，完善工作机制，创新形式手段，开展好集中性主题宣讲活动，把宣传宣讲活动与展示打造"重要窗口"的标志性成果有机结合起来，创新宣传宣讲方式，注重突出"红船味""浙江味"，不断增强宣传宣讲的广度、深度和社会参与度，做到旗帜鲜明、凝聚人心，营造"学党史、悟思想、办实事、开新局"的浓厚氛围。要发扬马克思主义优良学风，坚持问题导向、效果导向，把学习党史、总结经验、观照现实与推动工作紧密结合起来，不断提升党史学习的实效，做到知行合一、善作善成，确保争创社会主义现代化先行省迈好第一步、见到新气象。

22 日 SAN YUE

● ● 黔东南州党政代表团抵达杭州市考察。其间，两地召开工作交流座谈会，签订了《缔结友好城市协议》。

● ● 市人大常委会就做好市政府关于推进落实"十四五"规划科技创新发展部署、加快建设高水平创新型城市情况审议工作开展专题调研。市人大常委会主任李火林，副主任郑荣胜、陈红英、罗卫红带队，分3组到西湖、萧山、余杭、富阳、临安调研，张振丰在余杭参加，柯吉欣做汇报。

调研组先后考察了19个科技企业、高校和科研院所、科技创新平台和科技开发区，分别召开座谈会，听取市、区两级有关部门相关工作情况汇报，23名科技创新平台、科技企业、科研院所负责人和8名市、区两级人大代表做交流发言。

调研组指出，加快科技创新是推动高质量发展的需要，是实现人民高品质生活的需要，是构建新发展格局的需要。立足新发展阶段，贯彻新发展理念，服务新发展格局，要深入学习贯彻习近平总书记关于科技创新的重要论述，紧紧围绕高水平打造"数智杭州·宜居天堂"发展导向，凝聚思想共识，形成发展合力，加快构建全域创新创业体系，高水平推进创新型城市建设。要认真落实"十四五"规划科技创新发展部署，坚持科学谋划、系统推进，着力补齐短板、锻造长板，加快创新策源地建设，推进科技自立自强，扎实推进国家自主创新示范区建设，厚植创新活力之城特色优势。要不断完善政策机制，持续优化创业创新生态系统，大力提升企业技术创新能力，积极创建国家级科技创新平台，更好激发人才创新活力，推动杭州科技创新实现跨越式发展，为建设社会主义现代化国际大都市提供强有力的科技支撑。

● ● 2021年杭州市"3·22世界水日、中国水周"主题活动暨杭州市节水宣传基地揭牌仪式在闲林水库举行。市委副书记佟桂莉为杭州市节水宣传基地揭牌。王宏致辞。

在活动现场，与会领导为节水标杆代表颁奖。浙江水利水电学院和浙江同济科技职业学院向杭州市节水宣传基地授"校外实践教育基地"牌匾。节水大使发表倡议，号召大家以实际行动改善水环境、保护水资源。

位于闲林水库的杭州市节水宣传基地设有兴水馆、节水馆和普法馆三个展馆、室内外共两个展区。基地以"护杭润州"为主题，以"一滴水的奇幻旅程"为主线，通过小水滴的视角展现杭州始终坚持山水林田湖草系统治理理念，依法依规开展水资源保护利用工作的历程。

23 日

● ● 由杭州市党史学习教育领导小组办公室主办、杭州日报社承办的"永远跟党走·点亮杭州红色地图"大型融媒体互动活动启动。在为期3个多月时间里，记者与广大读者一起寻访遍布全城的红色基地，解锁激情燃烧的峥嵘岁月，以革命先辈的初心坚守和使命担当为激励，激发全体干部群众投身高水平打造"数智杭州·宜居天堂"、加快建设社会主义现代化国际大都市的行列，奋力展现"重要窗口"的"头雁风采"，以优异成绩庆祝建党100周年。

● ● 杭州城西科创大走廊全域未来社区建设研讨会召开。来自中国城市规划设计研究院、浙江省城乡规划设计院、浙江省发展规划院、杭州市规划委员会、清华大学建筑设计研究院、中国联合工程公司等单位的专家学者参会，将围绕未来社区建设"生态、宜居、活力、可持续"展开研讨。近期，杭州城西科创大走廊将重点推进20个未来社区建设，以重点项目建设为带动，以点促面、整体推进，先行打造一批样板社区。

24 日

● ● 省委书记袁家军在杭州市萧山区指导学习贯彻全国"两会"精神，考察数字化改革、中央生态环保督察整改和政法队伍教育整顿工作。袁家军先后到萧山区闻堰街道、萧山区数据资源管理局，督导龙山河整改情况，考察萧山区一体化智能化公共数据平台，详细了解"清廉村社""数智经信"等数字化应用建设情况。省、市领导陈金彪、王昌荣、王双全、佟桂莉、许明等参加有关活动。

　　袁家军强调，全省上下要深入学习贯彻习近平总书记重要讲话和全国"两会"精神，切实把思想和行动统一到党中央决策部署上来，围绕立足新发展阶段、贯彻新发展理念、构建新发展格局，以数字化改革引领现代化先行，乘势而上推动"十四五"开好局、起好步，以优异成绩庆祝建党100周年。

25 日

SAN YUE

● ● 全市重大项目建设比学赶超活动推进会召开。市委主要领导出席会议并讲话，市委副书记、市长刘忻做重大项目建设工作点评，李火林、潘家玮、佟桂莉等市四套班子领导出席。余杭区、富阳区、市规划和自然资源局、市交通运输局、杭州云城建设管理指挥部、市钱投集团负责人做交流发言。会前，市领导实地考察了各地各部门推进重大项目建设情况。

　　会议强调，要深入学习贯彻习近平总书记关于完善城市化战略的重要论述，按照省委、省政府决策部署，以重大项目为牵引，以重点区块为平台，持续做强做优城市核心区，着力建设郊区新城，加快构建"一核九星、双网融合、三江绿楔"的特大城市新型空间格局，努力为中国特大城市探索郊区新城和城市群转型发展提供实践范例。

● ● 市委理论学习中心组（扩大）专题学习会召开，邀请中国奥委会副主席、北京冬奥组委副主席杨树安做"新的历史时期奥林匹克运动发展与杭州亚运会的思考"专题辅导讲座，专题学习《关于加强巡视巡察上下联动的意见》。市委主要领导主持并讲话，刘忻、李火林、潘家玮、佟桂莉和市委理论学习中心组其他成员，亚组委、市直有关部门负责人参加。陈擎苍等做交流发言。

25—26日

SAN YUE

●● 最高人民法院党组副书记、常务副院长贺荣到杭州调研。贺荣先后到杭州互联网法院、杭州市中级人民法院、杭州高新区（滨江）知识产权综合服务中心、杭州市上城区社会矛盾纠纷调处化解中心调研。最高人民法院审判委员会副部级专职委员刘贵祥，浙江省高级人民法院院长李占国，杭州市领导许明等分别参加有关调研。

贺荣强调，要坚持以习近平新时代中国特色社会主义思想为指导，深入贯彻习近平法治思想，聚焦立足新发展阶段、贯彻新发展理念、构建新发展格局要求，全面提升知识产权司法保护能力和水平，为创新驱动发展、科技自立自强营造良好法治环境，为经济社会高质量发展提供有力司法服务，以优异成绩庆祝建党100周年。

26日

SAN YUE

●● 全省制造业高质量发展大会在杭州召开。省委书记袁家军出席会议并讲话，省委副书记、省长郑栅洁主持。省、市领导陈金彪、朱国贤、黄建发、熊建平、高兴夫、陈铁雄、刘忻、佟桂莉、戴建平、张振丰、朱建明、徐小林、柯吉欣、谢双成、滕勇在主会场或分会场出席。

省委书记袁家军在会上强调，要深入贯彻习近平总书记重要讲话精神，全面落实制造强国战略，以高质量发展为主题，以供给侧结构性改革为主线，以数字化改革引领撬动质量变革、效率变革、动力变革，加快推动制造业数字化绿色化服务化转型，加快推动制造业由传统要素驱动向创新驱动转变，在高质量发展、竞争力提升、现代化先行中打造浙江制造竞争新优势，加快建设全球先进制造业基地，实现从制造大省向制造强省跃升。

●● 市人大常委会主任李火林到上城区、拱墅区调研。李火林先后到中共杭州小组纪念馆、上城区始版桥未来社区、朱炳仁铜雕馆、拱墅区上塘古运河景区项目、拱墅区文化规划馆，以及小营巷人大代表联络站、上塘街道人大代表中心联络站参观考察，并听取上城区、拱墅区人大常委会工作情况汇报。朱建明在拱墅区参加。

李火林指出，在推进城市有机更新和未来社区建设中，要把"人"作为最重要的尺度，着力完善城市功能，优化产业布局，提升生态涵养，挖掘特色文化，把"宜居天堂"的底色擦得更靓。要充分发挥代表联络站作用，密切联系群众，倾听群众呼声，反映群众愿望，始终做到民有所呼，我有所应。要深入贯彻落实习近平法治思想、关于坚持和完善人民代表大会制度的重要思想，围绕立足新发展阶段、贯彻新发展理念、构建新发展格局，按照市委的部署要求，更好发挥人大职能作用，为加快构建特大城市新型空间格局做出积极贡献。要坚持以人民为中心的发展思想，以系统思维强化统筹协调，助力持续做优做强城市核心区，让城市发展成果更好惠及百姓，进一步增强人民群众的获得感、幸福感、安全感。要抓好人大数字化改革，促进人大工作迭代升级，提升履职水平和履职效能，强化上下级人大联动协同，架起联系群众的数字桥梁。要推进城市治理法治化，强化履职担当，精准有效助推，善用法治思维、法治方式推进市域治理现代化。要加强人大自身建设，打造唯实惟先、善作善成、更专更精的履职队伍，为高水平打造"数智杭州·宜居天堂"贡献力量。

● ● 市政协召开"完善千岛湖配水工程后续工作"月度协商座谈会。市政协主席潘家玮讲话。缪承潮到会听取意见并与委员专家互动交流。张仲灿主持。

会上，市水务集团介绍了千岛湖配水工程有关情况，6位委员、2位专家学者做交流发言，8个市相关部门介绍情况和下步考虑，并回应委员专家建议。

潘家玮指出，水是重要的战略资源，水资源是经济社会发展的基础性、先导性、控制性要素，要进一步提高站位，全面贯彻习近平总书记关于治水工作的重要讲话、重要指示批示精神，站在打造新时代全面展示中国特色社会主义制度优越性的重要窗口的高度，充分认识完善千岛湖配水工程后续工作的重要性紧迫性，抓住"亚运会、大都市、现代化"的重要窗口期，加强统筹协调，坚持改革创新，强化数字赋能，合力破解难题，更好发挥千岛湖配水工程综合效应，不断增强发展后劲和人民群众的幸福感、获得感。要强化系统思维，统筹处理好增总量与调结构、促民生与谋长远、抓保护与求发展、聚合力与增外力的关系，进一步推进水资源有效保护和利用。市政协要充分发挥优势，坚持双向发力，持续关注，助力助推，为完善千岛湖配水工程后续工作，推进淳安特别生态功能区建设，加快建设社会主义现代化国际大都市贡献政协智慧力量。

● ● "杭州澳门周"在湖滨步行街开幕。"杭州澳门周"由澳门特别行政区政府经济财政司、杭州市政府港澳事务办公室、市文化广电旅游局及上城区政府共同主办。在步行街设有澳门世界盛事文化旅游区、澳门世界遗产和非遗文化区、体育盛事区、澳门制造及澳门品牌展区、葡语国家产品展区等多个主题区域，呈现大型路展和澳门特色演出，全方位展现澳门多元丰富的旅游、商贸、文化、娱乐等特色元素，展示澳门世界旅游休闲中心的丰富内涵。"杭州澳门周"期间，还举办了"澳门风情美食节""科技、经贸和旅游领域交流座谈会"和"杭澳旅游会展推介会"等活动。

杭州是澳门特别行政区政府继北京之后，在内地选择的第二个举办"澳门周"的城市。把"澳门周"带到杭州，举办2021年的首场活动，开启了杭澳两地多领域务实合作的新征程。

● ● 全市党群服务中心工作推进会暨2021年度"杭州党群服务联盟"会议召开，部署推进全市党群服务中心工作高质量发展。

26—27日 SAN YUE

● ● 恩施州党政代表团到杭州考察。两地召开工作交流座谈会。

27日 SAN YUE

● ● 全市新冠病毒疫苗接种工作会议召开。市长刘忻出席会议并讲话，戚哮虎、许明、戴建平、金志、柯吉欣、陈卫强出席。

刘忻强调，要深入贯彻习近平总书记关于新冠病毒疫苗接种工作的重要指示批示精神，认真落实全国、全省疫苗接种工作电视电话会议部署要求，切实把人民群众生命安全和身体健康放在第一位，确保疫苗接种有序有力有效开展，发挥有限资源最大效用，构筑起阻击新冠病毒蔓延传播的坚固屏障。

●● 2021年杭州西溪花朝节开幕，活动持续至5月9日。

花朝节围绕"开放融合，共享幸福"主题，以绿堤为主展区布置花展，海棠之语、紫梦藤萝、花踪芍影等原生态花卉营造步移景换的花朝胜景；中草药园引进粉色蒲公英、浙江传统药材"浙八味"等中草药植物、芳香类养生植物等，在赏花途中科普中草药知识，让游客近距离体验中草药文化；在洪园区域重点布置杜鹃盆景展；此外，公园周家村、秋雪庵以及电瓶船主航道上也布置了缤纷花境、花岛。

围绕中国共产党成立100周年，西溪以花为媒，以百年党史的历史脉络为序，结合杭州红色元素，开展"初心如磐向阳生——我在西溪学党史"群众性主题宣传教育活动，让市民游客在西溪踏春赏花的同时，了解家门口的党史和身边的红色故事。此外，公园东门将展出"初心如磐向阳生"主题花境，绿堤沿线还有"建党百年"等特色花艺，以鲜花打造视觉盛宴，庆祝建党百年。

●● 杭州全球青年人才中心在萧山ITC归谷国际中心启用，澳大利亚悉尼、英国伦敦、加拿大多伦多、美国西雅图4个海外分中心同步启动。活动现场还发布了"创客天下·杭向未来"2021年杭州市海外高层次人才创新创业大赛相关内容、2021版《杭州创业创新地图》和杭州青年人才金融扶持"未来之星"计划，为青年人才提供创业指导和金融保障。

杭州全球青年人才中心重点推出一系列中心活动、一条龙落地服务、一揽子优惠政策、一连串见习机会、一对一导师结对、一次性创业融资、一站式人才评估、一体化就业创业平台等"八个一"服务，为全球青年人才提供全面服务。

28
日 SAN YUE

●● 由杭报集团主办、每日商报社承办的黄金时代第七届杭商领袖峰会颁奖盛典举行。

峰会以"致敬不平凡，领杭新征程"为主题，颁出八大重磅奖项。为致敬向上力量、弘扬杭商精神，峰会特设"责任杭商奖"，表彰2020年在抗疫防疫、脱贫攻坚事业中做出突出贡献的杭商。其中，杭州娃哈哈集团有限公司、浙江吉利控股集团有限公司、浙江大华技术股份有限公司、建德市朝美日化有限公司等9个企业获得"防疫抗疫突出贡献奖"；万事利集团有限公司、杭州三替集团有限公司、中南控股集团、明康汇生态农业集团有限公司、杭州贝贝集团有限公司等16个企业获得"脱贫攻坚卓越贡献奖"。同时，盛典也为2020年杭州各个领域涌现的优秀企业颁发了"年度最具领导力""年度最具影响力""年度最具创新力""年度最具成长力"四大主体奖项，共20个杭州企业获奖。还有9个企业获"2020（第七届）中国透明工厂"称号，3个企业获得"年度特别贡献奖"。

盛典现场还启动了"杭商心向党，共筑中国梦"主题活动，包括唱响爱党新赞歌、书写传承新篇章、打造党建新品牌、服务民企新发展、引领清廉新风尚、选树杭商新典型等。并向企业家赠送了《扶贫纪事——2020杭商故事》《打造AI无限想象之城——杭州建设国家新一代人工智能创新发展试验区》等书籍。

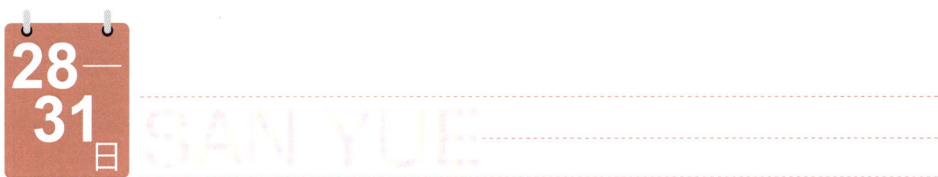

28—31日 SAN YUE

●● 全国政协副主席、九三学社中央常务副主席邵鸿率领九三学社中央调研组到浙江，围绕"促进国家科技创新平台建设，推动我国科技自立自强"主题开展年度重点考察调研。全国政协常委、副秘书长、提案委员会副主任，九三学社中央副主席赖明参加。省、市领导姒健敏、高兴夫、刘忻、罗卫红、陈国妹陪同调研或参加座谈会。

在杭州期间，调研组到未来科技城，先后考察人工智能小镇、之江实验室、阿里达摩院，以及浙江大学超重力离心模拟与实验装置项目建设情况。在云栖小镇，调查组详细考察西湖大学（西湖实验室）和杭州城市大脑，与相关负责人交流探讨，听取意见建议。还前往临安区青山湖科技城，走访驰拓科技有限公司、启尔机电技术有限公司等科技自立自强的代表性企业，与企业代表展开交流。

29
日 SAN YUE

●● 全国单期规模最大的公交充电站——杭州石塘公交充电站启用。该站坐落于杭州市拱墅区北部，由国网杭州供电公司与杭州市城市建设投资集团有限公司合作建设运营，站内配置了401个充电停车位，304个充电桩，可满足400多辆电动公交车充电需求，日充电量可达6万度，每天可减少城市碳排放量约28吨，每年将为杭州贡献城市碳减排近1万吨。

2021年杭州市区实现燃油公交车"全面清零"，进入全电时代。

30
日 SAN YUE

●● 全省建设平安浙江工作暨扫黑除恶专项斗争总结表彰会议在杭州举行。省委书记、省委建设平安浙江领导小组组长袁家军出席会议并讲话，省委副书记、省长郑栅洁主持。葛慧君、陈金彪、黄建发、王昌荣、梁黎明、赵光君、王双全、孙景淼、李占国、贾宇出席。会上，省生态环境厅、绍兴市、杭州市余杭区、丽水市遂昌县、金华市公安局负责人做了交流发言。

会议以视频形式召开，各市、县(市、区)设分会场。刘忻、李火林、潘家玮、陈擎苍、戚哮虎、毛溪浩、金志、朱建明、滕勇等在杭州分会场或各区县（市）分会场出席，许明、张振丰在主会场出席。

袁家军强调，要深入学习贯彻习近平法治思想、习近平总书记关于平安中国建设的重要论述精神，增强"没有走在前列也是一种风险"的忧患意识，以全面深化数字化改革为牵引，从理念方法、目标定位、工作体系、运行机制、手段工具等方面推动平安浙江建设迈向现代化，推动实现维稳保平安向法治创平安、静态平安向动态平安、一时一域平安向全程全域平安的根本性转变，一体协同建设平安中国示范区、法治中国示范区，为忠实践行"八八战略"、奋力打造"重要窗口"，争创社会主义现代化先行省保驾护航、增光添彩。

郑栅洁强调，各地各部门要聚焦建设更高水平的平安浙江，在抓落实中突出高标准、把成色提上去，突出常态化、把风险管控住，突出严要求、把责任落到位，以更管用的办法、更有效的机制，拧紧抓实闭环管控链条，织密织牢工作网络，不折不扣把平安建设的各项任务贯通到底、落实到位，为"十四五"开好局和庆祝建党100周年营造安全稳定的环境。

● ● 省委第二巡视组巡视杭州市工作动员会议召开。会前，省委巡视工作领导小组成员、省纪委常务副书记、省监委副主任王海超主持召开与市委主要领导，杭州市委副书记、市长刘忻的见面沟通会，传达了省委书记专题会议的有关精神，省委第二巡视组组长宋涛通报了有关工作安排。动员会上，宋涛做了动员讲话，王海超就配合做好巡视工作提出要求，市委主要领导做表态讲话。刘忻主持会议。

省委第二巡视组副组长厉佛灯、许新光、王燕及有关同志，省委巡视办有关同志，杭州市委常委，市人大常委会、市政府、市政协党组领导班子成员，市人民法院、市人民检察院党组主要负责人出席会议，其他在职和近5年来退休的副市级以上领导干部，市纪委监委和市委组织部领导班子成员，市委巡察组组长，市直各部门主要负责人，所辖县（市、区）党委书记列席会议。

● ● 浙江省"八八战略"研究院在浙江财经大学成立。该研究院由浙江财经大学和中国社会科学院大学、浙江省中国特色社会主义理论体系研究中心联合共建。

研究院院长由浙江财经大学党委书记李金昌担任，中国社会科学院大学副校长张斌、浙江省中国特色社会主义理论体系研究中心副主任胡海良和浙江财经大学副校长李占荣担任副院长。

浙江省"八八战略"研究院成立后，将重点围绕"八八战略"的时代背景和丰富内涵、浙江在"八八战略"指引下取得的重大成就，忠实践行"八八战略"和奋力打造"重要窗口"的关系，构建深化"八八战略"的目标体系、工作体系、政策体系、评价体系等，明确主攻方向，搭建学术平台，推出系列成果，强化智库功能，肩负起学习研究宣传"八八战略"的历史使命。

● ● 中国（浙江）自由贸易试验区建设第三场新闻发布会召开。会上，介绍了最新进展及下一步的工作计划。

浙江自贸试验区第三期标志性成果同时发布。其中，杭州片区钱塘区块全国首创的"保税进口+零售加工"模式，通过"线上"接单、"线下"工厂实时生产内销出区，将跨境零售进口、深度加工、综保区物流优势叠加在一起，实现面向消费者零售、定制化销售。杭州片区滨江区块率先开展企业创新积分工作试点，通过设置合理的评价指标体系和构建企业创新画像，首创科技企业增信机制，引导和支持创新要素向企业集聚，进而解决科技型企业融资难融资贵的问题。该试点已覆盖5036个企业，有6个银行上线积分贷等金融产品，银行授信额规模达到1.5亿元。

●● 市总工会在高新区（滨江）物联网小镇启动"十百系列庆华诞，百万职工心向党"系列活动。活动从3月启动，一直延续至12月，内容包括组织百万职工学党史、百场党史和工运史宣讲课进企业、举行百对新人集体婚礼、表彰百名五一劳动奖章（状）获得者、创建百个劳模工匠创新工作室、组织百名劳模工匠进校园、为职工办百件实事、为企业（基层）解百个难题、参观百年党史教育基地（杭州工运史资料陈列室）、为百名工会工作者授纪念章等。

会上，市总工会、市委宣传部负责人向各区县（市）总工会赠送了习近平《论中国共产党历史》《中国工会简史》《逆流而上的力量》等党史、工会史学习读物。

●● 2020年度杭州市第三届"治水匠人"评选结果揭晓。

评选通过宣传发动、筛选推荐、征求意见、网络投票、专家评审等一系列遴选环节，评出邓震等20名杭州市优秀"治水匠人"和余杭区治水办（河长办）等5个杭州市优秀"治水匠人"团体。此次评选重点聚焦基层一线治水人，涵盖了全市治水工作的各个行业、各个领域，旨在展示治水匠人们精益求精的技术、开拓创新的精神、无怨无悔的坚守。

●● "智涌钱塘"2021年AI Cloud生态大会在高新区（滨江）开幕，活动持续至4月1日。大会以"共筑智慧城市，赋能数字企业"为主题，聚焦人工智能在智慧城市、数字企业两大领域的落地应用。会上，杭州国家人工智能创新应用先导区揭牌，杭州海康威视数字技术股份有限公司发布智慧城市数智底座，并上线AI开放平台2.0版，用AI的力量推动产业升级，助力智慧城市建设。除主论坛外，大会还设置智慧文旅、智慧教育、智慧能源、智慧城市、智慧交通等14个行业高峰论坛。

31
日

● ● 全市数字化改革暨"数智杭州"建设攻坚年推进大会召开。市委主要领导出席会议并讲话,市委副书记、市长刘忻主持,李火林、潘家玮、佟桂莉等市四套班子领导出席。市委办公厅、市政府办公厅、市委改革办、市委政法委、市发改委、市经信局、市数据资源局负责人做汇报交流,会上举行杭州数据安全联盟聘任和授牌仪式,发布了"数智杭州"总门户。会前,市领导考察了"数字浙江"杭州实践暨"数智杭州·城市大脑"建设成果展。

会议强调,要深入学习贯彻习近平总书记在浙江、杭州考察时的重要讲话精神,按照省委"数字赋能、整体智治、高效协同"的要求,坚定不移推进数字化改革,全面落实"152"工作体系,迭代升级城市大脑,固根本、扬优势、补短板、强弱项,对市域治理体制机制、组织架构、方式流程进行全方位、系统性重塑,实现治理更高效、动能更强劲、营商环境更优化、人民生活更美好,奋力打造"数智杭州",在全省数字化改革中更好发挥头雁作用,努力成为全球数字变革策源地。

● ● 杭州梦溪论坛项目奠基开工。市委主要领导,中国工程院院士王坚,中国工程院院士杨华勇,市领导许明、张振丰出席。

梦溪论坛是一个民办、非盈利的新型科技创新机构,秉承民间基金会发起、政府资源支持、社会力量主办的理念,旨在为全球科技工作者和年轻团队提供一个探索未知世界、思考未知领域、解决未知问题的跨学科深度研讨平台,将深入讨论世界未来和科技发展,探索以民间非营利的方式推动科学技术发展。

项目坐落于余杭区良渚街道安溪村,紧邻良渚古城,与北宋科学家、《梦溪笔谈》作者沈括之墓相伴,这既是对沈括的纪念,也是对以原创、首创、独创和外拓为特征的良渚文化精神内核的传承和弘扬;项目建设主要内容包括预见2050营地、研学基地、基金会总部、2050编辑部、科学家工作室、实验室、图书馆、博悟长廊、后勤配套用房等。

● ● 3月31日至4月1日,市人大常委会主任李火林到萧山区、滨江区调研。李火林先后考察了萧山区浙大杭州国际科创中心、杭州湾信息港、滨江区智慧e谷等科技创新平台，以及胜达、古珀医疗科技、新奇点智能科技、启明医疗等企业。调研了萧山人大常委会基层立法联系点，走访了部分企业的市人大代表。佟桂莉在萧山区参加。

李火林指出，平台和企业要继续发挥特色优势，创新管理体制机制，激发创业创新活力，着力打造先进制造的示范地、创新经济的策源地和硬核科技的集聚地；进一步依托数字技术，提升为人民服务水平，让数字化改革成果更好地惠及民生，让人民群众有更多获得感、幸福感、安全感，为高水平打造"数智杭州·宜居天堂"做出积极贡献。

●● 市政协召开重点提案办理专题部署会，研究部署市政协十一届五次会议重点提案办理工作。市政协主席潘家玮讲话，张仲灿、叶鉴铭、谢双成、王立华、周智林、冯仁强参加。

潘家玮强调，提案工作是人民政协一项基础性、全局性、经常性的工作，是人民政协履职最直接、最有效的方式。提案办理是推进协商民主、广泛凝聚共识、促进各项工作、增进民生福祉的重要过程。要进一步深化对做好提案办理工作重要意义的认识，切实增强责任意识，加强组织领导，强化沟通联系，高质量地做好对市委、市政府领导领办提案的服务保障工作，创新提案办理方式，完善办理工作机制，加强提案办理协商，不断提升提案办理的质量和水平，更好地发挥政协提案在服务助力社会主义现代化国际大都市建设中的重要作用。

2021年，市政协对十一届五次会议从492件提案中遴选出36件重点提案。这些提案，紧扣市委、市政府中心工作和群众关心的热点难点问题。市委、市政府主要领导带头领办了"关于进一步加强我市新型智慧城市建设的建议""关于深化'米袋子'工程建设、持续做好保供稳价和市域粮食安全工作的建议"等12件重点提案。其余的24件重点提案，由市政协主席会议成员进行督办。

●● 由市纪委、市监委、市城投集团、市公交集团联合打造的"小莲清风廉运"上线运营。这是2020年6月开通的"510小莲清风专线"升级版。

升级后的"小莲清风廉运"从单条线路拓展为五类14条线路，从杭州市区辐射到整个长江三角洲区域。"小莲清风廉运"开设五类14条，主要包括：参观嘉兴南湖、上海中共一大会址等地的"初心之旅"，参观余杭于谦求学赶考点、富阳龙门古镇、桐庐范仲淹纪念馆等名人故居的"清心之旅"，参观浙江省法纪教育基地的"锻钢铸魂之旅"，参观杭州国博中心、杭州城市大脑运营指挥中心等场馆的"数智之旅",参观鲁冠球精神展陈馆、富春江集团等民营企业清廉建设的"亲清之旅"。

● ● 市政府新闻办、市残联联合召开在新时代建设"重要窗口"中加快残疾人事业高质量发展新闻发布会,详细解读了《中共杭州市委杭州市人民政府关于在新时代建设"重要窗口"中加快残疾人事业高质量发展的意见》(3月18日印发)。

该意见是对未来五年杭州残疾人工作的一个重要部署,提出到2025年,杭州要建成具有现代化特征的残疾人社会保障制度和基本公共服务体系,残疾人事业与经济社会协调发展,残疾人平等、参与、共享、融合充分实现,残疾人的获得感、幸福感、安全感切实提升。并列举了从加强残疾预防、精准康复、提升教育、创新职业培训、加大就业创业扶持、保障养护供给等内容,涵盖残疾人生产、生活、教育、出行等方面的20条助残举措。

● ● 中国(浙江)卫生健康科技成果转化交流会暨"白求恩杯"医疗器械创新创业大赛决赛在余杭举行。活动现场,浙江省人民医院余杭医学创新研究中心签约落户,同时还有7个优质项目落地,总估值超6.4亿元。

在活动中,浙江省临床试验信息服务平台上线。该平台是浙江省临床试验管理与服务加快数字化改革的具体举措,也是"三服务"2.0版的具体落实。另外还有18个项目分别夺得"白求恩杯"医疗器械创新创业大赛创新产品组和孵化项目组一、二、三等奖。

● ● 中国(浙江)自由贸易试验区制度创新案例发布,其中,杭州片区"全球中心仓""知识产权集成服务改革"两项制度创新案例入选。

"全球中心仓"的特点是"一区多功能,一仓多形态",海外仓储与国内保税仓储线上线下打通融合成无国界的全球库存调拨和管理,助力数字贸易交付和售后服务畅通。"知识产权集成服务改革",通过跨层级集聚服务机构和搭建数字化服务平台,为企业提供全门类、全链条、全方位的知识产权服务。

● ● 由市残联、市文化广电旅游局、市教育局、市民政局、杭州文广集团联合主办的杭州市第九届残疾人艺术会演暨"喜迎亚运会,爱达百千万"活动启动仪式在杭州市文汇学校剧场举行。

会演是"喜迎亚运会,爱达百千万"亚运四进主题活动的第一场活动。此后,杭州市开展了一百场这样的活动,走进一千户残疾人家庭,让参与活动的残疾人达一万人次,共享美好生活的图景。

● ● 西湖龙井茶保护与发展高峰论坛在杭州举行。论坛由中国茶叶博物馆、中国农业科学院茶叶研究所、中华供销合作总社杭州茶叶研究院、浙江大学茶叶研究所、杭州市茶文化研究会共同主办。西湖龙井茶管理部门、西湖龙井茶骨干企业、西湖龙井产茶村等50多名代表参加了论坛。

论坛上，大家围绕西湖龙井的历史文化和独特匠心工艺各抒己见。论坛发布了《甘传天下·中茶博建馆30周年纪念邮册》，回溯了中国茶叶博物馆三十年发展历程，展示了西湖申遗十周年风貌。

● ● "长三角湿地保护一体化行动暨西溪湿地朱鹮回归试验启动仪式"在杭州西溪湿地举行，以推进长三角区域一体化发展，助力杭州市开展"国际湿地城市"创建，探索湿地保护和修复的新路径。71个国家湿地公园协同保护，助力长江三角洲一体化发展。西溪湿地还牵手下渚湖，首次进行朱鹮回归试验。

在启动仪式上，长三角地区"三省一市"联合发布《长三角湿地保护一体化行动联合宣言》，并共植"三省一市友谊树"。活动现场，嘉宾游客参观了"长三角国家湿地公园建设成就展"。

"长三角湿地保护一体化高质量发展研讨会"同时举行。会上，"三省一市"围绕长三角湿地保护一体化行动进行专题研讨和交流。有关专家分别就长江三角洲湿地生物多样性保护的全球价值和数字化湿地生态保护做专题报告。

四月

1 日

SI YUE

●● 省长郑栅洁到杭州梅家坞村，调研春茶生产和茶产业发展情况。郑栅洁登上梅家坞西湖龙井茶园茶山，与茶农交谈，详细询问春茶收购、村民收入等情况。并沿梅灵路察看茶农生产场景，走进沿街的茶铺、茶企，实地观摩春茶炒制流程，与大家探讨龙井茶手工炒制工艺传承和推动茶产业高质量发展之策。许明等参加调研。

郑栅洁强调，浙江宜种茶、出好茶，茶产业是浙江的优势产业，发展茶产业与坚持绿水青山就是金山银山、贯彻新发展理念高度契合。各地要把大力发展茶产业作为促进农民增收致富的重要途径，充分发挥当地资源优势，做特色文章，走品牌之路，延长产业链，增加附加值，实现更高质量的以茶兴业、以茶惠民，让"一片叶子"富裕更多百姓。

●● 全市人大数字化改革工作推进会召开，深入学习贯彻习近平总书记在浙江、杭州考察时的重要讲话精神，贯彻落实全市数字化改革暨"数智杭州"建设攻坚年推进大会精神，部署推进杭州市人大数字化改革工作。市人大常委会主任李火林出席并讲话，郑荣胜主持。

会上，就杭州市人大数字化改革行动方案征求意见，余杭区、建德市人大常委会和市人大代表与选举任免工作数字化改革组做交流发言。

李火林指出，全市各级人大要提高政治站位，切实增强责任感使命感，按照"数字赋能、整体智治、高效协同"的要求，坚决扛起推进杭州人大数字化改革的使命担当。

●● 市政协召开数字化改革暨深化机关作风建设推进会，贯彻落实全省数字化改革大会、全市数字化改革暨"数智杭州"攻坚年推进大会和深化作风建设暨综合考评大会精神，对推进数智政协和深化机关作风建设进行部署。市政协党组书记、主席潘家玮讲话。张仲灿主持，叶鉴铭、谢双成、王立华参加。

潘家玮指出，要把数智政协建设融入省、市数字化改革大局中，按照数字赋能、整体智治、高效协同的总要求，打造杭州政协智慧履职平台3.0版，构建全市政协互联互通、融合共享的一体化平台，实现委员履职、政协工作与数字化有机融合，形成"线下+网上+掌上"智慧履职新模式，着力提升政协工作的开放性、协同性、智能性，为打造新时代政协工作高质量发展实践范例提供样本素材。要着力"建"好，高规格推进，高标准建设，一体化实施，打造"1364"数智政协体系；着力"用"好，紧扣服务保障政协工作和委员履职，加强融合运用，激发数智政协最大效能；着力"管"好，注重长效运维，构建制度体系，坚持迭代升级；着力"联"好，推进数据联通、组织联动、安全联守，实现数据互通共享，贯通政协履职链，守好网络安全，构建综合集成、高效协同、一屏掌控的数字化应用场景。

●● 杭州获"国家文化和旅游消费示范城市"称号并被授予奖牌。

2020年，通过探索数字赋能的文旅消费实践，杭州创建了"互联网+文旅消费"发展新模式，为"杭式文旅生活"注入丰富多彩的新场景。全年共接待旅游人数1.76亿人次，旅游收入实现3335亿元，全市文化产业增加值实现2285亿元，同比增长8.2%，占GDP的4.2%。

●● 杭州市服务小微产废企业现场会召开。会上，市生态环境局发布杭州市服务小微产废企业10条举措。全市建立10个小微产废企业危废收运点，确保应签尽签，收集范围含3000多个小微产废企业，覆盖率达到100%。

2 日

SI YUE

●● 省委召开"牢记重要嘱托，建设'重要窗口'"专题交流会。省委书记、省人大常委会主任袁家军出席会议并讲话，郑栅洁、葛慧君和其他省领导出席。会上，杭州市余杭区等党委负责人围绕"重要窗口"建设、结合实际工作做交流发言。

会议以视频会议形式召开，各县(市、区)设分会场。刘忻、李火林、潘家玮、佟桂莉等市四套班子领导在杭州分会场或各区县(市)分会场出席。

袁家军强调，要深入贯彻习近平总书记考察浙江重要讲话精神，深刻领悟习近平总书记对浙江的关心厚爱和嘱咐重托，振奋昂扬精神、激发创造性张力，以实干创新的精气神，推动"重要窗口"建设加速推进、纵深推进。

●● 省、市党政军领导到杭州云居山浙江革命烈士纪念碑前祭奠革命英烈，深切缅怀英烈的丰功伟绩和风范，表达对英烈的无限敬仰和哀思。

　　袁家军、郑栅洁、葛慧君等省领导和各界代表，省四套班子和有关方面领导，省军区、武警浙江省总队领导，部分机关干部，杭州市刘忻、李火林、潘家玮等市四套班子有关领导共70多人参加活动。

　　市直机关同步举行"清明祭英烈"活动，13个市直单位150多名机关干部党员代表在杭州市革命烈士陵园向烈士敬献鲜花。

● ● 市政府党组理论学习中心组专题学习会暨市政府党组（扩大）会议举行，集体重温学习习近平总书记考察浙江、杭州重要讲话精神，研究推进中央巡视反馈问题整改有关工作。市政府党组书记、市长刘忻强调，要对标对表"重要窗口"再领悟、再检视、再落实，只争朝夕真抓实干，奋发进取当好"头雁"，为浙江争创社会主义现代化先行省、高水平打造"数智杭州·宜居天堂"做出新的更大贡献。

　　刘忻指出，重温习近平总书记重要讲话和指示精神，让大家深切感受到总书记对浙江、杭州人民的关心厚爱，对浙江、杭州发展的殷切期望。市政府党组和全市政府系统要进一步提高政治站位，牢记嘱托、感恩奋进，深入对照"四个杭州"定位和"四个一流"要求，厚植历史文化名城、创新活力之城、生态文明之都特色优势，把握亚运会筹办重大历史机遇，为加快把杭州建成社会主义现代化国际大都市而努力奋斗。

● ● "咱们工人有力量，红心永向共产党"百场文艺送基层暨"职工文化广场"活动启动仪式在杭州市职工文化中心举行。

　　为庆祝中国共产党成立100周年，结合"十百系列庆华诞，百万职工心向党"系列活动，从4月开始，市总工会携手周边的街道社区，共同推出"职工文化广场"系列活动，内容包括文艺大舞台、露天大影院、健身大课堂等。同时，职工文化网"百场文艺送基层"配送团队举办综合性文艺演出晚会，每周播放一部经典红色电影，每月不定期开展文体活动等。

● ● 杭州市残联残疾儿童康复机构规范化提升项目启动。2021年，杭州有32个机构列入了儿童康复机构规范化提升项目名单。

　　启动仪式上，市残联、市教育局、市卫生健康委、市民政局四部门联合发布《杭州市残疾儿童定点康复机构服务公约》。公约共10条，在涵盖服务理念、服务质量、行业自律、融合延伸等方面的同时，提出数字赋能、协同发展等转型内容。

6

SI YUE

日

●● 杭州市政府和宁波市政府"共融长三角,唱好'双城记'"工作对接会在杭州召开。2021年,杭甬两市共同落实科技创新、制造业、服务业、开放、文旅融合、交通、公共服务、生态环境、数字化改革等九大专项行动,全方位深化合作。

重点是:产业互补,加强两市科创大走廊全方位合作。交通互联,杭绍甬智慧高速杭州段2021年完成30%。民生共享,宁波参加杭州都市圈旅游惠民大联展。生态环境共保联治,两市重点加强"无废城市"建设合作,力争到2021年底杭州建成省级"无废城市",到2022年底宁波建成省级"无废城市"。

●● 市政协召开"构建杭州国土空间开发保护新格局"部门调研座谈会。市政协副主席谢双成出席会议并讲话。市政协有关领导,市政协城建人资环委、市发改委、市建委、市规划资源局、市生态环境局、市农业农村局、市交通运输局、市经信局、市数据资源局、市园文局、市林水局、市地铁集团等相关单位负责人参加会议。

●● 杭州亚运会、亚残运会重要标志组合使用及拓展设计线上发布。

重要标志组合使用及拓展设计是亚运会、亚残运会视觉形象体系建设的关键环节。其中,重要标志组合使用项目侧重于从整体上对会徽、主题口号、吉祥物、体育图标等重要视觉元素规范中存在缺漏项及不适用的情形进行优化升级,拓展设计项目侧重于从产品端实际需求出发,对会徽、主题口号、吉祥物、体育图标、场馆图形、文化遗产、数字媒体等重要视觉元素进行造型、颜色、设计语言等多方面的多元化艺术再创作与衍生。相关设计秉持"中国特色、浙江风采、杭州韵味、精彩纷呈"目标,以灵动新锐的设计理念,紧扣当今设计流行趋势,进一步展示了杭州亚运会、亚残运会重要视觉标志所蕴含的城市特色、亚运风采及国家文化软实力。拓展设计部分还融合了竞技体育、杭州城市、中国文化等元素,从本土化、年轻态、江南韵等多角度来探索多领域、多风格的时尚设计,以期呈现更为国际化、艺术化的形式效果。

杭州亚(残)运会重要标志组合使用及拓展设计项目,由中国美术学院设计艺术学院视觉传达设计系教师、副教授郑朝领衔设计完成。

●● 2021年度浙江省美丽城镇建设样板创建名单公布。全省共254个乡镇上榜。其中，杭州有49个美丽城镇入列，数量与2020年（29个城镇）相比有较大幅度增加。

7 日 SI YUE

●● 市人大常委会主任李火林到西湖区调研地方立法工作。李火林调研了西湖区人大代表法制和内务司法专业联络站，考察了转塘街道人大综合体，并召开座谈会，听取西湖区人大常委会工作汇报和市人大常委会法工委《杭州市物业管理条例》修订、《杭州市文明行为促进条例》修改情况汇报。陈红英参加。

李火林指出，要更好发挥基层立法联系点社情民意"直通车"、法治宣传"新窗口"、法律实施"传感器"的作用，使立法工作更好地接地气、察民情、聚民智。要坚持党的领导、人民当家作主、依法治国有机统一，强化政治定力，保持创新活力，提升履职能力，形成工作合力，不断推动人大工作创新发展。

7—13 日 SI YUE

●● 市政协领导分别带队到相关区县（市）开展"促进城乡居民共同富裕"专题调研。市政协主席潘家玮，副主席张仲灿、叶鉴铭、谢双成、王立华、周智林、冯仁强参加。

各调研组深入农村、企业、产业园区等考察，详细了解各地推进城乡居民共同富裕工作情况，广泛听取意见建议，并与区县（市）有关部门开展座谈交流。30多名市、区县（市）政协委员从优化产业规划布局、做强优势特色产业、加大人才引进扶持、加强农民技术培训、提升社会治理能力和水平等方面提出了具体建议。

潘家玮一行赴桐庐实地调研。潘家玮先后到富春江镇芦茨村、"青龙坞"乡度艺术谷区、富春未来城和富春山健康城，与当地干部和民宿经营户交流，走进企业了解发展情况。并召开座谈会，听取桐庐县有关工作汇报。

8 日

●● 市委国家安全委员会会议召开。市委主要领导主持会议并讲话，刘忻、戚哮虎、许明、唐春所、柯吉欣出席。会议审议并通过市委国家安全委员会2021年工作要点等文件。

会议强调，要深入学习贯彻习近平总书记关于国家安全工作的重要论述和在中央政治局第二十六次集体学习时的重要讲话精神，全面落实中央、省委关于国家安全的部署要求，坚持党对国家安全工作的绝对领导，建设更高水平的平安杭州，为维护国家安全锻造杭州"防火墙"。

●● 市委网络安全和信息化委员会会议召开。市委主要领导主持会议并讲话，刘忻、戚哮虎、许明、唐春所、柯吉欣出席。会议审议并通过市委网络安全和信息化委员会2021年工作要点、《关于提升网络安全整体能力的实施方案》等。

会议强调，要深入学习贯彻习近平总书记关于网络强国的重要思想，全面加强党对网信工作的集中统一领导，清醒研判形势、精准把握问题，统筹发展和安全，为高水平打造"数智杭州·宜居天堂"、加快建设社会主义现代化国际大都市提供有力支撑和坚强保障。

●● 省人大常委会召开视频会议，在全省开展《浙江省粮食安全保障条例》贯彻执行情况执法检查。市人大常委会主任李火林，副主任郑荣胜、陈红英、罗卫红、徐小林在杭州分会场参加。随后，市人大常委会对全市开展执法检查工作进行研究部署。

会议指出，开展全省粮食安全保障条例执法检查，是对标对表习近平总书记有关粮食安全重要指示要求，贯彻落实中央和省委、市委重大决策部署的实际行动；是紧密结合杭州实际，为加快建设社会主义现代化国际大都市保驾护航的现实需要；是完整准确全面贯彻新发展理念，奋力展现"重要窗口"头雁风采责任担当的重要举措。

会议强调，全市各级人大要按照省人大常委会统一部署，在市委的领导下，切实提高思想认识，严格遵循依法原则，紧扣法规条文和执行情况，坚持全面查、重点查，充分发挥执法检查的"法律巡视"监督利剑作用，推动提升全市粮食安全保障水平。要始终坚持问题导向，结合对2020年专题调研发现问题的"回头看"，进一步查找问题短板，精准提出对策，确保执法检查取得硬核成果。要充分发挥各方作用，加强统筹协调，突出数字赋能，充分发挥人大代表作用，听民声、察民情、聚民智，把本次执法检查作为党史学习教育"我为群众办实事"活动的有效载体，为加快推进粮食安全保障体系和保障能力现代化贡献人大力量。

● ● 由市台胞台属联谊会和市台湾同胞投资企业协会举办的"情系两岸，携手同行"走进进化联欢活动在萧山区进化镇举行，通过互动交流和体验活动，加深杭州和台湾两地民众情感，共同谱写杭台民间交流新篇章。

● ● 作为淳安—西湖山海协作生态旅游文化产业园核心区重点项目的大下姜文旅客厅开工建设。

大下姜文旅客厅项目总建筑面积2.2万平方米，主要是打造集旅游集散、红色研学展示、农产品展示、特色餐饮住宿为一体的旅游客厅，总投资1.2亿元，由淳安—西湖山海协作生态旅游文化产业园管委会下属公司全资建设，计划2022年7月底前竣工。

● ● "党旗下的诵读"庆祝中国共产党成立100年朗读会在杭州图书馆举行。活动通过读红色经典，浸润红色文化，感悟初心使命，知党史，感党恩，跟党走，让党史学习教育深入群众、深入人心。活动由驻市委宣传部纪检监察组、杭州文广集团纪委主办，FM89杭州之声承办。

9 日 SI YUE

● ● 杭州市部分行政区划优化调整实施动员大会召开。根据国务院批复同意，撤销上城区和江干区，设立新的上城区；撤销下城区和拱墅区，设立新的拱墅区；撤销余杭区，设立新的余杭区和临平区；设立钱塘区。省委书记、省人大常委会主任袁家军做批示，市委主要领导讲话，副省长王文序宣读《浙江省人民政府关于调整杭州市部分行政区划的通知》，市委副书记、市长刘忻主持，李火林、潘家玮、佟桂莉等市四套班子领导，省政府、省民政厅有关负责人出席。

会议以视频形式召开，涉改区设分会场。会上，市四套班子主要领导分别为5个新的区委、区人大常委会、区政府、区政协授牌。毛溪浩宣读五个新的区筹备工作领导小组及有关筹备组人员名单，上城区、钱塘区区委书记做表态发言。

会议指出，在"十四五"开局、现代化新征程开启之时，国务院批复同意杭州市部分行政区划优化调整，对杭州发展具有重大的现实意义和深远的历史意义。实施部分行政区划优化调整是履行政治责任、扛起使命担当的实际行动，承载着习近平总书记和各级领导的殷切期望；是加快动能转换、提升城市能级的必由之路，肩负着主动服务和融入新发展格局的战略使命；是促进均衡发展、共享美好生活的迫切需要，寄托着全市广大人民群众的热切期盼。要提高站位、深化认识，切实增强做好部分行政区划优化调整实施工作的责任感和使命感，切实把思想和行动统一到中央和省委、省政府的要求上来，统一到市委、市政府的具体部署上来。

●●●全省政法队伍教育整顿工作推进会在杭州召开。会议深入学习贯彻习近平法治思想和习近平总书记关于政法队伍教育整顿的重要指示精神，按照全国第一批政法队伍教育整顿工作推进会部署要求，总结前一阶段学习教育环节各项任务落实情况，研究部署下一步查纠整改工作。

省委书记、省委政法队伍教育整顿领导小组组长袁家军出席会议并讲话，全国政法队伍教育整顿中央第七督导组组长胡泽君出席。中央督导组副组长张常韧，省政法队伍教育整顿领导小组副组长朱国贤、许罗德、王昌荣、王双全、李占国、贾宇出席。

会议以视频会议形式召开，中央督导组有关同志，省委政法队伍教育整顿领导小组及其办公室成员等在主会场参加会议。市、县（市、区）设分会场。佟桂莉、陈擎苍、戚哮虎、许明、毛溪浩、张振丰等在杭州分会场或各区县（市）分会场出席，金志在主会场出席。

袁家军指出，开展政法队伍教育整顿，是以习近平同志为核心的党中央从党和国家事业发展全局的高度做出的重大决策部署。习近平总书记对政法队伍教育整顿做出重要指示，为做好政法工作提供了根本遵循。全省政法队伍教育整顿开展以来，全省各地各部门坚决贯彻落实习近平总书记重要指示精神和党中央决策部署，从"两个维护"的政治高度深刻认识把握政法队伍教育整顿工作，按照"高标准高质量"的要求，加强领导压责任，学习教育重特色，聚焦清单作实功，统筹兼顾见实效，全省政法队伍教育整顿实现良好开局。同时也要清醒看到，当前工作仍然存在不足和短板，必须高度重视、认真研究，结合下一阶段工作切实加以解决。

● ● 杭州市"钱潮老兵"退役军人志愿服务品牌发布。发布会现场，由西湖区、浙大城市学院、蓝天救援队、公羊队等6支退役军人志愿服务代表队组成的志愿服务总队宣告成立。

　　在建党百年之际，杭州市按照"一市一品牌、一县一特色、一村一队伍"退役军人志愿者队伍建设总体要求，依托各级退役军人服务中心，组织广大退役军人在思想引领、社会治理、乡村振兴、文化兴盛、就业创业、权益护航等六大方面，高质量开展志愿服务，打造"钱潮老兵"志愿服务品牌，为杭州市加快建设社会主义现代化国际大都市，奋力展现"重要窗口"头雁风采做出积极贡献。

● ● 省深化国有企业改革工作领导小组会议召开，省长郑栅洁主持。会议听取2020年度国企改革工作汇报，审议《国企改革三年行动2021年度工作要点》《杭州区域性国资国企综合改革试验实施方案》《全省国资国企改革发展"十四五"规划》等文件，部署下阶段重点任务。刘小涛、卢山、刘忻出席。

　　会议指出，2020年以后，全省国资国企改革推进有力、服务大局有力、企业发展有力，工作成效明显。2021年是国企改革三年行动的攻坚年、关键年。要深入践行习近平总书记关于国有企业改革的重要思想，坚持目标导向、问题导向、效果导向，锚定2021年目标任务，强化党建引领，防范经营风险，紧盯生产安全，建设清廉国企，不断增强国有经济的竞争力、创新力、控制力、影响力和抗风险能力。

9—10日 SI YUE

● ● 来自巴西、法国、日本、瑞士等17个国家的近30位在杭外籍专家、企业高管、创业人员及留学生代表相聚淳安和建德，共同参加"在杭外籍人士走进美丽乡村"活动。活动由杭州市政府外事办公室、杭州市人民对外友好协会及"一带一路"地方合作委员会秘书处主办。

　　在两天的行程中，在杭外籍人士们先后到下姜村、芹川古村及淳安博物馆、新安江水电站等处参观访问，切身感受美丽乡村的自然人文景观与风土人情，同时聆听有关生态保护和乡村建设的生动故事与介绍，共同参与和见证杭州城市的发展与成长。

10 日

● ● 2021年杭州·双江第七届"三月三"民族风情节在富阳区新登镇双江村开幕。

在民族风情节期间，举办"诗画双江欢腾畲乡"乡村文艺会演、特色民俗文化展、山乡美食品鉴会、油菜花田打卡领取畲族特色消费券等活动，推出了原汁原味的"畲乡十大碗"，畲族婚嫁仪式、竹竿舞等民俗表演以及织彩带、剪纸、捣糍粑等传统手工艺也将悉数登场，展示独具民族特色的好畲味、好畲艺、好畲风。在多维度展现本土特色的同时，还邀请宁波、龙泉等地民族文艺骨干献演，唱响爱党爱国爱家乡的主旋律。

● ● 2021年杭州市野生动植物保护宣传月暨"爱鸟周"宣传活动启动仪式在杭州青少年活动中心举行。本次"爱鸟周"以"爱鸟护鸟，万物和谐"为主题。这是杭州举办的第40个爱鸟周活动。

启动仪式上，主办方为第四届杭州市青少年鸟类自然笔记大赛获奖选手颁发奖项。现场还举行"爱鸟护鸟"主题嘉年华活动、第四届杭州市青少年鸟类自然笔记优秀作品展、杭州常见鸟类图片展、劲草嘉年华生物多样性图片展等活动。

11 日

● ● "城市客厅·绿色杭燃"揭牌，标志着全国首个绿色能源体验中心入驻杭州"城市客厅"。揭牌后，一场"这一抹杭州绿——绿色能源，绿色生活，绿色文化，绿色杭州"主题沙龙活动在杭州绿色能源体验中心举行。

杭州"城市客厅"是由杭州市城市品牌促进会创办的，集传统时尚、人文科技、文化经济、产品体验、产品展示、文化活动等于一体的，展示杭州品牌形象的窗口，是城市品牌与行业品牌、区域品牌、企业品牌的发布、展示及互动交流平台。

12 日 SI YUE

●● 北京市政协主席吉林率团到浙江考察政协工作并至杭州实地考察。省政协主席葛慧君、省政协副主席孙景淼、市政协主席潘家玮陪同考察。北京市政协副主席杨艺文参加。

在玉皇山南基金小镇委员会客厅，考察团一行详细听取会客厅领衔委员介绍，并深入互动交流。考察团对委员会客厅坚持三级共建、发挥委员作用、更好联系服务界别群众、做深做实凝聚共识工作给予充分肯定，认为委员会客厅平台充分发挥政协独特优势，有效拉近与界别群众、基层群众的距离，画出了最大同心圆。

考察团一行还考察了相关城区"请你来协商"平台建设，观看工作宣传片，听取情况介绍，并连线街道分平台协商现场。大家围绕平台建设相关问题深入交流探讨，考察团对杭州"请你来协商"平台建设给予高度评价，认为对于更好发挥政协专门协商机构作用，促进政协协商与基层协商相衔接、推进协商民主广泛多层制度化发展很有意义。

●● 市委召开常委会会议，听取班子成员关于履行"一岗双责"工作情况汇报，研究部署具体任务举措。

会议指出，市委常委会听取班子成员"一岗双责"情况汇报，是压紧压实管党治党政治责任的有效手段，是落实中央巡视整改的重要举措，是高水平建设清廉杭州的迫切需要。要提高政治站位，充分认识这项制度安排的重大意义，压紧压实"关键少数"管党治党政治责任，推动常委发挥"头雁效应"和带头作用，不断提升落实"一岗双责"的能力和水平，凝聚清廉杭州建设的强大合力。

●● 市委政法队伍教育整顿领导小组第二次会议召开。市委主要领导主持会议并讲话，陈擎苍、戚哮虎、许明、毛溪浩、金志、朱建明出席，省委政法队伍教育整顿第一驻点指导组、市委政法队伍教育整顿领导小组成员参加。会议听取学习教育环节总结评估情况、线索处置情况以及需向社会公布的顽瘴痼疾整治情况汇报。

会议强调，要深入学习贯彻习近平总书记关于加强政法队伍建设的重要指示和训词精神，认真落实全国第一批政法队伍教育整顿工作推进会议精神，按照省委部署要求，进一步增强政治意识、把准政治方向、落实政治责任，坚持刀刃向内，抓实查纠整改，推动政法队伍教育整顿走深走实，努力以政法队伍的新面貌、党和人民满意的新业绩庆祝建党100周年。

●● "党课开讲啦"杭州主场活动暨杭州市"百堂艺术党课"发布仪式启幕。

作为杭州庆祝建党100周年活动的重要内容，艺术党课结合党史学习教育和《习近平在浙江》学习活动，探索党课展播赋能体系新模式，丰富党课内容，培育优秀讲师，提升党课质效。由杭州市委组织部牵头，杭州文广集团、杭州演艺集团和市属各文艺院团参与，创作推出"一十百千万"党课赋能行动，即围绕"艺术赋能党课、初心点亮征程"主题，引入红色电影、红色舞蹈、红色音乐、红色戏曲等十大艺术门类，推出"百堂艺术党课"，面向全市广大党员群众，举办千场以党史教育为主要内容的党课讲授活动。

12—16日

SI YUE

●● 全国政协副主席、民革中央常务副主席郑建邦率民革中央调研组到浙江，就开展示范支部创建和党员之家建设进行调研。4月13日，调研组一行在杭州召开座谈会。

会上，省政协副主席、省委会主委吴晶，省委会副主委、杭州市政协副主席、杭州市委会主委叶鉴铭等进行了工作汇报。

调研组认为，民革十三大以后，民革各级组织高度重视基层组织建设，积极探索加强基层组织建设的新途径、新方法、新机制，取得了可喜的成绩。示范支部创建广泛开展，支部建设迈上新台阶，党员之家建设颇具规模、活动模式丰富多彩。各地方组织适应新形势新要求，认真研究基层组织建设的根本性问题，做出大量积极有效的创新探索，形成了重视基层组织建设、大力加强基层组织建设的良好局面。调研组指出，下一步，民革各级组织要以思想政治建设为统领，突出支部的政治功能；要以规范基层组织工作、丰富基层组织生活为目标，加强支部的组织建设；要以示范支部创建和党员之家建设为抓手，增强支部凝聚力和战斗力，不断加强民革基层组织建设。

13 日

●● 市委常委会召开会议，深入学习贯彻习近平总书记在中央财经委员会第九次会议上的重要讲话精神和省委常委会会议精神，研究部署进一步推动全市平台经济规范健康持续发展工作。

会议指出，要提高站位、深化认识，认真学习领会习近平总书记关于强化反垄断和防止资本无序扩张的重要讲话精神，准确认识和把握平台经济在经济社会发展全局中的地位和作用，准确认识和把握平台经济的发展态势和存在问题，准确认识和把握处置阿里巴巴集团、蚂蚁集团等平台企业相关问题的深刻用意，始终坚持"两个毫不动摇"，坚持发展和规范并重，营造良好的法治环境和营商环境，建立健全治理体系，切实把思想和行动统一到中央和省委、省政府决策部署上来。

●● 党史学习教育省委宣讲团到杭州做党史专题宣讲。党史学习教育省委宣讲团成员、省政府参事、省委宣传部原常务副部长胡坚做宣讲报告。

胡坚围绕深入学习领会习近平总书记关于党的历史的重要论述，从百年党史回眸、高举理论旗帜、把握历史机遇、增强党与人民的血肉联系、提高应对风险挑战的能力水平、凝聚精神力量、旗帜鲜明讲政治等七个方面进行了系统宣讲，深刻阐释了在全党开展党史学习教育的重大意义、目标要求和主要任务。

●● 2021年杭州国际音乐节开幕式在杭州大剧院歌剧院举行。开幕音乐会以红色经典作品为主，融合管弦乐、声乐、器乐作品。杭州爱乐乐团艺术总监兼首席指挥杨洋执棒，二胡演奏家于红梅、琵琶演奏家于源春、女高音歌唱家王庆爽等众多艺术家，与杭州爱乐乐团联袂呈现。

音乐节由市委宣传部、杭州文广集团主办，杭州演艺集团和杭州爱乐乐团共同承办，音乐节包含驻节演出12场，线上音乐会4场，普及音乐会10场，3场大师公开课，3场音乐讲堂等32个系列活动。

13—14日

●● 省人大常委会党组书记、副主任梁黎明带队到杭州调研。市人大常委会主任李火林，胥伟华、罗卫红参加。

调研组一行实地考察了杭氧股份有限公司、杭叉集团有限公司、启尔机电有限公司、聚光科技有限公司、之江实验室等科技创新企业和平台，并召开座谈会，听取市政府和城西科创产业集聚区管委会有关工作情况汇报。会上，部分科技创新平台、科技企业、科研院所、科技人才代表围绕统筹谋划高校创新平台建设、以企业需求培养创新人才、设立专项扶持基金、完善研发机构管理机制、构建多层次人才认定体系、加大对重大项目和创新团队支持力度等提出意见建议。

梁黎明指出，杭州市高站位完善科技创新规划体系，高起点强化科技创新平台支撑，高密度优化科技创新资源布局，高标准打造科技创新综合环境，科技创新工作取得积极成效。进入"十四五"时期，要深入贯彻中央和省委关于科技创新的决策部署，坚持落实创新驱动发展战略，深入推进科技创新实现新跨越、取得新成效。要坚持需求导向和问题导向，要整合优化科技资源配置，要加强创新人才引进培养，要依靠改革激发科技创新活力，要加强区域之间科技创新合作，要强化科技创新法治引领保障，以科技治理现代化引领社会治理现代化。

14日

●● "中国共产党的故事——习近平新时代中国特色社会主义思想在浙江的实践"专题宣介会在杭州市举行。宣介会由中共中央对外联络部和中共浙江省委共同主办，以"一张蓝图绘到底"为主题，深入宣介中国共产党建党百年来不忘初心、牢记使命，为实现和维护人民根本利益而奋斗的历程，重点展示党的十八大以后以习近平同志为核心的党中央坚持以人民为中心的执政思想，领导中国贯彻新发展理念、构建新发展格局、实现高质量发展的生动实践和突出成就。

中联部部长宋涛、省委书记袁家军出席宣介会并致辞。郑栅洁、葛慧君出席。中联部副部长钱洪山主持宣介会，省、市领导陈金彪、朱国贤、陈奕君、梁黎明、朱从玖、佟桂莉、戚哮虎等出席宣介会或参加会见。

来自70多个国家的近400名政党代表通过视频连线参加宣介会，部分国家驻华使节现场出席会议。中央和国家有关部委负责人，省有关单位、部分市县有关负责人参加宣介会。宣介会通过多个网络平台全程进行直播。

15 日 SI YUE

● ● 市委听取部分单位党（工）委（党组）2020年度全面从严治党主体责任落实情况报告。陈擎苍主持，戴建平、朱建明、柯吉欣、陈卫强出席。5个单位党（工）委（党组）负责人分别做2020年度全面从严治党主体责任情况和本人履行"第一责任人"职责、个人廉洁自律情况报告。

会议强调，各级党委特别是主要负责同志要深入学习贯彻习近平总书记关于全面从严治党的重要论述，进一步强化"抓全面从严治党是本职，不抓全面从严治党是失职，抓不好全面从严治党是渎职"的鲜明导向，切实落实全面从严治党主体责任，常研究、常部署，抓领导、领导抓，抓具体、具体抓，种好自己的责任田，健全责任分解、检查监督、倒查追究的完整链条，为各项事业发展提供坚强保障。

● ● 市政协举行"千名委员读百年党史"读书沙龙活动。市政协主席潘家玮讲话，张仲灿主持，叶鉴铭参加。读书沙龙上，12位市和区县（市）政协委员结合思想和工作实际，围绕学习习近平同志《论中国共产党历史》交流思想、分享体会。

"千名委员读百年党史"活动是市政协开展党史学习教育的特色抓手、省政协"崇学系列·书香政协"委员读书活动（杭州）市县群开群读书的重要形式。3月15日活动启动、读书群同步开读后，通过线上线下有机融合，全市两级政协委员广泛参与、踊跃发言、深入交流，共有1372名委员入群，1345名委员发言，累计发帖8300多条、合计101万字。

● ● 全市残联系统数字化改革暨"数智残联"建设攻坚推进大会召开。会上，市残联解读的杭州市"数智残联"建设方案中提出，要部署构建杭州市残疾人全生命周期智慧助残服务体系，推进"1+3+2"的数智残联建设。

"1"表示一体化整体智治平台，即数智残联驾驶舱建设；"3"表示数智残联3大应用门户，即数智残联治理门户、服务门户和协同门户；"2"表示建立残疾人全生命周期智慧助残服务的理论体系和制度体系。到2021年底，"数智残联"建设基本完成应用系统与服务场景的开发建设，50%以上应用系统与服务场景在全市投入使用。到2025年底，要全面完成残疾人全生命周期智慧助残服务体系建设，并发布该体系的理论体系、制度体系。

●● "杭州科技大脑"上线。"杭州科技大脑"，既是一个全市科技企业的数据库，又是一个科技管理和服务平台。"杭州科技大脑"分创新资源、办事大厅、政策法规、通知公告、科技监管5大板块，涵盖25项重点任务和核心业务清单。在杭州的科技企业可通过"杭州科技大脑"对接创新资源，了解政策法规，寻找科技服务，降低创新成本。

截至2020年底，杭州国家高新技术企业新增2440个，累计7705个；省科技型中小企业新增4203个，累计14576个；"雏鹰计划"企业新增847个，累计5966个。

●● 传化国际科创园国家级孵化器在萧山科技城揭牌，杭州赛缪斯生物科技有限公司、伯桢生物科技（杭州）有限公司、杭州九州兴元生物科技有限公司和杭州微数生物科技有限公司签约进驻。

传化国际科创园是以生命科学产业为主导，通过整合政府、企业、高校、科研机构、投融资等资源，搭建专业、高效的创新创业服务平台，为入驻企业提供孵化、加速等一站式服务。2019年，园区被评为专业类的省级科技企业孵化器，已吸引启函生物、衍进科技、安怀智等明星项目50多个，累计引进和培育萧山区高层次人才创业创新项目31个，生物产业集群效应初步显现。

●● 2021年中国故事节·少儿红色故事会活动在桐庐县开幕。活动以"讲百年党史故事、做新时代好少年"为主题，为期两个月。其间，来自全国各地的少年儿童将通过挖掘和讲述红色故事、革命故事、英雄故事的方式，展现百年党史，传承红色基因。

在启动仪式上，来自贵州、陕西、江西、广西、浙江等地的少年儿童现场为本地红色故事代言。

16 日 SI YUE

●● 市委召开中央巡视整改专题会议。市委主要领导主持并讲话，陈擎苍、戴建平、毛溪浩、朱建明出席。市委组织部、市委宣传部、市信访局、市发改委、市科技局、市生态环境局负责人先后汇报各自牵头的整改工作进展情况。

会议强调，要深入学习贯彻习近平总书记关于巡视工作的重要论述，按照省委、市委落实中央巡视反馈问题整改工作部署安排，持续发力、久久为功，以整改的实际行动诠释对党的忠诚，以整改的实际成效取信于民。

●● 市民营企业党建工作座谈会在萧山召开。会议深入学习贯彻习近平总书记对传化集团党建工作重要批示精神，座谈交流近年全市民营企业党建经验做法，研究部署加强新时代民营企业党建工作。

会上，传化集团有限公司、富春江集团有限公司、中宙集团有限公司、春风动力有限公司、吉利集团有限公司等民营企业党组织做了交流发言，市科技局党组、萧山区委组织部、钱塘智慧城党工委等单位围绕加强党建引领、服务民营企业等方面介绍了经验做法，浙江大学、省委党校的党建领域专家教授进行了点评指导。

●● 乌拉圭驻华大使费尔南多·卢格里斯一行到杭州访问，市领导柯吉欣会见访问团一行。

柯吉欣介绍了杭州经济社会发展情况和疫情防控经历。双方就杭州市与蒙得维的亚市开展友好合作、缔结友好城市意向交换意见，期待在数字经济、文旅服务、农产品贸易和汽车产业等领域积极开展合作，并在体育培训、文化艺术等方面深化民间交流，促进两地民相亲、心相通。

●● 第七届中国数字阅读大会在杭州开幕。大会在国家新闻出版署、浙江省政府指导下，由中国音像与数字出版协会、浙江省委宣传部、杭州市委宣传部主办，中国音像与数字出版协会数字阅读工作委员会、杭州市西湖区政府、咪咕数字传媒有限公司共同承办。大会以"数字赋能新发展，阅读追梦新征程"为主题，旨在联合各方共同探讨全媒体时代下的数字阅读理念创新、方式创新与实践创新，将大会打造成行业权威、大众喜爱的阅读盛会。大会于4月16—23日在线上同步推出。

大会开幕式发布了《2020年度中国数字阅读报告》，开展了重温红色故事等特别活动，并揭晓了2020年十佳数字阅读项目、十佳数字阅读作品、十佳数字阅读城市（北京、杭州、成都、合肥、南京、上海、深圳、武汉、重庆、厦门）名单，举行2021年悦读中国年启动仪式。来自数字出版、文化产业相关企业，以及行业知名学者、作家等300位精英共襄盛会，从行业动态、数字赋能、跨界合作等方面全方位探讨数字阅读领域的新发展前景。

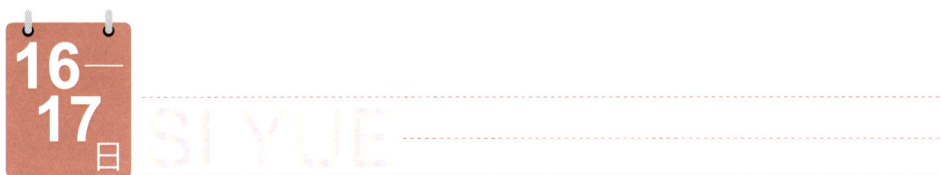

16—17日

SI YUE

● ● 湖北省党政代表团在浙江省考察。17日上午，两省在杭州市召开合作发展交流座谈会。

浙江省委书记袁家军主持会议并讲话，湖北省委书记应勇讲话。浙江省委副书记、省长郑栅洁，湖北省委副书记、省长王晓东分别介绍两省经济社会发展情况。浙江省政协主席葛慧君、湖北省政协主席黄楚平出席。浙江省有关领导陈金彪、黄建发、彭佳学、陈奕君、梁黎明、刘忻、裘东耀，湖北省领导王玲、王忠林、李乐成、马旭明出席座谈会或参加考察。杭州市领导张振丰、朱建明参加有关活动。

座谈会后，两省签署干部人才交流培养合作协议，杭州市与恩施州签署缔结友好城市协议。在浙江期间，湖北省党政代表团在杭州考察余杭区未来科技城、梦想小镇。

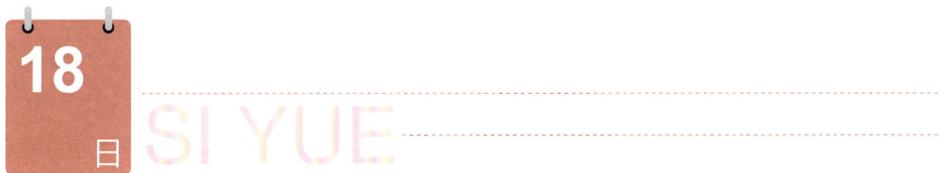

18日

SI YUE

● ● "青春力量"杭州宣讲团2021"杭州青年说"决赛开幕。决赛由市委宣传部、团市委等联合举办，30位来自全市各行各业的青年选手在比赛现场展示杭州青年的风采。活动现场还举行"青春力量"杭州宣讲团"知史爱党，知史爱国"巡回宣讲启动仪式。宣讲团百名宣讲员进机关、进农村、进社区、进学校、进企业，开展

"知史爱党，知史爱国"巡回宣讲活动，讲好百堂党史课。

● ● 4月18日至5月6日，为推动党史学习教育走深、走实、走心，按照市委统一部署，党史学习教育市委宣讲团成员分别到全市各地各有关单位开展宣讲，以上率下带动各区县（市）和市直各系统各单位宣讲活动全面展开。市委宣讲团成员深入基层、深入一线，通过全面准确、深入浅出的宣讲引导党员干部学史明理、学史增信、学史崇德、学史力行，在党史学习教育中砥砺初心使命、汲取奋进力量，以昂扬姿态奋力开启全面建设社会主义现代化国家新征程。

19日 SI YUE

● ● 全市防汛工作视频会议召开。市长刘忻出席会议并讲话，戴建平主持，缪承潮、王宏出席。

会上，市防汛防台抗旱指挥部办公室通报了2021年汛前准备工作情况和下一步工作安排，市气象局、市林水局、市交通运输局做交流发言。

刘忻强调，要深入贯彻习近平总书记关于防汛救灾的重要指示精神，认真落实全国、全省防汛工作会议的部署要求，坚持人民至上、生命至上，牢固树立"一个目标、三个不怕、四个宁可"重要理念，坚决打好全市防汛工作整体战和主动仗，切实守护好杭州一方安澜和百姓平安。

● ● 市人大常委会对法治政府建设专项监督工作进行部署。市人大常委会主任李火林，副主任郑荣胜、陈红英、罗卫红、卢春强、徐小林参加。

会议指出，听取和审议法治政府建设及市人大常委会任命的政府工作部门主要负责人依法履职情况报告，是深入贯彻习近平法治思想和习近平总书记关于坚持和完善人民代表大会制度的重要思想的创新实践，是推进依法治市工作和争创法治政府建设示范城市的制度安排，是落实中央巡视反馈问题整改的具体行动，各有关方面要提高政治站位，加强密切配合，认真组织实施，务求取得实效。

● ● "万名人大代表走访服务选民和群众"活动开启。

活动贯穿全年，由市人大常委会组织，以"人大代表心向党，尽心尽责为人民"为主题，包括"为民办实事，代表在行动""走进联络站，代表在行动""永远跟党走，代表在行动""为发展献计，代表在行动""为亚运助力，代表在行动""向选民述职，代表在行动"等六大专项行动，通过市、县、乡三级人大联动的方式，组织全市范围内五级人大代表参加，并鼓励各街道居民议事会议成员积极参与。

● ● 2021年中国—东盟省市长对话在海南博鳌举行。杭州与有关国内外省、市在线上相聚，分享数字经济成果，展望发展目标。对话现场，代表们签署了共同倡议，推动中国—东盟地方政府交流合作，共同维护本地区和平稳定与发展繁荣。

● ● "三江汇聚，云上茶香"2021年杭州茶文化博览会闭幕式暨富春山居·安顶云雾茶文化节活动在富阳区里山镇安顶山观景台举行。活动现场，举行2021年富春山居斗茶大会和2021年里山镇手工炒茶技能比赛颁奖礼，并发布《里山我可爱的家乡》MV。

茶博会由杭州市政府、中国国际茶文化研究会和中国茶叶学会主办，自3月26日开幕后，以"传承茶文化，健康进万家"为主题，叠加创新模式、强化茶旅融合、凸显休闲特色，先后成功举办西湖龙井开茶节、西湖龙井春茶节、清河坊民间茶会、第二十三届西湖茶会等活动，更好地展现了"杭为茶都"的品牌形象。

● ● "钱塘江诗路·富春山水2021年浙江省非遗展暨长三角百家旅游企业走进横村活动"在桐庐县横村镇中国围巾城举行。

活动以文旅赋能乡村为主要内容，充分整合文化、旅游及地方资源，加大旅游交流合作，促进地方消费，并助力桐庐浙江省钱塘江诗路（富春山水）文化传承生态保护区创建和横村三月初八庙会文化提升工作。

开幕仪式上，南京时尚旅行社、上海梦兴国际旅行社等10个旅游企业收到桐庐颁布的百万旅游消费券。针织产业联盟、姚姥爷雪梨膏、莲社溪客民宿获得非遗项目奖项。展示了云和县的云和狮子舞、桐庐的"变脸"等10个表演项目。15个县（市区）及桐庐14个乡镇街道的50个非遗产品进行为期三天的产品展销。

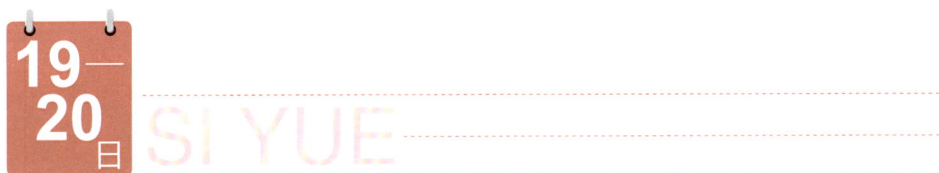

19—20日 SI YUE

● ● 上海市政协主席董云虎率团到浙江考察政协工作并到杭州实地考察。省、市领导葛慧君、孙景淼、李火林、潘家玮、滕勇陪同考察。

考察团一行先后到上城区考察了"请你来协商"平台建设、玉皇山南基金小镇政协委员会客厅，详细听取相关负责人情况介绍，并就"请你来协商"平台、委员会客厅建设中的相关问题进行深入互动交流。考察团认为，近年来，浙江坚持省、市、区三级政协联动共建，打造"请你来协商"平台，创建"委员会客厅"，持续打造工作品牌，推动地方政协工作创新实践、系统集成、迭代升级，这对更好拓展政协协商民主的广度、深度和效度，发挥政协协商机构专门作用，进一步做深做透凝聚共识工作，画出画好最大同心圆，推动政协工作提质增效具有很好的学习借鉴意义。

考察团一行还考察了"五四宪法"历史资料陈列馆，并到杭州市城市大脑运营指挥中心考察数字化改革工作情况。

20日 SI YUE

●● 省数字化改革第一次工作例会在杭州召开。省委书记、省数字化改革领导小组组长袁家军出席并讲话。省委副书记、省长郑栅洁主持会议，葛慧君、陈金彪、许罗德、黄建发、王昌荣、陈奕君、梁黎明、朱从玖、王双全、高兴夫、成岳冲、王文序、卢山、李占国、贾宇出席。省委改革办、省委办公厅、省政府办公厅、省经信厅、省发展改革委、省委政法委负责人分别汇报各自工作和下一步打算。省应急管理厅、湖州市、杭州市萧山区、衢州市江山市、正泰集团负责人在会上做典型发言并演示相关应用建设情况。会议明确了全省数字化改革到6月底的具体目标任务。

会议以视频会议形式召开，各市、县（市、区）设分会场。省直有关部门负责人在主会场参加。刘忻、李火林、潘家玮、佟桂莉等市四套班子领导在主会场或杭州分会场出席。

袁家军强调，数字化改革是新发展阶段全面深化改革的总抓手，也是一项牵一发而动全身的重大标志性改革，要进一步准确把握数字化改革的内涵要求和重点任务，解放思想、大胆探索，只争朝夕、蹄疾步稳，全上"跑道"、都跑起来，高质量推进数字化改革，打造全球数字变革高地。

郑栅洁强调，要进一步强化改革意识，推进制度重塑。要进一步突出需求导向，解决实际问题。要进一步坚持统筹推进，实现高效协同。发挥专家委员会作用，加快形成整体联动、高效协同的强大合力，不断推动改革走深走实、破题见效。

● ● 安徽省党政代表团到浙江省考察。21日下午，两省在杭州召开经济社会发展交流座谈会。

浙江省委书记袁家军主持会议并讲话，安徽省委书记李锦斌讲话。浙江省委副书记、省长郑栅洁，安徽省委副书记、省长王清宪分别介绍两省经济社会发展情况。浙江省领导陈金彪、彭佳学、陈奕君、梁黎明、陈铁雄、裘东耀，安徽省领导邓向阳、孙云飞、虞爱华、郭强、魏晓明、何树山、杨光荣、章曦、郑永飞，杭州市领导张振丰、朱建明等参加有关活动。

座谈会后，浙皖两省签署了共同推进特色小镇建设合作框架协议、粮食产销合作战略框架协议、浙江自贸区宁波片区·安徽自贸区芜湖片区战略合作协议。

在浙江期间，安徽省党政代表团在杭州考察了梦想小镇。

● ● 全市平安交通建设年动员部署会议召开。会议提出，2021年将全面推进公路交通事故多发点段等7个重点领域的专项整治，确保不发生重特大事故、减少较大事故、生产安全责任事故起数和死亡人数均下降20%。

会议明确，确保行业安全稳定是高质量完成年度目标任务的基本前提。交通运输安全形势依然复杂严峻，特别是水上交通、道路货运、长途客运等领域安全发展的基础还不稳固。通过开展平安交通建设年活动，查隐患、补短板、堵漏洞、建机制，为全市平安发展提供保证。

● ● "东方美谷·奉贤新城"沟通交流会在杭州举行。上海奉贤新城党政代表团携政商、学界等代表到杭州，与浙商、杭商就产业和城市投资合作进行沟通。并参观走访了天目里、阿里巴巴集团、网易公司等。

● ● 2021年全民饮茶日在余杭区径山镇径山村开幕。

全民饮茶日源自杭州，是由杭州市人大常委会批准设立的法定节日。2021年全民饮茶日以"每天一杯茶，健康进万家"为主题。现场不仅有西湖龙井、径山茶、九曲红梅杭州名茶展示，更有天目盏、农夫山泉等名器和名水的展示。在开幕当天，杭州市余杭区农业农村局和浙江大学茶叶研究所签订合作协议。此外，还组织了"茶知识进万家""百家茶楼（馆）茶企惠民赠饮活动"等活动。

●● 杭州"数智就业"便民服务平台上线。

杭州"数智就业"便民服务平台由市人力社保局推出，由市就业管理服务中心负责运营。平台利用大数据分析实现了事项无纸、一键申请。其中，政策咨询可以通过智能机器人即时解答，杭州参保市民可体验就业事项"一键智办""智能咨询"等智能便捷服务。平台上线失业保险金、失业补助金、技能提升补贴、就业困难人员灵活就业社保补贴4项网上智办事项。

●● "数智滨江"总门户发布上线。这是全市首个总门户和五大综合应用系统完成自建并全部上线的区县。

"数智滨江"总门户是高新区（滨江）数字化改革的工作台，该门户集成了党政机关整体智治、数字政府、数字经济、数字社会和数字法治五大综合应用。"数智滨江"总门户依托一体化智能化公共数据平台，基于"四横四纵两终端"数字化改革总体架构，按照"互联互通、以用促建、共建共享、易用实用"原则统筹建设。该区政府工作人员可通过PC端进入工作台进行协同工作，并在移动端通过浙政钉"数智杭州"总门户，进入"数智滨江"工作台进行无纸化办公。

●● 全省首条内河外贸集装箱精品航线——"东洲—乍浦—宁波"航线在杭州富阳东洲国际港开通。

该条外贸集装箱精品航线由杭州港务集团和浙江海港嘉兴港务有限公司共同开辟，航线采用"五定"班轮运作模式，即定装卸港口、定运输线路、定班轮船期、定运输时间、定全程运价。"东洲—乍浦—宁波"航线开通后，每天双向6艘次往返，单程运输时间在2天以内，往返4天以内，有效提升运输时效，给企业带来更高的经济效益。

东洲国际港是杭州唯一拥有世界港口序列号、规模最大的内河集装箱作业港口。2020年度集装箱吞吐量达90533TEU（标准集装箱），占杭州港全年吞吐量的90.7%，而航线连接的乍浦港是浙北地区唯一的出海口、浙江省海河联运枢纽港和国家一类对外开放口岸，这条内河外贸集装箱精品航线的开通，弥补了杭州港至乍浦港、至宁波港江海河联运的衔接问题。

21
日

●● 省人大常委会党组书记、副主任梁黎明带队到杭州座谈调研反腐败国际追逃追赃工作。省人大常委会副主任赵光君主持，市人大常委会主任李火林，副主任陈红英参加。

在座谈会上，调研组听取市监委关于全市反腐败国际追逃追赃工作情况及市中级人民法院、市人民检察院、市委组织部、市委统战部（市侨办）、市公安局相关工作情况汇报。

梁黎明指出，加强反腐败国际追逃追赃工作，是党中央坚持全面从严治党重大战略部署的重要组成部分，是推进全面依法治国、维护国家和社会公共利益的重要方面内容，是坚持以人民为中心的发展思想、回应群众强烈呼声的具体体现，是树立大国形象、提升国际社会对中国的法治信任的现实需要。全省各级监察机关和各相关职能部门，坚决贯彻党中央决策部署，秉承依法依规，坚持因案施策，做实基础工作。要坚持战略思维，要坚持辩证思维，要坚持法治思维，要坚持创新思维，推动追逃追赃工作开创新局面。

李火林表示，2021年市人大常委会将听取和审议市监委关于反腐败国际追逃追赃工作情况的报告。市人大常委会将在市委的领导下，在省人大常委会指导下，把握程序要求，依法有序推进，切实做好相关工作。

●● 市人大常委会主任李火林带队调研法治政府建设工作。调研组还视察了市检察院新检史馆、市法院诉讼服务中心，详细了解智慧检察运转、受立案及审判执行等工作。副主任陈红英，部分市人大代表参加。

调研组听取市公安局、市交通运输局、市城管局、市生态环境局、市文化广电旅游局有关法治政府建设情况以及市检察院有关行政检察和行政公益诉讼、市法院有关行政审判等工作汇报。与会人员围绕健全完善评价激励体系、提升数字化应用水平、加强行政和司法协作、推进民法典普及实施、健全政府购买法律服务机制、立法固化创新举措、加强行政执法队伍建设等提出建议。

李火林强调，建设法治政府是全面推进依法治国的重点任务和主体工程，要进一步加强理论武装，深化思想认识，坚持用习近平法治思想武装头脑、指导实践、推动工作，善于运用法治思维和法治方式推进城市治理，争创法治政府建设示范市。要坚持问题导向、目标导向和效果导向，要坚持系统思维、法治思维、创新思维和数字化思维，要坚持以人民为中心的思想。市人大常委会将充分发挥立法、监督等职能作用，共同推动法治杭州建设，为加快建设社会主义现代化国际大都市、奋力展现"重要窗口"头雁风采贡献人大力量。

●● 第二批浙江省"千年古镇（古村落）"地名文化遗产发布会在杭州市萧山区临浦镇召开。省民政厅、省住房和城乡建设厅、省文化和旅游厅、省文物局等共同为第二批浙江省"千年古镇（古村落）"地名文化遗产认定单位授牌。

杭州的西兴街道、临浦镇、寿昌镇入选第二批浙江省"千年古镇"地名文化遗产名录；东梓关村、乌石村入选第二批浙江省"千年古村落"地名文化遗产名录。

●● "永远跟党走——学党史，悟思想，办实事，开新局"大型融媒体行动在浙江展览馆南广场启动。

活动由杭州市委宣传部，拱墅区委、区政府和杭州文广集团共同主办，时间持续两个半月。活动联合了浙江、北京、上海、重庆等11个省(直辖市)广电融媒体，采用主流媒体和新媒体平台同频发声、线上和线下受众同屏互动方式，以"永远跟党走"为主题大力唱响共产党好、社会主义好、改革开放好、伟大祖国好、各族人民好的时代主旋律。

启动仪式上，浙江、北京、上海等11个省（直辖市）广电融媒体记者通过线上的方式相聚，向全国网友发出"红色"邀请书。活动还优选出8位青年代表成为"初心践行官"。

●● 杭州市《2021年"迎亚运"夏秋季臭氧攻坚行动方案》出台。该方案围绕重点区域、重点行业、重点时段，全方位、全过程开展挥发性有机物（VOCs）和氮氧化合物（NOx）综合治理，深入开展臭氧（O_3）专项行动，确保2021年全市臭氧浓度控制在166微克/立方米以下。

围绕行动方案，全市各相关部门、单位继续落实亚运城市"绿水青山守护行动"和"美丽杭州"创建暨"'迎亚运'城市环境大整治、城市面貌大提升"等专项行动中涉气相关工作，持续改善大气环境质量；以亚运会、亚残运会的场馆、住处和交通沿线等区域为重点，开展涉气环境问题排查和整治；推进亚运会、亚残运会空气质量保障相关方案的编制和实施工作。

● ● 2021年"我是星力量"大型媒体采风行动出征仪式在中国共产党杭州历史馆举行。

活动由杭州文广集团、市宣文卫工会主办,杭州电视台西湖明珠频道承办。采风行动围绕杭州开展的"忆党史、守初心、建窗口、当头雁"专题教育活动,追寻中国共产党人在杭州留下的光辉足迹。17个采风团队以"百年初心,依然少年"为主题,从不同的视角去发现新闻、挖掘内容,记录基层普通党员的感人故事,用镜头和笔尖记录中国共产党的伟大征程和杭州的精彩蝶变。

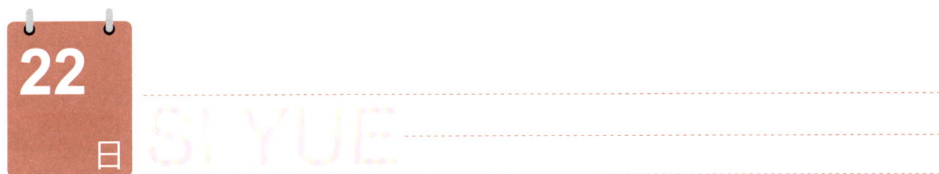

22
日

● ● 市委常委会召开会议,传达学习习近平总书记重要指示精神、全国东西部协作和中央单位定点帮扶推进会精神,研究杭州市贯彻落实工作。分析一季度经济形势,部署下阶段工作。学习《中共中央关于加强对"一把手"和领导班子监督的意见》,研究贯彻落实工作。

会议指出,全国东西部协作和中央单位定点帮扶工作推进会,是在中国脱贫攻坚取得全面胜利、即将全面建成小康社会之际召开的第一个东西部协作工作会议。习近平总书记对深化东西部协作和定点帮扶工作做出重要指示,为杭州指明了方向、提供了遵循。要认真学习贯彻习近平总书记重要指示精神,按照中央和省委、省政府部署要求,拓展帮扶领域,健全帮扶机制,优化帮扶方式,在新起点上奋力展现东西部协作工作的杭州担当。2021年以来,全市上下深入学习贯彻习近平总书记考察浙江、杭州重要讲话精神,全面落实中央和省委决策部署,积极应对不断变化的内外部环境,统筹推进疫情防控和经济社会发展,经济运行总体趋向常态化发展,呈现全面恢复、稳步回升、持续向好的态势,顺利实现"开门红"。《中共中央关于加强对"一把手"和领导班子监督的意见》印发,释放出以习近平同志为核心的党中央一以贯之全面从严治党的鲜明信号,并从制度层面对监督工作做出规范完善,为杭州推进更加严格的约束、更加科学的监督提供了重要遵循,必须全面深刻领会,把文件各项要求落细落实。要敢于动真碰硬,要贯通各类监督,推动人大监督、民主监督、司法监督、审计监督、群众监督、舆论监督贯通协调,使各类监督更加协同有效。

●● 杭州市工业经济联合会、杭州市企业联合会、杭州市企业家协会六届二次会员大会召开。市委主要领导出席会议并讲话，佟桂莉、朱建明、柯吉欣出席，省"三会"会长汤黎路致辞。会上表彰了市优秀企业家、市企业管理现代化创新成果获奖单位和市"三会"优秀会员单位。

●● 市人大常委会主任李火林调研全市文艺事业和文创产业发展。李火林一行实地考察了蓝天下传媒、华策影视集团、麦家理想谷、中国美术家协会杭州采风创作基地，详细了解文创企业的发展、业务布局、市场拓展和文艺工作者创作等情况，并召开座谈会。戚哮虎参加座谈。

李火林指出，立足新时代历史方位和使命要求，全市文艺工作要坚持用习近平新时代中国特色社会主义思想武装头脑、指导工作，全面理解、学深学透习近平总书记关于文化文艺工作的重要论述，自觉增强文艺创作的责任感、使命感，奋力推动杭州文化繁荣发展。要坚定文化自信，要坚持与时代同步伐，要坚持以人民为中心，要坚持思想精深、艺术精湛、制作精良相统一，推动杭州文艺创作由"高原"向"高峰"迈进，为杭州加快建设社会主义现代化国际大都市，奋力展现"重要窗口"头雁风采增光添彩。

●● 市政协主席潘家玮会见土耳其驻沪总领事侯赛因·埃姆莱·恩金一行。

潘家玮简要介绍了杭州经济社会发展情况，希望双方进一步加深了解，积极推动两地在经济、人文等领域合作，实现共赢发展。

侯赛因·埃姆莱·恩金表示，杭州是一座知名城市，愿双方发挥各自优势，不断加强交流合作，共创美好未来。

●● 杭州和瑞士友城卢加诺两地市政府共同举办"卢加诺·杭州在线会议：跨境数字营销"，邀请两地电子商务、文化会展、手工业、艺术设计和媒体等领域的从业代表对话交流。

●● 法治浙江十五周年十大法治人物、十大法治事件和十大最佳实践评选结果揭晓。

桐庐县委书记方毅、杭州市公安局民警钟毅入选十大法治人物；杭州互联网法院成立、建成"五四宪法"历史资料陈列馆、检察机关就郎某何某网络诽谤案提起公诉等入选十大法治事件；基层社会治理实践"下姜样本"、高新区（滨江）首创的"一码解纠纷"入选十大最佳实践。

23
日

- ● 杭州平安建设工作、扫黑除恶专项斗争总结表彰暨数字法治推进会召开。市委主要领导出席会议并讲话，市委副书记、市长刘忻主持，李火林、潘家玮、佟桂莉、陈擎苍、许明、毛溪浩、金志、张振丰、朱建明、唐春所、缪承潮在主会场或分会场出席。会上表彰了平安杭州建设及扫黑除恶专项斗争的先进集体和先进个人。会议以视频形式召开，各区县（市）和西湖风景名胜区管委会设分会场。

会议强调，要坚持以习近平法治思想为指导，深入学习贯彻习近平总书记关于平安中国建设的重要论述，牢固树立"没有走在前列也是一种风险"的忧患意识，坚持不懈地沿着习近平总书记开创的法治浙江建设道路砥砺前行，深入推进数字法治建设，一体协同建设全国市域社会治理现代化标杆城市和平安中国示范城市，推动法治杭州和平安杭州建设再上新台阶。

- ● "学党史、办实事——2021年市县两级政协'六送'服务基层和群众"活动在建德市下涯镇启动。市政协主席潘家玮出席启动仪式并讲话，周智林参加。

潘家玮指出，要把开展好"六送"服务基层和群众活动作为全市政协党史学习教育成果的重要检验，紧扣主题、精心组织、真情服务，推进"六送"服务活动取得更大成效。要在送服务中自觉践行初心使命，要在送服务中发挥政协优势，要在送服务中不断增进共识，努力为高水平打造"数智杭州·宜居天堂"、加快建设社会主义现代化国际大都市、奋力展现"重要窗口"头雁风采广泛汇聚共识和力量。

- ● 中国美好生活城市（2020—2021）发布活动在成都举行，杭州获评中国"十大大美之城"和"十大向往之城"。

榜单依据《中国美好生活大调查》数据得出。《中国美好生活大调查》由中央广播电视总台联合国家统计局、中国邮政集团、北京大学国家发展研究院共同推出，从2006年开始到2020年，已持续了15年。

"向往之城"侧重于评估城市的旅游市场吸引力和美誉度，与杭州一同入选的还有西安、成都、青岛、昆明、拉萨等城市。"大美之城"则是综合性榜单，反映了一座城市创造美好生活的综合实力和整体竞争力，与杭州共同入围的还包括上海、北京、深圳、大连、长沙等城市。

●● 杭州市"一老一小"健康和照护工作推进会暨老龄工作委员会全体扩大会议召开。会议通报了2020年全市"一老一小"工作情况，并部署2021年工作。

●● "台商政策大讲堂"暨"台胞法律服务日"活动启动，"杭州市台商（台胞）法律服务团工作站"揭牌。

市台办不定期举办"台商大讲堂"，邀请相关部门负责人和专家学者，为台商台胞进行有针对性的政策解读和答疑解惑。"台胞法律服务日"活动由市台协会和市台商（台胞）法律服务团联合承办，自5月起，固定在每个月第四周的星期五，安排一位法律服务团律师到市台协会现场值班，为台商台胞提供面对面的法律服务。

24日 SI YUE

●● 2021年西湖论剑·网络安全大会在杭州国际博览中心举行。

大会以"安全：数字化改革之根基"为主题，分设了1个主论坛、15个分论坛、1场网络安全展览和1场主题音乐会。大会围绕数字化改革，多元解读网络安全产业政策、法规、标准，为全球数字化改革中的"浙江方案"献计献策。

●● 杭州市新一轮东西部扶贫协作县县结对关系优化调整方案公布。根据"方案"，杭州市不再承担贵州黔东南州（16个县）、湖北恩施州（8个县）的东西部协作任务，调整为结对四川省18个县（市、区）。

新结对的18个县（市、区）分别为：甘孜州的康定市、泸定县、九龙县、雅江县、稻城县、理塘县、乡城县、得荣县、巴塘县、石渠县、德格县、白玉县12个县（市）；广元市的青川县、朝天区、昭化区、旺苍县、苍溪县、剑阁县6个县（区）。其中，由上城区结对雅江县、剑阁县，拱墅区结对泸定县、昭化区，西湖区结对九龙县、青川县，萧山区结对康定市、旺苍县，余杭区结对稻城县、苍溪县，临平区结对石渠县，钱塘区结对理塘县，富阳区结对德格县，临安区结对白玉县，桐庐县结对得荣县，淳安县结对巴塘县，建德市结对乡城县，滨江区结对朝天区。

25日

● ● 省委召开法治浙江建设工作会议。省委书记、省委全面依法治省委员会主任袁家军出席并讲话，葛慧君、陈金彪、朱国贤、许罗德、黄建发、王昌荣、陈奕君、梁黎明、赵光君、王双全、高兴夫、孙景淼、修长智、李占国、贾宇出席。

会议以视频会议形式召开，各市、县（市、区）设分会场，省直有关单位负责人等在主会场参加。刘忻、李火林、潘家玮、佟桂莉、戚哮虎、许明、戴建平、毛溪浩、金志、张振丰、朱建明、陈红英等在主会场或杭州分会场出席。

袁家军强调，要深入学习贯彻习近平法治思想，牢固树立"利民为本、法治为基、整体智治、高效协同"的理念，一体协同建设法治中国示范区、平安中国示范区，以数字化改革为动力，整体推进党的领导、权力运行、营商环境、社会治理法治化，努力建设人民群众看得见、摸得着、感受得到的法治浙江。

● ● 市委外事工作委员会召开会议，学习贯彻习近平新时代中国特色社会主义思想和习近平外交思想，研究部署全市外事工作。

市委主要领导主持会议并讲话，刘忻、戚哮虎、金志、陈新华、朱建明、唐春所、柯吉欣、陈国妹出席。会议听取2020年外事工作情况及2021年重点工作安排汇报，审议通过《杭州市外事港澳工作"十四五"发展规划》。

会议强调，当今世界正处于百年未有之大变局，中国共产党即将迎来百年华诞，做好2021年的地方外事工作具有非同寻常的意义和责任。要深入学习贯彻习近平外交思想，紧紧围绕党和国家工作重要节点，以更加坚定的政治站位，更加自觉的责任担当，更加开阔的国际视野，推动杭州外事工作迈上新的台阶，全面提升城市国际化水平，为新时代中国特色大国外交做出更大贡献。

● ● 市推进长三角区域一体化发展工作领导小组会议召开。市委主要领导主持会议并讲话，刘忻、戴建平、朱建明出席。会议听取关于2020年全市推进长三角区域一体化发展总体情况及2021年工作思路汇报，审议通过《杭嘉一体化合作先行区建设方案》《杭绍一体化合作先行区建设方案》《杭黄毗邻区块生态文化旅游合作先行区建设方案》。

会议强调，要深入学习贯彻习近平总书记关于长三角区域一体化发展的重要讲话精神，坚决扛起使命担当，在紧要处落好子，充分发挥特色优势，把服务大局与做强自己有机统一起来，合力推进长三角区域一体化高质量发展，为贯彻落实国家战略、加快构建新发展格局做出新的更大贡献。

● ● 市委退役军人事务工作领导小组召开会议，深入学习贯彻习近平总书记关于退役军人工作的重要论述，研究部署全市退役军人工作。

市委主要领导主持会议并讲话，刘忻、戴建平、金志、朱建明、唐春所、柯吉欣出席。会议听取2020年退役军人和双拥工作开展情况及2021年重点工作安排汇报，审议通过《关于杭州市退役军人事业发展"十四五"规划》《市委退役军人事务工作领导小组及市双拥工作领导小组2021年工作要点》。

会议强调，要深入学习贯彻习近平总书记关于退役军人工作的重要论述，结合庆祝建党100周年，以全国双拥模范城"八连冠"为新起点，以巩固党的执政根基和满足军人军属美好生活需要为目标，传承红色基因，强化责任担当，更加注重系统观念、法治思维、强基导向，进一步做好退役军人服务保障工作，引导广大退役军人坚定不移"听党话、跟党走"，不断提升退役军人幸福感、荣誉感、获得感，在新征程新起点上奋力开创退役军人工作新局面。

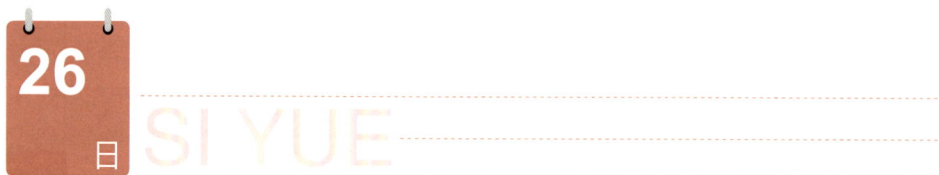

26 日 SI YUE

● ● 杭州市与浙江省机场集团举行深化全面合作工作会议，签订深化全面合作协议。市委主要领导出席会议并讲话。市委副书记、市长刘忻主持，浙江省机场集团董事长、党委书记王敏讲话，戴建平、朱建明、缪承潮参加。

会议指出，杭州市与浙江省机场集团政企双方携手并肩、同心同行，相互支持配合，共同推进建设、发展和改革工作，日益成为命运与共、休戚相关的发展共同体、责任共同体。杭州市与浙江省机场集团以此次签约为新的起点，推进更加紧密深入的合作，共同肩负争创世界一流的使命担当、构建服务和融入新发展格局的战略枢纽、打造数字化改革的全省标杆，续写世界名城与国际空港交相辉映的崭新篇章。

●● 市长刘忻主持召开会议，深入学习贯彻国务院、省政府第四次廉政工作会议精神，部署落实市政府系统党风廉政建设工作。戴建平、缪承潮、胥伟华出席。

刘忻强调，要深学笃行习近平总书记在十九届中央纪委五次全会上的重要讲话精神，以"重要窗口"头雁的使命担当，以党的政治建设为统领，把廉洁政府建设不断引向深入，持续营造政府系统风清气正的政治生态，加快打造国际一流营商环境。

●● 全市党史学习教育工作座谈会暨巡回指导动员部署会召开，交流全市党史学习教育进展情况，明确巡回指导工作要求，部署下一步重点工作。西湖区、高新区（滨江）、临安区、淳安县及市委直属机关工委、市教育局、市国资委、市工商联代表做交流发言。组建的10个巡回指导组将分赴各地开展督导。

●● "永远跟党走·红旗飘飘"杭州市庆祝中国共产党成立100周年党史知识大赛举行。

杭州13个区县（市）和西湖西溪景区，以及市直机关工委、市教育局、市总工会等市直单位系统，共派出17支队伍参加了大赛。经过两场激烈角逐，桐庐县代表队获得大赛一等奖，临平区、淳安县代表队获得二等奖，拱墅区、建德市和市总工会代表队获得三等奖，钱塘区、滨江区、余杭区和西湖西溪景区代表队获得优胜奖，上城区、西湖区、萧山区、富阳区、临安区、市教育局、市委直属机关代表队获得组织奖。

●● 市政府工作部门主要负责人2020年度法治政府建设情况专项工作报告会议举行。市规划和自然资源局、市卫生健康委、市市场监督管理局主要负责人口头报告依法履职情况，其余32位市政府工作部门主要负责人提交书面报告。这是杭州市首次审议市人大常委会任命的市政府工作部门主要负责人依法履职报告。

●● 市政协第四轮向市直有关单位委派民主监督小组工作会议举行。市政协主席潘家玮讲话，朱建明代表市委提出要求，张仲灿、叶鉴铭、谢双成、王立华、冯仁强出席。第三轮、第四轮受派单位和委派民主监督员代表分别发言。

第四轮委派民主监督小组工作向市民政局等8个单位委派96名委员组成的8个民主监督小组，围绕打响杭州"新消费·醉杭州"品牌、西湖龙井茶品牌综合保护、老旧小区加装电梯及后续管理、无障碍设施建设等8个主题开展监督。

潘家玮强调，要深入学习贯彻习近平总书记关于加强和改进人民政协工作的重要思想，认真落实中央、省委、市委关于民主监督工作的部署要求，准确把握政协协商式监督的性质定位、着力重点和方式方法，进一步增强做好委派民主监督小组工作的思想自觉和行动自觉。要聚力聚焦杭州"十四五"开好局起好步，要充分彰显协商式监督的优势特色，推动政协民主监督更加深入更富成效，努力为助力杭州"十四五"高质量发展、展现"重要窗口"头雁风采汇聚智慧和力量。

● ● "咱们工人有力量，劳模工匠心向党"杭州市职工"庆五一·迎七一"大会举行。会上，2021年杭州市五一劳动奖状（章）获得者受表彰。

2021年，杭州市总工会共授予了50个集体"杭州市五一劳动奖状"和100名个人"杭州市五一劳动奖章"。其中，获得"市五一劳动奖章"的一线职工和专业技术人员占比61.9%，农民工占比12.3%，其他管理人员占比23.8%，企事业单位负责人占比14.3%，女性占比19%，具有大专以上学历的占比89.5%；中共党员63人，民主党派5人。

● ● "杭州市民日"为民服务暨"我为群众办实事"机关党员志愿服务活动举行。活动现场，第二批"红色钱潮"杭州市机关党员志愿服务示范点获授牌。"最美机关党员志愿服务一条街"举行揭牌仪式。

26—27日 SI YUE

● ● 市十三届人大常委会第三十五次会议召开。市人大常委会主任李火林，副主任郑荣胜、陈红英、罗卫红、卢春强、徐小林出席。副市长缪承潮，市监委、市法院、市检察院负责人列席会议。

会议表决通过《关于修改〈杭州市文明行为促进条例〉的决定》，做出关于加强质量促进工作的决定，审议《杭州市物业管理条例（修订草案）》《杭州市淳安特别生态功能区条例（草案）》，听取审议副市长柯吉欣做的关于推进落实"十四五"规划科技创新发展部署、加快建设高水平创新型城市情况报告，2020年度法治政府建设情况报告。首次审议35名市政府工作部门负责人依法履职情况报告。会议表决通过有关人事任免事项。决定任命胥伟华为市政府副市长，决定免去陈国姝的副市长职务。

会前举行科技创新与教育改革再出发讲座。会后举行新任命人员宪法宣誓。

26—28日

●● 中共中央政治局常委、全国政协主席汪洋在上海、浙江就"建设高质量教育体系、强化国家战略科技力量"协商专题开展调研。汪洋率全国政协相关部门负责同志和部分全国政协常委，深入上海、浙江有关高校、科研院所、科创平台、实验室、高科技公司、社区，了解基础研究、技术攻关、人才培养、能力建设、成果应用等情况，并主持召开座谈会听取有关方面意见建议。中共中央政治局委员、上海市委书记李强，浙江省委书记袁家军，浙江省政协主席葛慧君，浙江省委常委、秘书长陈奕君，浙江省副省长王双全等参加有关调研。

汪洋强调，建设高质量教育体系、强化国家战略科技力量，事关全面建设社会主义现代化国家战略全局。要深入学习贯彻习近平总书记关于教育和科技工作的重要论述，牢牢把握创新在中国现代化建设全局中的核心地位，坚持把教育高质量发展和科技自立自强作为国家发展的战略支撑，深入实施科教兴国战略、人才强国战略、创新驱动发展战略，坚定信心、瞄准靶心，建设教育强国、科技强国，把"十四五"规划的宏伟蓝图一步一步变为美好现实。

汪洋指出，在全面建设社会主义现代化国家新征程中，经济高质量发展和人民群众对美好生活的向往对教育高质量发展和科技自主创新的需要比以往任何时候都更加迫切。要尊重教育和科技发展规律，坚持问题导向，在实践探索中不断发现问题、研究问题、解决问题。要认真研判和妥善应对中国创新发展外部环境的深刻变化，善于把外部压力转变为内在动力，在危机中育先机，于变局中开新局。要处理好政府与市场在配置创新资源中的关系，落实企业创新主体地位，充分发挥新型举国体制优势，推动科研力量优化配置和资源共享。要健全创新激励和保障机制，壮大高水平基础研究人才队伍，引导和规范人才有序流动，营造良好的创新生态。要着眼建设高质量教育体系、加快教育现代化进程，推进教育改革，支持发展高水平研究型大学，把发展科技第一生产力、培养人才第一资源、增强创新第一动力更好结合起来。全国政协要紧紧围绕党中央构建新发展格局的重大部署，发挥人才荟萃、智力密集的优势，深入调查研究，积极建言资政，为建设教育强国和科技强国贡献智慧和力量。

27 日 SI YUE

● ● 2021年全国五一劳动奖和全国工人先锋号在北京人民大会堂颁奖，397个集体获全国五一劳动奖状，1297个集体获全国工人先锋号称号，1197人获全国五一劳动奖章。其中，杭州共有1个单位、6名个人和4个集体获得表彰。杭州国芯科技股份有限公司首席技术专家梁骏作为杭州代表出席了表彰大会并发言，公司的产品荣获中国半导体创新产品奖、"中国芯"最佳市场表现奖等众多奖项。

杭州市2021年全国五一劳动奖状（1个）：贝达药业股份有限公司。

杭州市2021年全国五一劳动奖章（6个）：方建营，西湖电子集团有限公司杭州西湖新能源科技有限公司新能源充电场站运营管理项目组组长；陆立军，杭州前进齿轮箱集团股份有限公司机修钳工；沈辉，浙江中控技术股份有限公司高级副总裁；陈楚，杭州职业技术学院教师；梁骏，杭州国芯科技股份有限公司首席技术专家；杨金龙，杭州技师学院教师。

杭州市2021年全国工人先锋号（4个）：杭州市西溪医院护理部；玳能科技（杭州）有限公司DBH制造本部PCM甲班；农夫山泉（建德）新安江饮料有限公司无菌线制造一科；杭州城市大脑有限公司数字驾驶舱技术团队。

● ● 省党史学习教育第一巡回指导组进驻杭州市指导工作，并听取杭州市党史学习教育情况汇报。巡回指导组组长朱伟讲话，巡回指导组副组长徐顺聪出席。

朱伟指出，杭州市党史学习教育开局好、氛围浓，各项工作考虑全面、推进有力、特色鲜明，充分体现了中央和省委精神。要继续深入学习贯彻习近平总书记关于党史学习教育的重要讲话精神，按照省委"九学九新"要求，抓紧抓实党史学习教育，确保杭州市党史学习教育在全省走在前、当头雁。

● ● 市十三届人大常委会第三十五次会议表决通过《关于修改〈杭州市文明行为促进条例〉的决定》。

为更好适应中央和省委、市委关于精神文明建设的新部署，适应常态化疫情防控下社会生活的新变化，新修改的条例对总则、文明行为基本规范、文明行为的鼓励与促进、职责与实施、保障措施、检查与监督、法律责任等做了调整和完善。

● ● 龙井茶保护主题活动在龙井村举行。活动现场，杭州市首个村级驾驶舱——"数智龙井"揭幕。

28 日

● ● 杭州市数智群团系统上线启动仪式在市总工会举行。省、市领导黄建发、朱建明、郑荣胜等出席发布会。毛溪浩主持。

为推进群团数字化改革，全市群团系统围绕"党政智治排头兵、五大群团加速器、杭州群团新亮点"目标和增强群团工作"大群团、开放式、直达性"要求，打造了以"1+5+1+N"为主体架构的数智群团系统，包括1个一体化数字驾驶舱、5大协同管理系统、1个群团公共服务平台和N个重点应用场景。

● ● 全市制造业高质量发展大会暨"未来工厂"建设推进大会召开。会议以视频形式召开，各区县（市）设分会场。市委主要领导出席会议并讲话，市委副书记、市长刘忻主持，佟桂莉、戚哮虎、毛溪浩、张振丰、朱建明、徐小林、柯吉欣、谢双成在主会场或分会场出席。会上公布了获国家、省、市表彰的企业名单，市领导为省科技进步奖、市政府质量奖和鲲鹏企业、聚能工厂培育企业、链主工厂培育企业颁奖授牌。市经信局负责人做"未来工厂"政策解读，萧山区、钱塘区、临平区、犀牛智造、网易严选、新安化工负责人做交流发言。

会议强调，要深入学习贯彻习近平总书记重要指示精神，全面落实省委、省政府部署要求，以数字化改革为牵引，加快推进杭州制造业质量变革、效率变革、动力变革，努力建设具有全球影响力的先进制造业强市。

● ● 数智杭州建设工作领导小组会议召开。市委主要领导主持会议并讲话，刘忻、朱建明、柯吉欣出席。市委办公厅、市政府办公厅、市委改革办、市委政法委、市发改委、市经信局、市数据资源局负责人做汇报交流，市城管局、西湖区、钱塘区、临安区、建德市负责人做典型发言。

会议强调，要认真落实省数字化改革第一次工作例会精神，坚定不移推进数字化改革，牢固树立"没有领跑也是一种风险"的意识，始终保持锐意进取的状态，谋定快动奋力跑，加快形成集成度高、综合效应好的改革成果，让数字化改革更多更公平惠民利企。

●● 2021年首次"请你来协商"月度协商座谈会召开。市政协主席潘家玮讲话。周智林主持，陈国妹到会听取意见建议。

会议以网络视频形式召开，设市民中心主会场和西湖区、萧山区政协及教育界别委员工作站、胜蓝小学分会场。会上，市教育局介绍全市中小学体育工作情况，市政协教科卫体委做主旨发言。11位政协委员和学校、教师、家长代表分别围绕4个专题交流发言。163名委员通过市政协智慧履职平台实时在线参与，提出意见建议256条。

潘家玮指出，要深入学习贯彻习近平总书记关于学校体育工作的重要指示精神，坚持立德树人根本任务，牢固树立健康第一的教育理念，切实把学校体育摆到更加突出的位置。要全面落实《关于全面加强和改进新时代学校体育工作的意见》，要强化统筹保障，为高水平建设"美好教育"、培养德智体美劳全面发展的社会主义建设者和接班人做出新贡献。

●● 以色列驻沪总领事爱德华一行到杭州访问，市领导柯吉欣会见访问团一行。

柯吉欣介绍了杭州抗疫复产成效，和近年来在城市发展和数字经济等领域的新发展。双方期待在生命健康、现代农业、汽车产业等领域展开交流，共同展望更光明的合作前景和更广阔的合作空间。

●● "永远跟党走"——杭州市宣传文化系统"十个一百"系列活动在西溪湿地东门广场启动。"十个一百"包括"跟着电影学党史"——百部红色经典电影免费点、"传承红色根脉，厚植家国情怀"——百部红色经典电视剧邀您赏、"奋斗百年路，启航新征程"——百部公益电影主题放映进乡村、"讲好红色故事，传播红色文化"——百场优秀舞台艺术作品巡回演、"知史爱党，知史爱国"——"青年力量"杭州宣讲团"百名宣讲员，百堂党史课"巡回讲、"学党史，悟思想，庆华诞"——百场"书香杭州"学习阅读活动逐梦想、"西湖之春，艺术殿堂"——百场高雅艺术活动全民享、"悦动杭州，宜居天堂"——百场红色文化演艺活动进广场、"学党史，传精神，跟党走"——百支红色文艺轻骑兵在行动、"珍惜韶华，不负青春"——百堂新时代青年理论宣讲微视频云展播等内容。

启动仪式上，杭州文艺志愿者献上了以萧山楼塔镇革命先烈楼曼文为原型创作的情景诗《故园情》、歌曲《唱支山歌给党听》《不忘初心》等精彩文艺节目，随后播放了优秀主旋律电影《我和我的家乡》。

● ● 2022年杭州亚运会绿电交易全面启动。这是亚运会历史上首次进行绿电交易，所有56个赛事场馆和亚运村被纳入一揽子交易方案。

绿电交易是指允许用户通过属地电力交易中心，开展光伏、风力发电的电量交易，实现用电零碳排放的目标。通过绿电交易，来自四川、宁夏等地的电力将运往杭州，为亚运会赛事供能。预计至2022年亚运会结束，杭州43座亚运场馆和亚运村清洁能源供能将近5.95亿千瓦时，相当于减少标煤燃烧约7.31万吨，减排二氧化碳50.75万吨，相当于28万棵树一年吸收二氧化碳的量。

● ● 第五届万物生长大会在萧山举行，"2021独角兽&准独角兽企业榜单"发布。截至2021年3月31日，杭州共有"独角兽企业"37个，"准独角兽企业"209个，首次突破200个。

● ● 2021年云上动漫游戏产业交易会举行，主题为"数智赋能，动漫创未来"，活动持续至5月5日。这是"十四五"时期杭州举办的首个动漫会展活动，开展"云上展览""云上交易""云上互动"三大板块和线下分会场活动。发布会现场，主办方分享了此次交易会的亮点特色，展示了动漫游戏领域的新趋势、新项目，并向海内外动漫游戏企业、专业人士和爱好者发出邀请，参加第十七届中国国际动漫节。

28—29日 SI YUE

● ● 全省地质灾害防治工作现场会在临安区召开。通过场景式体验、情景式演练、数字化展示的"沉浸式"观摩考察，来自全省各地规划资源单位的近200位参会代表全面了解临安区在地质灾害风险隐患"双控"管理试点工作方面的探索成果。

开幕式上发布了浙江省首个《县域地质灾害风险隐患双控管理工作手册（临安版）》。手册以杭州市临安区在地质灾害风险识别、风险监测、风险预警、风险控制和风险反馈方面的探索实践为主线，大胆探索、先行先试，初步形成了地质灾害隐患点和风险区双控制工作新机制。

临安区1.5万多个有人居住的斜坡单元都建了信息卡，共划定风险区6728个，其中极高风险区84个、高风险区642个、中风险区2008个、低风险区3994个。通过将各风险点的地质灾害巡查、监测、预警，纳入当地270个行政村的398个网格管理体系，夯实了地质灾害风险防控的根基。

28—30日 SI YUE

● ● 首届西湖编剧论坛在杭州举行。这是之江编剧村成立后举办的首个主体活动。活动由国家新闻出版广电总局电视剧司、浙江省委宣传部指导，中国广播电视社会组织联合会主办，中广联电视剧编剧委员会、浙江省广电局、浙江省文投集团、浙江省之江剧本创作研究中心、杭州市委宣传部、西湖区政府承办。

论坛以"'十四五'时期主题电视剧创作质量提升"为主题，设置了"当前电视剧创作的创新与突破""电视剧创作理论、技法""重大革命历史题材作品及现实主义题材作品研讨"等议题。有关领导、省内外专家、编剧、作家及影视创作生产代表单位代表参会，共同探讨如何用电视剧讲好中国故事，为推动"十四五"时期电视剧高质量发展聚力汇策。

29日 SI YUE

● ● 全省提升党员干部队伍推进现代化建设新能力暨市县乡领导班子换届工作会议召开。省委书记袁家军出席会议并讲话。黄建发对市县乡领导班子换届工作进行部署，许罗德就严肃换届纪律提出要求，陈奕君、李卫宁、马光明出席。

会议以视频会议形式召开，市、县（市、区）设分会场，省委市县乡换届工作领导小组成员单位、省直有关部门主要负责人等在主会场参会。李火林、潘家玮、佟桂莉等在杭州分会场或各区县（市）分会场出席。

袁家军强调，要深入学习贯彻习近平总书记关于领导班子和干部队伍建设的重要论述精神，深入贯彻新时代党的组织路线，以换届为契机，推动市县乡领导班子和干部队伍系统性重塑，加快打造一支政治过硬、领导现代化建设能力强的高素质专业化干部队伍，通过换届换出守好"红色根脉"的新成果，换出竞相干事、争先创优的新局面，换出结构优、功能强、富有活力战斗力的新动能，换出选人用人整体智治的新格局，换出山清水秀、海晏河清的新气象，为浙江高质量发展、竞争力提升、现代化先行提供强有力的保障。

●● 杭州市庆祝建党100周年五四主题团日活动暨"杭州青年说"首场宣讲在杭州师范大学举行。市委主要领导接见慰问了各界优秀青年代表。毛溪浩、朱建明、陈红英、王宏、冯仁强出席。

现场举行十大杰出青年、十大青年英才、十佳农村青年致富带头人、十佳来杭创业创新青年等颁奖仪式，在信息技术创新、文化艺术传播、城市乡村建设、保卫人民安全等领域做出突出贡献的青年代表接受表彰。首场宣讲结束后，"杭州青年说"宣讲团陆续进党群、进机关、进农村、进社区、进学校、进企业、进网络，讲党史、说城事、谈奋斗主题，讲述一段段红色历史、城市发展变化史和青春奋斗史，展现新时代杭州青年风采。

●● "数智消费，乐享生活IN杭州"2021年杭州首届数智消费嘉年华在钱塘江畔开幕。市领导朱建明、徐小林、柯吉欣、谢双成等出席启动仪式并参观主题展区。

杭州数智消费嘉年华是在整合消费促进月、休闲购物节等传统促销活动基础上打造的全新大规模消费节庆品牌和平台。启动仪式上，杭州首届数智消费嘉年华的十大精品主题活动发布，"数智新文旅""数智夜生活""数智新农村""数智新国潮"等场景主题体验展持续至5月3日，为广大市民游客在节日期间享优惠、购潮品、玩互动提供最佳体验。现场还举行杭州数智消费推广大使聘任仪式、数智消费实践基地授牌仪式。

●● 中国共产党杭州历史馆（杭州市方志馆）等51个基地被确定为杭州市党史现场学习基地。

这51个党史现场学习基地分别是：中国共产党杭州历史馆（杭州市方志馆）、"五四宪法"历史资料陈列馆、小营·江南红巷、中国工农红军北上抗日先遣队纪念馆、抗日战争胜利浙江受降纪念馆、良渚博物院、浙江省档案馆、杭州京杭大运河博物馆、杭州市革命烈士纪念馆、梅家坞村周恩来纪念室、衙前农民运动纪念馆、淳安县枫树岭镇下姜村乡村振兴展示馆、新安江水电站、钱塘江大桥陈列馆、章太炎故居纪念馆、马寅初纪念馆、杭州西湖博物馆总馆（西博馆区）、杭州博物馆、杭州城市建设陈列馆、中国湿地博物馆、西湖博览会博物馆、杭州市档案馆、杭高校史馆、茅以升事迹展览馆、杭州工艺美术博物馆（杭州中国刀剪剑、扇业、伞业博物馆）、杭州市萧山跨湖桥遗址博物馆、外桐坞村朱德纪念室、萧山烈士陵园、新四军随军被服厂旧址、郁达夫故居、杭州陶行知研究馆、民族日报社纪念馆、南堡精神纪念馆、双童烈士纪念馆、千鹤妇女精神教育基地、蒋治烈士墓、于子三墓、杭州青年运动史馆、中国社区建设展示中心、江干红色精神教育馆、中共鸭兰村支部旧址、富阳博物馆、富阳党史教育基地、临安区烈士纪念馆、临安博物馆、高虹新四军纪念馆、中共淳安县委旧址纪念馆、淳安县屏门乡金陵村、富家红军墓、周恩来浙西抗战讲话旧址、杭州工运史料陈列室。

●● 第一届浙江（萧山）领军人才创新创业发展大会在萧山科技城创业谷举行。该活动以"科技之城·创业之谷"为主题，聚焦生物医药、数字经济等重点产业领域，有政府、行业专家、企业家代表、高层次人才团队、金融机构人士等200多人参加。

会上，萧山科技城创业谷启用，浙江迈同生物医药有限公司和加州伯克利CITRIS（中国）研究院揭牌，黑水虻生物转化、力品药业药品研发、CT成像系统、惠煜医疗和浩泓泰大健康生物医药产业孵化中心等九大重点项目集体签约落户。

30 日 SI YUE

●● 中央广播电视总台浙江总站揭牌成立。同日，国家（杭州）短视频基地项目开工。省委书记、省人大常委会主任袁家军，中共中央宣传部副部长、中央广播电视总台台长兼总编辑慎海雄，共同为中央广播电视总台浙江总站和国家（杭州）短视频基地揭牌。

省委副书记、省长郑栅洁致辞。浙江省有关领导朱国贤、陈奕君、成岳冲、刘忻，中央广播电视总台党组成员、副台长蒋希伟出席活动，一起为国家（杭州）短视频基地项目培土奠基。国家（杭州）短视频基地项目是经中共中央宣传部批准，中央广播电视总台与浙江省政府深化战略合作的重点内容，由中国国际电视总公司与杭州市政府共同合作建设，旨在打造面向国际、亚洲领先、国内一流的主流视听新媒体高地。项目奠基当天，中央广播电视总台大型融媒体节目《中国短视频大会》落户杭州。

同日，浙江省政府与中央广播电视总台签署《杭州亚运会广播电视宣传战略合作协议》。戚哮虎、朱建明、缪承潮、陈国妹、陈卫强等分别参加上述活动。

● ● 市委理论学习中心组召开党史学习教育专题学习会，围绕《习近平新时代中国特色社会主义思想学习问答》、《习近平在浙江》采访实录、《习近平科学的思维方法在浙江的探索与实践》研究成果进行学习研讨。

会议强调，要深切感悟浙江作为习近平新时代中国特色社会主义思想重要萌发地的政治逻辑、实践逻辑、理论逻辑，真学真懂真信真用党的创新理论"活教材"，坚持用当代中国马克思主义观察时代、解读时代、引领时代，把基本原理与最新成果贯通起来，以鲜活丰富的实践范例为习近平新时代中国特色社会主义思想科学性提供有力印证。要深切感悟习近平总书记马克思主义政治家、思想家、战略家的恢宏气魄、远见卓识、雄韬伟略，切实增强践行"两个维护"的坚定性和自觉性，突出领导干部"关键少数"，充分发挥党委（党组）理论学习中心组龙头作用和领导干部带头作用，做到心正、道正、神正、身正，努力打造"示范组""模范班"，不断推动习近平总书记重要指示批示精神落地生根、开花结果。要深切感悟"八八战略"是习近平总书记科学思维方法的集中体现，准确把握特大城市"巨系统"的特质，用好战略思维、历史思维、辩证思维、创新思维、法治思维、底线思维，精准指导解决改革发展稳定的重大问题、人民群众反映强烈的突出问题，持续深入推进这一重大战略部署在杭州的具体实践。

● ● 杭州市党史教育基地巡展活动启动。此次巡展活动以"追寻红色印迹，传承百年党史"为主题，由中共杭州市委直属机关工作委员会、中共杭州市委党史研究室（杭州市人民政府地方志办公室）、杭州图书馆共同举办。

展览图文并茂介绍了中国共产党杭州历史馆、中共杭州小组纪念馆、衙前农民运动纪念馆、余杭四无粮仓陈列馆、新安江水电站展览馆、中国工农红军北上抗日先遣队纪念馆、淳安下姜村等36个杭州市党史教育基地，浓缩了党在革命、建设、改革不同历史时期的伟大历程和辉煌成就。

展览分两个阶段，第一阶段为30日起至5月23日，在杭州图书馆大厅展出。第二阶段为5月底至11月，在13个区县（市）和部分高校进行巡展，充分发挥全市党史教育基地的优势，为党史学习教育提供生动教材。

● ● 全市建设工程领域安全生产工作会召开。市建委部署全市建设工程"安全护航"集中攻坚整治行动，副市长缪承潮出席并讲话。会上宣布，4月30日至6月30日，全市在建工地开展建设工程"安全护航"集中攻坚整治行动，扭转全市建筑施工领域各类安全事故频发、多发的严峻形势，达到"提本质、遏重大、降较大、减总量、保安全"的目的。

杭州全面进入迎亚运大建设的冲刺阶段，在建工程多、规模大，全市在监建筑工程共4649个，5米以上深基坑工程527个，超高支模架315个，起重机械11885台，在推盾构数74台。

● ● 杭州首批四大国有银行自贸区支行——中国工商银行、中国农业银行、中国银行、中国建设银行自贸区支行在高新区（滨江）集中揭牌。

● ● 浙江首个集医、教、研为一体的重离子医学中心，在中国科学院大学附属肿瘤医院（浙江省肿瘤医院）开工建设。这是浙江省唯一利用重离子放疗技术治疗肿瘤疾病的医院。该项目整体投资达11.5亿元，旨在填补浙江地区重离子放疗设备空白、短频高效解决肿瘤复发难题和开启肿瘤防治新局面。总建筑面积13693平方米，其中地上建筑面积8092平方米、地下建筑面积5601平方米。新建地下2层、地上3层的重离子医学中心大楼，包括重离子设备用房及附属工艺用房、医技用房、保障系统等，计划土建工期18个月。

五月

3 日 WU YUE

●● 首届杭州市民日活动启动，主题为"数智杭州·宜居天堂"。市委副书记、市长刘忻致辞。市人大常委会主任李火林、市政协主席潘家玮，市领导戚哮虎、朱建明、郑荣胜、张仲灿出席启动仪式。

首届杭州市民日推出"共有一个家""我心向党"专场交响音乐会两场主活动，以及市民体验、都市圈幸福传递、民意直通车·幸福对话、"杭州市民日"幸福接力、"杭州市民日"便民服务、"幸福满天堂·市民嘉年华"等6场子活动。启动仪式后，市民体验代表前往"最具品质体验点"和"金城标奖体验点"等进行体验。

7 日 WU YUE

●● 市人大常委会主任李火林走访看望他所联系的市人大代表，详细了解他们的履职、本职工作及所在企业生产经营情况，并听取意见建议。走访中，李火林对代表们多年来对市人大常委会工作的支持和参与表示感谢，希望他们慎终如始履行代表职责，忠实践行"人民选我当代表、我当代表为人民"的庄严承诺，为本届人大圆满收官，为高水平打造"数智杭州·宜居天堂"做出新的贡献。其间，代表们围绕共享通信设备资源，降低企业成本；加大村集体经济发展支持力度，助推美丽乡村建设；完善产业扶持政策，助力农业企业做大做强等提出意见建议。李火林要求市人大常委会相关工作部门认真梳理研究，依法依规办理好代表意见建议。

●● 2021年全市信用杭州建设推进大会召开。杭州以"打造最讲信用的城市"为目标，有效发挥信用建设在打造一流营商环境、实施数字化改革和创新社会治理中的关键作用，为高水平打造"数智杭州·宜居天堂"、奋力展现"重要窗口"头雁风采提供强有力的信用支撑和保障。在已有建设成果的基础上，杭州将聚焦信用"法治化、数字化、价值化、闭环化"，大力推动社会信用体系建设走深走实。此外，杭州将从构建"信用+行政管理"闭环、"信用+专项治理"闭环、"信用+区域协同"闭环等出发，全面推进信用监管闭环化。

8
日

●● 贵州省考察团抵达杭州市考察学习。杭州市与贵州省考察团举行交流座谈会，共商合作发展大计。在杭州期间，贵州省考察团考察杭州城市大脑运营指挥中心等地。

●● 浙江省千年古城复兴工作推进会暨千年古城复兴论坛在建德市梅城镇举行。11个首批试点古城、18个储备试点单位以及专家学者共同探讨古城复兴计划。梅城在数字赋能古城复兴中先行先试，在会议当天启用《智在严州——千年古城复兴试点应用场景建设梅城方案》。该方案按照"1+4+X"模式全方位构筑数字古城。"1"是一个"智慧大脑"——数字治理协调中心，由其集中指挥调度，通过信息上报、指令下达、部门反馈三大步骤实现闭环反馈追溯，并在8分钟内进行事件应急联处。"4"则指四大数字应用主场景，并由此延伸出"X"个应用场景，涵盖了古城的历史文化、社会管理、旅游体验等方方面面。

●● 杭州市召开党史学习教育专题会议，传达省党史学习教育第一巡回指导组反馈意见，部署下阶段重点工作。会议指出，各地各单位要对照党史学习教育的新部署、新要求，丰富教育实践形式，突出杭州特色，以"头雁标准"推进党史学习教育，确保各方面工作走在前、争一流。"规定动作"要不打折扣，"分类指导"要精准有力，"为民办事"要脚踏实地，"氛围营造"要热烈妥帖，"巡回指导"要务求实效。

●● 时代高架（白马湖路—天马路）开通试运行，时代大道滨江段至此实现全线建成通车；彩虹快速路西延之江段的云河、云象、云创3座隧道也开通试运行。开通范围北起白马湖路（火炬大道），南至天马路，全长约1千米，新建双向六车道高架快速路，主线设计车速80千米/小时。

10日 WU YUE

● ● 杭州2022年第19届亚运会、第4届亚残运会二级标志进行线上发布。发布的二级标志共包括可持续标志、公众参与标志、测试赛标志、智能标志、火炬传递标志、文化活动标志、志愿者标志7种。二级标志将被广泛应用于其对应的活动场景，以丰富杭州亚（残）运会视觉形象元素，更好地塑造杭州亚（残）运会品牌形象，展现杭州亚（残）运会筹办理念及中国文化。

● ● 杭州市举行野生动物世界"金钱豹外逃事件"新闻发布会。副市长王宏、市林水局局长钱美仙、市公安局常务副局长费跃忠、富阳区区长王牮出席发布会，介绍有关情况。公安机关依法对杭州野生动物世界有限公司相关人员因金钱豹外逃事件涉嫌犯罪立案侦查，并于10日对涉嫌危害公共安全犯罪的公司法定代表人、总经理张某全及相关责任人员共5人采取刑事强制措施。王宏表示，下一步，相关部门将根据当前搜捕工作实际情况，进一步确定重点搜捕范围，充分运用专业化、数字化等手段，精准开展搜捕，同时，针对列出的"隐患问题+整改举措+完成时限"清单，野生动物世界加快整改，逐一销号落实，坚决做到"整改不到位绝不开园"。

10—12日 WU YUE

● ● 省人大常委会到杭州开展《浙江省粮食安全保障条例》执行情况检查。省人大常委会副主任姒健敏带队，市人大常委会主任李火林，张振丰、郑荣胜、柯吉欣陪同检查或参加座谈。执法检查组一行首先考察了杭州粮油物流中心批发市场，随后赴淳安县、桐庐县的粮食收储和加工企业、农产品专业合作社、中心粮库、育秧中心、农业园区、家庭农场、水库等地，实地查看粮食生产功能区、永久基本农田、粮食储备、农田水利工程设施建设等情况，并走访种粮大户，仔细询问农作物产量和种粮收入。座谈会上，执法检查组听取杭州市和桐庐县、淳安县政府关于粮食安全工作和法规实施情况的汇报。省、市人大代表、粮食生产经营企业负责人就加大对粮食加工企业的扶持力度、推进粮食功能区"非粮化"整治、支持培育新型农业经营主体、以奖代补提高农民种粮积极性、做好垦造耕地后续管理、完善山区农田水利基础设施等提出了意见建议。

11 日

●●省政协主席葛慧君带队到杭州市余杭区，调研依法治网体系建设。市领导潘家玮、张振丰参加。葛慧君一行先后实地走访浙江大学医学院附属第一医院总部一期，走进仓前街道调研余杭区"智慧治网"等工作，并来到未来科技城（海创园）考察网络普法阵地建设。

在随后召开的座谈会上，葛慧君听取杭州市依法治网和余杭区网络治理等工作情况介绍。互联网企业代表、网民代表等做交流发言。葛慧君肯定了余杭区在依法治网方面取得的成效。她说，推进依法治网体系建设是时代之需、形势所需。互联网成为事业发展的最大增量，也是最大变量，浙江作为法治中国建设重要实践地和世界互联网大会永久举办地，同时也是互联网大省和数字经济发展大省，率先构建依法治网体系具有时代性、引领性、示范性的意义。潘家玮表示，市政协将按照市委部署和省政协要求，发挥政协的职能优势，聚焦杭州打造"全国数字治理第一城"的目标和推进市域依法治网体系建设中的重点难点问题，积极开展调研、协商建言，努力为打造依法治网"金名片"、展现"重要窗口"头雁风采贡献政协智慧和力量。

●●山西省晋城市党政代表团到杭州考察学习。杭州市与晋城市召开工作交流座谈会。

●●市委常委会召开会议，传达学习习近平总书记关于"共同富裕"的重要论述和省委专题学习会精神，研究杭州市贯彻落实举措；传达学习中共中央政治局常委、全国政协主席汪洋在浙江、杭州考察调研时重要讲话精神，研究部署杭州市贯彻落实工作。

会议指出，中央确定浙江为"高质量发展建设共同富裕示范区"，充分体现了习近平总书记和党中央对浙江的亲切关怀和高度信任。要进一步学深悟透习近平总书记关于"共同富裕"的重要论述，认真贯彻省委专题学习会精神，扛起责任担当，开展先行先试，走出一条"大杭州、高质量、共富裕"的发展新路子，在浙江高质量发展建设共同富裕示范区中更好发挥头雁作用。

会议指出，要勇于担当、奋力争先，推动杭州政协工作走在前列。进一步加强党对政协工作的领导，完善民主党派市委会直接向市委提出建议制度，抓好"请你来协商""委员会客厅"协商平台建设，提高建言资政和凝聚共识水平，推进协商民主广泛多层制度化发展，在推进高质量发展和实现共同富裕中充分展现政协担当作为，为杭州市高水平打造"数智杭州·宜居天堂"、高水平建设社会主义现代化国际大都市贡献更多的智慧和力量。

● ● 西湖龙井茶立法工作领导小组第二次会议召开，通报立法工作进展情况，就法规草案和立法过程中的难点问题进行研究，对下一阶段工作进行部署。市人大常委会主任、立法工作领导小组组长李火林出席并讲话，郑荣胜主持，陈红英参加。会上，市政府相关部门汇报了《杭州市西湖龙井茶保护管理条例（草案）》起草过程、主要内容、立法重点难点等情况。前期，市政府各相关部门通过立法座谈会、专家论证会、书面以及互联网等方式公开征集各类意见400多条，在吸收各方意见基础上，对草案进行修改完善。与会人员围绕确定产区范围、维护消费者权益、加强线下监管、细化法律条款等提出意见建议。

12 日 WU YUE

● ● 省人大常委会副主任史济锡带队到富阳区上官乡球拍产业园、龙门镇、东梓关村等地调研乡村振兴、城乡融合和共同富裕等工作。市人大常委会主任李火林，副主任郑荣胜参加。

史济锡指出，各级人大要深入学习领会习近平总书记关于"共同富裕"的重要论述精神，切实把思想和行动统一到党中央重大战略决策和省委重要部署上来，立足人大特点，把握"三农"实际，找准履职结合点和着力点，制度化、常态化助推高质量发展建设共同富裕示范区。李火林表示，市人大常委会将深入学习贯彻习近平总书记关于"共同富裕"的重要论述精神，按照中央和省委、市委的决策部署，在省人大的指导下，精准履职、创新作为，为杭州在高质量发展建设共同富裕示范区中发挥头雁风采彰显人大作为。

● ● 杭州"数智化"在线商事调解模式入选国务院服务贸易创新发展试点"最佳实践案例"。该模式汇聚了市贸促会、市中级人民法院及共道科技等多方力量，创新构建的中国（杭州）知识产权·国际商事调解云平台，为数字化手段、非诉讼方式解决知识产权和国际商事纠纷提供了"杭州方案"。商事纠纷化解从"线下"搬到"线上"，企业和群众得到了"一站式"网上调解服务。依托大数据、人工智能等数字技术，云平台集成了电子送达、文书自动生成、在线司法确认等智慧手段，还能提供案件预判、信息共享、资源融合和数据分析等一体化功能。

● ● 2021年杭州市中小商贸企业金融服务对接会举行。对接会由杭州市商务局主办，杭州市商务发展研究中心、杭州市商业联合会、杭州大地展览服务有限公司承办，旨在解决小微企业经营流动性资金困难，方便小微企业直接与银行相关产品服务精准对接，有效解决双方信息沟通不畅等问题，促进经济双循环平稳发展。组委会对杭州2000多个企业进行市场调查筛选，重点邀请在杭州实际经营的有切实经营贷款需求的800个中小企业分批到会参加洽谈对接，同时也邀请交通银行、建设银行、工商银行、招商银行、兴业银行、杭州银行等近20个在杭州重点开展小微贷业务的商业银行机构到会，与企业对接交流。

12—13日

WU YUE

● ● 市政协主席潘家玮带队到建德市、桐庐县，就深化乡村社会治理开展调研。冯仁强参加。调研组还召开座谈会，听取建德市、桐庐县工作汇报，并与两地相关部门交流，黄伟源、周建平、郎晓波等政协委员就提升乡村治理法治化水平、发挥村规民约作用、数字赋能乡村治理等提出建议。

潘家玮充分肯定建德、桐庐在推进乡村治理中取得的成效。他指出，乡村治理有效是乡村振兴的基础。要深入学习贯彻习近平总书记关于"三农"工作的重要论述，认真落实中央和省委、市委全面推进乡村振兴的决策部署，进一步深化认识，立足新发展阶段、贯彻新发展理念、构建新发展格局，坚持不懈推进乡村治理体系建设、提升乡村治理水平。要坚持从实际出发，深入探索创新，巩固提升实践做法和特色经验，不断强化党建引领、部门协同、群众参与、人才支撑、数字赋能，努力为乡村治理体系和治理能力现代化创造更多杭州经验，为杭州"十四五"高质量发展、在浙江高质量发展建设共同富裕示范区中更好发挥头雁作用做出新贡献。

13 日

WU YUE

●● 市政协主席潘家玮率市联乡结村第四帮扶集团赴桐庐县莪山乡开展结对帮扶活动，并共同见证杭州畲乡文创中心的启用。中心主楼一层主要展示莪山畲族的历史渊源、民俗风情、发展变迁，二层为民族服饰主题馆，三层为畲乡文体中心、图书馆。在随后召开的座谈会上，莪山乡汇报了有关工作，第四帮扶集团各成员单位做交流发言。潘家玮充分肯定莪山乡经济社会发展和第四帮扶集团工作成效。他强调，要深入学习贯彻习近平总书记关于乡村振兴战略的重要论述，认真贯彻省委、市委推进乡村振兴和区域协调发展的部署要求，精准对接"十四五"规划，进一步明方向、抓重点、展特色、惠民生，持续擦亮"中国畲族第一乡"品牌，努力打造民族乡村振兴示范和民族地区共同富裕示范。要突出项目带动，充分发挥生态环境资源优势，更好地展现畲族文化、民族特色，不断推动莪山高质量发展。要突出民生改善，聚焦民生短板，持续推进民生工程建设和民生保障工作，让群众从帮扶和发展中得到更多实惠。要深入总结帮扶工作经验做法，认真谋划新一轮工作，持续巩固提升帮扶工作成效机制，努力交出联乡结村工作高分答卷，更好助推莪山在畲乡发展中领跑、在乡村振兴上先行。

●● 全市数字乡村建设现场会在临安区召开。大会指出，杭州是美丽乡村先发地，也是全国乡村数字经济先发地。近年来，杭州市积极利用数字化手段开发"三农"领域新技术、新产品、新应用和新服务，取得了阶段性成效。大会强调，建设数字乡村，是加快农业农村现代化、率先实现共同富裕、顺应数字化改革趋势的必然要求，也是打造杭州"三农"工作新品牌的重要举措，要锚定"数字乡村标杆地"总目标，明确"规范数据标准、建设数字驾驶舱、突出应用场景"三大任务。全市上下要加强统筹、比学赶超、攻坚破难、建强队伍，高起点、高标准、高水平推进数字乡村建设。同时，要高度重视并抓实抓好农业生产安全和防汛、水利安全等工作。

会前，与会人员考察了青山湖街道数字运营中心、太湖源镇公共服务中心和太湖源镇省级现代农业产业园，并观看各区县（市）数字乡村建设创新应用场景实时演示。

●● 2021年中国视听创新创业大会在西湖区艺创小镇举行，小镇授牌成为"中国（之江）视听创新创业基地"。该基地由国家广播电视总局授牌设立，是浙江省首个国家级视听相关产业基地。授牌现场，基地还发布了10条产业政策——鼓励视听人才创新创业，对新设立、新引进的视听企业进行资金、人才、安居等方面的补助政策。其中，入选"西湖英才计划"的视听人才项目最高可给予1000万元创业启动资金。仪式上，中国日报社21世纪教育传媒项目、新片场影业有限公司杭州总部、遥望网络直播人才孵化中心3个优质项目与基地签约。

14 日

●● 市长刘忻主持召开市政府常务会议和全省安全生产大排查大整治专项行动部署会续会，就抓紧抓实当前安全生产工作进行再推进、再落实。会议强调，要深入贯彻习近平总书记关于安全生产的重要指示精神，结合浙江省安全生产大排查大整治专项行动，切实把人民群众生命安全放在第一位，牢固树立"隐患就是事故"理念，以如临深渊的姿态压实安全生产责任，以抓铁有痕的决心落实安全防控举措，坚决防范遏制重特大事故发生，推动杭州市安全生产形势持续稳定向好，以安全发展的优异成绩迎接建党100周年。

市政府常务会议还审议西溪国家湿地公园保护管理、西湖龙井茶保护管理、杭州长春对口合作等事项。会前，市政府党组召开扩大会议，学习习近平总书记在4月30日中央政治局会议上的重要讲话精神，邀请浙江大学管理学院教授寿涌毅做题为《项目管理的方法与实践》的讲座。

●● 《杭绍一体化合作先行区建设方案》印发。杭绍一体化合作先行区充分发挥临空经济优势，在萧东—柯西、萧南—诸北两大板块分别构筑临空经济与现代纺织双引擎发展的开放合作大平台和绿色制造与生态旅游融合发展的高质量发展平台，打造临空经济一体化发展示范区和长三角地区新制造业承载区。

17日 WU YUE

●● 全市深入推进党史学习教育"民呼我为"主题活动部署会召开。会上向各区县（市）、市直单位发放了"十大平台听民意""十大攻坚破难题""十大关爱暖人心""十大举措减负担"等"民呼我为"任务书，发布了"民呼我为"数字平台。

会议强调，要坚持群众想什么、我们就干什么，努力打造一座真诚办事、以行践诺的城市。始终把增进福祉、破难解困扛在肩上，从最热点的问题抓起、从最具体的小事做起、从最困难的群体入手，在更高水平上实现幼有所育、学有所教、劳有所得、病有所医、老有所养、住有所居、弱有所扶，使共同富裕成为人民群众可感可知可及的幸福体验。要激发新老杭州人的自豪感，努力打造一座同心同向、共建共享的城市。坚持大家的事情大家商量着办，完善多元化参与机制，构建善治同心圆，把城市中个体的智慧力量转化为整体的智慧力量，把更多的你、我、他变成更好的"我们"。要让数字化改革成果真正造福于民，努力打造场景惠民、成果智享的城市。聚焦百姓、企业、基层的高频事项，按照"大场景、小切口"的要求，推动大数据、人工智能、物联网、区块链等数字技术在政务服务、民生领域的深度融合应用，加快形成一批群众爱用、基层受用的多跨场景重大改革成果，构建社情民意点点通、急事难事件件办、办理结果事事回、满意与否人人评的工作闭环。

会后，市领导参观了中国共产党杭州历史馆展厅。

●● 市政协党组召开会议，学习贯彻中共中央政治局常委、全国政协主席汪洋在浙江、杭州考察调研时重要讲话精神及省委、市委部署要求，研究市政协贯彻落实工作。市政协党组书记、主席潘家玮讲话，张仲灿、谢双成、王立华、周智林、冯仁强参加。

会议强调，要进一步围绕中心、服务大局，紧扣"数智杭州·宜居天堂"发展导向和建设社会主义现代化国际大都市目标要求，把助力杭州"十四五"规划实施作为履职重点，聚焦聚力打造数字变革策源地、建设全球人才蓄水池、加快建设服务全国带动全省区域性创新高地等重点，深入调查研究，积极建言献策，更好服务助推杭州人才强市、科技强市建设。要持续关注助力未来社区建设，精心选择政协履职的着力点和切入点，综合运用视察调研、协商议政、民主监督等多种履职方式，为杭州率先建成以人为核心现代化基本单元和人民幸福美好家园贡献政协智慧和力量。

17—18日

WU YUE

● ● 厦门市人大常委会副主任陈紫萱带队，到杭州考察调研科技创新和文化遗产保护工作。市人大常委会副主任罗卫红，市人大常委会教科文卫工委、滨江区人大常委会，市政府有关部门，良渚遗址管理区管委会有关负责人陪同考察。考察组一行实地考察了滨江区智慧E谷、良渚博物院、良渚古城遗址公园、西溪湿地博物馆，听取相关负责人的情况介绍，同时还召开座谈会，就贯彻实施科技进步条例、激发企业创新主体活力、产学研及创新平台建设、科技人才队伍建设、文化遗产保护地方立法、非物质文化遗产保护和传承等广泛内容进行了座谈交流。

● ● 中国幸福城市治理论坛暨2021年中国最具幸福感城市调查推选活动启动仪式在富阳举行。2021年度的调查推选活动以"百年红、幸福城"为主题，围绕让人民生活幸福是"国之大者"，以人民城市为人民、实现高质量发展为主线，对中国城市的幸福感进行调查，推介幸福城市建设的生动实践。

在论坛开幕式上，富阳区委主要负责人分享了富阳在打造中国最具幸福感城区的实践和探索。拱墅区也从产业转型升级、城市有机更新、大运河文化传承保护利用三个维度与大家分享新拱墅的幸福路径。论坛交流环节，来自郑州、广州、温州、长沙、成都等市、区的党政负责人，中金公司首席经济学家、中金研究院执行院长彭文生，第七届茅盾文学奖得主、著名作家麦家以"现代版富春山居图的中国智慧"为主题，分别在生态文明建设、区域协调发展、改善民生等领域进行探讨。同时，《幸福城记》系列丛书之《大城幸福志》在会上发布。

18
日 WU YUE

●● 杭州市政法队伍教育整顿工作汇报会召开。中央第七督导组组长胡泽君出席会议并讲话，市委主要领导汇报杭州市政法队伍教育整顿工作情况。省委常委、政法委书记王昌荣，市领导陈擎苍、许明、毛溪浩、金志、朱建明，中央第七督导组、省委第一驻点指导组、市委政法队伍教育整顿领导小组成员出席。

胡泽君指出，教育整顿工作启动以来，杭州市认真贯彻落实中央和省委有关要求，站位高、措施实、亮点多，教育整顿工作扎实有序，实现了良好开局。杭州作为"三个地"和"重要窗口"省会城市，要不折不扣贯彻落实习近平总书记重要指示精神和党中央重大决策部署，进一步增强开展教育整顿的思想自觉、政治自觉、行动自觉，推动教育整顿工作走在前列。要着力深化思想认识和自查自纠，及时兑现宽严政策。坚持把学习教育贯穿始终，充分发挥关键少数的带头作用，持续深入做好政策宣讲工作，切实提升查纠整改内生动力。要着力突出重点，实事求是、依法依规，进一步加快线索核查工作。要着力整治顽瘴痼疾，加强条线指导，建立健全长效机制。要着力加强党的领导和统筹协调，压实党委主体责任，落实直接责任和协同责任，力戒形式主义、官僚主义，切实减轻基层负担。要着力立足职能职责，切实为群众办实事，务求教育整顿工作走深走实、取得实效。

●● 全省建设新时代美丽浙江暨中央生态环境保护督察整改工作推进大会召开，杭州再次获得"大禹鼎"。临安区、淳安县、萧山区、余杭区、西湖区、滨江区获得2020年度"大禹鼎"，其中临安区、淳安县、萧山区是第四次获得"大禹鼎"、首次捧得"大禹鼎"银鼎。

●● 新加坡驻沪总领事蔡签合一行到杭州访问。近年来，杭州与新加坡在生物科学、科技创新、园区建设等领域交流密切。双方期待在经贸交流、智慧治理和可持续发展等方面继续深入开展务实合作。在杭州期间，蔡签合一行出席2021年"杭州民营企业牵手'一带一路'国家"对接交流会，并走访新加坡在杭企业。

●● 全国文联"文艺两新"工作座谈会在杭州举行。会议由中国文联主办、浙江省文联和杭州市文联共同承办，全国各省（自治区、直辖市）文联，新疆生产建设兵团文联，各全国文艺家协会，中国文联机关有关部门和直属单位，各副省级城市文联和部分地市、区县级文联主要负责同志以及"文艺两新"代表130多人参加会议。这也是中国文联首次在全国文联系统召开"文艺两新"工作座谈会。

与会人员探讨交流了全国文联系统"文艺两新"工作的思路、举措和经验。与会代表围绕会议设置的议题进行分组讨论，同时还将实地调研西湖艺创小镇、中国网络作家村、湘湖演艺产业园、中国数字音乐基地，现场走访了解杭州市"文艺两新"发展状况，并与新文艺群体代表座谈交流。

●● 杭州市住房租赁市场规范发展会议召开，公布首批50个落实资金监管的规模化住房租赁企业"白名单"，加强住房租赁市场监管、防范住房租赁企业经营风险。根据企业落实资金监管实际情况，会议公布了首批50个落实资金监管的规模化住房租赁企业"白名单"，包括杭州冠寓投资管理有限公司等48个从事"集中式"住房租赁业务的企业和杭州爱家物业服务有限公司等7个从事"分散式"住房租赁业务的企业（其中5个同时开展"集中式"住房租赁业务）。市民可通过杭州住保房管局公众号、"杭州住保房管"微信小程序或杭州市住房租赁监管服务平台查询。

●● 杭州市青年清廉馆开馆。杭州市青年清廉馆选址瓜山未来社区。有别于传统的展示馆，青年清廉馆着重从年轻人的视角，让清廉文化在缤纷新潮的形式中浸润人心。在青年清廉馆里，全国优秀共青团员杨宇珂、中国青年五四奖章获得者石丹、全国抗击新冠肺炎疫情先进个人朱佳清、浙江省优秀少先队辅导员褚瑜玮等优秀青年榜样人物对于"清廉"的理解与解读以多种形式进行展示，通过榜样的清廉观传递正能量。青年清廉馆内还设置了清风书吧，未来将定期开展各类读书沙龙活动，为年轻人提供思想交流的平台。

18—19日 WU YUE

●● 市人大常委会主任李火林到淳安县调研。副主任陈红英参加。李火林一行考察了枫树岭镇下姜村、鸠坑口监测站，并召开《杭州市淳安特别生态功能区条例（草案）》审议修改情况座谈会，听取市人大常委会法工委、淳安县人大常委会及县政府相关情况汇报。

与会人员围绕严格保护、绿色发展、特别支持、民生保障、共保共治等方面，以及有关具体条款提出建议。其间，李火林赴临岐镇调研联乡结村工作。他实地考察了千岛湖秋念食品、贝欧复合材料制造等企业及合浦中药产业园、千岛湖中药材交易市场、中医药博物馆、中医药文化特色街区，对临岐镇发挥中药材特色产业优势，探索农文旅融合发展，圆满实现脱贫攻坚"三个清零"目标给予肯定。他强调，要深入学习贯彻习近平总书记关于乡村振兴战略的重要论述，按照市委部署，进一步做深做实联乡结村工作，促进城乡居民共同富裕，让群众更有获得感。

19 日 WU YUE

● ● 省委书记袁家军在杭州调研中科院基础医学与肿瘤研究所、西湖大学，考察了核酸适体筛选中心、核酸检测分子诊断设备研发中心、ECMO（体外膜肺氧合）联合研发中心、创新药物研发中心等先进试验设施和科研平台，及西湖大学科技园展厅等，并召开座谈会。他强调，要坚持面向世界科技前沿、面向经济主战场、面向国家重大需求、面向人民生命健康，进一步解放思想、创新机制、重点突破，加快建设发展新型科研机构和新型研究型大学，推动科技与产业深度对接、全面融合，为浙江省"三大科创高地"建设赋能加力。

● ● 第七届"杭州民营企业牵手'一带一路'国家"对接交流会在杭州举行，来自19个"一带一路"国家的45位驻沪外交官、商务官员及商务机构代表应邀参加，与100多名杭州民营企业、侨资企业代表开展对接交流。市政协主席潘家玮致辞，王立华、冯仁强参加。会上，来自奥地利、巴西、匈牙利、伊朗等国驻沪总领馆，捷克国家投资局等12位外方代表做推介发言，杭州民企华立集团和浙江贡河农业开发有限公司代表做交流发言。

潘家玮向与会的各国来宾、机构代表和企业家们表示热烈欢迎。他希望各国朋友抓住中国加快构建以国内大循环为主体、国内国际双循环相互促进的新发展格局和杭州打造"数智杭州·宜居天堂"、建设社会主义现代化国际大都市的难得机遇，加强互利合作，促进共同繁荣发展。同时要求杭州企业借力对接交流会等平台，更广泛参与共建"一带一路"，更高层次参与世界市场竞争，为促进后疫情时代经济复苏、构建人类命运共同体做出新的更大贡献。其间，与会外方嘉宾还考察杭州城市大脑运营指挥中心、物联网小镇，体验"数智杭州"建设成就。

19—21日

●● 省党史学习教育第一巡回指导组组长朱伟率领指导组一行到杭州指导党史学习教育工作，通过工作座谈、走访参观、查看资料等形式，调研指导杭州市党史学习教育工作。副组长徐顺聪参加指导。

19日，指导组组织召开市直部门座谈会，了解市直单位开展党史学习教育开展情况。随后，指导组来到桐庐县，通过听取汇报和实地走访，详细了解桐庐县及基层单位扎实推进党史学习教育的情况，对"新村夜话""青桐学讲"等特色活动表示肯定。21日，指导组考察了西湖区"呼应为"党群服务平台、海康威视嵌入式幼儿园、杭州城管驿站，指导组听讲解、查资料，对杭州市促进党史学习教育走深走实的创新做法表示赞赏。

对杭州市近段时间的党史学习教育开展情况，指导组给予充分肯定。朱伟强调，杭州市党史学习教育势头良好，要继续按照中央和省委、市委部署要求，坚持上下联动、一体推进，推动党史学习教育走深走实。要抓好领导干部上专题党课的示范作用，发挥好机关干部在党史学习教育中的表率作用，形成以上率下、比学赶超的良好局面。要着力推动为民办实事主题活动求实效，紧扣"出实招、办实事、求实效"要求，推动"民呼我为"主题活动落到实处，不断增强群众的获得感幸福感安全感。要丰富深化学习教育载体，坚持下去，巩固起来，不断深化，形成经验。杭州市专题汇报了党史学习教育情况，并表示将认真贯彻落实省党史学习教育第一巡回指导组的指导要求，紧跟上级部署保持同频联动，紧扣时间节点抓好重点项目，紧盯问题整改务实高效推进。引导各地各单位坚持把党史学习教育与做好中心工作、破解发展难题紧密结合起来，以党史学习教育的火热实践和丰硕成果向建党百年献礼。

20日 WU YUE

●● 杭州市未来社区建设现场推进会召开。市委副书记、市长刘忻主持，戴建平、朱建明、徐小林、缪承潮、周智林出席。会上，市发改委汇报全市未来社区建设工作情况，市建委、市规划和自然资源局、拱墅区、西湖区、余杭区负责人做交流发言。会前，与会人员实地考察了上城区景芳社区、滨江区冠山社区等未来社区建设情况。

会议强调，要加强领导、统筹推进，既立说立行又久久为功，开展"百社示范、千社提升"活动，进一步落实责任、优化运营，完善体制机制，强化整体协同，不搞花架子、不急于求成，打造更多更具归属感、舒适感和未来感的新型城乡功能单元，加快形成"数智杭州·宜居天堂"的标志性成果。

●● 为做好听取审议市政府关于杭州市国土空间总体规划报告的相关工作，市人大常委会主任李火林带队开展专题调研，副主任卢春强参加。调研组一行实地察看了三江汇城市开发边界现状、绿心公园及防洪堤提升工程、长安沙岛规划建设、三江汇总体情况，并召开座谈会，听取市规划和自然资源局、规划编制团队、市三江汇管委会及相关区县、部门有关情况汇报。与会人员围绕加强发展空间指标挖掘、盘活存量土地资源、注重与重大投资项目相衔接、增强国土空间规划操作性、严格监管确保规划落地实施等提出意见建议。

李火林指出，编制好杭州市国土空间总体规划，是立足新发展阶段、贯彻新发展理念、构建新发展格局，推动杭州高质量发展、高品质生活、高水平治理的关键举措。要深化思想认识，认真贯彻落实习近平生态文明思想和习近平总书记关于国土空间规划工作的重要指示精神，按照中央和省委、市委部署要求，增强科学编制、高质量编制规划的责任感和使命感，共同绘制好杭州国土空间开发保护的"总蓝图"。

●● 全省美丽城镇建设工作现场会召开，对2020年度全省新时代美丽城镇建设优秀设区市、优秀县（市、区）进行表彰。杭州获2020年度新时代美丽城镇建设优秀设区市荣誉，建德市、临安区、余杭区、萧山区上榜2020年度新时代美丽城镇建设优秀县（市、区），上榜县（市、区）数量居全省第一位。

21日

WU YUE

●● 市委召开专题会议，研究城市地下隐患专项治理工作。会议听取近期勘测检测消除城市地下安全隐患工作进展、运用数字化技术进行勘测检测工作、基于城市数字模型平台的城市地下隐患数字化治理系统工作情况汇报，研究部署下一步工作安排。

会议强调，全市各地各相关部门要居安思危、担当作为，坚决落实主体责任，把城市地下空间安全智防作为数字政府建设的重要内容，扎实推进、创新突破。市直有关部门要全面协调联动，紧扣时间节点全力攻坚，力争早出成果、落地见效。各区县（市）要排查治理安全隐患，健全风险防控机制，加快重点区域地质环境安全风险监测网络布局，力争实现重大安全隐患有效防范化解全覆盖。

●● 根据省建设厅、市安全生产委员会办公室的统一部署，全市建设施工领域安全生产风险普查启动。查对象为全市房屋建筑和城市轨道交通工程、交通工程、水利工程等在建工程，目的在于查清杭州市这些在建工程基坑开挖、模板支撑、起重吊装及起重机械安装拆卸、脚手架、拆除工程等危险性较大的分部分项工程，其数量、种类、分布及相关风险信息，并建立建设施工领域风险信息数据库，实现与全省安全生产风险防控及应急救援平台对接。

●● 杭州市—广元市东西部协作高层联席会议在杭州召开。会上，两地签订杭广消费协作企业产销战略合作等协议。

●●《杭嘉一体化合作先行区建设方案》印发。杭嘉一体化合作先行区以新型城镇化为特色，构建"一带两轴（运河二通道滨水融合带、钱塘江发展轴、人民大道—长安路发展轴），相向融合"的同城发展格局，打造高品质产城人文融合新典范、先进制造业和现代服务业深度融合发展新样板、生态海岸带一体化融合新示范。

21—25日 WU YUE

● ● 以"茶和世界·共享发展"为主题的第四届中国国际茶叶博览会在杭州国际博览中心举行。

博览会展销面积7万平方米、1500多个参展企业，3500个标准展位，集中展销六大茶类、茶器、紫砂、茶包装、茶机械、茶食、茶服、茶配套等全产业链产品。其间，举办"西湖论茶"第四届中国茶业国际高峰论坛暨2021年"国际茶日"中国主场活动、第四届中国当代茶文化发展论坛、第三届茶乡旅游发展大会，以及80多场品牌推介活动、茶乡风情展示、手工炒茶、茶韵品鉴、茶艺表演等。博览会首次启用线上办展模式，通过"云上茶博会"小程序，观众不仅可以预登记领取门票，还可在线逛展，获得最新、最全的茶博会资讯。

22日 WU YUE

● ● 杭州亚运会赛会志愿者全球招募启动活动在浙大城市学院举行。亚组委主席、亚残组委主席、省长郑栅洁和共青团中央书记处书记徐晓一道，为亚运志愿者形象大使颁发证书，启动亚运会赛会志愿者线上招募通道。亚奥理事会主席艾哈迈德亲王发来贺信。市委副书记、市长刘忻致辞。毛溪浩、朱建明、陈卫强出席。

杭州亚运会赛会志愿者口号"来吧，朋友！"、亚运会志愿者歌曲《等你来》及志愿者标识同步发布展示。杭州亚组委计划面向全球招募约5.2万名赛会志愿者。他们分布于杭州及宁波、温州、湖州、绍兴、金华5个协办城市，为开闭幕式、各项竞赛及活动提供竞赛运行、礼宾和语言、媒体运行、后勤保障、交通出行等13类志愿服务。

● ● 2021年浙江省暨杭州市科技活动周在钱江新城举行。科技活动周以"百年回望：中国共产党领导科技发展"为主题。展览有50多个科技企业和科研机构参与，展览回顾中国共产党对科技事业改革与发展的领导，集中展示科技创新在杭州市建设"数智杭州·宜居天堂"中的作用。开幕式上，杭州市中小学生科技节、"我与科技"征文活动等群众性科普活动同步启动。省、市相关领导向全国科普先进集体和先进工作者代表颁奖。科普书籍进社区、进校园赠书仪式也同时举行。

24
日

● ● 市十三届人大常委会第69次主任会议召开，市人大常委会主任李火林主持。副主任郑荣胜、陈红英、罗卫红、卢春强、徐小林，秘书长张如勇参加会议。会议讨论了拟提交市十三届人大常委会第三十六次会议审议的有关内容。会议要求，市人大机关各有关部门认真做好各项准备工作。会议讨论并通过市人大常委会关于法治政府建设情况报告的审议意见、关于推进落实"十四五"规划科技创新发展部署、加快建设高水平创新型城市情况报告的审议意见，要求监察司法工委、教科文卫工委分别对审议意见做进一步修改完善后，以市人大常委会审议意见书的形式，印送市政府研究处理。

会议听取市人大常委会法工委关于涉及不利于市场主体公平竞争地方性法规清理工作情况的汇报，要求法工委根据主任会议讨论的意见，做好相关法规的清理工作，并及时向省人大常委会报告。会议还讨论通过关于调整市人大常委会主任会议成员联系区县（市）人大分工的方案、关于组织开展杭州市人大常委会设立40周年系列活动的总体方案、《市十三届人大及其常委会文献选编》编纂方案、市人大及其常委会和机关工作制度修订方案、第二届"杭州人大工作与时俱进案例"推荐工作方案。

● ● 市人大常委会专题研究涉及不利于市场主体公平竞争地方性法规清理工作。市人大常委会主任李火林，副主任郑荣胜、陈红英、罗卫红、卢春强、徐小林参加。

根据省人大常委会统一部署要求，4月以来，杭州市开展了涉及不利于市场主体公平竞争地方性法规专项清理工作。通过对杭州市99件地方性法规进行梳理，发现关于邮政通信、殡葬管理、机动车维修、机动车驾驶员培训和土地管理等方面的5件法规部分条款存在排除、限制市场竞争，设置不合理市场准入要求和其他不利于市场主体公平竞争的情况。下一步，市人大常委会法工委将根据清理结果，建议废止或适时修改有关法规和条款。

●● 市委理论学习中心组（扩大）举行专题学习会，邀请中央党校（国家行政学院）一级教授、博士生导师胡建淼做题为《以习近平法治思想为指导，全面推进法治中国建设》的专题报告。报告中，胡建淼从"习近平法治思想是习近平新时代中国特色社会主义思想的重要组成部分""习近平法治思想是全面建设法治中国的指导思想""以习近平法治思想为指导、在法治轨道上推进国家治理现代化"3个方面做了讲解，系统梳理习近平法治思想形成的实践脉络、理论脉络、历史脉络，深刻阐述了习近平法治思想的科学内涵。

与会人员认为，胡教授的报告理论性、指导性、针对性强，为深入学习领会习近平法治思想，牢牢把握法治建设的重点工作、重点任务，在法治轨道上全面推进市域治理现代化，高质量打造法治建设示范城市提供了有益指导。

●● 天目"临碳"数智大脑启动。该数智大脑通过"物联网+区块链+大数据"多项技术的综合应用，搭建基础感知层、数据传输层、数据资源池和智慧大脑模型库，形成"三库一脑多场景"的综合应用平台，并通过开展制度标准创新，逐步走出一条可复制、可推广、务实管用的碳中和"临安模式"。工业企业科学降碳管理、山核桃足迹分析管理、"垦造耕地"、废弃矿山复绿分析管理、绿色建筑低碳分析管理平台等场景应用率先实施。

25 日 WU YUE

●● 为纵深推进数字化改革和"最多跑一次"改革，市长刘忻带领10个区县（市）的审管办主任，到市行政服务中心、市民之家现场办公，查问题、找堵点、寻良方，研究部署审批服务提速提效的具体举措。

随后，刘忻主持召开座谈会，听取10个区县（市）审管办主任和市级相关部门负责人的工作汇报。他强调，唯有在数字化改革和"最多跑一次"改革中走在前列、勇立潮头，杭州才能成为一座群众和企业"来了就不想走"的城市。要坚持顶层设计和基层首创并重，发掘树立改革好典型、好案例，应用推广改革好经验、好做法，掀起更大改革热潮。要坚持技术创新和制度创新并重，以数字化改革为引领，以制度和规则重塑为根本，让"杭州改革"成为全国标杆。要坚持感情投入和智力支撑并重，以民为本、集合众智做好服务，让"杭州服务"超乎群众所想。

25—26日

●●● 市人大常委会主任李火林到桐庐县调研。李火林先后考察江南镇、桐庐城市规划馆、莪山畲族乡、横村镇白云村，了解城乡统筹发展、基层治理等情况，勉励当地挖掘传统文化、民族特色，推动文旅融合发展，助力乡村振兴、共同富裕。

李火林指出，要深入学习贯彻习近平法治思想和习近平总书记关于坚持和完善人民代表大会制度的重要思想，坚持党的领导、人民当家作主、依法治国有机统一，推动新时代人大工作与时俱进、完善发展。要突出发展主题，围绕党委中心工作，立足实际，找准人大工作的切入点和着力点。要突出为民主旨，坚持以人民为中心的发展思想，努力使人大工作更好反映人民愿望、维护人民权益、增进人民福祉。要突出代表主体，精心开展"最美街道居民议事会议成员"风采展示等活动，提高代表议案建议办理质效。要抓好依法有序做好县乡人大换届选举、推进人大数字化改革、加强乡镇（街道）和开发区人大工作、深入开展党史学习教育等工作，为高水平打造"数智杭州·宜居天堂"贡献力量。

其间，李火林看望了部分全国、省、市人大代表，勉励他们密切联系群众，听民声，聚民智，解民忧，助力桐庐高质量发展。

●●● 市政协主席潘家玮到上城区、拱墅区和余杭区，就市政协专题议政性常委会议协商课题"构建国土空间开发保护新格局"开展调研。卢春强在相关点陪同调研。座谈会上，市规划和自然资源局、市发改委、市生态环境局、市交通运输局、市园林文物局、市林业水利局负责人介绍相关工作情况。谢春凤、何黎明、阮赛琴、蔡瑾、吴正、吴伟进等市政协委员分别就推进轨道交通TOD模式、强化重大基础设施建设管理、提升城市综合能级和竞争力、打造国土空间智慧监管新模式、低碳交通出行等提出建议。

潘家玮指出，构建国土空间开发保护新格局事关杭州未来发展。要深入学习贯彻习近平总书记对浙江建设"重要窗口"的新目标新定位和对杭州工作的重要指示精神，立足新发展阶段、贯彻新发展理念、构建新发展格局，坚持人民城市人民建，充分发挥国土空间规划的基础性作用，在夯实"生态文明之都"基础、深化"历史文化名城"保护、优化"大都市区"空间结构、提升中心城市综合承载力、强化区域和城乡协调发展等重点上不断深化研究，加快构建国土空间开发保护新格局，为杭州"十四五"高质量发展、加快建设社会主义现代化国际大都市提供坚实保障。市政协要持续深化调研，精准建言献策，广泛凝聚共识，助力构建国土空间开发保护新格局。

26 日 WU YUE

● ● 杭州市快递行业综合党委成立。市快递行业综合党委依托市邮政管理局，采取"行业主管部门+产业集聚区县+行业自律协会"的模式，吸纳交通运输、发改委、市场监管、总工会等部门，以及桐庐县、杭州市快递协会等区县、协会共同组建而成。综合党委将通过建立党建联席会议制度，发挥不同主体职能作用，强化对快递企业党建工作的指导。

会上还发布《关于全面推进快递业党建高质量发展的意见》，并启动杭州市快递行业综合党委"1+3"行动计划，即围绕"高质量党建引领快递业高质量发展"的目标，实施"党建引领""发展强基""关爱护航"三项行动，实现快递业党建和发展"双轮驱动"。

27 日 WU YUE

● ● 杭州市老干部理论读书会召开。会议指出，老干部、老同志是杭州城市建设发展的亲历者、见证者，是推进改革开放和社会主义现代化建设的宝贵财富。在长期的奋斗历程中，大家付出了智慧心血、立下了汗马功劳；离开工作岗位后，大家始终带着对杭州的深厚感情，关心支持城市建设和发展，发挥了不可替代的重要作用。特别是2020年以来面对突如其来的新冠肺炎疫情，老干部、老同志以高度的政治责任感，带头捐款捐物、服务保障一线，带头建言献策、助力复工复产，带头讲文明、树新风，与杭州一起默默坚守、共克时艰，做出了重要贡献。

● ● 市政协召开"请你来协商·深化乡村治理"专题协商会。市长刘忻到会听取意见并讲话，市政协主席潘家玮主持。张仲灿、叶鉴铭、王立华、冯仁强出席。会议以网络视频会议形式召开，主会场设在市民中心，远程连线乡镇和村发言代表，并通过智慧履职平台同步向全体市政协委员直播。会上，市委政法委汇报杭州市乡村治理基本情况。在前期深入调研基础上，市政协社法委做主旨发言，10位市政协委员、乡镇（村）代表分别围绕6个主题进行发言，市相关部门负责人做互动交流。

刘忻在充分肯定上述发言后指出，全市上下要深入贯彻习近平总书记重要讲话和指示精神，坚定不移走乡村善治之路，加快形成具有杭州特色的乡村治理体系。一要党建引领聚合力，二要自治为基增活力，三要法治为本强保障，四要德治为先树新风，五要整体智治破难题，六要制度赋能管长远，加快把"农业强、农村美、农民富"的美好愿景变为现实。

潘家玮指出，全市政协组织和广大政协委员要深入学习领会习近平总书记关于乡村治理的重要论述，认真贯彻落实中央和省委、市委决策部署，充分发挥政协职能优势，聚焦深化乡村治理中的重点难点问题，深入调查研究，积极建言资政，广泛凝聚共识，更好地把人民政协制度优势转化为治理效能，为杭州高水平推进乡村治理、促进共同富裕、奋力展现"重要窗口"头雁风采做出新贡献。

● ● 浙江自贸试验区第四批"十大标志性成果"在中国（浙江）自由贸易试验区建设新闻发布会（第四场）上公布，杭州片区4项成果入选。滨江区块获批建设的中国物联网产业知识产权运营中心，是浙江省乃至长三角地区首家获批设立的国家级产业知识产权运营中心，将提升自贸试验区知识产权保护、运营、服务水平；钱塘区块中科院基础医学与肿瘤研究所签约合成生物学、材料学领域两大院士团队，将助力打造产、学、研一体化的全球一流生物医药产业基地；杭州片区"数智化"在线商事调解模式成功入选国务院服务贸易创新发展试点"最佳实践案例"，累计接收调解案件超过9500件，涉案金额超过13亿元；杭州片区构建跨境电商行业数字化信用监管场景，汇集28个部门数据，完成对所在区域1.7万个跨境电商企业的信用评级，授信金额超过1亿元。

28
日 WU YUE

●● 市人大常委会第45次主任办公会议召开，市人大常委会主任李火林，副主任郑荣胜、陈红英、罗卫红、卢春强、徐小林以及机关各部门主要负责人参加会议。会上，市人大常委会办公厅对6月主要工作预安排做说明。常委会各位副主任分别就分管工作做补充发言。

会议明确了6月常委会重点工作，要求深入开展党史学习教育，抓好中央巡视反馈问题整改落实，开展好党史学习教育"七个一"专题实践活动，筹备实施好省、市人大常委会组织代表视察杭州2022年亚（残）运会场馆建设、《浙江省宗教事务条例》执法检查等活动，并做好人大数字化改革工作、县乡两级人大换届选举工作调研以及有关条例的立法工作。

●● 数智杭州建设工作领导小组召开会议。会议听取市委办公厅、市政府办公厅、市委改革办、市委政法委、市发改委、市经信局、市数据资源局负责人相关工作汇报。

会议指出，要夯实"底座"、补齐短板，从"城市生命体"全局出发，增强数据采集的颗粒度、穿透力，构建更加灵敏、高效、立体的城市神经元系统，实现全景呈现城市运行态势；充分发挥特大城市的海量数据优势，不断优化完善、迭代升级算法模型，提升精准预警研判风险隐患能力，真正让城市会思考、更聪明；聚焦构建完善应急处置体系，贯通市、区、乡镇（街道）三级指挥平台，做到在最短的时间、用最小的成本高效处置突发事件。要多跨协同、条抓块统，抓牢做实多跨场景重大改革这个"牛鼻子"，构建以任务为中心的协同开发模式，打破条块分割、减少重复建设、提升整体效能，各部门靠前作为、加强指导，各区县（市）主动开展实践探索，切实增强工作合力。

●● 大运河国家文化公园建设现场会暨第三次文化保护传承利用工作省部际联席会议在杭州召开。国家发展改革委、中共中央宣传部、文化和旅游部、国家文物局、自然资源部、生态环境部等有关部委相关司局及大运河沿线省、市有关部门负责人以及业界专家学者和企业代表参加会议。会上，国家有关部委代表介绍工作进展，沿线各省、市及杭州市运河集团等地区和单位做交流发言，同时研究审议《大运河文化保护传承利用"十四五"实施方案》，并布置了下一阶段工作。

与会人员还实地考察了大运河国家文化公园（杭州段）的建设情况，深入了解浙江推进大运河文化保护传承利用和国家文化公园建设方面的经验做法和实施成效。大运河杭钢工业旧址综保等重点建设项目获得专家学者们的"点赞"。

● ● 杭州市赴四川帮扶工作队出征动员会在市民中心举行。杭州市帮扶甘孜州、广元市工作队的39名选派干部于6月1日统一出发，赴四川省开展东西部协作工作。根据新一轮东西部协作结对关系优化调整方案，杭州市不再承担贵州黔东南州、湖北恩施州的东西部协作任务，调整为结对四川省甘孜州和广元市的18个县（市、区），并选派39名挂职干部赴甘孜州和广元市挂职。其中，向甘孜州选派27名挂职干部，向广元市选派12名挂职干部。这批挂职干部有来自乡镇、街道一线的镇长（主任）、基层干部，以及市级、区级机关的年轻干部。

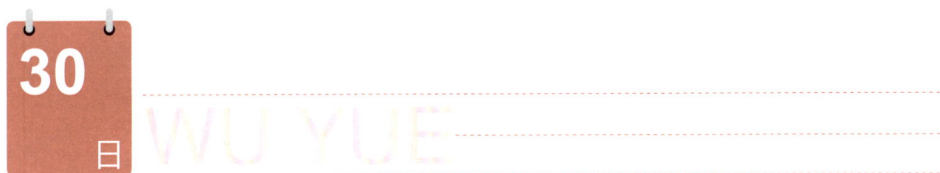

30 日

WU YUE

● ●《杭黄毗邻区块生态文化旅游合作先行区建设方案》印发。杭黄毗邻区块（淳安、歙县）生态文化旅游合作先行区突出生态旅游主题，依托千岛湖—新安江、浙皖一号旅游风景道水陆双线，以淳安威坪镇、歙县深渡镇为龙头，有机串联传统村落、土楼群、田园民居、摄影基地和采摘园等乡村旅游点，带动形成跨区域旅游精品线路，合力打造美丽田园体验区、乡愁记忆旅居地，促进合作先行区全域旅游发展。

● ● 杭州市第十五届"天堂儿歌"演唱和创作大赛决赛暨颁奖活动在杭州市青少年发展中心举行。大赛以"童心向党·唱支红歌给党听"唱响主旋律，把"四史"学习教育融入比赛环节和比赛内容，引导青少年传颂红色经典、传播红色故事、传承红色精神，向党的百年华诞献礼。

31
日 WU YUE

●● 5月31日至6月1日，省、市人大常委会联合开展《浙江省宗教事务条例》执法检查。省人大常委会党组副书记、副主任李卫宁，市人大常委会主任李火林、徐小林、陈国妹参加。执法检查组分组赴净慈寺、延寿禅寺、卧龙寺、老玉皇宫、清真寺、天主堂、思恭堂、崇一堂、福音堂等宗教活动场所，检查普法宣传、"五进"工作、平安创建等情况，了解相关宗教团体运行情况，并召开座谈会，听取杭州市及上城区、拱墅区、富阳区、临安区贯彻执行条例情况汇报。大家围绕加强条例宣传培训、规范宗教事务管理、增加基层力量等提出建议。

李卫宁充分肯定杭州市贯彻执行条例的成效后指出，宗教问题始终是我们党治国理政必须处理好的重大问题，各相关单位要深入学习贯彻习近平总书记关于宗教工作的重要论述，始终坚持党的领导，认真贯彻落实宗教事务条例，自觉把宗教工作放在大局中把握，把宗教界人士和信教群众紧紧团结在党和政府周围。要自觉运用法治思维和法治方式，着力完善宪法法律学习宣传贯彻、制止非法和抵御渗透、宗教事务依法管理、宗教团体建设和宗教人士培育等机制，依法加强宗教事务管理，提升宗教工作的法治化水平。

●● 宁波市考察团到杭州考察对接杭甬"双城记"推进工作，两市召开工作交流座谈会。杭州市市长刘忻、宁波市市长裘东耀出席座谈会并讲话。杭州市领导戴建平、宁波市领导李关定参加。会上，两市发改委通报唱好杭甬"双城记"工作进展情况，两市相关部门负责人签订综合交通、文化旅游、市场监管一体化三个专项合作协议。

●● 市委召开专题会议，研究唱好杭州、宁波"双城记"有关工作。会议传达学习省委、省政府有关会议精神，听取市发改委、市经信局、市交通运输局、市文化广电旅游局、市市场监管局、市自贸办有关工作情况汇报。

会议指出，杭州与宁波是浙江的两大龙头城市，历来人文相亲、产业相融、商缘相通，人员往来频繁、交流合作密切。唱好杭州、宁波"双城记"，意义重大、使命光荣。要进一步提高政治站位，顾大局、算大账，更加自觉地把思想和行动统一到中央和省委、省政府决策部署上来。要坚持政府主导，强化统筹联动，建立更加紧密的杭甬多层级协商推进机制，深化多领域一体化合作，梳理唱好"双城记"重点任务、重大改革、标志性工程清单，以项目化、清单化推动工作取得实效。

● ● 市政协主席潘家玮到杭州艺苑政协委员会客厅做党史学习教育专题党课。专题党课前，潘家玮与文艺界别小组和委员工作站的政协委员进行了党史学习教育座谈交流。唐龙尧、王恺华、崔巍、杨莅、张钎等委员结合自身的学习思考和工作实际，交流了党史学习体会，给大家带来了启发和思考。

在党课中，潘家玮从如何全面理解和把握党的百年辉煌历史、文艺战线在党的百年奋斗历程中发挥的重要作用以及如何从学史知史中汲取智慧力量、切实担负起新时代政协委员的责任使命等方面进行深入宣讲，通过生动的事例和翔实的数据，紧密结合杭州实际，阐述了中国共产党波澜壮阔的百年历史和宝贵经验，并对文艺界别委员和文艺工作者在新征程中更好发挥文艺的独特作用提出了希望。

● ● 省、市未成年人保护工作宣传月启动仪式暨杭州市第三届儿童福利工作添翼论坛在杭州市儿童福利院举行。仪式上宣布，杭州市将持续通过政策宣讲进社区、投放宣传片、发放宣传册、运用微信公众号等多种途径，广泛宣传新修订的未成年人保护法；开展全体社会散居孤儿、留守儿童和困境儿童大走访，市、区两级联动，点亮孩子们的万余个"微心愿"；推进7～18岁困难家庭残疾儿童康复"添翼计划"扩面提档，解决他们最急需、最迫切的康复难题；依托杭州市儿童福利院（杭州市儿童福利指导中心）推进关爱保护未成年人阵地建设，并开展动漫卡通天使"小翼讲故事"活动，用孩子的视角和语言深入解读这部法律的相关知识，让未成年人保护法深入人心。启动仪式上，市民政局还牵头成立了市未成年人保护法宣讲团，并向4名专家成员颁发聘书。

● ● 杭州市公共关系协会发布"2020年杭州市十大公共关系事件"。2020年杭州市十大公共关系事件分别是：杭州被授予全国唯一"幸福示范标杆城市"；杭州在全国首创健康码并实现全覆盖，筑起精准疫情防控"守护墙"；首届世界会长大会在杭州召开，12个国内外分会场33.8万人参与，引发全球工商界广泛关注；城市大脑3.0正式发布，数字治理指数位列全国第一；杭州高水平建成全面小康取得决定性成就，展现"重要窗口"头雁风采；成立首个世界遗产联盟，提升杭州国际影响力；杭州连续三年保持人才净流入率全国第一位，成海归人才新"归谷"；设立"西湖日""良渚日""市民日"，增强城市软实力；数字赋能杭州社区治理，加速基层治理数字化转型；全国红会第一个网络物资捐赠平台上线，实现捐赠款物全程透明可溯、准确高效。

下旬 WU YUE

●● 市政协主席潘家玮，副主席张仲灿、叶鉴铭、谢双成、王立华、周智林、冯仁强带队分赴13个区县（市），围绕"推进美丽大花园建设、打造美丽中国样本"开展专项集体民主监督，市政协25个界别小组的95名市和区县（市）两级政协委员参加。各监督调研组聚焦生态环境全域提质、城市景观整体提升、街道社区"添花扩绿"、美丽乡村生态宜居、历史文化不断彰显等监督重点，深入乡镇（街道）实地察看，听取群众呼声，查找薄弱环节，提出意见建议，并召开座谈会听取工作汇报、互动交流。

潘家玮一行来到淳安县富文乡中心小学、富文村、里商乡等地，实地考察美丽乡村和环境整治、乡村治理、美好教育、历史文化保护利用等情况。富文村积极开展村庄综合整治和基础设施建设，村落环境干净整洁；富文乡中心小学通过改建，软硬件大幅提升，为100多名儿童提供美丽的空间环境。里商乡在促进茶产业兴旺同时，积极挖掘文化元素，建成杨桂枝生平展示馆、三元阁、大千古街等文化项目，打好特色文化牌。潘家玮对他们充分利用当地自然资源禀赋，推进特色产业发展，深化美丽乡村建设表示肯定，鼓励他们积极探索实践，为美丽中国样本建设积累更多可借鉴经验。

座谈会上，潘家玮听取大家发言，他强调，要深入学习贯彻习近平生态文明思想和习近平总书记对杭州、淳安工作的重要指示精神，按照省委、市委建设特别生态功能区的部署要求，坚持系统谋划、全域推进、综合施策、整体提升和绿色发展，加强生态保护与环境治理，突出水资源保护，并与乡村振兴与共同富裕紧密结合起来，积极构建国土空间开发保护新格局，努力打造美丽大花园"两山"转换示范样板地。全市政协组织要按照省政协三级政协联动监督要求，坚持建言资政和凝聚共识双向发力，为推进美丽大花园建设、打造美丽中国样本、奋力展现"重要窗口"头雁风采贡献智慧力量。

六月

1

日 LIU YUE

●● 以"画合·梦圆"为主题的《富春山居图》合璧十周年纪念活动在杭州举行，专家学者和青年一同重温《富春山居图》合璧历史瞬间，同心共绘现代版《富春山居图》。中共中央台湾工作办公室、国务院台湾事务办公室主任刘结一，中国国民党前主席、中华青雁和平教育基金会董事长洪秀柱致辞。省人大常委会副主任熊建平出席，副省长徐文光主持，市领导陈新华、朱建明、陈国妹等人参加。

刘结一在致辞时说，合璧十周年纪念活动强化了两岸同胞特别是年轻同胞对两岸同根同源的认识，增强了文化认同、民族认同和国家认同；鼓舞两岸同胞增强文化自信，携手传承中华优秀传统文化、促进两岸融合发展；激励两岸同胞同心共绘新时代《富春山居图》，并肩共赴实现中华民族伟大复兴的新征程。两岸青年应志存高远，勇立时代潮头，担当时代责任，在两岸融合发展中携手打拼，实现心灵契合，在共同实现中华民族伟大复兴的奋斗中，实现青春梦想和人生价值。

洪秀柱通过视频致辞。她表示，"合璧"凸显了两岸之间存在着不可分割的文化纽带，让我们体会到文化才是两岸共同的血脉，更彰显了中国文化所重视的人品与气节。若能更积极以文化交流强化中华文化纽带，两岸大局"画合梦圆"也终将指日可待。

●● 省政协副主席、党组副书记孙景淼带领调研组到杭州围绕推进"大综合一体化"行政执法课题开展调研。市政协副主席冯仁强陪同调研。调研组先后来到桐庐县江南镇、富春江镇，实地了解"大综合一体化"行政执法工作推进情况，并召开座谈会听取意见建议。

孙景淼充分肯定了杭州市和桐庐县在"大综合一体化"行政执法改革中所取得的成效，认为杭州行政执法工作抓得早，谋得深，积累了一系列好做法好经验，为全省提供了可复制可参考的样本。他强调，"大综合一体化"行政执法改革是一项很有必要、很有意义的工作，既是事关群众切身利益的民生工程，更是推动治理能力和治理体系现代化的重要载体。各级部门必须在原有基础上，持续加大改革创新力度，既优化顶层设计又加强创新实践，既强化数字思维又打破数字壁垒，在发现问题、研究问题、解决问题的过程中，为全省全国"大综合一体化"行政执法改革提供更多可推广、可借鉴的好经验。

●● 市政府常务会议召开，研究部署防汛备汛、食品药品安全、生物医药产业发展等工作。会议听取杭州市汛期形势及防汛备汛工作情况汇报。会议指出，2021年降水集中期较往年明显提前，局地自然灾害发生风险较高，防汛形势总体严峻。全市各级各部门要坚决扛起防汛防台的政治责任，要不断夯实防汛防台的基层基础，加快区县、乡镇（街道）、村社防汛形势图修编，抓好避灾场所规范化建设，配齐配足应急防汛物资，有效提升防灾减灾能力。

会议审议《杭州市食品药品安全工作评议考核办法》，并强调要以创建国家食品安全示范城市为统领，以食药领域数字化改革为突破口，全面推进食品药品安全全程追溯体系建设，牢牢盯住农产品、保健食品、校园食品、网络订餐等风险易发高发的重点领域，持续加强排查治理，完善风险闭环管理机制，优化安全事故应急处置预案，切实保障好群众"舌尖上的安全"。

在审议《关于加快杭州市生物医药产业高质量发展的若干意见》时，会议强调，要以《若干意见》制定出台为契机，充分发挥政策牵引带动作用，立足杭州生物医药产业基础，聚焦提升创新研发能力、完善临床研究应用、促进产业集聚发展、提升要素支撑能级、健全生态服务体系、强化统筹推进机制等6个方面任务，加快形成全产业链政策支撑体系，加快构建生物医药创新高地，确保实现生物医药制造业年度工业总产值三年翻番目标，为打造万亿级产业打下坚实基础、提供有力支撑。

会议还研究了"迎亚运"道路建设、湿地保护等事项。会前，市政府党组召开扩大会议，学习习近平总书记在中央政治局第二十九次集体学习时的重要讲话精神。

●● 市委副书记、市长刘忻专程走访部分小学、儿童福利院，与孩子们共同欢庆"六一"，代表市委、市政府向全市少年儿童致以节日祝福，向全市广大中小学、幼儿园教师和少年儿童工作者表示诚挚问候。刘忻到杭州市明珠实验学校、杭州市行知第二小学和杭州市儿童福利院。他细致察看了学生食堂、教师办公室等生活学习设施，了解福利院的养育保健、特教康复、精神慰藉、文化娱乐等功能配备情况，与教职员工深入交流，关切询问他们的工作生活情况。市领导毛溪浩也带队走访了杭州市景和幼儿园、杭州市时代小学。

2—3日 LIU YUE

●● 市长刘忻到余杭区、临平区检查指导防汛工作，检查余杭区的西险大塘工程和瓶窑防汛储备仓库现场、临平区防汛抗旱指挥部。刘忻在检查中强调，凡事预则立不预则废，只有做足充分准备，才能在汛情出现时临危不乱、战而胜之。全市各级各部门要进一步增强责任感紧迫感，立足防大汛、抢大险、救大灾，切实做好预案准备、队伍准备、物资准备、蓄滞洪区运用准备，以确定的工作举措应对不确定的防汛形势。

3日 LIU YUE

●● 市长刘忻主持召开疫情防控专题会议，分析研判杭州市当前疫情防控形势，就抓紧抓实"外防输入、内防反弹"工作做出具体部署。戚哮虎、柯吉欣、陈卫强出席。会前，刘忻专程来到上城区某集中隔离观察点检查指导。

会上，市疫情防控工作领导小组办公室、市卫生健康委等分别汇报疫苗接种、涉疫区来杭人员管控等情况。刘忻在听取后指出，各级各部门要深刻认识疫情防控的长期性、复杂性、不确定性，坚决克服麻痹思想、松劲心态、侥幸心理，以大概率思维应对小概率事件，把疫情防控主动权牢牢抓在手上。要紧紧盯住重点场所、重点领域、重点人群，查找和补齐疫情防控短板，抓好亮码、测温、佩戴口罩等防疫措施落实，加大对空港门户、交通站点、农贸市场、物流冷库等场所的检测筛查力度，确保防控无遗漏、无死角、无盲区。要科学有序高效做好疫苗接种工作，把疫苗接种作为构建全民防疫屏障的重要举措，加强疫苗供给，加大宣传力度，营造良好氛围，持续扩大接种覆盖面。要聚力提升数字赋能常态化疫情防控水平，用足用好数字化改革成果，优化完善"大数据分析+网格化管理""一库一图一码一指数"等精密智控机制，确保打赢疫情防控攻坚战。

●● 市长刘忻专题调研年度民生实事项目推进工作，考察坤塘悦府安置房小区、文晖街道流水西苑、启音儿童康复中心、招商观颐之家杭州颐养中心等。

刘忻强调要深入贯彻习近平总书记重要讲话和指示精神，紧紧围绕"数智杭州·宜居天堂"的发展导向，结合开展党史学习教育"民呼我为"主题活动，持续完善为民办实事长效机制，在一件事情接着一件事情办、一年接着一年干的接续努力中，高水平把杭州建成人民的幸福城市、幸福的人民城市。

3—4日

●● 市人大常委会主任李火林到临平区、钱塘区调研。李火林实地考察临平区艺尚小镇、钱塘区医药港以及李加林织锦馆、杭州老板电器股份有限公司、贝达药业股份有限公司等企业，详细了解园区运营、企业经营、产业发展等情况。在河庄街道江东村代表联络站，李火林对联络站发挥民心连心桥、选民代言人、群众铺路石作用给予肯定，希望联络站更好服务大局、服务代表、服务群众。

按照市委的统一部署，行政区划优化调整后，两区人大筹备组根据省、市人大有关决定要求，在两区党委坚强领导下，依法有序推进代表选举各项工作。李火林在听取两区人大筹备组有关工作情况汇报后，对前期工作给予充分肯定。他指出，要高水平谋划人大工作，围绕党委重大决策部署，立足法定职权，以"盯住法""管好钱""把牢图"为重点，精心谋划年度工作。要高质量推进人大建设，锚定"唯实惟先、善作善成、更专更精"目标，着力打造与新区高质量发展相适应的工作机关、代表机关。要高定位做好代表工作，及时开展代表培训，组织好会前视察和代表活动，切实增强代表意识，提升履职能力，充分发挥代表主体作用。要高标准抓好筹备工作，严格按照法定程序，精心组织、周密安排，扎实做好人代会各项筹备工作，为推动高质量发展、创造高品质生活、实现高效能治理凝聚强大合力。其间，李火林走访看望了部分人大代表，希望他们密切联系群众，努力做到民呼我为，在高质量发展建设共同富裕示范区中更好发挥作用。

3—5日 LIU YUE

●● 杭州市举行"永远跟党走·红旗飘飘"庆祝中国共产党成立100周年群众性歌咏活动，来自13个区县（市）的群众演员自编自导自演，以歌唱、舞蹈、朗诵等多种艺术形式，赞颂党的光辉历程、讴歌党的丰功伟绩，展现杭州践行"八八战略"取得的巨大变化和显著成绩，展望"数智杭州·宜居天堂"的美好发展前景，唱响爱党爱国爱社会主义爱家乡的时代主旋律。活动分为百年征程路、奋进新时代两大篇章。

●● "百年风华，千秋伟业——杭州市庆祝中国共产党成立100周年诗书画印联展"在浙江美术馆启幕。联展由市委宣传部、市文联、西泠印社社务委员会主办，以"百年风华，千秋伟业"为主题，遴选一批诗词、美术、书法、篆刻作品。联展由四大板块组成。一是"百花争艳竞向阳"美术作品展，展出由杭州市美术家协会组织创作的100幅花鸟作品；二是"诗香翰墨寄丹心"诗书作品展，由杭州市书法家协会组织书法家将杭州市作家协会、杭州市诗词楹联协会组织创作或遴选的100首诗词作品创作成100幅书法作品；三是"百年恰是风华正茂"百米书画长卷，由杭州市各区县（市）文联组织书画家集体创作而成；四是"红色印记延根脉"篆刻作品展，由西泠印社社委会精选西泠篆刻名家中最具代表性的100件红色主题印章作品予以展出。

4日 LIU YUE

●● 新时代美丽杭州建设推进会召开。会议以视频形式召开，各区县（市）和西湖风景名胜区管委会设分会场。市委副书记、市长刘忻主持，佟桂莉、张振丰、朱建明、卢春强、柯吉欣、缪承潮、王宏、冯仁强在主会场或分会场出席。会议通报表扬了美丽杭州建设突出贡献集体和个人，市发改委、杭州西湖风景名胜区管委会、钱塘区、富阳区、市城投集团负责人做交流发言，生态环境部环境规划院发布《2013—2020年美丽杭州建设评估报告》，缪承潮做工作点评并发布"杭州·生态智卫"大场景。会前，市领导考察了富阳区环山乡海绵水田项目、阳陂湖生态修复治理工程生态湿地和滨江区钱塘江绿道、之江水泥厂工业遗址公园建设情况。

会议强调，要坚持减污降碳协同增效，形成节约资源和保护环境的空间格局、产业结构、生产方式、生活方式，率先实现生态环境质量改善由量变到质变。重点要推进"五化并举"：坚持污染减量化，持续深入打好治污攻坚战；坚持发展低碳化，有序推进碳达峰碳中和；坚持人居品质化，持续深化美丽城乡建设；坚持湿地原生化，积极创建国际湿地城市；坚持生物友好化，以自然之道养万物之生。

●● 全市知识产权保护工作推进会召开。市委副书记、市长刘忻主持，市领导戴建平、朱建明、胥伟华，省市场监管局局长章根明出席。市市场监管局做工作汇报，市法院、滨江区、余杭区、新华三集团负责人做交流发言。

会议强调，要全力打造知识产权保护高地，更好释放全社会创新创造活力。坚持整体智治，打造知识产权大数据中心，迭代知识产权应用场景，推动平台经济规范健康持续发展，构建知识产权现代治理体系；激发主体活力，用好重大创新平台，推动产业深度融合，突出市场主体地位，推动高端创新要素集聚集成；深化落地运用，创新金融服务，畅通转化渠道，健全运营体系，促进实体经济提质降本增效；注重多跨协同，建立完备的法律法规体系、高效的执法司法体系、快速的维权援助体系，强化知识产权全链全域保护；优化管理服务，深化"一件事"改革，完善公共服务体系，培育品牌服务机构，助力打造国际一流营商环境。

●● 市委副书记、市长刘忻会见由阿克苏地区地委副书记、行署专员尼牙孜·阿西木和阿克苏市委副书记、代市长夏帕克提·吾守尔分别率领的代表团一行。杭州市领导王宏，阿克苏地区领导朱林森、杜明、孔智勇、陈海涛，阿克苏市领导黄建正、袁建强参加。

刘忻对代表团来访表示欢迎。他说，杭州正紧紧围绕"数智杭州·宜居天堂"发展导向，高水平建设社会主义现代化国际大都市。做好对口援疆工作是杭州义不容辞的政治责任，杭州将持续全面提升产业、人才、技术、民生、生态等对口支援水平，有力助推阿克苏地区和阿克苏市高质量发展。尼牙孜·阿西木感谢杭州一直以来的倾力帮扶，希望两地进一步加强乡村振兴、数字赋能、公共服务等方面务实合作，为经济社会发展注入新活力、提供新动力。

●● 全省政法队伍英模事迹报告团到杭州宣讲。报告会上，来自全省政法系统的5位政法英模，结合自身工作做了报告。

会议强调，全市各级政法机关和广大政法干警要以习近平新时代中国特色社会主义思想为指引，干在实处、走在前列，以英模为榜样锻造绝对忠诚的政治信仰，厚植心系群众的深厚情怀，将学习成果转化为干事创业的强大动力，奋力推动政法工作高质量发展，为高水平打造"数智杭州·宜居天堂"保驾护航。省委政法队伍教育整顿驻点指导组成员，市委政法委、市政法各单位负责人，以及政法干警、辅警、基层党员群众代表等聆听了报告。

●● 杭州市召开2021年度推进新时代杭州产业工人队伍建设改革工作协调小组成员单位（扩大）会议，部署加强产业工人队伍工作。会上，传达全国推进产业工人队伍建设改革工作经验交流会精神和推进新时代浙江产业工人队伍建设改革工作协调小组会议精神，通报新时代杭州产业工人队伍建设改革2020年工作情况和2021年工作计划，明确2021年产改工作的工作要点和任务清单，发布2021年推进新时代杭州产业工人队伍建设改革工作十件实事。

5—6日 LIU YUE

●● "2021全球人工智能技术大会"在杭州未来科技城举行。大会集"会、赛、展"于一体，除22场重磅专题报告和专题论坛外，还举办2021年全球人工智能技术创新大赛、2021年全球人工智能技术博览会等活动。在大会主题报告环节，6位中外院士和2位业界专家分享他们的最新成果。首届全球人工智能技术创新大赛决赛结果公布。

大赛历时近5个月，吸引全球21个国家和地区的1.39万支队伍、1.51万名选手参赛。决赛分医学影像报告异常检测、PANDA大场景多对象检测跟踪、小布助手对话短文本语义匹配等三条赛道，不同赛道需要攻克不同的难题。全球人工智能技术博览会在未来科技城学术交流中心同步开展。博览会遴选50多个优秀企业参展，设置核心展区、自动驾驶、服务机器人、CR/VR、智能视觉系统、未来科技城企业等6个展区。

7 日

LIU YUE

● ● 省人大环境与资源保护委员会主任委员林健东率省人大常委会检查组一行到杭州市开展《中华人民共和国固体废物污染环境防治法》（简称《固废污染防治法》）执法检查并开会座谈。市人大常委会副主任卢春强、市政府副秘书长劳新祥、市人大常委会城建环保工委主任黄昊明，相关部门有关负责人陪同。

执法检查采用现场检查、提出询问等方式先后深入金沙家园小区、第三固废处置中心、临江环境能源有限公司等地进行实地检查，分别就生活垃圾的源头减量、分类、投放、收集、运输、处理以及固体废物和危险废物收集、运输和处置管理等《固废污染防治法》相关内容的贯彻执行情况进行了解。

随后，检查组听取各级政府和相关职能部门贯彻执行情况的汇报，并进行座谈交流。林健东对杭州市贯彻执行《固废污染防治法》的工作给予肯定。他要求，杭州市要持续加强宣传贯彻力度，通过各类媒介宣传和执法力度的加强，开展全面的宣传贯彻工作。要仔细查找问题，逐一对照《固废污染防治法》的条目，检查全市在执行《固废污染防治法》工作上取得的成效和存在的问题，以及法律在实施过程中存在的问题。要严肃执法、认真执法，加大执法检查力度，将责任落实到位，严肃查处各类违法行为。同时，还要推进监管的精准化，既要加强固体废物收集、运输、处置等方面的精准监管，又要加强医疗废物处置设备和收集系统的精准监管。通过提高危废设施的设计水平、对危废收集系统开展安全排查等措施，提高危废处置安全性，以高标准、高要求来建设美丽杭州"大花园"。

8 日

LIU YUE

● ● 省、市人大联动视察杭州市亚（残）运会筹办工作。视察组分两组视察了杭州奥体中心主体育场、网球中心、游泳馆、富阳区射击射箭馆、水上运动中心等，赴浙江体育职业技术学院看望运动员。随后，召开座谈会，听取杭州亚（残）运会筹办工作情况汇报。9位代表就智能亚运、疫情防控、赛后场馆利用等问题，与相关部门交流互动。

梁黎明充分肯定杭州亚（残）运会筹办工作成效后指出，要立足"两个大局"的历史坐标，淬炼"两个维护"的政治本色，在已有基础上一鼓作气、再接再厉，高站位谋划、高标准推进、高效率落实、高科技支撑，全面落实亚（残）运会筹备任务。要坚持系统思维、系统方法，注重全省域整体联动、全民性参与共享、全周期运行管理、全场景开发建设，巩固扩大亚运效应，持续释放亚运红利。全省各级人大要主动服务和融入大局，密切关注场馆设施建设、"智能亚运"、竞赛组织、全民亚运、运动员备战等工作，进一步发挥监督推动和代表主体作用，更好保障改善民生、依法促进治理、有效构筑合力，在助力亚运筹办中体现人大担当。

李火林指出，市人大常委会要按照省委、市委统一部署和省人大常委会要求，持续跟踪推动亚（残）运会筹办工作，结合人大监督、代表主题活动、议案建议办理等工作，更好地履行职责、发挥作用，为办成一届具有"中国特色、浙江风采、杭州韵味、精彩纷呈"的体育文化盛会贡献人大力量。

● ● 第七届中国杭州大学生创业大赛总决赛在杭州高新区（滨江）举行。大赛由杭州市政府主办，市人力社保局等20个部委办局及高新区（滨江）、萧山区、余杭区、临平区、钱塘区共同承办。来自香港中文大学的"巨岩体育场馆智慧化综合管理云系统的研发与推广"和来自清华大学的"工业设备智能预测性维护平台"夺得总决赛特等奖。根据政策，这两个项目于一年内在杭州注册成立企业就可以申请100万元的大学生创业资助资金。

● ● "数智杭宣"系统一期应用场景发布，以杭州城市大脑建设为依托，以多跨协同、服务两端为突破点。"身边文化圈""小小宣讲家""杭城资讯""影院剧场""最忆是杭州"等五大场景上线内测，并将分批在"浙里办"杭州频道和"杭州城市大脑"App上线，进一步普及优秀文化资源、弘扬杭州文化经典，以高质量数字赋能打造高品质文化生活。"数智杭宣"系统一期应用场景联动市委宣传部、市园文局、市文化广电旅游局等17个市级部门，集成全市图书馆、文化馆、博物馆等2700多个场馆数据、380多个近期活动信息、600多个数字化文化资源，呈现出以文惠民贯穿场景建设始终、多跨协同助推摸清资源家底、优质供给激活文化资源利用、数据集成赋能部门整体智治、以文化人更为突出有效、闭环式服务体系打造高品质文化生活等六大亮点。

●● "伟大历程，砥砺奋进——杭州党史百年大事图片展"在中国共产党杭州历史馆（杭州市方志馆）北山馆区向公众开放。展览由市纪委市监委、市委组织部、市委宣传部、市直属机关工委、市委党史研究室（市志办）、市档案馆主办，中国共产党杭州历史馆（市方志馆）承办。图片展通过近300张珍贵照片、2万余字说明，跨越新民主主义革命时期、社会主义革命和建设时期、改革开放和社会主义现代化建设新时期、中国特色社会主义新时代4个历史时期，全面展示杭州人民在中国共产党带领下取得的巨大成就。特别是党的十八大以来，杭州抓住重大历史机遇期的新变化，不断取得"八八战略"在杭州的实践成果，其中包括全力打造"全国数字经济第一城"、成功举办G20峰会、喜迎亚运会、全面推进"六大行动"、提出"拥江发展"行动、城市大脑发布、打造世界遗产群落、"杭州健康码"助力疫情防控和复工复产等成就。图片展持续至6月底。

●● 两岸青年网络文学大赛·未来发展高峰论坛暨"网络文学IP直通车"一周年活动举行，现场举行重大项目签约。其中，恺英网络公司、猫耳FM、阜博集团与中国网络作家村，管平潮与浙江文艺出版社，网络作家"我本纯洁"、杭州若鸿文化创意有限公司与"咪咕阅读"等多方合作，旨在进一步巩固创新网络文学IP生态链，加速网络文学作品产业化发展。在活动当日，还举办"两岸青年网络文学大赛·未来发展高峰论坛"，为两岸优秀青年搭建广阔交流平台、促进了两岸文学共同转型升级。同时，管平潮、蒋胜男等嘉宾以围绕"IP时代下如何提升网络文学的品质和影响力"的主题，进行观点分享。

9日 LIU YUE

●● 市人大常委会主任李火林主持召开专题会议，研究推进化解领衔包案信访事项。有关单位详细汇报了群众反映的合同纠纷和拆迁补偿等2宗信访案件办理进展情况及下一步工作举措。前期，有关单位听取信访群众诉求，多次实地走访调研，多方了解案件情况，做了大量细致有效的工作。

李火林充分肯定各有关单位前期所做工作，并与他们一起梳理问题症结、研究解决方案。他要求市级有关单位和属地政府严格落实责任，加强协调配合，想方设法加快推动问题解决，并及时向信访群众反馈处置情况。

● ● 国家绿色技术交易中心在杭州揭牌。包括"二氧化碳捕集与资源化利用技术"等在内的第一批30项技术成果上架，等待买家。该交易中心以国家电网浙江省电力有限公司双创中心为主体设立，聚焦低碳转型中的关键技术，开展绿色技术发布、咨询、洽谈和交易，引导中国绿色技术创新，加速成果转化应用，规划在五年内，力争引导创建100个绿色技术创新引领工程、100个绿色产业集聚区、300个绿色技术示范基地、推动培育300个绿色技术创新龙头骨干企业，催生1000项以上绿色创新技术、转化推广2000项以上绿色创新技术，撬动万亿元绿色产业生态。

9—10日 LIU YUE

● ● 省委书记袁家军在杭州会见由30多位外国驻华使节组成的"让世界关注这扇窗——驻华使节浙江行"参访团一行。参访期间，使节团一行在嘉兴瞻仰了红船，在宁波出席第二届中国—中东欧国家博览会开幕式、参观宁波舟山港穿山港区，在杭州考察浙江大学紫金港校区和中国茶叶博物馆。使节团一行赴杭州亚运会主场馆考察，参观正泰太阳能科技公司。

10日 LIU YUE

● ● 市政协"红色印记·庆祝建党100周年篆刻艺术展"在杭州文史研究馆开展。市政协主席潘家玮致辞，王立华主持。展览以庆祝建党100周年为主题，由香港杭州政协之友联谊会携手西泠印社篆刻艺术名家倾心创作100枚青田国石印章，以篆刻艺术的形式，记录100个经典的党史故事，丰富生动地展现了中国共产党的百年光辉历史、伟大成就和宝贵经验，表达广大政协委员和各族各界人士对庆祝中国共产党百年华诞的喜悦之情，对中国共产党和中国特色社会主义的政治认同、思想认同、理论认同、情感认同。参加市政协"港澳委员履职周"活动的市政协港澳委员、列席代表等参加。杭州是此次展览的第一站，后续还将赴香港、深圳等地展出。

●○ 国务院印发《关于公布第五批国家级非物质文化遗产代表性项目名录的通知》，公布第五批国家级非物质文化遗产代表性项目名录共185项和扩展项目名录共140项。浙江省腊八节习俗、杭州萧山区花边制作技艺、建德市严东关五加皮酿酒技艺等上榜第五批国家级非物质文化遗产代表性项目名录；杭州拱墅区半山立夏习俗等上榜国家级非物质文化遗产代表性项目名录扩展项目名录。

●○ 以"百年华诞心向党、远离邪教享安康"为主题的杭州市暨萧山区"防范邪教宣传月活动"启动仪式举行。仪式上，杭州市反邪教原创短视频大赛优秀作品进行了展播，并为获奖作者颁奖。活动开启后，杭州陆续开展反邪教原创短视频大赛优秀作品推广、科学与人直播等各类反邪教主题宣传，组织反邪教公益宣传片进电视、公交、地铁播映，推进反邪教文艺节目进基层巡演，发动各区县（市）力量，建好用好反邪教警示教育阵地，进一步推进反邪教宣传教育深入基层。

●○ 首届杭州国际科技工作者年会暨"AI+生命健康"科创论坛举行，中国科学院院士、俄罗斯工程院外籍院士、复旦大学附属华山医院的终身教授、美国麻省总医院及哈佛大学医学院的专家等就AI如何赋能生命健康发展等话题展开"头脑风暴"。

国际科技交流活动由市科协主办，市科技工作者服务中心、市国际民间科技交流中心联合承办。围绕"四个面向"科技新坐标，助力浙江"三大科创高地"建设，活动主题聚焦"AI+生命健康"，邀请生命健康领域的高端智库破题数智未来、赋能融合发展。活动还带来一场"人工智能与生命科学"发展融合高峰对话。同时，会议现场设立"AI+精准医疗"场景应用融合论坛、圆桌讨论等精彩环节，并带来"AI辅助医学数据全场景全周期治理""AI技术在临床肿瘤疗效评估中的应用"等案例分享。

11
日 LIU YUE

●● 市委常委会召开会议，传达学习习近平总书记在中国科学院第二十次院士大会、中国工程院第十五次院士大会、中国科协第十次全国代表大会上的重要讲话精神，研究贯彻落实意见；传达学习省委十四届九次全会精神，研究部署杭州市贯彻落实工作。

会议指出，中国科学院第二十次院士大会、中国工程院第十五次院士大会和中国科协第十次全国代表大会，是在中国开启全面建设社会主义现代化国家新征程的重要时刻召开的一次科技界盛会。习近平总书记在大会上的重要讲话，为加快建设世界科技强国、实现高水平科技自立自强指明了方向、提供了遵循，是做好新发展阶段科技创新工作的行动指南。要深入学习贯彻习近平总书记重要讲话精神，牢牢把握科技创新在现代化建设全局中的核心地位，深入实施人才引领、创新驱动发展战略，持续深化科技创新体制机制改革，率先建成新时代创新型城市建设的实践范例。

会议强调，要坚决扛起省会城市担当，努力在高质量发展建设共同富裕示范区中更好发挥头雁作用。要在开创厚植优势、补齐短板的发展新局上争先示范，增强科技创新策源力、高端制造竞争力、改革开放引领力、服务品牌影响力，大力提升城市综合能级，更好统筹发展与安全，扎实推进区域共富、城乡共富、群体共富、物质精神共富、协作地区共富，精心绘就共同富裕美好社会的杭州画卷。要在构建市域统筹、单元落实的推进机制上争先示范，加快构建"一核九星、双网融合、三江绿楔"城市新型空间格局，高水平打造未来社区、未来乡村、未来工厂等系列未来场景和新时代文化地标，让幼有善育、学有优教、劳有厚得、病有良医、老有颐养、住有安居在一个个基本单元里变成高品质生活实景。要在优化数字驱动、制度重塑的改革路径上争先示范，以数字化改革优化全社会资源要素配置，扎实推进全生命周期公共服务优质共享，让发展成果更多更公平惠及全体人民。要在打造科学测度、群众满意的评价体系上争先示范，建立完善切合杭州实际的共同富裕指标体系、考核体系，畅通民情民意反映渠道，让人民群众真真切切感受到共同富裕看得见、摸得着、真实可感。要在创新区域联动、协作共富的工作模式上争先示范，主动对接、协同联动唱好杭甬"双城记"，创新实施山海协作升级版，聚焦对口所需拓展对口工作的内涵外延，努力形成合作共赢、携手共富的良好态势。

●● 市政府党组书记、市长刘忻主持召开市政府党组（扩大）会议，传达学习省委十四届九次全会精神，研究部署政府系统贯彻落实工作。会议强调，要深刻学习领会习近平总书记关于共同富裕的重要论述精神，紧紧围绕《浙江高质量发展建设共同富裕示范区实施方案（2021—2025年）》部署要求，找准重点、难点、关键点，抓好重大改革、重大抓手、重大政策，加快形成看得见、摸得着、真实可感的发展成果，以优异成绩展现建设共同富裕示范区的"头雁风采"。

会议指出，高质量发展建设共同富裕示范区是习近平总书记亲自谋划、亲自定题、亲自部署、亲自推动的重大战略决策，是浙江省忠实践行"八八战略"、奋力打造"重要窗口"的核心任务。全市各级各部门要切实增强"四个意识"、坚定"四个自信"、做到"两个维护"，在感恩习近平总书记、党中央关心厚爱中凝聚奋进的力量，深刻理解共同富裕的划时代意义、核心要义、本质要求、目标任务和实现途径，进一步增强先行探路的责任感、使命感和紧迫感，率先探索破解社会主要矛盾的有效路径，努力打造一批可复制可推广的示范性、标志性、制度性成果。

●● 长三角城市公共卫生应急协同治理创新专题研讨会、第一届长三角感染精准诊疗研讨会在杭州召开。来自上海、江苏、浙江、安徽等长三角地区的相关政府部门、医疗机构、企业的负责人，以及公共卫生医疗领域的专家学者等近200人参会，现场解读《长三角城市公共卫生应急协同治理创新研究》报告，并启动长三角感染精准诊疗联盟建设。该联盟由国家传染病医学中心牵头发起，旨在通过各方共建共享网络平台、病例信息平台、影像数据分析平台和生物样品库等资源，提升长三角区域感染性疾病整体预防和诊治水平。

13
日 LIU YUE

●● 省委书记袁家军、省长郑栅洁分别在杭州调研节日民生和安全工作，看望慰问坚守岗位的一线工作人员。袁家军强调，党的百年华诞即将到来，全省各地一定要深入贯彻习近平总书记重要讲话重要指示精神，切实提高政治站位，强化风险意识、大局意识，牢固树立"安全无小事、平安大于天"的理念，压紧压实各级责任，落细落实各项工作，统筹做好常态化疫情防控和经济社会发展各项工作，扎实做好保障和改善民生工作，切实维护社会大局安全稳定。陈金彪、陈奕君、王成国、刘忻、戴建平、金志、朱建明等参加有关活动。

● ● "潮玩潮创，IN杭州"2021年杭州大学生创新创业日活动在云栖小镇举行。省委常委、组织部部长黄建发，副省长刘小涛出席开幕式。市委副书记、市长刘忻，浙江大学党委书记任少波致辞。市领导毛溪浩、陈国妹参加。

开幕式上，省、市领导为杭州市首届大学生创新创业导师颁发聘书，创新创业导师为杭州创业未来之星授奖。"万朵浪花"杭州大学生实习计划启动，2847个名企名院名所面向全球大学生发布了16万个实习实训岗位，助力大学生成长成才。团中央、人力资源和社会保障部等五部委和浙江省政府联合主办的"创青春"中国青年创新创业大赛（互联网专项赛）宣布落户杭州。寓意"杭州帮你出彩"的大学生创新创业工作品牌"杭帮彩"推出，杭州人才码"青荷2021"发布，聚焦大学生到杭州最需服务，整合形成政策大礼包，帮助青年人才更快更好融入杭州。

15 日 LIU YUE

● ● 浙江省科学技术奖励大会在省人民大会堂召开。会议颁发301个2020年度浙江省科学技术奖，并首次授予市、县"科技创新鼎"。在2020年度浙江省科学技术奖名单上，有173个创新项目来自杭州科创界，占全省的57.5%。同时，杭州还成为全省首批获"科技创新鼎"的城市。

16 日 LIU YUE

● ● 全市亚运城市行动比学赶超推进会召开。市委副书记、市长刘忻做工作点评，李火林、潘家玮、佟桂莉等市四套班子领导出席，宁波、温州、湖州、绍兴、金华等协办城市有关负责人参加，市委宣传部、市公安局、市城管局、西湖区、萧山区、桐庐县负责人做汇报发言，现场扫码测评、成绩实时呈现。会前，市领导分4组实地考察各区县（市）亚运城市行动推进情况。

会议强调，要有效整合各方力量，构建党政主导、城市协同、社会参与的工作格局，形成共办共享亚运的良好局面。强化组织领导，牢固树立"一盘棋"思想，心往一处想、劲往一处使、拧成一股绳，确保各项任务落实落细；注重统筹协调，加强与兄弟协办城市沟通对接，强化亚运会与亚残运会联动；坚持全民办亚运，广泛开展"亚运四进"活动，组织动员社会各界积极参与"与亚运同行"系列全民健身活动、"杭州欢迎你"系列亚运宣传活动和"百万义警"等亚运志愿服务，让市民更多地了解亚运、参与亚运、共享亚运，充分发挥主体作用。

●●市委副书记、市长刘忻到中国共产党杭州历史馆、上城区参加党史学习教育活动并开展民情民意大走访。他首先来到位于北山街的中国共产党杭州历史馆，以一名普通党员身份，参加所在的市政府办公厅第四党支部"五个一"活动。紧接着，刘忻来到新中国第一个居委会——上羊市街居委会，检查指导社区"办实事、解难题、减负担"工作，给党员群众讲授党史专题党课。随后，他来到上城区社会矛盾调处中心下访接访。四批来访群众分别反映了产权证办理、污水管网改造、电梯维修、住房保障等信访事项。刘忻耐心细致听取群众意见和诉求，逐一协调解决具体问题，要求相关部门和属地政府做到举一反三、健全长效机制，不断提升治理体系和治理能力现代化水平。他强调，要深入贯彻习近平总书记重要讲话和指示精神，紧紧围绕省委十四届九次全会决策部署，坚持人民城市人民建、人民城市为人民，坚持学党史践初心办实事一体化推进，勠力推动"民呼我为"主题活动走深走实走出成效，为浙江高质量发展建设共同富裕示范区贡献杭州力量，以优异成绩庆祝建党100周年。

●●市政协十一届二十三次常委会会议专题协商会暨市各民主党派、工商联负责人和无党派人士代表座谈会召开。会议就市委全会重大决策部署开展专题政治协商，听取市各民主党派、工商联主要负责人、无党派人士代表和市政协专委会、界别组及常委、委员意见建议。

座谈会上，市政协城建委、经济委、社法委、农业和农村委，市各民主党派、工商联主要负责人和无党派人士代表先后发言，就构建国土空间开发保护新格局、高质量发展促进共同富裕提出了意见建议。

会议强调，要做好政策宣讲，广泛凝聚社会共识，切实把思想和行动统一到中央和省委的决策部署上来。要发挥独特优势，积极建言献策，围绕重大理论问题深化研究、围绕重大现实问题提出建议。要聚焦重点领域，广泛开展视察监督、专项监督、委派民主监督小组监督，增强民主监督实效。要加强政协自身建设，强化思想政治建设、委员队伍建设、作风建设，不断提升履职能力水平。要全面加强参政党建设，做好民主党派成员的教育培养工作，加强民主党派基层组织建设和机关建设，彰显社会主义政党制度优势。

●● 全市党政机关整体智治工作推进会召开，会议传达贯彻全省数字化改革工作领导小组第一次例会、市委专题会议等会议精神，交流经验做法，发布应用场景，研究部署下阶段党政机关整体智治建设工作。会议集中发布了重大任务之"百年党庆""七张问题清单"、"数智减负"之"会议管理""数智考评""数智报表（一表通）"、"杭州数智政协"、重大专项之"信创工程"7个应用场景。市委组织部、市总工会负责人介绍智慧组工、数智群团多跨协同场景建设情况，省委机要局总工程师毕伟文出席指导。

●● 2021年数字经济创新发展论坛在杭州高新区（滨江）举行。围绕"数字变革引领高质量发展"，中国工程院院士潘云鹤、中国信息通信研究院院长余晓晖、紫光股份董事长兼新华三技术有限公司首席执行官于英涛等来自研究机构、企业、政府等200多位代表集聚高新区（滨江），用一场"头脑风暴"分享数字经济发展经验，共同探讨数字产业化、产业数字化的新模式、新业态、新方向。

16—17日 LIU YUE

●● 市政协召开十一届二十三次常委会会议。市政协主席潘家玮讲话，副主席叶鉴铭、谢双成、王立华、周智林、冯仁强、滕勇参加。会议就市委全会重大决策部署开展专题政治协商，审议通过《政协杭州市委员会关于强化政协委员责任担当的意见》《中国人民政治协商会议杭州市委员会专门委员会通则》，审议通过有关人事事项。会上还通报了市政协常委2020年度履职情况。

潘家玮指出，高质量发展建设共同富裕示范区是习近平总书记、党中央赋予浙江新的光荣使命。全市各级政协组织和广大政协委员要深入学习领会习近平总书记关于共同富裕的重要论述，切实把思想和行动统一到中央和省委、市委重大决策部署上来，全面把握高质量发展建设共同富裕示范区的战略定位、目标安排、实现路径和重大举措，提高政治站位，深化思想认识，展现使命担当，充分发挥政协职能优势，努力当好示范区建设的参与者、实践者、推动者。

潘家玮强调，全市政协委员要认真落实关于强化政协委员责任担当的意见，知责于心、担责于身、履责于行，政协常委要带头履职尽责、当好表率示范，在政治引领、协商议政、凝聚共识、合作共事、联系群众等方面担当尽责。要扎实抓好当前各项重点任务，持续深入开展党史学习教育，认真抓好中央巡视反馈问题整改，扎实推进政协系统党的建设，高质量组织好各项重点履职工作，加快数智政协建设，推进专门协商机构建设，着力打造政协工作高质量发展实践范例，以优异成绩迎接中国共产党成立100周年。

16—18日

LIU YUE

● ● 省人大常委会到杭州开展职业教育专项调研。省人大常委会副主任姒健敏带队，市人大常委会主任李火林参加，陈国妹参加。调研组实地考察浙江交通职业技术学院、浙江公路技师学院、杭州万向职业技术学院、杭州第一技师学院、杭州市旅游职业学校等7所职业院校及华为全球培训中心、杭州市公共实训基地等，并召开座谈会，听取市政府及相关部门关于杭州市职业教育工作情况的汇报。会上，部分省、市人大代表和职业院校负责人围绕优化顶层设计、促进供需平衡、打通上升通道、加强宣传引导等提出意见建议。

姒健敏充分肯定杭州市职业教育工作成效后指出，推动职业教育高质量发展是贯彻落实党中央重大决策部署的实际行动，是坚持以人民为中心发展思想的必然要求，是奋力打造"重要窗口"建设的现实需要。要坚持问题导向、需求导向，对标时代发展要求、区域产业需求和人民群众期盼，系统分析职业教育存在的问题和不足，全面梳理破题职教高质量发展难题。要强化使命担当，深化产教融合，坚持制度创新，不断提升职业教育的发展动力、竞争实力、服务能力，努力为全省乃至全国职业教育事业发展做出示范。

李火林指出，市人大常委会将按照市委部署要求，充分发挥人大职能作用，依法履职尽责，积极担当作为，助推杭州职业教育继续走在前列，为高质量发展建设共同富裕示范区贡献力量。

17日 LIU YUE

● ● 2021年度甘孜州帮扶协作资金9亿元全部到位。新一轮东西部协作启动后，杭州市调整为结对四川省甘孜州和广元市18个县（市、区）。27名杭州干部抵达甘孜州，与来自台州、金华的援派干部组成浙江省帮扶甘孜州工作队，开启为期三年的东西部协作征程。在充分调研的基础上，工作队初步确定了第一批对口支援项目和资金计划。同时，积极与浙江省援川工作组、浙江省对口办、杭州市对口支援局等部门沟通联系，为项目推进争取各方支持。

● ● 由市委宣传部主办的杭州市"共忆党史·共话初心"老党员座谈会暨"银领向党·红色基因永相传"主题党日活动在市民中心举行。杭州老战士、老干部、老先进、老专家代表，市"最美老党员"代表、"最美正能量之星"代表和市直单位离退休干部"最美支部"书记等参加会议。会上，老党员代表结合自身经历，谈感受、献良策。会议现场，"银领向党·红色基因永相传"卷轴徐徐展开。杭州将进一步发挥"银领力量"，组织引导离退休干部党员离岗不离党、退休不褪色，在党史学习宣讲、服务群众等方面发挥带头作用，让红色基因代代传承。

17—20日 LIU YUE

● ● 杭州市代表团到四川省甘孜州对接对口支援和东西部协作工作。甘孜州委书记沈阳、州长肖友才，州领导向秋、舒大春、刘吉祥、邓立军，杭州市领导佟桂莉、朱建明、王宏参加有关活动。其间，两地召开对口支援和东西部协作联席会议。会上，杭州市与甘孜州签订了医疗卫生、文化旅游合作框架协议，杭州市12个区县（市）与甘孜州12个县（市）签订县县合作协议，举行杭州市向甘孜州教育援建资金捐赠仪式、娃哈哈集团向甘孜州教育和体育局教学设备捐赠仪式、杭州市职工（劳模）疗休养基地授牌仪式、阿里巴巴热土计划启动仪式。

在甘孜州期间，代表团还考察杭州市职工（劳模）疗休养基地、雅江县红龙镇中心校、雅江县松茸现代农业园区、雅砻江两河口水电站等地，并看望慰问了红龙镇马它马村牧民。12个区县（市）与对口支援县（市）也开展了有关对接活动。

18日

LIU YUE

●●● 市人大常委会主任李火林到桐庐县开展民情民意大走访。李火林实地踏看黄金峡谷中药材种植养生园、盈亿农副产品直播孵化基地等项目，了解村集体经济发展、特色产业培育、基础设施建设等情况，希望当地立足特色资源优势，推动乡村产业发展壮大，带动周边农民增收致富，通过先富帮后富，实现共同富裕。横村镇以针织产业闻名，有"中国围巾之乡"的美誉。他走进煜凯服饰的展示厅，看产品、问经营、谈发展，并与部分针织企业负责人面对面座谈交流。李火林来到桐君街道梅蓉村调研美丽乡村建设工作，给党员群众讲授党史专题党课。

其间，李火林走访了快递行业人大代表，并看望慰问困难群众。他希望人大代表依托行业优势在构建"双循环"新发展格局中发挥更大作用，进一步密切联系群众，听民意、解民忧，为高质量发展建设共同富裕示范区做出更大贡献。在入户看望困难群众时，李火林与他们拉家常、问冷暖，详细询问家庭生活情况，叮嘱当地相关负责人，要结合"民呼我为"主题实践活动，了解群众所急、所盼、所想，帮助解决实际困难，切实增强群众的获得感、幸福感。

●● 由市科技局、市公安局和拱墅区政府主办的"杭州市外国人来华工作许可和居留许可'一件事'办理启动仪式"在杭州国际人才创业创新园（拱墅园区）举行。杭州市外国人来华工作"一件事"办理首批受理点在拱墅区、钱塘区、萧山区挂牌。下一步，杭州市将在试点工作基础上，总结经验，完善机制，形成可复制可推广的成功做法，为全市铺开此项改革积累经验，建立"线上一网通办，线下一窗受理，证照一次发放，监管一并实施"的整体智治服务新模式。活动现场，省、市外专局还向外国专家书屋和国际青年人才代表赠送了外文图书。此外，还举办了拱墅国际青年人才双创热力地图发布、运河国际青年人才双创联盟成立、运河国际青年人才季活动推介等系列活动。

20 日 LIU YUE

●● 市长刘忻采取不发通知、不打招呼，直奔基层、直插现场的方式，对人员集聚区域和场所的安全生产工作进行暗访督查。在上城区九堡街道，刘忻一行来到农居点、农副产品采购中心、东大门商品交易中心，检查农居点餐饮用气和市场区域消防安全，发现存在餐饮燃气使用不规范、商户不会使用灭火器材等问题。临平区五星工业园区中小服装作坊集聚，刘忻走进部分"三合一"场所，对消防设施配备、消防通道畅通、生产用电安全等情况进行抽查，针对发现问题，随行专家和消防部门现场提出整改举措。

天然气储罐是易燃易爆重点防护部位。刘忻来到余杭燃气宝顺供气站，督查供气站规范运营情况。暗访督查中，他强调，各地各部门各单位要始终把人民群众生命财产安全放在首位，进一步强化担当意识、风险意识、底线意识，压紧压实属地管理、行业监管和企业主体责任，拉高城市综合管理标准，更好统筹安全和发展，确保各项部署要求落实到位。要聚焦重点行业、重点场所开展排查整治，切实摸清风险隐患、找准短板漏洞，做到隐患排查要全面、问题整治要坚决，决不能讨价还价、打折扣、留死角。要深刻吸取重大事故经验教训，针对普遍性、规律性、系统性、制度性问题，建立安全生产风险"常普常新"工作机制，深入开展举一反三、标本兼治，增强安全监管的实效。

21
日

LIU YUE

●● 市长刘忻主持召开市政府常务会议，分析研判上半年全市经济运行情况，研究部署创新引领母基金设立等工作。会议强调，要不折不扣落实省委、省政府和市委决策部署，进一步巩固全市经济稳定增长的发展势头，系统梳理当前存在主要问题，精准研究相应对策举措，持续提升经济发展质效，在全省高质量发展建设共同富裕示范区中发挥好头雁作用。

会议听取上半年全市经济运行有关情况汇报，审议《杭州市创新引领母基金组建方案》，研究了积分落户等事项。会前，市政府党组召开扩大会议，学习习近平总书记在青海考察时的重要讲话以及对湖北十堰市张湾区艳湖社区集贸市场燃气爆炸事故的重要指示精神。会议还邀请了省经信厅党组成员、副厅长厉敏解读《浙江省数字经济促进条例》。

●● 国土空间规划学院在浙大城市学院成立。该学院将构建本、硕、博纵向贯通的国土空间规划教育体系，打造教育链、创新链、产业链深度融合的国土空间规划科教创新综合体，率先探索国土空间规划专业人才培养新模式，实现与城市发展同频共振、双向赋能。3月，浙大城市学院论证通过城乡规划专业增设方案，先后成立未来城市研究院和国土空间规划研究院。学院汇聚以魏敦山院士领衔的高层次人才30多人，首期实施改造3000平方米的办学空间。学院计划创立国土空间规划专业试验班，构筑国土空间规划全域融合链，坚持文理交叉、工管融合，塑造国土空间规划学术共同体，打造规划科教综合体，创新学院发展新范式，力争建成国内一流的规划学科、一流的国土空间规划学院。

22
日

LIU YUE

●● 市委理论学习中心组（扩大）专题学习会召开，观看视频《生命重于泰山——

学习习近平总书记关于安全生产重要论述》，研究部署杭州市贯彻落实工作。

会议强调，要聚焦重点领域和场所，持续推进风险隐患大排查大整治。紧盯时间节点要求，切实紧张起来、行动起来，在全市范围内全面开展安全大检查、隐患大排查，横向到边、纵向到底，不留死角、不留盲区，用实实在在的举措和成效，坚决防范遏制重特大事故和极端事件发生；紧盯建设施工、道路交通、消防、危化品、工矿、城市运行、旅游等重点领域，突出加油加气站、大型综合体、化工园区等重点场所，按照"全覆盖、零容忍、严执法、重实效"要求，建立隐患清单、整改清单、违法清单、处罚清单"四张清单"，用好"市级60日、区县30日"隐患曝光整改闭环工作机制，加大媒体曝光力度，达到曝光一批、警示一批、教育一批的效果，确保重大风险管控到位。

与会人员还听取国家发展改革委市场与价格研究所所长杨宜勇做的《大力促进共同富裕》专题辅导报告。

● ● 市长刘忻到临安区，就抓好安全生产工作进行再督查、再部署、再落实，就推进隐患问题整改销号进行挂牌督办。在临安中都青山湖大酒店，刘忻一行对厨房、消防通道等区域进行仔细检查，详细了解安全出口疏散、可燃气体报警控制系统使用情况，并对检查中发现的安全隐患问题提出整改意见。在杭州临安中石油昆仑燃气有限公司、杭州临安煤气有限公司、杭州锦合能源有限公司等地，刘忻对前一阶段督查中存在的问题进行逐一检查，并针对个别安全隐患问题进行分析指导。

在暗访督查中，刘忻强调，要牢牢抓住安全生产责任制这个"牛鼻子"，全面落实好"党政同责、一岗双责、齐抓共管、失职追责"和"三个必须管"要求，确保安全生产管理、防范、监督、检查等各项措施落实到岗到人。要扎实推进安全生产风险防控和重点行业领域治理，紧紧盯住消防安全、建设施工、危化品、矿山、特种设备等领域，持续深入开展安全隐患排查整治，标本兼治、关口前移，尽最大努力把风险防控于未然，把隐患消除于萌芽。要不断健全安全管理长效机制，切实用好智能监测、科学调度的应急管理大数据平台，充分发挥基层治理网格作用，广泛开展安全培训和应急演练，有效提升安全生产治理体系和治理能力现代化水平，确保全市安全形势持续稳定向好。

● ● 市十三届人大常委会第70次主任会议召开。市人大常委会主任李火林主持召开，副主任郑荣胜、陈红英、卢春强、徐小林，秘书长张如勇参加会议。

会议听取市政府关于杭州市2020年度政府债务管理和防范化解隐性债务风险有

关情况的报告。

会议讨论了拟提交市十三届人大常委会第三十六次会议审议的有关内容。会议的建议议程为：表决《杭州市物业管理条例（修订草案）》；表决《杭州市淳安特别生态功能区条例（草案）》；审议《杭州市西湖龙井茶保护管理条例（草案）》；审议《杭州市燃气管理条例（修订草案）》；审议《杭州西溪国家湿地公园保护管理条例（修订草案）》；审议并表决《杭州市人民代表大会常务委员会关于修改〈杭州市地方性法规实施情况报告规定〉的决定（草案）》；审议市政府关于2022年杭州亚（残）运会赛事筹备工作情况的报告，并开展专题询问；听取和审议市监委关于反腐败国际追逃追赃工作情况的报告；听取和审议市检察院关于全市检察机关民事检察工作情况以及部分检察官履职情况的报告；听取和审议杭州市农业科技创新和成果转化情况的报告；听取和审议市人大常委会执法检查组关于开展《浙江省粮食安全保障条例》执法检查情况的报告；听取和审议市人大常委会执法检查组关于开展《浙江省宗教事务条例》执法检查情况的报告；审议并表决有关人事事项；其他。会前，举行《亚运会对城市发展的作用》专题讲座。会议要求各有关部门认真做好各项准备工作，确保会议如期顺利举行。

会议还听取市人大常委会法工委关于开展地方性法规涉及行政处罚内容专项清理工作情况的汇报，要求加强与市政府有关部门的工作衔接，进一步做好法规清理工作，并及时向省人大常委会报告清理工作情况。

● ● 首届浙江大运河世界文化遗产宣传周活动在杭州开幕。活动由浙江省文化和旅游厅、浙江省文物局主办，杭州市园林文物局、杭州市运河集团承办。活动通过主题庆典形式，集中展现全省运河沿线城市宣传亮点活动，呈现大运河世界文化遗产浙江段的动人魅力。启幕仪式上对《浙江省大运河世界文化遗产保护条例》进行详细的宣介和推广；同时，为进一步完善大运河（浙江段）世界文化遗产监管体系，浙江省世界文化遗产监测中心联合杭州、宁波、嘉兴、湖州、绍兴五地的大运河遗产监测预警平台，共同成立"浙江省大运河世界文化遗产监测联盟"。联盟的成立将构建以浙江省世界文化遗产监测中心为核心、以杭宁嘉湖绍为支撑的大运河世界文化遗产"1+5"监测体系。活动现场，"百年红运·浙里起航"大运河红色研学线路发布，宣传周还启动2021年大运河国际诗歌节，并开展主题诗歌创作大赛。

● ● 杭州市举行新党员集中宣誓活动。面向鲜红的中国共产党党旗，新党员以坚定有力的宣誓声，表达不忘初心、砥砺奋进的信念及决心。市领导向10名新党员代表赠送《党章》及党史学习资料，新党员代表做表态发言。活动结束后，新党员分别到中国共产党杭州历史馆、上城区小营街道小营江南红巷、萧山区衙前农民运动纪念馆开展现场教学。上城区、拱墅区、西湖区、富阳区、桐庐县、淳安县等地同步开展宣誓活动。

● ● 商事登记"准入准营一网通"平台为代表的首期数字化改革成果发布。"准入准营一网通"平台以"亲清在线"建设为契机，依托城市大脑，重塑办事流程，进一步加强系统支持和数据集成，确立"一键准入"标准，实现开办企业"分钟制"办结，更是通过"数智准营"，打通各市级审批部门以及区县（市）、乡镇（街道）审批层级，甚至直通部分省级、国家事权系统；涵盖企业营业执照和许可事项设立、变更、注销全生命周期，涉及审批部门26个，26项"多证合一"（涉及15个部门）数据共享、自动备案，无须单独申请；85项"证照联办"（涉及19个部门）一网申报、并联审批，实现市及市以下涉企许可111个事项全覆盖。其中，27项高频生产经营"一件事"可满足90%以上企业办事需求。

"杭州数智网监"平台和"商事登记委托代理信息管理"系统同时上线，它们将共同为加快打造市场化法治化国际化营商环境再添数字引擎。

● ● 由拱墅区委区政府、浙大城市学院主办的第二届中国大运河沿岸区县合作论坛举行。该论坛以"打造大运河璀璨文化带、绿色生态带、缤纷旅游带"为主题，来自大运河沿岸6个省和两个市18个区县的遗产保护与开发的专家学者和实践者200多人，共同探讨世界遗产的保护开发，推动中国大运河国家文化公园的建设和发展。论坛上，首个大运河沿岸区县合作联盟成立。将为大运河沿岸各区县搭建交流合作平台，围绕大运河文化带建设、大运河国家文化公园建设，联合开展研究、交流与合作，不断探索路径、积累经验，充分发挥各自优势，开创合作共赢新模式。论坛期间，还举办新拱墅运河题材系列作品展。

23 日 LIU YUE

● ● 省长郑栅洁在杭州调研企业发展情况。他先后来到杭州娃哈哈集团第二生产基地和浙江吉利控股集团，察看企业产品展示和研发生产线，详细了解企业规划发展情况。每到一处，郑栅洁都同企业负责人及管理研发团队亲切交谈，认真听取企业发展需求，并现场协调解决企业在发展中遇到的困难和问题。郑栅洁对企业家们心系浙江、为浙江经济社会发展做出的贡献表示感谢。他说，两个企业都是浙江的品牌企业、骨干企业，在全国乃至全球有着很大的影响力。包括你们在内的广大有活力、有市场、有前景的市场主体，是浙江经济的基本盘，是高质量发展建设共同富裕示范区的重要力量。各级政府要坚定不移支持民营经济发展，坚定不移支持企业做强做大。

郑栅洁强调，企业兴则经济兴，企业强则经济强。高质量发展建设共同富裕示范区要靠全社会共同努力奋斗，企业的发展壮大是关键一环。广大企业要大力弘扬浙商精神，勇立发展潮头，抢抓示范区建设的重大历史机遇，积极参与、主动融入、创新实干，努力为新发展阶段浙江的高质量发展、竞争力提升、现代化先行注入强劲动力，为"重要窗口"建设做出更大贡献。卢山、刘忻参加调研。

●● 市委常委会召开会议，听取市代表团赴四川省甘孜州对接对口支援和东西部协作工作情况汇报，研究部署相关工作。会议指出，这次市代表团考察调研活动是在庆祝建党100周年前夕进行的一次重要结对交流活动，行程紧凑、内容丰富，成果丰硕、意义重大。会议强调，要广泛发动社会各界参与，更好发挥企业主体作用，不断创新劳务协作、消费帮扶的方式方法，实现政府与市场互动，促进行业帮扶、专项帮扶、社会帮扶联动，汇聚全社会支持对口支援和东西部协作的合力，营造全社会关心支持对口支援和东西部协作的浓厚氛围。

24 日 LIU YUE

●● 庆祝西湖申遗成功十周年、西湖西溪一体化保护提升一周年暨"杭州西湖日"活动开幕。现场播放了西湖申遗成功十周年短片和联合国教科文组织前总干事弗朗西斯科·班德林祝贺视频，并举行西湖西溪文化大使聘任仪式、长三角遗存保护管理联盟签约仪式。

会上向当年申遗工作的亲历者表示崇高敬意，向一直以来关心支持西湖西溪保护和发展的各级领导、专家学者、各界人士表示衷心感谢。2021年"杭州西湖日"

的主题确定为"行吟山水、一湖千年",就是要更好延续千年文脉、守好真山真水,加快实现"双西合璧、精彩蝶变"。西湖与西溪不仅是杭州的,更是中国的、世界的。杭州将与长三角地区兄弟城市共建联盟、深化合作,共同扛起保护文化遗产、延续城市文脉、弘扬传统文化的光荣使命,打造面向世界的文明交流互鉴平台,彰显独特的江南韵味和文化魅力。

● ● 杭州市委、市政府印发《关于做好全市开发区(园区)整合提升工作的通知》,明确提出全市开发区(园区)总数从35个整合为17个,并将重点打造杭州钱塘新区、杭州城西科创大走廊、杭州高新技术产业开发区、萧山经济技术开发区、富阳经济技术开发区、余杭经济技术开发区等6个高能级战略平台。

24—25日 LIU YUE

● ● 杭州市文学艺术界联合会第九次代表大会召开。省文联党组书记、副主席、书记处常务书记陈瑶致辞。中国文联、市级兄弟人民团体和兄弟城市文联发来贺信及致贺词。市领导向市文联第九届名誉主席颁发聘书。大会的主题是高举习近平新时代中国特色社会主义思想伟大旗帜,深入贯彻落实中央、省委、市委关于繁荣发展社会主义文艺、深化群团改革的决策部署,团结引导广大文艺工作者自觉肩负起"举旗帜、聚民心、育新人、兴文化、展形象"的使命任务,紧扣时代脉搏,坚持守正创新,奋进新征程,担当新使命,努力打造新时代杭州文艺高地,为推动高质量发展促进共同富裕,奋力展现"重要窗口"头雁风采,做出文艺界新贡献。大会深入学习贯彻习近平新时代中国特色社会主义思想,深入学习贯彻习近平总书记关于文艺工作的重要论述精神,结合杭州文艺事业和文联工作实际,总结过去五年工作情况,规划未来五年文艺发展方向。

会议期间,全体代表聆听、领会市委领导和省文联领导讲话精神;审议通过市文联第八届委员会工作报告和修改章程的决议;选举产生了市文联第九届委员会和主席团。竹雄伟当选为市文联第九届委员会主席。

25
日

LIU YUE

●● 市委十二届十二次全体（扩大）会议召开。出席这次全会的市委委员50名，候补委员11名。会议深入学习贯彻习近平新时代中国特色社会主义思想和习近平总书记对浙江、杭州工作的重要指示批示精神，按照省委十四届九次全会的部署要求，就全面落实《中共中央、国务院关于支持浙江高质量发展建设共同富裕示范区的意见》《浙江高质量发展建设共同富裕示范区实施方案（2021—2025年）》做出系统部署，听取和讨论了市委常委会工作报告，审议原则通过《杭州争当浙江高质量发展建设共同富裕示范区城市范例的行动计划（2021—2025年）》。

全会指出，站在"两个一百年"奋斗目标的历史交汇点上，习近平总书记和党中央赋予浙江高质量发展建设共同富裕示范区的光荣使命，充分体现了对浙江的关怀厚爱和信任重托。杭州作为省会城市，我们必须学深悟透习近平总书记关于共同富裕的重要论述和中央、省委的重大决策部署，准确把握政治逻辑、历史逻辑、实践逻辑，坚持"数智杭州·宜居天堂"的发展导向，持续放大部分行政区划优化调整的综合效应，率先探索破解新时代社会主要矛盾的有效途径，率先形成推动共同富裕的体制机制，争当浙江高质量发展建设共同富裕示范区的城市范例，使示范区建设这一政治责任在杭州忠实履行、这一金字招牌在杭州熠熠生辉，从特大城市层面充分印证习近平新时代中国特色社会主义思想的巨大真理力量，以"城市之窗"展示"中国之治"，以"杭州之答"回应"时代之问"。

●● "信仰的旗帜"杭州市庆祝中国共产党成立100周年交响合唱音乐会在杭州奥体中心网球中心举行。市四套班子领导，老领导、老同志代表，市各民主党派、工商联负责人和无党派代表人士，"两优一先""最美公务员""十佳公务员"代表，以及社会各界代表参加。

音乐会以"百年风华、千秋伟业"为主题，通过领唱合唱、配乐诗朗诵、交响乐演奏、器乐演奏等多种艺术表现形式，分序曲、"激荡青春·追寻"、"浴血青春·奉献"、"奋斗青春·前进"、"壮丽青春·改革"、"永恒青春·复兴"、尾声7个篇章，再现中国共产党从成立到成长壮大，带领中国人民取得一系列伟大胜利，最终走向中华民族伟大复兴的壮阔历程。

●● 市政府党组书记、市长刘忻主持召开市政府党组（扩大）会议，传达学习市委十二届十二次全会精神，研究部署政府贯彻落实工作。会议指出，此次市委全会是在"两个一百年"历史交汇、浙江开启高质量发展建设共同富裕示范区新征程这一重要时刻召开的重要会议。全会报告通篇贯穿习近平新时代中国特色社会主义思想，准确把握政治逻辑、历史逻辑、实践逻辑，系统擘画"大杭州、高质量、共富裕"发展新局，全面部署杭州争当浙江高质量发展建设共同富裕示范区城市范例的重点任务和工作安排。

会议强调，全市政府系统要把学习贯彻市委全会精神作为当前重大任务来抓，全面系统学、及时跟进学、结合实践学，以学促知、以知促行，切实把学习成果转化为抓落实抓推进的磅礴力量，确保杭州在高质量发展建设共同富裕示范区中当好头雁。要锚定目标任务，聚焦市域一体化发展、科技自立自强、公共服务优质共享等重点任务，逐条逐项抓好分解落实，制定任务书、列出时间表、明确责任人，确保抓紧抓实抓出成效。要保持战略定力，坚持"数智杭州·宜居天堂"发展导向，持续放大部分行政区划优化调整的综合效应，找准发展与改革的增长点、支撑点、均衡点，加快把"大杭州、高质量、共富裕"的美好图景转化为生动实景。要深化制度重塑，坚持以数字化改革为引领，谋深抓实多跨场景重大改革，全面赋能公共服务、城市治理、生态保护等领域制度创新，不断取得阶段性成效、形成标志性成果、凝练普遍性经验，以"城市之窗"展示"中国之治"。要放大政策红利，牢牢把握共同富裕示范区建设、长三角区域一体化、长江经济带建设等战略机遇，抓紧谋划推出一批重大项目、重大改革、重大政策，努力在争当城市范例的道路上越走越坚定、越走越宽广。当前，要扎实做好保安全护稳定工作，切实打好疫情防控、安全生产、防汛防台主动仗，为庆祝建党百年营造良好环境。

●● 市人大常委会党组召开（扩大）会议，传达学习市委十二届十二次全会精神，研究部署贯彻落实工作。市人大常委会党组书记、主任李火林主持并讲话，郑荣胜、陈红英、罗卫红、卢春强、徐小林参加。

会议强调，全市各级人大要切实提高政治站位，准确把握全会精神，主动聚焦"大杭州、高质量、共富裕"，在争当城市范例中坚决扛起使命担当。要更好发挥法治引领保障作用，在"五四宪法"历史资料陈列馆基础上建设国家宪法宣传教育馆，提前谋划常委会五年立法规划和2022年立法项目，为推进共同富裕体制机制创新提供法治保障。要更好发挥监督支持推动作用，聚焦推进经济高质量发展、缩小城乡区域差距等方面，打好监督"组合拳"，助推共同富裕法律法规有效执行和目标任务落地见效。要更好发挥代表桥梁纽带作用，扎实开展"人大代表心向党，尽心尽责为人民"主题活动，深化人大数字化改革，更好做到"民呼我为"，凝聚推动共同富裕的强大合力。要更好发挥党员干部模范带头作用，持续推动理论、实践和制度创新，打造杭州人大工作示范性成果，努力交出人大履职高分报表。

为更好发挥代表作用，市人大常委会向全市各级人大代表发出倡议书，号召当好宣传员、示范员、战斗员、监督员，踊跃投身争当城市范例生动实践。

● ● 市政协召开党组（扩大）会议，传达学习市委十二届十二次全会精神，研究部署贯彻落实意见。市政协党组书记、主席潘家玮主持并讲话，副主席叶鉴铭、谢双成、周智林、冯仁强、滕勇参加。

会议强调，要对标对表全会确定的战略目标、发展新局和具体部署，聚焦中心大局，发挥职能优势，以高质量履职服务助推杭州争当城市范例。要加强思想政治引领，发挥"重要阵地、重要平台、重要渠道"作用，做好宣传政策、解疑释惑、理顺情绪、化解矛盾、提振信心的工作，画好最大同心圆，为争当城市范例凝共识、聚众力。要紧扣市委明确的重大举措、重点任务，找准政协履职的着力点落脚点，深入开展调研，精准协商建言，有效监督助推，深化履职为民，为争当城市范例建诤言、献良策。要高标准高质量做好当前各项重点工作，深入开展党史学习教育，扎实推进政协系统党的建设，认真组织实施年度履职工作，强化专门协商机构建设，加快数智政协建设，抓好中央和省委巡视反馈问题整改，以实际行动在杭州争当城市范例中展现政协担当作为。

26
日 LIU YUE

● ● 根据中央、省委统一部署，省委政法队伍教育整顿第一驻点指导组向杭州市反馈指导情况。在省委政法队伍教育整顿第一驻点指导组指导意见反馈会上，指导组组长马以反馈指导意见，市委主要领导做表态发言。许明、金志、朱建明出席，省委第一驻点指导组副组长及成员，市委政法队伍教育整顿领导小组副组长及成员参加。

指导组在反馈时指出，政法队伍教育整顿开展以来，杭州市坚决贯彻执行中央和省委部署要求，市委主体责任压得实，全市各教育整顿单位直接责任抓得紧，组织、纪委监委、宣传等职能部门协同责任盯得牢，全市政法队伍教育整顿各项工作蹄疾步稳、扎实有力，与政法工作、平安建设、法治建设相互融合、相互促进，达到了预期目标，值得充分肯定。但对照高标准、严要求，仍然存在一些问题和不足。希望杭州市继续深化学习教育成果，切实抓好问题整改，发扬连续作战的精神，确保教育整顿取得扎实成效。

就做好下一步工作，指导组强调，要提高政治站位，持续深化思想认识，坚决扛起教育整顿的重大政治责任；要紧盯线索查办，加大问题线索处理力度，抓紧抓实顽疾整治；要强化建章立制，建立健全正风肃纪长效机制等各项机制，切实提升队伍管理质效；要注重统筹结合，让教育整顿成效在推动政法工作高质量发展，为群众排忧消愁、纾困解难、谋利造福中得到全面检验，确保成果转化到位。

● ● 中国动漫博物馆开馆。博物馆建筑外形圆润、通体洁白，宛若一朵白色"祥云"。馆内设有"动漫你的遐想""动漫你的回忆""动漫你的今天""动漫你的未来"四大展区以及户外投影、5D影厅、多功能剧场、互动体验馆、动漫图书馆等配套设施，收藏动画、漫画、衍生品、史料等2万多件。动漫博物馆还将积极搭建学术交流的平台，定期发布学术研究成果，举办动漫讲座、论坛。

27 日 LIU YUE

● ● 为庆祝建党100周年，"七一"前夕，刘忻、李火林、潘家玮、佟桂莉等市领导率队，分路走访慰问老党员和生活困难党员，向他们送上节日的祝福和亲切的问候。

刘忻来到上城区紫阳街道，看望慰问困难党员孔宣清和老党员李心亭。在李心亭家中，刘忻与他促膝而谈，听老人讲述当年志愿军"雄赳赳、气昂昂、跨过鸭绿江"的勇毅与豪迈。刘忻说，广大老党员为新中国的民族独立和人民解放事业奉献了汗水和热血，大家要心怀感恩、靠前服务，切实关心照顾好他们的晚年生活，更要接续奋斗、砥砺前行，努力把杭州建设得更加幸福和谐美好。

李火林来到桐庐县横村镇凤联村走访慰问老党员何达生和王春香。在两位老党员的家里，李火林和他们亲切交谈，详细询问了解他们的家庭、生活和身体状况。得知两位老党员每个月都坚持参加党支部主题党日活动及党史学习教育集中学习，李火林为他们点赞，希望他们保持愉悦身心、安享晚年生活。

潘家玮来到上城区采荷街道，走访慰问困难党员夏黎敏和老党员娄益云。潘家玮对夏黎敏因公致残后仍积极参加党组织活动和社区志愿服务表示敬意，叮嘱街道和社区的同志要关心照顾好困难党员的生活。老党员娄益云从企业退休后一直担任社区党支部书记，经常奔忙在基层一线，热心为社区居民服务。潘家玮祝愿老人保重身体、健康生活，更好发挥党员先锋模范作用，为社区建设做出更多的贡献。

佟桂莉来到萧山区城厢街道百尺溇社区，看望93岁的老党员于秀美。佟桂莉感谢老人为党和国家做出的贡献，为她戴上"光荣在党50年"纪念章，并建议相关人员做好口述史，将老党员的政治品格和精神风范传承好弘扬好。在回澜南苑社区，佟桂莉看望慰问了困难党员金铁勇，鼓励他战胜病魔、早日康复，同时叮嘱街道社区进一步加大对老党员的关怀和扶持力度，积极主动为老党员排忧解难，把党组织的关怀和温暖送到党员心坎上。

●● 市长刘忻到杭州师范大学，就做好安全工作进行再检查、再督导，检查学校食堂重点部位的安全措施落实情况，随机抽查学生宿舍、消防通道管理、违禁电器使用、易燃易爆物品存放等情况，察看亚运会橄榄球馆和排球馆安全管理情况。

检查督导中，刘忻强调，庆祝中国共产党成立100周年大庆将至，做好保安全护稳定工作具有极端重要性。全市各级各部门要拉高政治标杆、提高政治站位，从增强"四个意识"、坚定"四个自信"、做到"两个维护"的政治高度做好安全工作，把安全责任牢牢扛在肩上、紧紧抓在手里，确保守土有责、守土负责、守土尽责。要加强协调联动、密切协同配合，坚持"大安全观"，强化应急管理、市场监管、公安、消防、交通、教育等部门间的信息共享和联防联控，确保各类安全隐患早发现、早预警、早处置，织密扎牢安全防控一张网。要抓好督导问效、强化监督问责，以"四不两直"方式深入开展安全隐患大检查大排查，全面覆盖重点场所、重点行业、重点领域，健全完善分类管理、闭环管理、销号管理，坚决防止因隐患整治不力而酿成事故，有力保障城市长治久安和社会大局稳定。

28
日 LIU YUE

●●●《中共中央关于表彰全国优秀共产党员、全国优秀党务工作者和全国先进基层党组织的决定》发布。杭州有陈立群、鲁冠球、程本、黄坚钦被授予"全国优秀共产党员"称号，陈捷、梁廷波、周洁被授予"全国优秀党务工作者"称号，淳安县枫树岭镇下姜村党总支、杭州市上城区小营街道小营巷社区党委、浙江富春江通信集团有限公司党委、浙江省疾病预防控制中心党委、国家税务总局浙江省税务局纳税服务处党支部、中国美术学院设计艺术学院党总支、国家电网浙江省电力有限公司党委被授予"全国先进基层党组织"称号。

●● 省委书记袁家军到杭州市就基层党建工作进行调研，并看望慰问基层一线党员。袁家军十分关心新兴领域党建工作。他来到杭州安恒信息技术股份有限公司，考察企业展厅，了解企业发展情况和"红色卫士"党建品牌建设工作。随后，袁家军还与部分互联网企业负责人做了交流。他说，浙江省是互联网企业发展大省，做好这一领域党的建设工作至关重要。要把新业态、新就业群体特别是互联网企业党建工作放在基层党建大盘子中来谋划，加强党的全面领导，牢牢把握正确发展方向，引导互联网企业旗帜鲜明讲政治，服务国家大局、遵纪守法、做好主业，加快党建和业务双融合、双促进，把党的全面领导落实到新兴领域的各方面全过程，以高质量党建服务保障企业高质量发展。

袁家军强调，要以党史学习教育为契机，坚持把党史学习教育与加强基层党建工作结合起来，从百年党史中汲取精神、智慧和力量，着力抓好党组织政治建设、思想建设、组织建设、作风建设、纪律建设和制度建设，加强政治引领、健全组织体系、服务中心大局、数字赋能创新，推动基层党建工作跃迁升级，打造更多具有浙江辨识度的基层党建金名片。要坚持守土有责、守土负责，压紧压实工作责任，分类指导、靶向施策，用好"七张问题清单"，大力推动全面从严治党向基层延伸、向新领域延伸，进一步形成大抓基层的鲜明导向，推动党建工作高质量全覆盖。

●● 省委副书记黄建发在杭州部分高校调研。他先后走访了浙江水利水电学院、浙江经贸职业技术学院和浙大城市学院，深入各校园思政教学研究中心、智慧教室、实验室、实训基地、众创空间、学生公寓、校史馆等，与师生们亲切交谈，详细了解教学科研、教材使用和高校党的建设、意识形态等工作，并在浙大城市学院主持召开座谈会，听取教育部门、部分高校、省直有关部门负责同志以及教师、学生代表的意见建议。

黄建发强调，要落实好立德树人的根本任务。主动适应新发展阶段要求，围绕"立德树人"深化高校改革、开展教育教学，为全省乃至全国进一步打牢高质量之基、激活竞争力之源、走好现代化之路培养更多高素质人才。

会议还对校园安全稳定工作做出部署，任少波参加座谈会。佟桂莉参加对浙大城市学院的调研。

● ● 杭州都市区轨道交通"互联互通"项目集中通车活动举行，杭州地铁8号线一期工程和杭海、杭绍城际铁路开通。副省长高兴夫致辞。嘉兴市市长毛宏芳、绍兴市市长盛阅春出席。杭州市领导戴建平、朱建明、卢春强、缪承潮、冯仁强参加。

集中通车活动以三地视频直播连线的形式举行，主会场设在杭州地铁8号线工商大学云滨站站厅，嘉兴、绍兴分别设分会场。活动现场观看了杭州都市区轨道交通"互联互通"宣传片，发布了统一的"互联互通"形象标识。

杭州地铁8号线全长17.1千米，共设9个站，全部位于钱塘区内；杭海城际铁路起于杭州市临平区余杭高铁站，终于嘉兴海宁市浙大国际校区站，线路全长46.38千米，设站12座，与杭州地铁1号线在余杭高铁站换乘；杭绍城际铁路起于杭州市萧山区姑娘桥站，与杭州地铁5号线叠岛换乘，终于绍兴市柯桥区笛扬路中国轻纺城站，与绍兴轨道交通1号线贯通运营，线路全长20.3千米，设站10座。伴随三线同步开通，杭州都市区轨道交通线网总里程391千米。同时，为优化三地市民轨道交通乘坐体验，杭州、嘉兴、绍兴轨道交通实现"一张票"换乘功能，乘客在两地换乘站下车后，乘坐另一城市轨道交通无须出站重新购票，可直接在付费区内进行便捷换乘，充分享受交通同城化带来的民生红利。

28 — 29 日 LIU YUE

● ● 市十三届人大常委会第三十六次会议召开。市人大常委会主任李火林，副主任郑荣胜、陈红英、罗卫红、卢春强、徐小林出席，市政府、市监委、市法院、市检察院负责人列席会议。

会议表决通过《杭州市物业管理条例》《杭州市淳安特别生态功能区条例》，将报省人大常委会批准后公布施行。会议初次审议《杭州市西湖龙井茶保护管理条例（草案）》《杭州市燃气管理条例（修订草案）》《杭州西溪国家湿地公园保护管理条例（修订草案）》，将根据审议意见做进一步修改完善。

会议听取审议市监委主任陈擎苍做的关于反腐败国际追逃追赃工作情况报告，副市长王宏做的关于杭州市农业科技创新和成果转化情况报告；听取审议市人大常委会执法检查组所做的《浙江省粮食安全保障条例》《浙江省宗教事务条例》执法检查情况报告；听取审议全市检察机关民事检察工作以及2名检察官履职情况报告，并进行满意度测评。

会议审议市政府关于杭州2022年亚（残）运会赛事筹备工作情况报告，并开展专题询问。11位常委会委员和人大代表提出询问，副市长陈卫强、市政府和亚组委相关部门、桐庐县政府负责人现场应询。会议表决通过关于修改《杭州市地方性法规实施情况报告规定》的决定及人事任免事项。

其间，召开了列席会议的市人大代表座谈会。会前举行《亚运会对城市发展的作用》专题讲座。会后举行新任命人员宪法宣誓。

● ● 市政协主席潘家玮赴滨江区联络组委员工作站和滨和社区政协委员工作室、市政协民建界别委员工作站、市政协科协界别委员工作站、拱墅区联络组委员工作站走访调研。王立华参加。

潘家玮强调，要深入学习贯彻市委十二届十二次全会精神，聚焦高质量发展、促进共同富裕，充分发挥政协职能优势，在服务助推杭州展现"重要窗口"头雁风采、争当城市范例中展现使命担当。要根据"五新"定位，持续深入推进委员工作站建设，丰富活动载体和内容，完善落实常态化运行机制，推动人民政协制度优势转化为治理效能，进一步打造政协履职品牌。要把发挥界别特色作用和委员主体作用紧密结合起来，更好联系服务界别群众，及时了解反映社情民意，做深做实思想引领、凝聚共识的工作，把更多人团结凝聚在中国共产党的周围，切实提升界别工作的活力和成效。

29
日 LIU YUE

●● 庆祝中国共产党成立100周年"七一勋章"颁授仪式在北京人民大会堂举行，中共中央总书记、国家主席、中央军委主席习近平向"七一勋章"获得者颁授勋章并发表讲话。杭州人瞿独伊被授予"七一勋章"。

●● 浙江省第十一个"浙江生态日"主题宣传活动在余杭区举行，以实际行动弘扬习近平生态文明思想，并向全社会发出绿色环保倡议：人人参与，从我做起，坚定践行"绿水青山就是金山银山"理念，高标准打好生态环境巩固提升持久战，共建共治共享天蓝、地绿、水清的美丽浙江。省长郑栅洁出席活动，为2020年浙江省在全国环境执法大练兵活动中获奖代表和从全社会各行各业中选出的2021年浙江省"最美环保人"代表颁奖。副省长徐文光，市委副书记、市长刘忻参加活动。

郑栅洁实地考察了余杭区黄湖镇青山村推进生态环境多元共治、促进生态文明新风尚工作情况。郑栅洁指出，人民群众是生态文明建设最重要的主体。大家要深入践行"绿水青山就是金山银山"的理念，始终坚持把群众"可感"作为建设美丽浙江的基本路径，把群众"有感"作为检验美丽浙江建设成效的重要标准，充分激发全社会生态文明建设的主体意识，引领广大群众从自身做起、从点滴做起，人人参与环保、人人争做"最美环保人"，共同打造全域美丽、共享美丽的新格局。希望生态环保战线上的广大干部职工争学先进、比学赶超，弘扬环保精神，当好生态文明的宣传者、绿色低碳的践行者、现代治理的参与者，为党委政府环境治理献计献策，推动环境治理不断迭代，共同绘就现代版"富春山居图"。

●● 市人大常委会第46次主任办公会议召开，市人大常委会主任李火林，副主任郑荣胜、陈红英、罗卫红、卢春强、徐小林以及机关各部门主要负责人参加会议。

会上，市人大常委会办公厅对7月主要工作预安排做说明。常委会各位副主任分别就分管工作做补充发言。

会议明确7月常委会重点工作，要求学习贯彻好庆祝中国共产党成立100周年大会精神，深入开展党史学习教育，抓好中央巡视反馈问题整改落实，并做好市领导人大代表进代表联络站活动、人大数字化改革工作、县乡两级人大换届选举工作调研以及西湖龙井茶保护管理条例、西溪国家湿地公园保护管理条例、燃气管理条例的立法工作。

● ● 杭州统一战线举行座谈会，围绕"回顾多党合作历史，展示多党合作成就，坚定同心筑梦跟党走信念"开展交流发言，庆祝中国共产党成立100周年。

座谈会上，各民主党派、工商联主要负责人、无党派人士代表和民营企业家、新的社会阶层人士、归国留学人员以及侨领代表畅谈心得，从不同角度回顾百年来统一战线各领域在中国共产党领导下发生的巨大变化，回顾大家凝心聚力、共同开创杭州改革发展新局面的各项实践。市委统战部负责人表示，实践证明，统一战线是杭州改革发展不可或缺的重要力量。在建设新时代全面展示中国特色社会主义制度优越性重要窗口的征程中，大家既是参与者、监督者，也是建设者、展示者。希望大家进一步发挥人才荟萃、智力密集、联系广泛的优势，坚定政治方向，强化使命担当，加强自身建设，为杭州争当浙江高质量发展建设共同富裕示范区城市范例不断做出贡献。

● ● 在西湖博物馆举行的"西湖西溪景区庆祝中国共产党成立100周年暨'西湖西溪红十景'"活动仪式上，"西湖西溪红十景"发布，分别为云居高节、北山薪火、白塔丹心、烟霞青史、一桥飞虹、五四宪晖、洪园润泽、梅坞情长、湖山撷萃、绿堤春语。

● ● 位于建德大同的中共严衢工委纪念馆开馆。该馆讲述1949年随着全国解放战争的胜利发展，以大同地区为核心的严衢地区，在党的领导下开展的一段不屈不挠的斗争历史。纪念馆总面积200多平方米，通过"黎明前的黑暗""播撒希望火种""开辟严衢地区""严衢全面解放"四个篇章，展出照片、文稿、模型、实物、采访影音100多件，呈现共产党人在大同于解放战争时期劈波斩浪、砥砺奋进铸就的光辉历程。

30 日 LIU YUE

● ● 市委全面深化改革委员会第十次会议暨"数智杭州"建设工作领导小组会议召开。会议听取杭州市财政数字化改革推进情况和金融业改革创新工作情况，审议并通过《关于推进市属国有文艺院团深化改革加快发展的实施意见》《关于加快推进生态环境治理体系和治理能力现代化的实施方案》《杭州市严格规范完善建设用地使用权二级市场交易管理实施细则》《杭州市实施"大综合一体化"行政执法改革方案》。市委改革办、市建委、市生态环境局、市法院、上城区、滨江区、桐庐县汇报"数智杭州"相关应用场景建设情况。

会议强调，数字化改革从定义内涵出发构建体系的开发模式已经形成。要加强与省直部门的沟通对接，加大对现有应用场景的归口整合，围绕关键领域全面梳理核心任务、精心打造多跨场景，推动市、区县、乡镇（街道）三级应用场景全面汇集融入市级系统，加快形成"纵向到底、横向到边"的三级矩阵，力争在同一教材学习中考出最高分。各级领导干部要坚持生成性学习，争当亲自牵头研究架构、亲自参与场景搭建、亲自推动制度创新、亲自体验应用成效的"行家里手"，善于在丰富实践中总结提炼，力争在同 话语体系中讲出好故事。

● ● 市人大机关以上专题党课的形式庆祝中国共产党成立100周年。市人大常委会党组书记、主任李火林做"马克思主义中国化的光辉历程"党史专题党课。副主任陈红英、罗卫红、卢春强、徐小林，市人大机关全体干部职工，市纪委、市监委派驻纪检监察组同志参加。省十届人大常委会秘书长、机关党组书记李步星应邀讲了"一位共产党人的党性风范"专题党课。

李火林强调，市人大机关党员干部要在学懂弄通做实习近平新时代中国特色社会主义思想这一马克思主义中国化最新理论成果上下功夫，不断提高运用马克思主义立场观点方法解决实际问题的能力，创造性做好人大各项工作，以高质量履职助力杭州争当高质量发展建设共同富裕示范区的城市范例。

● ● 阿里巴巴云计算数据中心经开园区开服仪式在临平区举行。该云计算数据中心位于临平国家级经济技术开发区，是阿里巴巴集团在临平区的第一座低碳数据中心。数据中心占地面积约10公顷，采用阿里巴巴集团自主研发的云操作系统"飞天"管理数十万台服务器，运用高可靠固态硬盘、自主研发的直流不间断巴拿巴电源方案、400G光模块，驱动数据中心低碳转型，对长三角地区绿色数字新基建布局将起到重要示范作用。

● ● 杭州市青山水库防洪能力提升工程开工，标志着即将开启东苕溪流域防洪新格局。青山水库防洪能力提升工程位于东苕溪流域上游，工程于2020年7月经批准立项，2021年1月工程可研报告获得批复，4月工程初步设计报告获批复。工程主要建设内容为新建泄洪洞、电站尾水渠加固和泄洪渠改造等，泄洪洞全长为581米，设计过流流量364立方米/秒，建设工期约为20个月。

● ● 杭州市首个未成年人保护工作站在萧山区城厢街道落地建成。城厢街道未成年人保护工作站按照场所、队伍、经费、制度、服务等全市统一"五有"标准打造，具备"1156"服务特色。"11"即依托省级示范型儿童之家——"休博园社区儿童之家"，整合十一大部门资源，配置有未保工作站办公室、心理咨询室、科普宣教室等多个活动场所；"5"即组建了由儿童督导员牵头负责的儿童主任、部门、专家、志愿组织、志愿者等五支服务队伍；"6"即建成集救助保护、宣传培训、社工支持、项目运营、培育指导和数据归集等六大功能体系，为辖区未成年人提供政策咨询、精神慰藉、心理疏导、入户探访、救助帮扶、个案跟踪、认定评估、危机干预等多项服务。

七月

1日 QI YUE

●● 市人大常委会党组召开（扩大）会议，传达学习习近平总书记在庆祝中国共产党成立100周年大会上的重要讲话精神，按照市委要求，研究贯彻落实意见。市人大常委会党组书记、主任李火林主持并讲话，郑荣胜、陈红英、罗卫红、卢春强、徐小林做交流发言。

会议强调，人民代表大会制度承载着中国共产党人的初心使命，人大工作是党和国家事业的重要组成部分。人大在全面建成社会主义现代化强国的新征程中肩负重要使命。要迅速掀起学习热潮，结合党史学习教育，积极创新学习载体和方式方法，深入开展学习宣传活动。要准确把握精神实质，特别是学深悟透以史为鉴、开创未来"九个必须"的经验启示和根本要求，不断增强贯彻落实的思想和行动自觉。要深入查找工作短板，全面对标对表习近平总书记重要讲话精神，找差距、抓落实，做到立改立行。要坚决扛起人大担当，始终坚持党的领导、人民当家作主、依法治国有机统一，在发展全过程人民民主，维护社会公平正义，着力解决发展不平衡不充分问题和人民群众急难愁盼问题，推动人的全面发展、全体人民共同富裕取得更为明显的实质性进展等方面贡献人大力量。

●● 钱江通道及接线项目北接线段工程PPP项目建成通车，零时起正式通行。项目起点位于桐乡骑塘西北，路线自北向南，跨沪昆铁路、杭浦高速与钱江塘过江隧道相接，路线全长11.415千米。主线采用双向六车道公路标准，设计时速100千米。全线设置骑塘、盐官西2个枢纽互通和周王庙1个普通互通，在周王庙设置服务区。

2日 QI YUE

●● 市委常委会召开会议，传达学习习近平总书记在庆祝中国共产党成立100周年大会上的重要讲话精神，研究部署杭州市贯彻落实工作。

会议强调，杭州作为"三个地"和"重要窗口"省会城市，要锚定目标奋勇前行，在赓续红色血脉中扛起使命担当。在坚持党的全面领导、完善党的领导上更加奋发有为，充分发挥党总揽全局、协调各方的领导核心作用，凝聚起共创"第二个百年"伟业的磅礴力量；在坚定理想信念、强化理论武装上更加奋发有为，持续推动习近平总书记对杭州工作重要指示精神落地生根、开花结果，不断夯实全市上下团结奋斗的共同思想基础；在争当城市范例、开创发展新局上更加奋发有为，践行以人民为中心的发展思想，争当浙江高质量发展建设共同富裕示范区的城市范例，努力在推动人的全面发展、全体人民共同富裕取得更为明显的实质性进展上率先取得突破；在深化自我革命、推进党的建设新的伟大工程上更加奋发有为，持之以恒把全面从严治党推向纵深，严格落实治党管党主体责任，一体推进不敢腐、不能腐、不想腐。

●● 市政府党组书记、市长刘忻主持召开市政府党组（扩大）会议，学习贯彻习近平总书记在庆祝中国共产党成立100周年大会上的重要讲话精神。

会议强调，赓续红色血脉、打造城市范例，要在践行"八八战略"上当头雁、做贡献，坚持党的全面领导，增强"四个意识"、坚定"四个自信"、做到"两个维护"，深入推进"八八战略"在杭州的具体实践，推动中央和省委、市委重大决策部署落地生根、结出硕果。要在推动经济高质量发展上当头雁、做贡献，高效率推进重大项目，高水平推进科技自立自强，高质量打造现代产业体系，高标准服务构建新发展格局，着力形成动能新支撑。要在促进共同富裕上当头雁、做贡献，把缩小区域、城乡、收入三大差距作为主攻方向，加快释放行政区划优化调整红利，勠力推动城乡一体化融合发展，探索推进收入分配制度改革，率先展现共同富裕美好社会的基本图景。要在制度创新上当头雁、做贡献，积极争取重大政策，持续推进数字化改革，不断优化营商环境，加快形成标志性、示范性、制度性重大成果。要在确保社会大局和谐稳定上当头雁、做贡献，慎终如始抓好疫情防控，细而又细落实安全防控举措，牢牢守住生态安全底线，营造安心放心舒心的城市环境。要在深化党史学习教育上当头雁、做贡献，巩固拓展"民呼我为"主题活动成效，努力在破解群众急难愁盼问题上展现更大作为，把实事好事办进群众心坎里。

●● 市政协党组召开扩大会议，学习习近平总书记在庆祝中国共产党成立100周年大会上的重要讲话精神和省委、市委会议精神，研究部署贯彻落实工作。市政协党组书记、主席潘家玮主持并讲话。张仲灿、叶鉴铭、谢双成、周智林、冯仁强参加。

会议强调，全市政协系统要把学习贯彻习近平总书记重要讲话精神作为当前首要政治任务，结合深入开展党史学习教育，两级党组带头学、专委会分党组和界别组紧跟学、政协委员全员学，推动学习贯彻走深走实，切实转化为做好新时代政协工作的强大动力和实际行动。要始终坚持党对政协工作的全面领导，增强"四个意识"、坚定"四个自信"、做到"两个维护"，更好发挥人民政协作为坚持和加强党对各项工作领导重要阵地的作用。要持续在学懂弄通做实习近平新时代中国特色社会主义思想上下功夫，更加自觉用党的创新理论武装头脑、指导实践、推动工作。要充分发挥政协统一战线组织和专门协商机构优势作用，聚焦高质量发展、现代化建设、共同富裕示范区建设、数字化改革等重点，积极协商监督，广泛凝聚共识，为实现党的中心任务履职尽责。要坚持人民至上、履职为民，满怀真情办实事、解难事、做好事。要全面落实从严治党主体责任，加强政协党的建设和政协队伍建设，在助力杭州展现"重要窗口"头雁风采、争当城市范例中书写新篇章。

6 日 QI YUE

● ● 市人大常委会主任李火林赴他所联系的浙大城市学院调研。他先后考察了浙大城市学院校史馆、怀卡托大学联合学院、城市数字治理科教创新综合体、智慧教室和CC梦工场众创空间，详细了解学校办学历史、科研平台搭建、智慧教室建设、师生创新创业等情况，对学校紧贴城市发展需要建设学科、培育人才的做法给予肯定。随后，主持召开座谈会，听取学校有关情况介绍。

李火林指出，浙大城市学院以转公为新起点、新契机，凝心聚力、奋发开拓，学校办学取得了新成绩，社会声誉进一步提升。他强调，要深入学习贯彻习近平总书记"七一"重要讲话精神，牢记习近平总书记的殷殷嘱托，保持战略定力，锚定战略目标，充分发挥名城名校叠加优势，积极推进高水平应用型大学建设，奋力实现十年争创全国百强大学的目标愿景。要强化改革思维，坚持发展出题目、改革做文章，着力破解发展难题，进一步创新办学机制，增强人才保障，提升学科水平，推动学校高质量发展，为杭州市争当高质量发展建设共同富裕示范区城市范例提供有力支撑。要提高教育质量，坚守主责主业，全面落实立德树人根本任务，牢牢把握正确办学方向和育人导向，强化思想政治和道德品质教育，注重德智体美劳全面发展，努力培养更多堪当民族复兴重任的时代新人。市人大常委会将一如既往支持助力浙大城市学院高质量发展。

● ● 重温习近平总书记关于良渚遗址重要批示精神理论研讨会暨"杭州良渚日"活动在良渚古城遗址公园举行。省委常委、宣传部部长朱国贤出席会议并讲话。戚哮虎、张振丰、朱建明、缪承潮参加。来自相关领域的专家学者做研讨发言。

朱国贤指出，在全省上下深入学习贯彻习近平总书记"七一"重要讲话精神之时，我们在实证中华五千多年文明史的圣地良渚古城遗址召开理论研讨会，这对深入学习习近平总书记重要批示精神，深情展望良渚古城未来美好图景，具有重要现实意义。要深入学习领会习近平总书记关于文化遗产工作的重要论述，从"没有中华五千年文明，哪有我们今天的成功道路"的政治高度，从见证伟大历史、传承文明根脉、增强文化自信的历史维度，从打造"重要窗口"和新时代文化高地的现实角度，切实增强做好浙江省新时代文化遗址保护研究传承利用的责任感使命感紧迫感。要全面提升浙江省新时代文化遗址保护研究传承利用的质量和水平，坚持保护第一、加强对文化遗址的系统性保护，着力提质增效、推动展览展示高质量特色化发展，用好用足资源、深化拓展文化遗址的教育功能，加强研究挖掘、充分彰显思想内涵和时代价值，注重服务大局、更好发挥促进经济发展和社会建设的重要作用。要着力加强对新时代文化遗址保护研究传承利用的组织领导，切实推动新时代文化遗址工作上台阶、上水平。

7 日 QI YUE

● ● 市委举办学习习近平总书记在庆祝中国共产党成立100周年大会上重要讲话精神专题读书班，学习交流研讨，深入贯彻落实。刘忻、李火林、潘家玮、佟桂莉和市四套班子其他领导，市法院、市检察院负责人参加。市直属有关单位主要负责人列席。中共中央党校科社部主任曹普教授做专题辅导，与会人员观看换届纪律教育警示片《警钟长鸣》。下午，刘忻、李火林、潘家玮、佟桂莉、陈擎苍、戚哮虎、许明、戴建平、毛溪浩、张振丰、朱建明、胥伟华分别谈了学习体会。晚上集中观看了电影《红船》。

●● 省委副书记黄建发到淳安县调研"三农"工作。他强调，高质量发展建设共同富裕示范区，主战场在农业农村。全省各地要把牢乡村共同富裕的战略定位，积极探寻乡村共同富裕的路径密码，系统推进组织创新，擦亮金字招牌，打造标志性成果，争创农业高质高效、乡村宜居宜业、农民富裕富足先行示范的农业农村现代化先行省。王宏参加调研。

黄建发来到淳安县枫树岭镇下姜村。他走进民宿、农家、农业产业园，与村民互动交流。黄建发还调研了淳安县共同富裕攻坚行动等工作。他强调，共同富裕一个也不能掉队。全省各地要深入实施产业促共富、建设促共富、帮扶促共富、改革促共富、数字促共富五大行动，奋力打造更多标志性成果，把更多增值收益留给农村、留给农民。各级涉农部门要细化方案，确定载体，明确目标，落实职责，健全体制机制，走出先富帮后富、区域共同富的乡村共同富裕新路子。

●● 杭州市召开党史学习教育领导小组办公室（扩大）会议，回顾总结前一阶段全市党史学习教育工作情况，查找分析短板弱项，研究部署下一阶段重点任务。

会议强调，要推动杭州市党史学习教育不断走深走实走心，以高的标准持续用力，用实的举措保持好势头，以学习宣传贯彻习近平总书记"七一"重要讲话精神为契机，在全市兴起党史学习教育新高潮。要把学习宣传贯彻习近平总书记"七一"重要讲话精神作为党史学习教育的核心内容，与贯彻落实习近平总书记对浙江、杭州的一系列重要指示批示精神结合起来，与贯彻落实省委十四届九次全会、市委十二届十二次全会精神结合起来，坚决把思想和行动统一到习近平总书记重要讲话和中央、省委、市委决策部署上来。要持续打造"民呼我为"金名片，以数字化改革为牵引，推动"民呼我为"数字平台持续升级，着眼群众的操心事、闹心事、烦心事，聚焦痛点、打通堵点、破解难题。要强化巡回指导加大督学促学力度，以高频率、快节奏的巡回指导，督促被指导单位持续深入开展党史学习教育。

●● 运河大剧院启用。启用仪式现场邀请10位来自社会各界的市民代表，做出助力拱墅区共同富裕"十大行动"公开承诺。启用仪式后，市委领导一行考察了上塘河夜游项目。上塘河夜游项目位于上塘河核心段，项目全长2.6千米，集游船、戏剧戏曲、歌舞诗乐表演、科技化秀场于一体，充分挖掘运河文化、市井文化、民俗文化三大文化内核，突破传统舞台演出形式，以全新的"进行式表演、浸入式观演"方式演绎历史典故，展现上塘河"七运十三景"。

8—9日

●● 青海省党政代表团到浙江考察。两省在杭州召开座谈会，深入学习贯彻习近平总书记"七一"重要讲话精神，落实中央关于深化东西部协作和对口支援工作要求，共商深化浙青对口支援、携手走向共同富裕。浙江省委书记袁家军主持会议并讲话，青海省委书记王建军讲话。浙江省委副书记、省长郑栅洁，青海省委副书记、省长信长星分别介绍两省经济社会发展情况。会上，两省签署了深化能源战略合作框架协议。

在浙江期间，代表团一行考察了杭州拱墅区瓜山未来社区、新天地街区，新华三集团和亚运场馆。浙江省、杭州市领导陈金彪、陈奕君、佟桂莉、朱建明，青海省领导李杰翔、于丛乐、才让太参加有关活动。

9日

●● 市委常委会召开会议，专题研究支持浙大城市学院争创"百强"工作。会前，与会人员考察了浙大城市学院建设有关工作情况。

会议充分肯定浙大城市学院转公办一年多来取得的成效。会议指出，浙大城市学院创"百强"，是事关杭州高等教育事业、事关杭州未来发展的一件大事。要深入贯彻习近平总书记在浙大城市学院建院五周年院庆之际做出的重要批示精神，进一步提高站位，坚决扛起建设地方一流综合性学院的责任、扛起补齐杭州高等教育短板的责任。要坚定"十年创百强"目标不动摇，以"立足杭州、服务浙江、面向全国"为导向，以名城名校合作办学为路径，大力实施立德树人铸魂工程，坚定不移走内涵式发展道路，充分彰显特色、致力跨越发展，积极探索高等教育发展的新路径，力争十年跻身全国百强大学行列，成为特色鲜明、质量优秀、充满活力的全国一流应用型大学。

●● 市人大常委会主任李火林调研杭州云城建设工作。张振丰、徐小林参加。李火林一行考察了阿里云计算公司总部项目和杭州云城高铁西站枢纽建设项目，实地了解项目建设进展情况，并在高铁西站枢纽项目现场会议室召开座谈会，听取有关云城建设工作情况汇报。

李火林指出，杭州云城建设是省委、市委的重大决策部署，是引领全市高质量发展的重要引擎，是提升城西科创大走廊发展水平的重点抓手，意义十分重大。要紧紧围绕省委、市委提出的"加快建设、确保质量，早日把云城建成综合交通枢纽、杭州新地标、城西CBD和高端人才聚集地"，"山水之城、文明之城和数字经济第一城特色的未来城市典范"目标，坚决扛起使命担当，高标准、快节奏、保安全、保廉洁全力打造杭州云城。要以奋进者姿态、创造性张力，只争朝夕、唯实惟先、善作善成，全面提高塑造变革能力，想方设法、敢打敢拼，加大攻坚克难力度，着力破解瓶颈制约难题，高质量推进各个项目落地。要上下同欲、同心协力、统筹协调，拧成一股绳，发挥各建设主体合力，奋力打造新时代杭州城市现代化新窗口，为杭州争当浙江高质量发展建设共同富裕示范区的城市范例做出应有的贡献。

10 日 QI YUE

●● 原杭州地铁1号线临平段调整为9号线独立开通运营。9号线一期工程全长29.5千米，全线设站21座。调整后，9号线北段先行进入贯通运行调试阶段，预计国庆节前具备开通条件。9号线南段在完成施工后进入贯通运行调试阶段，力争元旦前后具备开通条件。

12
日 QI YUE

● ● 全省首单知识产权证券化项目在杭州未来科技城启动。知识产权证券化项目是指持有知识产权的企业在经过知识产权价值评估后，以特定的价格将知识产权作为底层基础资产质押给第三方形成债权，由第三方通过结构化操作进行信用增进，在此基础上发行标准化产品，并由证券机构在资本市场上出售以实现融资的过程。该项目储架发行10亿元，首期发行规模为2亿元，为区域内成长型科创企业提供成本较低的大额融资，提供与其研发、生产、经营过程相匹配的资金，将惠及区域内10多个科技型中小企业。在当天的启动仪式上，该项目的合作机构进行集体签约，一场围绕知识产权证券化的交流会也同步举办。

● ● 杭州市国际商会文体产业专业委员会在富阳上官乡成立。作为市国际商会设立的首个专委会，文体产业专业委员会旨在打造成员企业服务平台，为产业发展提供建言献策服务，推动文体产业相关企业加强国内与国际双重合作，提升杭州文体产业竞争力。现场，会议审议通过文体专委会工作规章、专委委员拟任人员名单，并举行授牌、颁发证书。杭州富阳上官商会，为该专业委员会主席单位。

13
日 QI YUE

● ● 杭州市党政代表团到上海学习考察。中央政治局委员、上海市委书记李强，上海市委副书记、市长龚正会见杭州市党政代表团。在上海期间，杭州市党政代表团一行考察了奉贤新城规划建设情况。大家表示，上海市通过加快构建城市空间新格局，疏解中心城功能、完善市域城乡体系，有力推动要素资源的科学分布和高效组合，为全国都市圈建设和城市群转型发展提供了实践范例。我们要持续放大部分行政区划优化调整的综合效应，加快构建"一核九星、双网融合、三江绿楔"城市新型空间格局，推动城市发展方式实现深层次变革，整体提升大杭州的综合承载力和资源优化配置能力。

在考察临港新片区展示中心、滴水湖金融湾时，代表团表示，要学习上海自贸区临港新片区制度创新和开放型经济发展经验，落实浙江自贸区杭州片区建设方案，复制推广上海自贸试验区制度创新成果，加强自贸区开放联动。代表团一行还考察上海市大数据中心、市城运中心。大家表示，要学习上海"一网通办""一网统管"的好经验好做法，坚定不移推进数字化改革，迭代升级城市大脑、探索打造产业大脑，推进多跨场景重大改革，加快建设变革型组织、提高领导干部塑造变革能力，推动实现治理更高效、动能更强劲、营商环境更优化、人民生活更美好。

● ● 杭州市农业农村局会同杭州市市场监督管理局、杭州市西湖龙井茶管理协会到上海推广西湖龙井茶品牌保护管理工作，并首次发布《西湖龙井茶》团体标准报批稿。《西湖龙井茶》团体标准首次通过数字技术和理化分析，对不同等级西湖龙井茶的感官品质、理化指标进行规定，建立量化指标，对茶条外形中的形长、形宽和芽尖叶尖比例进行界定，对滋味中氨基酸含量、酚氨比和叶底嫩度比例进行科学评价，提高西湖龙井茶品质检测的精度。同时，首次增加图像参考，通过色度指标，明确各等级汤色的色度空间范围，建立可视化的直观鲜明的比对图像，提高西湖龙井茶检测标准科学性、有效性和可操作性。此外，首次建立西湖龙井茶全手工产品品质特征，利用下沉比等数字指标将全手工和非全手工西湖龙井茶明显区别，弥补了西湖龙井茶产品标准的空白，提高西湖龙井茶品质特征的区分度和辨识度。

14 日 QI YUE

● ● 市人大常委会主任李火林到市地铁集团调研。卢春强参加。李火林一行考察地铁四季青站施工情况、七堡车辆段盖下及上盖杨柳郡项目、杭州地铁控制中心，慰问一线建设者。随后，召开座谈会，听取市地铁集团及市有关部门工作汇报。

李火林强调，要保质保量抓进度，牢固树立质量意识、精品意识，大力弘扬工匠精神，把精益求精贯穿到施工全过程，并倒排时间表，深化细化工作任务，合理衔接施工时序，确保各项工程如期高质量完成，经得起历史的检验和人民的检验。要统筹协调抓建设，运用系统思维推进地铁建设，做到地上地下同步规划、协同建设，全力探索杭州特色TOD开发模式，一体推进出行方式改善、城市业态优化、城市形象提升；推进文明施工，做好宣传引导、交通组织、除尘降噪等工作，尽最大可能减少对市民出行和城市环境影响。要守住底线抓安全，把安全生产放在突出位置，统筹好发展与安全关系，绷紧安全生产这根弦，严格落实安全生产、运营责任制，确保万无一失；严格执行各项工作制度，打造阳光工程，确保廉洁安全。要接续奋斗谋新篇，根据杭州大都市新型空间格局，顺应人口和生产力布局变化，谋划好新一轮地铁建设项目，为争当共同富裕示范区城市范例提供硬核支撑。

● ● 杭州市海绵城市建设第二十七次工作例会暨系统化全域推进海绵示范城市建设第一次工作会议召开，对杭州高水平推进海绵城市示范项目建设做出部署。市建委、市财政局、市林水局、市发改委、市规划和自然资源局、市城管局、市园文局、市生态环境局、各区县（市）海绵城市建设领导小组办公室、钱江新城管委会（三江汇未来城市管委会）、云城建设指挥部、市城投集团、市交投集团、市运河集团、钱江新城投资集团、市地铁集团、浙江省城乡规划院等单位相关负责人参加会议。

会上，申报方案编制单位向参会人员介绍了国家对系统化全域推进海绵城市建设示范城市建设的要求和《杭州市系统化全域推进海绵城市建设示范城市实施方案》的总体工作思路。各区县（市）海绵城市建设领导小组办公室、市直建设主体围绕杭州市国家海绵示范城市申报成功后的新形势和新要求，从"建设特色、保障措施、重点区域和项目建设、薄弱环节分析"等方面汇报下一步工作思路。市直相关职能部门结合国家海绵示范城市新要求对照各自职责，对制度建设方面提出相关工作安排，并对提出的相关问题逐一进行了解答。市海绵城市建设领导小组办公室结合国家海绵示范城市建设要求，部署下一步海绵重点工作任务。

14—15日 QI YUE

● ● 市委副书记、市长刘忻率杭州市代表团到四川省广元市对接东西部协作工作。广元市委书记邹自景、市长董里，市领导冯磊、杨浩、陈正永，杭州市领导王宏参加有关活动。

14日，杭州市—广元市东西部协作联席会议召开。会上，两市相关区县（市）

和市级部门分别签订了对口协作协议。杭州市向广元市捐赠了财政援助资金，杭州市职工（劳模）疗休养基地授牌。15日，刘忻看望慰问了杭州援派干部和专业技能人才，勉励他们在牢记政治使命中展现杭州干部风采，在真抓实干中推进创新创富实践，在思想洗礼能力锤炼作风重塑中加强自身建设，为共同富裕做出更大贡献。市委、市政府将全力做好服务保障，为大家冲锋在前、干事创业提供坚实后盾。在广元期间，代表团一行还考察了剑门蜀道乡村振兴示范点、阿里数字生活城市项目、广元娃哈哈公司等，并走访了脱贫户。

15日 QI YUE

●● 市委召开区县（市）领导班子换届工作会议。佟桂莉出席，陈擎苍、毛溪浩分别对换届纪律要求和换届工作安排做部署，张振丰、朱建明、郑荣胜、柯吉欣、王立华参加。

会议指出，做好区县（市）领导班子换届工作是建设变革型组织、提高塑造变革能力的重大契机，是做好部分行政区划调整"下半篇文章"的内在要求，是加快补齐干部队伍结构性短板的迫切需要。要提高站位、统一思想，深刻认识做好区县（市）领导班子换届工作的重要意义，切实增强责任感和使命感，把思想和行动统一到中央和省委的决策部署上来。

●● 全市政法队伍教育整顿总结会暨"回头看"动员部署会召开。会议以视频形式召开。佟桂莉、陈擎苍、戚哮虎、许明、毛溪浩、金志、张振丰、朱建明、柯吉欣在主会场或各区县（市）分会场出席。会上宣读了英模选树通报，市领导为模范个人和集体授牌，政法机关4位代表做典型发言。

会议指出，回顾总结这次教育整顿，主要有5个方面深刻体会：始终坚持党的绝对领导这一根本遵循，确保"刀把子"牢牢掌握在党和人民手中；始终坚持服务发展大局这一目标导向，更好为城市改革发展稳定保驾护航；始终坚持全心全意为人民服务这一根本宗旨，进一步密切警民关系；始终坚持法治精神这一价值追求，当好社会公平正义的守护者；始终坚持勇于自我革命这一鲜明品格，把政法铁军锻造得更加坚强有力。要总结经验、守正创新，不断巩固深化政法队伍教育整顿成果，更好肩负起党和人民赋予的职责使命。

●●"红色电波"联盟在杭州文广集团成立。成立仪式上，来自杭州、上海、嘉兴、吉安、遵义、延安、石家庄7个城市电台的代表共同启动"红色电波"联盟。来自杭州相关部门、乡镇（街道）、企业、社会团体的50多个党组织成为首批"红色电波联盟单位"。联盟成立后，将以"伟大建党精神"进庭院、"民呼我为"现场办、"党旗下的诵读"红色行三大行动为载体，打破地域限制，全面发动社会各界学习习近平总书记"七一"重要讲话精神，在7座城市共同打造党史学习教育"示范圈"。

16 日 QI YUE

●●市委领导率杭州市党政代表团到宁波对接落实"双城记"工作。其间，两地召开联席会议，省委常委、宁波市委书记彭佳学，宁波市委副书记、市长裘东耀出席。会上通报了两市"双城记"行动方案，两市签订"双城记"工作机制备忘录，杭州市政府与浙江省海港投资运营集团签订深化全面合作框架协议。在宁波期间，代表团还考察了宁波舟山港调度指挥中心、中科院宁波材料技术与工程研究所、宁波均胜电子股份有限公司、宁波城市展览馆等。

●●市人大机关数字化改革工作汇报会召开，贯彻落实省、市有关会议精神，对人大机关数字化改革工作进行再检视、再深化、再推进。市人大常委会主任李火林出席并讲话，郑荣胜主持，陈红英、卢春强、徐小林参加。

会上，市人大常委会相关部门分别汇报人大数字化改革工作情况。李火林指出，人大数字化改革是党政机关整体智治的重要组成部分，要按照省委、省人大常委会和市委部署要求，聚焦"数字赋能、整体智治、高效协同"，系统谋划，扎实推进，突出实用管用，加快形成杭州人大数字化改革标志性成果。

●●"中国工业互联网+玻璃数智峰会"在杭州湘湖院士岛举行。峰会以"共建共享、融合创新"为主题，由萧山区政府和国家玻璃质量监督检测中心共同主办，浙江火山口网络科技有限公司承办，邀请政府人士、行业权威专家、知名专家学者、顶尖投资机构和优秀企业，共同探讨资本与产业的协同路径，紧密围绕国家发展战略，为行业内企业实现结构优化、降本增效、绿色安全提供全方位服务，共话共建玻璃产业生态共同体未来蓝图。

19 日 QI YUE

● ● 市长刘忻主持召开市政府常务会议，分析研判上半年经济形势，研究部署"凤凰行动"计划实施、商事制度改革等事项。

会议听取上半年经济运行情况的分析汇报，审议《关于深入推进经济高质量发展"凤凰行动"（2021—2025年）计划的政策意见》，审议《关于进一步深化商事制度改革激发市场主体活力的若干意见》，研究公租房建设等事项。会前，市政府党组召开扩大会议，学习习近平总书记在中央全面深化改革委员会第二十次会议上的重要讲话精神，集体学习《中华人民共和国统计法》。

● ● 市政协召开全市数智政协建设工作推进会，深入贯彻省委、市委数字化改革部署要求和省政协数字政协建设工作推进会精神，总结交流情况，研究部署深化推进数智政协建设工作。市政协主席潘家玮讲话，叶鉴铭、王立华、周智林、冯仁强、陈国妹参加。

会议以视频会议形式召开，各区县（市）政协设分会场。会上，市委办公厅负责人做数字化改革专题讲座，市政协机关负责人介绍"杭州数智政协"建设情况，西湖区、富阳区、滨江区政协主席做交流发言。

潘家玮指出，省委、市委部署推进的数字化改革是一项牵一发而动全身的重大战略举措，也是推进新时代政协工作高质量发展、更好发挥政协职能作用的客观要求。全市政协系统要进一步提高政治站位，深化思想认识，增强加快数智政协建设的思想自觉行动自觉，更好在省、市数字化改革大局中扛起政协责任担当。

● ● 杭州市生态环境局和宁波市生态环境局在杭州签订"共融长三角，唱好'双城记'生态环境共保联治"合作框架协议。在合作框架协议下，两地将进一步发挥"双核"引领作用，深化生态文明建设全面合作，高水平推进生态环境协同保护，打造美丽长三角示范样板。

根据协议，两地将紧紧围绕高标准打好污染防治攻坚战、高水平推进大花园建设、高质量建设美丽城市，深入实施环境质量提升、高质量发展服务、环境治理能力保障、区域生态环境联防联控等四大重点工程，加快推进生态环境治理现代化，共同提升区域生态环境质量，共建绿色美丽长三角。

●● 工业和信息化部公布第三批专精特新"小巨人"企业名单，全国2930个企业中杭州共入围32个。至此，杭州共有53个"小巨人"企业，总数量在全省位居前列。专精特新中小企业，是指具有专业化、精细化、特色化、新颖化优势的中小企业。国家级专精特新"小巨人"企业是指专注于细分市场、创新能力强、市场占有率高、掌握关键核心技术、质量效益优的排头兵企业。

20
日 QI YUE

●● 省政协主席葛慧君带队到杭州就"推进城市若干重点领域公共安全风险管控，建设韧性城市"开展专题调研。省、市领导吴晶、潘家玮、缪承潮参加。葛慧君一行先后实地考察了浙能锦江环境控股有限公司、大悦城综合体和祥符水厂，详细了解能源安全、水务安全和消防安全等城市公共安全风险防控情况，并召开座谈会听取杭州市有关情况介绍。

葛慧君强调，城市安全是国家安全和社会稳定的基石，是经济发展和民生保障的重要条件。推进城市重点领域公共安全风险管控，建设韧性城市，要绘好蓝图，强化城市公共安全"全周期管理"意识，从规划源头抓起，全面推进"多规融合"，构筑有效预防和应对突发事件的体系，统筹城市公共安全规划布局；要增强韧性，按照"城市是生命体、有机体"的理念，强健"骨骼"、畅通"经脉"、促进"循环"，加强基础设施建设和安全管理，保持城市供水、供电等生命线畅通，推进循环化、低碳化发展，加固城市公共安全底板弱项；要管控风险，对公共安全重点领域定期开展城市体检，判别城市安全风险防控的重点，聚焦安全生产专项整治，夯实城市公共安全基础支撑；要科技赋能，以智能化信息化推进应急管理现代化，建好用好"城市大脑""数字驾驶舱"等数字化社会治理平台，掌握核心技术，识别不同类型的风险问题和核心短板因素，提升城市公共安全保障能力；要改革创新，健全城市公共安全体制机制，统筹协调城市公共安全风险管控，创新应急管理和多元共治，不断提升城市安全运行韧性。

●● 市委常委会召开会议，研究分析杭州市上半年经济形势，部署下阶段工作；听取杭州市党政代表团赴上海学习考察和赴宁波对接落实"双城记"情况汇报，研究部署相关工作。会议指出，要深入学习贯彻习近平总书记关于唱好杭州、宁波"双城记"的重要指示精神，按照省委、省政府部署要求，牢记嘱托、完善机制，真诚务实唱好"双城记"。要健全市级工作机制，在浙江省推进长三角一体化发展工作领导小组框架下，及时建立市级领导机制，强化对"双城记"工作的统筹领导。要抓好标志性工程和惠民利企事项落地落实，围绕杭甬"城市大脑"互联工程、杭甬科创大走廊协同工程、中国（浙江）自贸试验区杭州宁波片区联动创新工程、杭绍甬1小时通勤圈共建工程、杭州亚运会品牌效应共享工程、杭甬民生服务"一卡通"工程等"双城记"十大标志性工程，集中力量推进一批支撑项目，尽快形成一批标志性成果，特别是抓好首批9个惠民利企事项的推进实施，让企业和群众有更多的获得感。

会议强调，要加强领导、提升能力，努力交出全年经济发展高分报表。深入开展党史学习教育，推进"民呼我为"主题活动，真心实意为群众办实事、为企业解难题、为基层减负担，着力构建亲清政商关系，不断开创发展新局。以数字化改革引领撬动各领域改革，体系化规范化推进城市大脑和产业大脑建设，有效激发全社会创新创造活力。加快建设变革型组织，全面提高领导干部塑造变革能力，创造性抓好各项战略部署和目标任务的落地落实，推动各项工作迈上新台阶。

●● 杭州亚运会开幕式主创团队发布会在北京正大中心举行，杭州亚运会开幕式主创团队亮相。著名导演陆川任开幕式总导演，著名导演沙晓岚任总制作人。在发布会现场，演出了杭州亚运会新增比赛项目——霹雳舞元素改编而成的"虚拟+真人秀"舞蹈，将经典赋以时代新意，传递出具有杭州韵味的国潮青春。杭州亚组委领导与主创团队还在现场举行"亚运祝福"仪式。

21
日 QI YUE

●● 市长刘忻主持召开防汛防台和疫情防控工作专题会议。

会议指出，全市上下要始终绷紧疫情防控这根弦，坚决把各项措施落实落细落到位，牢牢把握防控工作主动权。要严格落实境内外涉疫区域管控要求，坚持"外防输入、内防反弹"，精准实施分级分类管控措施，倡导广大市民减少非必要流动，降低疫情传播扩散风险。要严格落实重点区域疫情防控措施，对公路、铁路、民航、港口等交通场站加强防疫检查，把戴口罩、亮码、测温等防疫要求不折不扣落到实处，不断巩固深化人人参与、人人防控的工作格局。要依法科学加快推进疫苗接种，持续加强疫苗接种宣传引导，促使更多市民主动接种、及早接种，全面掌握接种进度、质量和效果，加快构建全民免疫屏障。

●● 按照中央要求和省委、市委统一部署，市长刘忻以普通党员身份，参加所在市政府办公厅第四党支部党史学习教育专题组织生活会，与支部党员谈心交流。会上，市政府办公厅第四党支部负责同志对支部工作进行了检视剖析，各位支部党员围绕"学党史、悟思想、办实事、开新局"主题，谈体会、找差距、明方向，深入开展批评与自我批评，会场气氛团结紧张、严肃活泼。

刘忻在听取发言后指出，习近平总书记"七一"重要讲话，通篇闪耀着马克思主义真理光芒、闪耀着人民至上的如磐初心、闪耀着开创未来的政治自信，是对共产党执政规律、社会主义建设规律、人类社会发展规律的进一步深化，是新时代中国共产党人不忘初心、牢记使命的政治宣言，为我们指明了前进方向、提供了根本遵循。杭州是在习近平总书记亲自关心指导下迅速发展起来的城市，是"三个地"和"重要窗口"省会城市，当前正努力争当浙江高质量发展建设共同富裕示范区的城市范例，更应坚决响应、忠实践行总书记代表党中央发出的伟大号召，以实际行动忠诚核心、维护核心、拥戴核心。

●● 市人大常委会办公厅会同市委组织部、市委宣传部召开全市县、乡两级人大换届选举工作部署会。市人大常委会主任李火林，毛溪浩、郑荣胜等讲话。

会议指出，全市县、乡两级人大换届选举启动。这次县、乡两级人大换届选举，正值中国共产党成立100周年和"两个一百年"奋斗目标历史交汇的重大关口，扎实做好换届选举工作，有利于广泛凝聚各方面智慧和力量、充分激发广大人民群众的积极性主动性创造性，对于推动杭州市高水平打造"数智杭州·宜居天堂"、争当浙江高质量发展建设共同富裕示范区城市范例具有重要意义。要认真学习领会、坚决贯彻落实习近平总书记关于做好县、乡人大换届选举工作的重要指示精神和中央、省委、市委的决策部署，牢牢把握坚持党的领导、人民当家作主、依法治国有机统一，以展现"重要窗口"头雁风采的政治自觉和政治担当，努力交出县、乡两级人大换届选举工作的高分报表。会议以视频方式召开，各区县（市）设分会场。

● ● 萧山智慧·城市馆建成开放。该馆位于萧山科创中心，总建筑面积7000平方米，布展面积6800平方米，利用全息投影、AI人工智能、AR增强现实、沉浸式AI互动体验等现代声光电先进技术，展现了萧山的城市发展历程、文化底蕴与城市智慧建设成果，是一座集成就展示、科普教育、特色旅游等多功能于一体的复合型城市展馆。展馆分为上下两层，一楼以萧山历史文化与城市发展为主题，二楼以智慧萧山建设为主题，体现萧山文化价值传承、精神传续，突出萧山在数字时代、科技变革背景下的无限美好前景。

22 日 QI YUE

● ● 杭州市召开防御台风"烟花"工作会议。会议传达省委书记袁家军批示要求和全省防御台风"烟花"工作会议精神，市委副书记、市长刘忻，市领导朱建明、王宏出席，市气象局、市林水局、市城管局、地铁集团、市应急管理局分别汇报情况。

会议指出，要完善各项预案，扎实做好应急抢险救援准备。健全应急指挥机制，强化数字化改革城市智防多跨场景实战检验，提高降雨、台风、山洪、泥石流等预警预报水平，加快实现监测预警"一张图"、指挥协同"一体化"、应急联动"一键通"，不断提升科学防灾、有效防灾的能力和水平。完善防洪、排涝、山洪地质灾害、交通疏导等抢险救灾预案特别是应对特大暴雨等极端天气城市运行应急预案，落实应急抢险人员物资保障，做好人员转移工作方案，加快推进基层应急救援队伍乡镇（街道）、村（社区）、工业园区全覆盖，加大应急救援演练力度，确保关键时刻高效处置。统筹做好常态化疫情防控和防台抗汛工作，强化协同机制，加强卫生防疫，坚决防止灾情与疫情叠加碰头。

● ● 市人大常委会主任李火林到建德市调研。他走进乾潭镇胥江村，详细了解村集体经济发展、村民收入和文化礼堂民生实事项目建设情况。在高铁新区（高新园），李火林一路看园地、进车间、问生产，实地考察高铁建德站站前广场、高铁新区规划馆及新安化工集团、东方雨虹建筑材料等企业，细致询问园区规划发展、企业生产经营情况。他实地考察梅城古城、寿昌古镇保护情况。其间，李火林走访市人大代表林焰伟，实地考察寿昌镇人大代表联络站。他说，要坚持以人民为中心，充分发挥"最美人大代表联络站""最美人大代表"的示范带动作用，纵深推进"民呼我为"主题活动，用心用情用力推动群众"急难愁盼"问题解决。

● ● 中央广播电视总台"云听杭州"频道上线暨云听（杭州）运营中心揭牌仪式举行。《杭广早新闻》《共同富裕讲习所》《连线快评》《听见杭州》《走近亚运》等八大栏目首批入驻频道。

活动现场，总台"央广云数"与杭州文广集团签署战略合作协议，将在数字阅读、短视频、音频产品、电商直播、文创产业等领域建立战略合作。中央广播电视总台云听（杭州）运营中心落地杭州。中央广播电视总台"云听杭州"频道还发布了"乡村数字阅读·助力共同富裕"合作计划。未来，在美丽杭州的乡村，村民可以通过手机扫描二维码，免费收听时政、历史、生活、科教等领域的有声书籍，实现"人在哪里，阅读阵地就在哪里"。

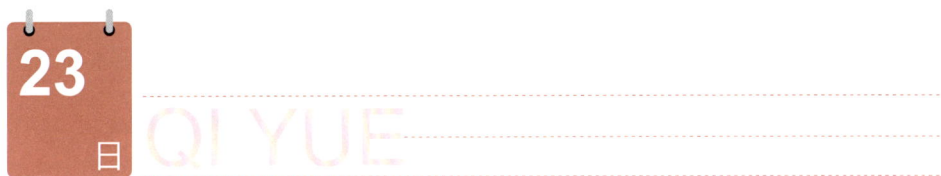

23 日 QI YUE

● ● 杭州市金融工作会议召开。市委副书记、市长刘忻宣读《关于成立杭州银行保险监督管理领导小组的通知》。戴建平、朱建明出席。会议通报了2020年度在杭州银行、保险机构支持杭州市经济社会发展评价结果，市政府、三江汇管委会、云城建设管理指挥部、钱塘区政府与相关金融机构签订了合作协议。市地方金融监管局、建设银行杭州分行、浙商银行杭州分行等单位负责人做交流发言。

会议强调，要实施融资畅通工程升级版，大力发展小微金融、科创金融、农村金融，持续破解融资难融资贵问题，推进金融服务精准直达实体经济。要推动金融与科技深度融合，加快技术迭代，深化产业创新，探索机制变革，持续推进国际金融科技中心建设，努力打响"数智金融"品牌。要打造现代金融最优生态，坚持有效市场和有为政府完美结合，高标准布局发展空间，高质量集聚金融机构，高效能用好资本市场，高水平运作产业基金，促进金融资源要素高效配置。

● ● 市政协召开"请你来协商·健全多层次的城市住房保障体系"专题协商座谈会，市政协主席潘家玮讲话。缪承潮到会听取意见，张仲灿、王立华参加。

围绕"健全多层次的城市住房保障体系"开展协商建言，是2021年市政协一项重点履职任务。前期，市政协相关专委会会同相关党派、市工商联、区县（市）政协成立课题组，深入开展调研。潘家玮率队到西湖区调研公租房、蓝领公寓、创业人才公寓等项目，详细了解住房保障体系建设情况。

会议以网络视频形式召开，设市民中心主会场和拱墅区、余杭区政协分会场。会上，12位政协委员、专家、行业协会和市民代表分别围绕4个专题交流发言，市规划资源局、市住房保障局、市发改委、市建委现场互动回应。328名委员通过智慧履职平台实时在线参与，提出意见建议178条。

● ● 杭州2022年第19届亚运会监督委员会第三次全体会议审议通过《杭州亚运会和亚残运会场馆运行监督工作方案》。会议听取杭州亚运会监督委员会年度工作总结和下一阶段工作建议的报告，监督委员会委员就此方案展开交流讨论，表示在今后亚运筹办工作中要以更大的力度推进监督工作，合力举办一届廉洁的亚运会。

会议强调，要把握制度执行、场馆运行监督工作、重要事项监督审计、筹办队伍作风建设、落实节俭理念等五个方面工作重点，以推进监督实效为工作导向，切实以良好的监督工作成效为亚运筹办工作保驾护航。

23—25日 QI YUE

● ● 2021年国际英语教育中国大会在杭州举行。大会由中国日报社和上海外国语大学联合主办，21世纪英语教育传媒和中共杭州市委宣传部承办。海内外高校英语教育专家、学者，中小学英语教研员、骨干教师及教育工作者相聚杭州国际博览中心展开研讨，并通过互联网参加学术分享。通过主旨发言、专题发言、微论坛、工作坊、论文发言及国际英语教育创新展示活动等形式分享交流。

大会把以"园丁讲革命故事学堂谱红色篇章"为主题的"21世纪·园丁学堂杯"全国英语教师课例展评大赛总决赛设在会场，近20名英语教师开启红色英语课堂。同时，来自10个国家的学者在"一带一路"英语教育发展论坛上深入交流，进一步促进"一带一路"沿线国家和地区的英语教育对话，实现共同发展。大会还首次推出国际期刊论坛、中英国际教育论坛、青年学者论坛等。

24 日 QI YUE

● ● 省长郑栅洁到杭州地铁站、建筑工地、社区、危化品集中存放地检查防台工作，实地查看地铁凤起路站、百井坊巷商业综合体项目和机场快线西湖文化广场站施工现场、杭州中美华东制药有限公司、华丰新村小区。

郑栅洁强调，当前浙江省已进入防御台风"烟花"最关键时期，各地各部门各条线要深入贯彻落实习近平总书记关于防汛救灾工作的重要指示精神，按照省委、省政府部署要求，以对人民群众极端负责的精神，迅速进入实战状态，把防台抗台各项措施抓细抓实抓到位，做到在岗位、在状态、在现场，确保城乡设施安全运行安全和人民群众生命财产安全。刘忻参加检查。

25 日 QI YUE

● ● 市长刘忻到工地、村居、商超，就抓好防台防汛工作进行再检查、再指导，走访上城区始版桥未来社区项目工地现场、西湖区转塘街道龙门坎村杨家外里等。

刘忻在检查中强调，全市各地各部门要把防御台风"烟花"作为当前头等大事，坚持"防强风、防暴雨、防洪水"并举，严阵以待、严防死守，确保打赢防台防汛这场硬仗。要强化巡检巡查，深入排查在建工地、简易工棚、地下空间、危旧房等重点场所部位以及山塘水库、江河堤防等，确保各项防御措施落实落细、落地见效。要强化应急保障，进一步完善应急处置预案，充实应急救援队伍力量，加强救灾物资和生活必需品供应保障，确保危急时刻拉得出、用得上、顶得住。要强化统筹调度，充分用好数字化防控平台，根据江河流域汛情态势，精准实施蓄、泄、分、滞各项措施，发挥水利工程拦洪削峰作用，筑起防洪防涝坚固屏障。要强化责任落实，按照防台I级应急响应机制要求，层层压实防台防汛责任，严格执行24小时专人值班和领导带班制度，确保人员到位、责任到位、措施到位。刘忻一行还检查盒马鲜生来福士店、华润万家超市、世纪联华超市新塘路店等。

26 日 QI YUE

●● 市长刘忻深入4个区、7个乡镇防台防汛一线进行检查指导。

刘忻强调，要坚决贯彻习近平总书记关于防汛救灾工作的重要指示精神，全面落实省委、市委决策部署，始终把确保人民群众生命财产安全放在第一位，连续作战顽强抗台，不获全胜决不收兵，奋力夺取防台防汛攻坚战的最终胜利。佟桂莉、陈新华分别在萧山区、富阳区参加。

●● 市人大常委会专题研究立法工作，听取关于启动五年立法规划（2022—2026年）和2022年立法建议项目征集工作情况汇报。市人大常委会主任李火林，副主任郑荣胜、陈红英、罗卫红、卢春强、徐小林参加。

会议强调，要始终坚持党对立法工作的领导，充分发挥人大在立法工作中的主导作用，深入推进科学立法、民主立法、依法立法，切实提高地方立法的质量和效率，为推动共同富裕体制机制创新提供法治保障。要紧扣杭州经济社会发展实际和人民群众关心关切，注重地方立法和改革发展相衔接相促进，突出急用先行和"小快灵"立法，加强重点领域、新兴领域立法，加大创制性立法力度，更好地以良法促进发展、保障善治。要按照时间节点科学编制五年立法规划和年度立法计划，统筹安排立法资源，助力杭州打造法治建设示范城市，争当城市范例，充分展现"重要窗口"头雁风采。

26—27 日 QI YUE

●● 国家防总副总指挥、水利部部长李国英率队到浙江防汛防台风一线检查指导工作。李国英先后来到钱塘江大堤、杭州三堡排涝泵站、杭嘉湖南排工程长山河枢纽、海宁市洛塘河圩区、姚江上游余姚西分工程瑶街弄调控枢纽、姚江支流梁弄大溪后杨岙水库、余姚市横坎头村紫溪小流域排洪沟、浙江省水文情报预报中心，深入了解雨情水情形势和防洪排涝情况，并连夜主持召开会商会，研究部署防汛防台风工作。

李国英强调，要充分考虑台风暴雨发生洪水的滞后效应，逐流域加密监测，逐流域算清水账，逐流域落实水库、蓄滞洪区、河道泄流的组合调度方案。要找准容易积水的位置和对象，充分考虑天文大潮影响，前置和开足排水能力，保障人民群众生命安全和正常生产生活秩序。要做好山洪灾害防御，充分考虑广大山区前期降雨土壤饱和度高的特征，及时发布预警信息，提前做好危险区人员转移。要强化水库特别是病险水库的风险管控，"三个责任人"必须到岗到位、尽职尽责，病险水库原则上一律空库运行，加强日夜巡查，发现险情立即处置并及时转移下游影响区人员。

27 日 QI YUE

●● 市委常委会召开会议，传达学习贯彻习近平总书记关于防汛救灾工作重要指示精神、李克强总理在国家防总抗洪抢险救灾和防汛工作视频会议上的重要讲话精神、省委常委会会议精神，研究部署下一步防汛防台减灾救灾工作。

会议强调，要深刻总结、系统复盘，不断提升干部塑造变革的能力，增强城市安全韧性的硬核力量。要严格落实"三个不怕""四个宁可"等要求，坚决纠正和克服"四种错误思想"，吸取此次防御台风"烟花"的经验教训，补齐设施、机制、能力短板，抓实抓细各项举措。要加强应急指挥和专业力量联动，进一步提升专业化能力，构建高效的应急指挥运转体系，不断提升科学指挥调度水平。要强化数字变革赋能，深化拓展防汛防台减灾救灾多跨场景应用，全面提升智能感知、实时监测、及时预警、科学调度等实战功能，让全过程更加耳聪目明、如臂使指。要加强舆情导控，依法打击网络谣言，积极回应社会和群众关切，及时挖掘报道身边的先进事迹、感人故事，营造众志成城、温暖有爱的浓厚氛围。要坚持全域统筹、协同作战，健全钱塘江、苕溪等流域上下游联动协作机制，全面排查落实山塘水库、屋顶水库、病险水库等危险区域的除险加固措施，防止发生流域性灾害。要综合考虑台风等极端天气给城市带来的影响，围绕城市内涝、小流域山洪、高层建筑等重点领域，全面做好预案、队伍、物资等各项准备工作，完善重大水利基础设施，整体提升防汛防台和处置各类自然灾害的能力。

●● "杭州数智人大"全景视窗系统上线，实现人大法定职能、核心业务的"一屏览"。"杭州数智人大"是杭州市党政机关整体智治综合应用中"政治建设"重要领域的内容展示窗口之一，系统集成了杭州人大概况、立法工作、监督工作、人事任免、重大事项决定、代表工作、人大动态、民生实事监督、数字化会议、党史学习教育、议案建议、代表履职、五四宪法宣传、县乡人大换届选举14个板块。

市人大常委会通过财经综合监督系统国资监督子系统，对国资监管数据进行全口径归集、可视化展示、模型化分析、智能化监测，在实现文档资料、查询分析、监督预警、生成报告等功能的同时，还上线了代表互动功能，方便人大代表参与线上监督，补齐了监督过程中"信息来源单一、监督环节不全、监督能力不足、代表参与不够"的短板，打造"一站式数据共享平台、一体化智能分析平台、一键式代表服务平台"，实现全市国资监管整体情况的在线反映、联网监督。

28 日 QI YUE

●● 刘忻、王宏到驻杭部队走访慰问。在座谈交流时，刘忻代表市委、市政府向部队全体官兵致以节日问候和崇高敬意，并简要介绍杭州经济社会发展情况。他说，未来一个时期，杭州市将深入贯彻落实习近平总书记对浙江、杭州工作的重要指示精神，抢抓"亚运会、大都市、现代化"历史机遇，沿着"大杭州、高质量、共富裕"的崭新赛道奋力拼搏，高水平打造"数智杭州·宜居天堂"，高水平建设社会主义现代化国际大都市。希望部队上下继续发扬优良传统，积极服务地方建设发展，在推动军民融合、维护社会稳定、支援抢险救灾等方面给予杭州大力支持、有力帮助。刘忻还看望慰问了随军家属和烈士家属，表示杭州将一如既往做好"双拥"工作，落实好各项优抚政策，为前线"钢铁长城"打造"巩固后院"，让部队官兵没有后顾之忧、全力保家卫国。

●● 市人大常委会主任李火林到市总工会调研"工匠日"决定贯彻落实情况。郑荣胜参加。李火林一行考察了市工运史资料陈列室、市职工文化中心文体楼，并召开座谈会，听取关于贯彻落实市人大常委会设立"工匠日"决定情况及2021年"工匠日"活动安排的汇报。7名全国、省、市人大代表和劳模工匠代表围绕更好发挥工匠作用、加强职业技术教育、加大宣传引导力度、营造尊崇工匠的良好社会风尚提出意见建议。

李火林强调，要找准工会工作聚焦点、切入点、发力点，更好助力中心大局。要树牢为民情怀，加强产业工人队伍建设，搭建线上服务平台，强化数智赋能，创新形式内容，更好适应职工需求，服务职工群众。要弘扬工匠精神，高质量高水平开展工会工作，持续办好"926"工匠日系列活动，着力把活动做精做细、做出特色，持续擦亮"金字招牌"。要强化协同配合，完善工作格局，深化改革创新，夯实基层基础，更好凝聚工作合力。广大劳模工匠要充分发挥示范引领作用，立足自身岗位，勇于创新、克难攻坚，积极做好"传帮带"，为社会培养更多高技能人才，助力杭州争当城市范例。

●　● 首届世界时尚科技大会暨2021年中国服装科技大会在临平举行。在大会中，临平·数字时尚(服装)产业大脑发布。产业大脑是链接贸易与技术交易的服务平台，由"一脑、二平台、三中心"组成，通过数字时尚（服装）产业大脑统筹，以订单交易平台实现传统服装交易，以服装产业全链路数字资产平台实现创新型交易，通过设计中心、产能中心和服务中心三大中心高效协同，实现产业链闭环管理。同时，临平区还发布了杭州临平时尚产业"碳达峰、碳中和加速计划"倡议书。

28—29日 QI YUE

●　● 市政协主席潘家玮带队到钱塘区和余杭区，就杭州市"高水平推进区域性创新高地建设"开展调研。柯吉欣、周智林参加。

潘家玮一行走访了位于钱塘区的中科院基础医学与肿瘤研究所和杭州中欣晶圆半导体股份有限公司，详细了解医学研究成果临床转化和杭州市半导体硅材料产业发展情况。与钱塘区委、区政府领导和有关部门座谈，听取"钱塘科学城"和临江高新开发区建设的情况，并就加强与科研院所深度合作、发挥国家高新开发区优势、促进城西科创与城东智造联动等进行探讨交流。潘家玮一行接着走访了位于余杭区的杭州魔点科技有限公司和湖畔实验室（阿里达摩院），召开座谈会，听取城西科创集聚区、高新区（滨江）、省重点实验室、人工智能小镇、部分高科技企业以及市各相关部门负责人关于杭州市推进区域性创新高地建设的意见建议。

潘家玮指出，当前杭州正在高水平打造"数智杭州·宜居天堂"，争当浙江高质量发展建设共同富裕示范区城市范例。要进一步学习贯彻习近平总书记关于科技创新的系列重要讲话指示精神，统一思想，深化认识，把创新发展作为杭州发展的核心理念与重大战略。要围绕"十四五"科技创新发展规划编制，深化创新发展机制体制，优化区域创新空间，加强基础科学研究，提升企业自主创新能力，完善创新人才引育体系，优化创新生态，高水平推进区域创新高地建设，争创综合性国家科学中心。要充分发挥政协独特优势，深入调查研究，开好专题议政性常委会议协商会，精准建言献策，广泛凝聚共识，展现政协作为专门协商机构的重要作用。

29 日 QI YUE

● ● 市人大机关召开年轻干部座谈会。市人大常委会党组书记、主任李火林与机关年轻干部面对面座谈交流，分享人生感悟，对新时代人大机关青年干部提出希望和要求。座谈会上，来自机关各部门的16名"80""90"后机关干部围绕学习习近平总书记在庆祝中国共产党成立100周年大会上重要讲话对青年的要求，结合自身工作实际和个人成长经历，交流心得感悟、畅谈成长感受。

听取大家的发言后，李火林寄语机关年轻干部，要学深悟透践行习近平总书记"七一"重要讲话精神，进一步发挥年轻人优势，打造成为一支想干事、能干事、干成事的年轻干部生力军、主力军，进而开创新时代新发展阶段人大工作的新局面，确保人大事业薪火相传、后继有人，干出无愧于党、无愧于人民的成绩。

● ● 市人大机关召开退役军人座谈会。市人大常委会党组书记、主任李火林参加会议并讲话，市人大常委会秘书长、机关党组书记张如勇主持会议。9名退役军人围绕在争创高质量发展建设共同富裕示范区的城市范例中展现新作为，做交流发言。

李火林强调，作为助力争当城市范例的重要力量，人大机关退役军人要坚持绝对忠诚，做讲政治的模范；要坚持依法履职，做勇担当的模范；要坚持为民情怀，做善服务的模范；要坚持严实作风，做守纪律的模范，努力在加强新时代人大工作和人大建设、开创"大杭州、高质量、共富裕"发展新局中体现担当作为。

●● 市纪委监委在建德梅城三江畔澄清门下举办澄清正名发布会,启动杭州市"澄清正名,撑腰鼓劲"宣传周活动。杭州市以"澄清正名,为实干者撑腰鼓劲"为主题,通过举办一场联合发布会、开展一次民情察访活动、通报一批典型案例、开展一组专题报道、制作一批宣传资料、组织一场专题辅导"六个一"活动,宣传纪检监察信访举报基本知识及容错免责相关政策规定,鼓励和倡导实名检举控告、容错免责事前备案,营造锐意改革、勇于创新、敢于担当、合理容错的良好环境。

●● 第二十三届中国浙江投资贸易洽谈会暨第一届浙江省数字医疗健康产业杭州峰会在拱墅区召开。会上,落户于拱墅区数字经济产业园的全球领先跨国药企阿斯利康中国东部总部宣布启用。杭州国际生命科学创新园、数字医疗创新中心、全科数字医疗孵化中心等全球领先数字医疗创新机构也同步启用。

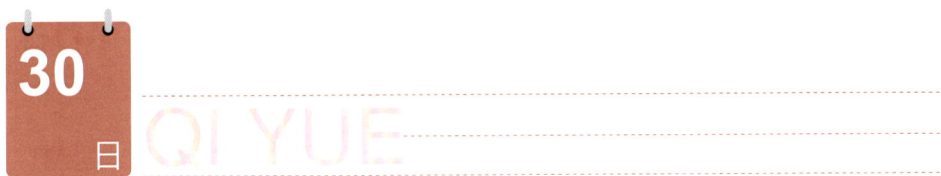

30 日

●● 省委副书记黄建发到杭州市萧山区调研未来社区和未来乡村建设情况,到瓜沥七彩社区,走进TOD公交中心、党群服务驿站、健康服务中心等考察了解未来社区建设推进情况。到瓜沥镇梅林村走村入户,实地查看建设进展情况,听取村民们的意见建议。

黄建发强调,未来社区和未来乡村是推动共同富裕从宏观到微观落地的重要载体,也是落地数字社会多跨场景的两大社会空间。在全省域推进未来社区和未来乡村建设的新征程中,要注重提升领导干部抓社会建设的新能力,积极谋划社会领域的系统性、综合性改革,建立健全协同高效的工作机制,提升群众的获得感幸福感安全感满意度。要构建引导市场力量参与的新路径,牢牢把握未来社区和未来乡村的家园属性、民生属性,做好政府与市场力量的有机协同。要统筹运用好数字化技术、数字化思维、数字化认知,通过数字社会"城市大脑+未来社区+未来乡村"的核心场景打造,推进公共服务优质共享。要围绕重点领域大胆创新、积极探索,加快形成一批可复制推广的标志性成果,不断迭代已有的试点成果,形成共同富裕示范区建设试点快速复制推广的新格局。

●● 市政府全体（扩大）会议召开，总结上半年工作，提炼经验、查找问题，部署下半年工作。

市长刘忻指出，2021年上半年，各级各部门锚定"数智杭州·宜居天堂"发展导向，全力以赴强产业、亚运牵引提品质、文化先行添实力、用情用力惠民生、问题导向优生态、蹄疾步稳推改革、履职尽责护安全，经济社会各项主要指标取得新成效，"半年考"成绩值得充分肯定。同时要清醒看到，杭州市经济运行、产业链招商、数字化改革等工作还存在一些问题和短板，要盯紧抓牢、靶向施策，扎实有效加以解决。要深入贯彻习近平总书记"七一"重要讲话精神，紧紧围绕省委、省政府和市委决策部署，着力找差距、补短板、抓落实，进一步激发凝聚力、引领力、创造力，奋力交出全年经济社会发展高分报表，争当浙江高质量发展建设共同富裕示范区的城市范例。

●● 市长刘忻主持召开疫情防控工作专题会议，研究部署当前杭州市疫情防控工作。会议指出，当前国际疫情仍然持续高发，国内个别城市发现的疫情在多个省、市扩散蔓延，给杭州市疫情防控工作带来严峻挑战。全市各级各部门要坚持"外防输入、内防反弹"不动摇，全面紧张起来、迅速行动起来，坚决筑牢城市防疫的"铜墙铁壁"。要全力守好城市"大门""中门""小门"，落实落细入境人员及国内高中风险地区到杭州人员管控、进口冷链物品管控等措施，进一步完善社区群防群控机制，确保疫情风险第一时间发现报告、第一时间有效处置。要着力加强防控能力建设，完善应急处置预案，强化人员配置和设施配备，抓好集中隔离场所、核酸检测试剂等方面预先准备，确保一旦发生疫情第一时间启动应急响应机制、迅速进入应急状态。要进一步强化协同配合，用足用好"数字治疫"成果，加强各级各部门信息共享，提升流调溯源科学化、规范化、精细化水平，确保精准排查发现阳性感染者的密切接触者、次密切接触者等，做到信息灵、查找快、隔离细，有效切断传播链条、严防疫情扩散。要切实做好宣传引导，及时准确、公开透明发布疫情相关信息，加强政策措施宣解和疫情防护知识宣传，促使广大市民积极支持配合防疫工作，不信谣、不传谣，不恐惧、不慌乱，众志成城夺取疫情防控攻坚战的最终胜利。

●● 全省人大数字化改革工作视频推进会后，杭州市人大数字化改革工作视频推进会召开，交流全市人大数字化改革推进情况，研究部署下一步人大数字化改革工作。市人大常委会主任李火林出席并讲话，郑荣胜主持，陈红英、卢春强、徐小林参加。会上，市人大常委会办公厅介绍了市人大数字化改革工作总体情况，财经工委介绍了财经综合监督系统,13个区县(市)人大常委会交流数字化改革推进情况。

李火林指出,2021年以来,全市人大系统深入贯彻落实省委、市委和省人大常委会关于加快推进数字化改革的系列重要会议精神,持续深化人大数字化改革的探索实践,思想认识逐步深化、改革热情得到激发、应用场景初显特色、基础工作不断夯实、工作合力进一步形成,数字化改革工作取得了阶段性成效。全市各级人大要以更高站位、更大力度、更实举措推进数字化改革各项任务,为全省人大数字化改革提供更多杭州素材、杭州方案。

●●《杭州市淳安特别生态功能区条例》经省十三届人大常委会第三十次会议批准,于2022年1月1日起施行,推进淳安特别生态功能区保护与发展有了更坚强有力的法治保障。条例分为总则、规划与管控、生态保护、绿色发展、民生保障、支持与监督和附则7章,共42条。条例明确了市政府的宏观统筹管理职责,规定了淳安特别生态功能区管理委员会的协调职责,管理委员会的日常工作由淳安县政府承担。条例规定淳安县政府是淳安特别生态功能区保护与发展的责任主体,还规定市有关部门和相关区县(市)的职责。

31 日 QI YUE

●● 为深入贯彻落实习近平总书记关于疫情防控工作的重要指示批示精神,毫不松懈抓好"外防输入、内防反弹",按照省委统一部署,省长郑栅洁等省政府领导分十路检查新冠肺炎疫情防控工作。

郑栅洁首先来到萧山国际机场,从国际货站B区进港仓库,到国际航站楼到达4号门,郑栅洁一路检查入境检疫、货物分流、废弃物处置等情况,对机场"封闭作业、封闭管理""场内防感染、场外防传染"的防疫措施表示肯定。郑栅洁向萧山区南阳街道社区卫生服务中心值守一线的医务人员表示感谢和慰问。在南阳街道新冠疫苗方舱临时接种点,从信息认证、信息登记,到疫苗接种、留观及应急处置的各个环节,郑栅洁都一一察看,询问现场群众的接种感受,要求以细致周到的服务,让群众接种疫苗更加安全高效、放心舒心。

陈金彪、朱从玖、高兴夫、成岳冲、王文序、刘小涛、卢山、徐文光、王成国分别检查了嘉兴入境人员集中隔离点、工商银行杭州解放路支行、女子监狱、城站火车站、铁路杭州东站、杭州市残疾人托管中心、绍兴市中心医院、德清县莫干山镇五四村卫生室、英特药业医药生产基地、钱塘新区冷链物品集中监管仓、省看守所及超市、农贸市场等重点区域重点场所重点部位的疫情防控工作，慰问坚守岗位的干部职工尤其是一线防控人员。刘忻、佟桂莉、陈卫强参加检查。

●● 市委召开专题工作会议，部署疫情防控工作。会议指出，当前全球疫情起伏反复、新冠病毒在变异，国内部分地区发生聚集性疫情，杭州市"外防输入、内防反弹"压力增大。要清醒认识、精准研判当前疫情形势，时刻绷紧疫情防控这根弦，从胸怀"国之大者"的政治高度，杜绝侥幸心理和麻痹思想，确保疫情不出现反弹。

会议强调，要完善群防群控、联防联控工作机制，从严从紧落实四方责任。疫情防控指挥部发挥好牵头统筹作用，各区县（市）立即启动疫情防控应急体系，各行业部门落实主管责任，机关、企事业单位落实主体责任，切实做到组织领导不削弱、工作标准不降低、防控措施不放松。要提升全社会防控意识，开展爱国卫生运动，引导群众当好自身健康第一责任人，提醒市民坚持戴口罩、勤洗手、保持社交距离等常态化防控措施不放松，养成良好卫生习惯，有相关症状第一时间就医、报告。

●● 数智杭州建设工作领导小组召开会议。会议依次听取市委改革办、市数据资源局、市委办公厅、市政府办公厅、市委政法委、市发改委、市经信局和富阳区、临安区负责人相关工作汇报。

会议强调，要始终坚持"一脑治全城"，加快形成上下统筹、条块联动的推进格局。既注重自下而上，充分激发基层首创精神、复制扩大基层首创成果；又注重自上而下，统一开发原则、流程、标准，完善场景全周期管理机制，实现需求分析、原型设计、开发测试、部署运行、监测评估、复制推广闭环管理。要强化群众满意开发导向，打造更多管用好用的最佳应用。持续做强做优"杭州城市大脑"App与"浙里办"App杭州频道，研究开发"千人千面""千企千面"功能，实现群众企业服务功能一键直达、精准推送；围绕地下空间智防、防汛防台等事关城市运行安全的核心业务，加快推出一批实战功能更强的多跨场景应用，切实为干部赋能增效。要坚持生成性学习和模块化思维，不断深化对数字化改革规律的认识，做到打造一个场景、钻研一个领域、精通一个专业，切实提升塑造变革的能力。

八月

1
日 BA YUE

●● 市长刘忻到疫情防控一线进行再检查、再督导，走访杭州黑哥贸易公司检查冷链食品物防工作、铁路杭州东站等。

随后，刘忻在市疾控中心主持召开工作推进会，听取疫情监测、应急处置、疫苗接种等工作汇报。刘忻强调，要切实提高政治站位，增强风险意识，树牢底线思维，深刻吸取国内个别城市疫情反弹教训，压实属地、行业、单位和个人"四方责任"，做到守土有责、守土负责、守土尽责。要持续强化"外防输入"，把入口、控环节，严格执行入境人员"14+7+7"防控措施，确保涉疫区域返杭到杭人员无脱管、无失管、无漏管。要抓紧抓实"内防反弹"，在人员密集场所、密闭空间严格执行健康码查验、测体温、戴口罩等措施，对因防控不力出现问题的严肃追责问责。要进一步加强巡检巡查，采取"四不两直"方式深入一线查问题、找短板，加快补齐重点区域、重要环节防疫漏洞。要全面加强应急演练，模拟人员接诊、患者转运、流调采样等真实场景，做好"压力测试"，确保一旦发生疫情召之能战、战之必胜。

●● 连接余杭、临平两区的运溪高架路于12时开通。来往临平城区与余杭未来科技城的行程时间从原先的一个半小时左右缩短至30～40分钟。至此，杭州市快速路通车总里程达到307千米。

运溪高架路为双向六车道，起点位于临平区崇贤街道，顺接秋石高架路沿山互通，沿疏港公路、东西大道、运溪路，穿越崇贤、仁和、良渚、瓶窑、仓前、余杭6个乡镇（街道），终点位于余杭区余杭街道，现状运溪路与规划城南路交叉口，全长约34千米（临平段长约6.7千米、余杭段长约27.3千米），其中仁和宣杭铁路至城南路约26千米路段属杭州中环组成部分。本次开通范围包括高架主线及塘康路、拱康路、仁和大道东、吴山北、吴山南、凤新路南6对上下匝道。

3—4日

BA YUE

●● 全省水利高质量发展助推共同富裕示范区建设会议暨市级水利局长会议在杭州召开，公布2021年浙江省十大"最美水利工程"和提名工程名单，杭州闲林水库工程被评为浙江省十大"最美水利工程"之一，三堡排涝泵站入选提名工程。

4日

BA YUE

●● 市长刘忻就贯彻全国疫情防控工作电视电话会议精神主持召开续会。他强调，要深学笃行习近平总书记关于疫情防控的重要指示批示精神，坚决落实党中央、国务院决策部署，不断完善国家、省、市三级联动机制，坚持"外防输入、内防反弹"不动摇，把疫情当战情、把防疫当战役，全面紧起来、严起来、实起来，切实把好每一道关口、筑牢每一条防线，确保打赢疫情防控攻坚战，让杭州市民的安全感更加充实、更可持续、更有保障。陈卫强出席。

刘忻强调，全市上下要牢固树立人民至上、生命至上理念，进一步提高对疫情防控工作的思想认识，全面细致对防疫体系进行"体检"，紧紧抓住"源、流、能、责"四个关键字，对方案再完善、对组织再强化、对工作再夯实，牢牢守住来之不易的疫情防控成果。一要突出"源"，抓好源头防控。二要突出"流"，强化全流程管控。三要突出"能"，提升保障能力。四要突出"责"，强化责任担当。

5日

BA YUE

●● 杭州市房地产市场平稳健康发展领导小组办公室发布《关于进一步加强房地产

市场调控的通知》，从加强住房限购、完善新建商品住房销售管理、规范市场秩序3个方面进一步加强调控。通知自发布之日起施行。

6日 BA YUE

● ● 杭州市召开宣传文化系统数字化改革工作推进会，深化学习数智杭州建设领导小组会议精神和阶段性要求，围绕如何推动宣传文化领域的全方位、系统性、智慧化重塑进行交流研讨。"数智杭宣"系统通过数字赋能，有效提升城市文化治理能力和服务能力。"数智杭宣"以及各区县（市）的特色场景，通过数字化的技术和思维，使宣文系统工作逐步从纸质件到软件、从管理到运营、从宣传到体验的统筹规划，是推动宣传文化工作的制度重塑。

会议强调，要立足新阶段锚定新目标、利用新动能把握新机遇、树立新标杆打造新高地，进一步明确宣传文化工作新发展阶段的重大需求、多跨场景和重大改革"三张清单"，依托全省一体化智能化公共数据平台，加快建设宣传文化系统数据仓、专题库，推动宣传文化战线工作的高频数据回流，以数据的高质量供给助力业务的高质量开展，争取在省、市数字化改革"赛道"中当标杆、做示范。

6—9日 BA YUE

● ● 第十四届杭州艺术博览会启动仪式在浙江展览馆举行。艺术博览会分为经典单元、画廊单元、主题单元、新兴艺术单元。同时展出的还有中国当代艺术领军人物之一周春芽2005年"桃花系列"作品等，杭州奥拉艺术画廊展出艺术家参与设计的NFT项目（NFT是与传统艺术品具有同样收藏价值的原生数字艺术）。杭州艺博会在杭州当代美术馆设立分会场。

9

日 BA YUE

●● 市委以视频会议形式，召开杭州市乡镇（街道）党（工）委书记工作交流会。刘忻、李火林、潘家玮、佟桂莉等市四套班子领导出席。湖滨、上塘、双浦、临浦、径山、南苑、大源、富春江、临岐、大同等乡镇（街道）党（工）委书记在各分会场做交流发言。

会议强调，要深化数字化改革的基层实践，落实好省、市各项改革任务，推出更多直达社区、直达群众、直达民生的应用场景，夯实争当城市范例的数智底座。要以全国文明城市国测、省测迎检和全国文明典范城市测试为契机，全面提升文明城市创建水平，研究落实碳达峰碳中和，切实加强防台防汛、安全生产和社会稳定工作，推进社会全面进步，展现争当城市范例的全域之美。要充分认识新冠病毒变异株的流行特点，严格落实属地责任，从严从紧做好社区网格化排查管理、人群密集场所管理、人员出行管理、药店和医疗机构哨点监测管理，加大疫苗接种工作力度，筑好疫情防控安全屏障。要加快建设未来社区，持续更新未来社区服务功能体系，积极开展老旧小区"拆改结合"试点，着力做好联合增收文章，做实争当城市范例的基本单元。要深化基层变革型组织建设，以换届为契机，保持良好精神状态，提高自身能力水平，注重加强村社干部队伍建设，强化争当城市范例的组织保障。

●● 市交通运输局疫情防控指挥部发出《关于全市出租汽车驾驶员全员疫苗接种及全行业严格防疫措施的通知》，要求自8月10日24时起，网约车平台企业不向未接种疫苗驾驶员（指无正当理由未接种）派发订单。此外，从即日起，乘坐出租车要佩戴口罩，巡游出租车恢复使用防疫二维码，网约车须"绿码下单"。

10
日
BA YUE

●● 市委常委会召开会议，传达学习贯彻习近平总书记对当前疫情防控工作的重要批示精神和省委常委会会议精神，研究部署杭州市疫情防控工作。

会议指出，要不折不扣贯彻落实习近平总书记对当前疫情防控工作的重要批示精神，按照中央和省委、省政府部署要求，深刻认识当前疫情防控面临的新形势新情况新变化，把疫情防控作为当前重中之重，始终坚持人民至上、生命至上，坚决克服麻痹思想、厌战情绪、侥幸心理、松劲心态，做到思想认识紧起来、防控措施严起来、关口管理强起来，全面筑牢"外防输入、内防反弹"防线，奋力交出疫情防控和经济社会发展的高分答卷。

会议强调，要聚焦重点关口，主动防控、科学防控、精准防控。要紧盯航空、陆路、水运口岸和人物同防"四个方向"，坚决落实从国门、省门到家门的全链条全流程闭环管理，落实交通客运场所旅客测温、健康码亮码通行、佩戴口罩"三个100%"要求，坚决阻断疫情跨省市传播链条。要加强医疗机构疫情防控，强化发热门诊、基层医疗卫生机构、药店等哨点监测作用，坚决防止隔离场所交叉感染和医院感染。要落实好公安司法监所、养老机构等特殊场所防控措施，防止人员在公共场所扎堆聚集，坚决杜绝聚集性疫情发生。要加强一线保洁工、环卫工、搬运工等服务人员和小餐饮、小旅店、小歌舞厅等服务场所以及"三无"小区、城乡接合部、早市夜市等边缘地带的管理，防止失管漏管。要能早则早、能快则快推进疫苗接种，扎实做好暑期师生健康管理，周密研究大中小学和幼儿园秋季开学返校工作方案。

●● 杭州市检察工作会议召开。会议学习贯彻习近平法治思想和习近平总书记对政法工作的重要指示精神，学习贯彻《中共中央关于加强新时代检察机关法律监督工作的意见》及最高检、省委相关部署要求，全面落实第十五次全国检察工作会议和第十七次全省检察工作会议精神，研究部署下阶段杭州市检察工作。省检察院检察长贾宇出席并讲话。许明主持会议并通报2018年以来全市检察机关获国家、省级荣誉名单，戴建平、金志、朱建明、陈红英、冯仁强出席，陈海鹰做工作报告。

贾宇指出，做好新发展阶段杭州检察工作，要提高站位、深化认识，从"两个维护"的高度进一步加强检察机关法律监督工作。要厚植优势、攻坚克难，强配合、合力打造法治建设共同体，强制约、加快构建规范高效的执法司法制约监督体系，强监督、坚决扛起法律监督的职责使命，形成推动中央《意见》落地落实的强大合力。要拉高标杆、勇立潮头，更加旗帜鲜明把党的政治建设放在首位，更加注重用数字化改革撬动法律监督，更加注重在参与社会治理中打造杭检品牌，奋力展现"重要窗口"的检察头雁风采。

● ● 市长刘忻主持召开市政府党组（扩大）会议和市政府常务会议，学习贯彻习近平总书记在中共中央政治局经济形势分析会上的重要讲话精神、习近平总书记对当前疫情防控工作的重要批示精神，研究部署经济运行、疫情防控、杭甬"双城记"推进等工作。

会议强调，要完整、准确、全面贯彻新发展理念，更好统筹发展和安全，慎终如始做好常态化疫情防控工作，确保防控无死角、无漏洞、无盲区，推动全市经济稳中有进、提质提效，让人民群众有更加充实的获得感、幸福感、安全感。会议审议通过《唱好杭州、宁波"双城记"杭州行动方案》，审议《杭州市社会信用条例（草案）》《杭州市质量促进办法（草案）》和2021年政府重大投资项目计划等。

● ● 杭州市乡村振兴局成立。市委副书记佟桂莉、副市长王宏共同为市乡村振兴局揭牌。杭州市乡村振兴局成立后，主要负责拟定乡村振兴战略工作规划和政策，组织开展相关领域的调查研究与考核、评估和督查等具体工作。

● ● 市住保房管局召开房地产市场秩序整治阶段性工作推进会并发布《关于规范房地产中介机构及从业人员信息发布的通知》，首次对中介机构及从业人员信息发布的管理提出明确要求。各区住房和城乡建设部门及中介机构代表参加会议。

通知明确房地产中介机构及从业人员对外发布的房地产信息必须符合党和国家大政方针、符合法律法规要求、符合政府房地产市场调控政策，不得发布背离"房住不炒"定位、臆测房地产政策走向、炒作学区房及以个别成交案例、恶意哄抬房价6类信息。

10—11日 BA YUE

●● 省人大常委会党组书记、副主任梁黎明带队到杭州调研人大数字化改革、县乡人大换届、街道和开发区（园区）人大工作。省人大常委会副主任李卫宁，市人大常委会主任李火林，郑荣胜、罗卫红、徐小林、柯吉欣参加调研或座谈。梁黎明一行考察了桐庐经济开发区、富春未来城、茭山塘联片代表联络站、河庄街道江东村代表联络站，走访看望了部分省人大代表，分别召开座谈会，听取杭州市和桐庐县、钱塘区有关情况汇报。

梁黎明指出，杭州县乡人大换届选举工作依法有序开展，顺利完成部分行政区划调整有关工作，乡镇（街道）人大工作基础扎实，开发区人大试点工作有序推进。要深入贯彻落实习近平总书记关于做好县乡人大换届选举工作的重要指示精神和中央、省委的决策部署，坚持和加强党的全面领导，准确把握换届选举的重点要点，严把人大代表政治关、素质关、结构关，坚持严格依法办事，营造风清气正的选举环境，以换届为契机加强领导班子和干部队伍建设。要进一步夯实基层基础，加强街道和开发区（园区）人大工作，固化街道人大工作成果，以点带面推进开发区人大工作，在组织架构、有人办事、有章理事、有平台议事及代表工作上取得突破性进展。

11日 BA YUE

●● 杭州市争当浙江高质量发展建设共同富裕示范区城市范例领导小组第一次会议召开。会上，市发改委汇报争当城市范例工作进展及下阶段工作安排建议，市委编办汇报市委社会建设委员会组建方案。萧山区、富阳区、淳安县、市教育局、市交通局、市卫生健康委负责人做表态发言。

会议指出，要建立完善一体化系统化推进机制，提高工作协调性和实效性。强化统筹领导，加强条块联动、协同配合，推进大成集智。推进比学赶超，坚持试点先行，加快形成一批可复制可推广的标志性成果，形成争先创优的浓厚氛围。坚持民呼我为，做优做强数智平台，着力打造线上线下结合、政府社会互动的善治同心圆。

●● 市政协召开杭州市政协委员学习习近平总书记"七一"重要讲话精神交流会，贯彻全国政协、省政协会议精神，总结交流前一阶段学习成果，进一步部署持续深化学习工作。市政协主席潘家玮讲话，张仲灿、叶鉴铭、谢双成、王立华、周智林参加。

潘家玮强调，学习贯彻习近平总书记"七一"重要讲话精神是人民政协当前和今后一个时期的重大政治任务。要按照中办通知、全国政协党组要求和省委、市委部署，认真总结经验，细化学习举措，推动学习贯彻不断走深走实。要着力在深化学习理解上更进一步，在推进专门协商机构建设上更进一步，在提升履职为民实效上更进一步，在强化责任担当上更进一步，更好地把学习成果转化为做好政协工作的强大动力，担负起人民政协参与者、实践者、推动者的责任，在奋进新征程中展现政协更大的担当作为。交流会前，举行"杭州政协·求是书院"启用仪式。

●● 根据市委、市政府部署，市疫情防控办印发《关于全市疫情防控工作再落实再细化的通知》，对全市疫情防控工作有关事项做进一步明确。

通知强调，要完善联防联控，形成全域抗疫合力。一是压紧压实属地、行业、单位、个人"四方责任"，确保每一个环节责任到人、落实到位；严格执行值班值守、疫情报告制度，强化对重点环节的督查落实。二是强化舆情引导机制。广大市民群众要继续当好自身防疫第一责任人，对拒不配合或故意隐瞒接触史、密接史的，要严肃处理。三是完善应急响应机制。落实"四早"要求，提升流调溯源、全员核酸检测、隔离规范管理等各项能力，做好各种极端情况准备，一旦发现异常情况，务必在第一时间响应、第一时间处置，把疫情影响控制在最小范围。

12 日 BA YUE

●● 杭州都市区中环建设推进动员会召开，标志着杭州都市区中环重大工程项目启动建设。副省长高兴夫出席会议并讲话。市委副书记、市长刘忻主持，市领导戴建平、罗卫红、缪承潮、谢双成，省直有关单位和绍兴市、嘉兴市负责人出席。会议部署了项目建设行动计划，市政府与相关区政府签订了目标责任书，市交通运输局、萧山区和海宁市负责人先后发言。

高兴夫指出，杭州都市区中环建设工程是打造现代化国际化杭州都市区的支撑性工程，是构建杭州都市区快速路网体系、加快实现"1小时左右交通圈"的基础性工程，是持续保持现代综合交通有效投资强度的标志性工程。要进一步明确定位、建设目标和创新举措，紧盯建设目标，确保三年内全线开工、"十四五"建成通车；注重有效衔接，加强国道干线与城市主道路、中环与外联在建项目时序的有机衔接；创新投融资模式，大力发展节点经济，探索"项目+资源或产业开发"等投融资新模式；坚持节约集约用地，推进合理用地、节约用地、高效用地。要进一步加强杭州、嘉兴、绍兴市的统筹协调，加强相关路段建设对接，健全工作机制，尽力同步推进、同步实施、同步建成。省级有关部门要全力支持，加强指导和服务；杭州市、绍兴市、嘉兴市要列出需要省里支持的事项清单，由省级有关部门对口服务、破解难题。

● ● 市长刘忻在西湖大学做党史学习教育专题宣讲。宣讲中，刘忻与西湖大学师生代表再次重温习近平总书记"七一"重要讲话，深刻感悟中国共产党百年党史的精彩华章、伟大建党精神所蕴含的实践伟力、以史为鉴开创未来"九个必须"的核心要义，系统回顾百年党史照耀下的红色浙江、红色杭州，从"红色根脉"的光荣历史传统、"三个地"和重要窗口的独特政治优势中深切体悟肩负的使命重责，昂扬奋斗的精神意志，汲取前行的智慧力量。

刘忻强调，西湖大学是高等教育制度改革的试验田，是培养顶尖科学家和杰出青年人才的摇篮，承载着党和国家的重托，寄托着人民群众的厚望。希望西湖大学的广大师生学党史懂感恩，更加知史爱党、对党忠诚，坚守初心使命、赓续红色血脉，永远把伟大建党精神继承下去、发扬光大；坚定理想信念，传承和弘扬老一辈科学家的崇高精神，厚植爱国主义情怀，牢记为民服务宗旨，努力为实现中华民族伟大复兴的中国梦不懈奋斗；抢占创新制高点，着眼世界学术前沿和国家重大需求，勇闯基础研究"无人区"，全力在原始创新上取得重大突破、实现跨越发展。

● ● 市人大常委会主任李火林带队调研《杭州西溪国家湿地公园保护管理条例》和《杭州市燃气管理条例》修订工作。陈红英参加。李火林一行调研了西溪国家湿地公园鲍贝书屋、莲花滩观鸟区和杭燃优家天目山路旗舰厅、杭州市燃气集团应急指挥中心，分别召开座谈会，听取有关情况汇报，相关部门负责人和部分市人大代表、基层立法联系点围绕加强原生态保护、提高数字化管理水平、加大违法行为处罚力度、完善配套实施细则等提出意见建议。

李火林强调，全过程人民民主是中国社会主义民主的特质和优势。要在市委领导下，贯彻全过程人民民主要求，发挥市人大常委会咨询专家库、人大代表联络站、基层立法联系点的作用，特别要结合人大数字化改革工作，进一步畅通基层代表群众反映意见建议的渠道，在广泛汇集民意中增进共识、凝聚共识、达成共识，做到科学立法、民主立法、依法立法。

12—13日 BA YUE

● ● 全省政协主席读书会召开。会上，对第三批浙江省政协工作"创新案例"进行表彰。其中，杭州市政协"全流程数字化评价，促进提案工作高质量发展"获第三批浙江省政协工作创新案例。十一届杭州市政协将数字化评价作为推动提案工作高质量发展的"突破口"，通过提案选题、调研、撰写、办理、协商、答复等全流程数字化评价，实现数字集成，驱动机制改进，促进质量提升，为提案工作高质量发展夯基赋能。这项工作在2021年全国地方政协提案工作经验交流会上做大会发言，得到全国政协副主席张庆黎充分肯定。

13日 BA YUE

● ● 全省举行2021年"高质量发展建设共同富裕示范区"重大项目集中开工活动。杭州市参加集中开工项目共40个、总投资624亿元，其中基础设施项目占20%、民生保障项目占43%、产业项目占37%，淳安县项目4个、占10%。

● ● 市人大常委会专题调研结建人防工程维护管理工作。市人大常委会主任李火林，陈红英、缪承潮参加。调研组一行实地考察了人防工程，并召开座谈会，听取市政府和相关部门有关情况汇报，市人大代表和市人大社会建设咨询专家围绕落实工程维护管理主体责任、加强专业化培训和常态化监督、组建平战转移专业队伍、增强全民人防意识等提出意见建议。

李火林强调，人民防空事关国家安全、人民安危，要深入贯彻落实习近平总书记关于总体国家安全观的重要论述和关于人民防空工作的重要指示精神，提高政治站位，统筹发展和安全，树立底线思维，坚持人民至上，提高人防工程管理水平，提升平战转换能力，建立强大巩固的现代人防体系，夯实争当城市范例的人防底座。要以改革创新精神，承担好国家人防办赋予浙江的试点任务，加大人防工程产权制度改革推进步伐，加快形成试点经验，破解现存管理难题，推动维护管理责任明晰化。

13—14 日 BA YUE

●● 中国国民党革命委员会杭州市第十二次代表大会召开。

市领导陈新华、朱建明、罗卫红、陈卫强、滕勇等出席大会。市委常委、秘书长朱建明代表中共杭州市委向大会致贺词。民革浙江省委会专职副主委刘净非代表民革省委会向大会致贺词，九三学社市委会主委罗卫红代表市各民主党派和工商联致贺词。执行主席叶鉴铭代表民革杭州市第十一届委员会向大会做题为《赓续初心聚合力，砥砺奋斗再前行，谱写高水平新时代参政党地方组织新篇章》的工作报告。

大会期间，代表们学习习近平总书记在中国共产党成立100周年庆祝大会上的重要讲话精神和中共杭州市委十二届十二次全体（扩大）会议精神，听取并审议民革杭州市第十一届委员会工作报告。大会选举产生由33名委员组成的民革杭州市第十二届委员会。林革当选主任委员，包嘉颖、朱铮、沈小强、陆佳伟当选副主任委员，叶剑、吉莉、许宏波、单敏、项亦斌、徐拥军、高越、郭青岭、蔡伟利、薛大伟当选常务委员。

浙江省政协副主席、民革省委会主委吴晶，中共杭州市委常委、统战部部长陈新华出席闭幕式并讲话。

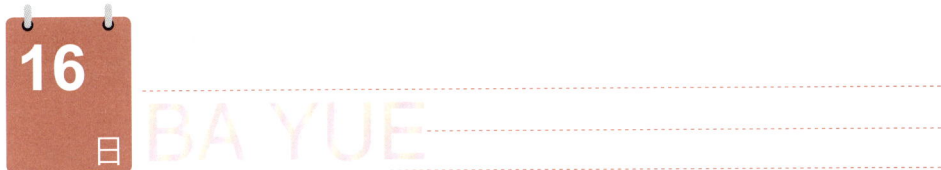

16
日

BA YUE

● ● 市人大常委会召开"一府两院"工作报告会。市长刘忻报告2021年上半年杭州市经济社会发展情况、民生实事项目推进情况和下半年工作安排。市人大常委会主任李火林主持。市人大常委会副主任，市政府副市长出席。

刘忻强调，做好下半年工作，要全力以赴织密疫情防控网，加强重点人员和场所排查管控，加快推进疫苗接种，确保市民健康安全；全力以赴构筑产业竞争新优势，聚力打造万亿级产业生态和标志性重大项目，加快形成动能新支撑；全力以赴抓好赛城联动，全面冲刺亚运筹备，深入开展亚运城市行动，不断提升城市国际化水平；全力以赴打造美丽中国样本，积极争取"双碳"试点，精心打造湿地水城，努力绘就现代版"富春山居图"；全力以赴抓好数字化改革，持续推进多跨场景建设应用推广，争当改革"头雁"；全力以赴建设历史文化名城，在提高文明程度、繁荣文化事业、做强文化产业等方面实现新作为；全力以赴改善民生促共富，切实办好10件民生实事，加快推动公共服务优质共享，一同向着共同富裕美好社会不断迈进。

李火林指出，2021年以来，市政府深入贯彻中央和省委、市委的决策部署，按照人代会确定的年度任务，慎终如始抓好疫情防控，纵深推进经济高质量发展、数字化改革、亚运城市行动、民生保障、风险防控等重点工作，为争当城市范例打下良好基础。市"两院"认真履行审判、检察职能，为杭州市经济社会发展和改革攻坚提供有力司法保障。

市人大常委会书面通报上半年主要工作和下半年工作安排。市法院、市检察院负责人分别报告上半年主要工作和下半年工作安排。

部分省人大代表和市人大代表参加会议。唐国标、方宇航、梁锦芳、叶彬、陈天飞等代表就补齐乡村发展短板、提高保障改善民生水平以及校园食品安全、回迁安置、打通断头路等问题与刘忻市长和相关部门负责人进行互动交流。

16—17日 BA YUE

●● 中国民主促进会杭州市第十四次代表大会召开。

浙江省政协副主席、民进浙江省委会主委蔡秀军等到会祝贺。市领导毛溪浩、陈新华、陈红英、柯吉欣、王立华等出席大会。执行主席谢双成致开幕词，并代表民进杭州市第十三届委员会向大会做题为《凝心聚力，守正创新，为高质量推进新型政党制度在杭州的生动实践努力奋斗》的工作报告。市委常委、组织部部长毛溪浩代表中共杭州市委向大会召开表示热烈祝贺，向全体与会代表和全市民进会员致以诚挚问候，并充分肯定民进市委会五年来的成绩。

大会期间，代表们学习习近平总书记在庆祝中国共产党成立100周年大会上的重要讲话精神和市委十二届十二次全体（扩大）会议精神，审议并通过中国民主促进会杭州市第十三届委员会工作报告。大会选举产生由51名委员组成的民进杭州市第十四届委员会。楼秀华当选主任委员，谢春凤、林沛、薛鸿翔、张钎、仇旻、李鹏为副主任委员，叶强、胡廖明、朱炜、朱亚利、杨金龙、何鲁伟、沈强、房雪峰、顾余丹、徐涛、徐荣培、蒋吉清为常务委员。

16—20日 BA YUE

●● "杭向共富"媒体采风活动启动。由中央和省、市媒体记者组成的采访组，围绕"大杭州、高质量、共富裕"开展集中采访，深入挖掘杭州市争当浙江高质量发展建设共同富裕示范区城市范例的典型案例和精彩故事，解码共同富裕的"杭州样本"。

活动由市委宣传部、市发改委共同发起，采访组实地走访上城、拱墅、西湖、滨江、萧山、余杭、临平、钱塘、富阳、临安、桐庐、淳安、建德等地，通过图文、Vlog、短视频、开设话题等多种形式开展全方位、多角度的宣传报道。采访活动重点围绕缩小地区差距、缩小城乡差距、缩小收入差距、公共服务优质共享、打造精神文明高地、共同富裕现代化基本单位6个领域，分两条线路开展全媒体全景式采访报道，深入基层、深入一线，深刻反映习近平新时代中国特色社会主义思想在杭州的生动实践，从多个维度全面展示杭州争当浙江高质量发展建设共同富裕示范区城市范例的经验做法。此外，集中采访还安排专家随行，就扎实推动共同富裕、持续增进民生福祉等进行解读和分析。

17
日
BA YUE

● ● 市委理论学习中心组（扩大）专题学习会召开，邀请生态环境部国家气候战略中心战略规划部主任柴麒敏做《争当高质量发展建设共同富裕示范区的城市范例背景下碳达峰碳中和的若干思考》专题报告。李火林、潘家玮、佟桂莉等市委理论学习中心组成员出席报告会。戚哮虎主持。

报告中，柴麒敏从"国家碳达峰目标与碳中和愿景解读""全球碳中和进展及典型行业发展案例""重点地区、领域和行业达峰行动实施""全国碳市场及气候投融资政策展望""杭州推动碳达峰与碳中和工作建议"5个方面做深入阐释。大家认为，杭州作为国家确定的首批低碳试点城市之一，更应在碳达峰碳中和工作中走在前、当标杆、做示范。

● ● 市人大常委会主任李火林带队调研普法工作，陈红英参加。李火林一行考察了拱墅区运河法治文化茶馆、善贤社区、党群服务中心，对拱墅区因地制宜、以群众喜闻乐见的方式开展宪法法治宣传教育给予充分肯定。随后，召开座谈会，听取市司法局、市市场监管局及拱墅区政府、区教育局、善贤社区相关工作汇报。与会市有关部门代表和部分市人大代表围绕"八五"普法决议草案，就落实普法责任制、推动普法进校园、加强队伍建设等提出意见建议。

李火林强调，要提高政治站位，把习近平法治思想贯彻落实到法治杭州建设的各方面全过程，深入开展宪法宣传教育，高质量建设国家宪法宣传教育馆，深入开展民法典普法宣传，争当笃学践行习近平法治思想的城市范例。要紧扣中心大局，聚焦杭州促进共同富裕"1+4"行动计划，紧抓领导干部和青少年两个重点，全面履行法治宣传教育主体责任，全面提升法治杭州建设水平。要坚持人民至上，突出民生领域普法、数字化普法和以案释法，确保普法工作始终维护和保障群众根本利益。

● ● 2021年杭州市"926工匠日杯"快递员职业技能竞赛在萧山技师学院举行，来自全市邮政、顺丰、中通、韵达等12个品牌快递公司的60名快递员同场比拼专业技能。职业技能大赛由市总工会、市人力社保局、市邮政管理局主办，大赛包括理论知识和操作技能两个部分，分别以闭卷笔试30%、操作技能70%计入比赛总成绩。来自中国邮政集团杭州市分公司的时斌、陈增峰、王一飞分别获得个人奖第一、二、三名。按《杭州市职业技能竞赛管理办法》有关规定，对竞赛总成绩第一名选手，符合条件的由市人力社保局授予"杭州市技术能手"称号，并由市总工会申报"杭州市五一劳动奖章"称号。总成绩第二名至第八名选手，授予"杭州市职工经济技术创新能手"称号。竞赛总成绩前三名选手，给予每人2000元奖励；总成绩第四名至第八名选手，给予每人1000元奖励。

17—18日 BA YUE

● ● 中国致公党杭州市第七次代表大会召开。

省政协副主席、致公党省委会主委郑继伟，市领导金志、陈新华、罗卫红、陈国妹、张仲灿等出席开幕式。致公党六届市委会主委胡伟致开幕词并代表致公党杭州市第六届委员会向大会做题为《致力为公，侨海报国，为杭州争当浙江高质量发展建设共同富裕示范区城市范例努力奋斗》的工作报告。市委常委、公安局局长金志代表中共杭州市委向大会致贺词。

大会期间，代表们学习习近平总书记在庆祝中国共产党成立100周年大会上的重要讲话精神和中共杭州市委十二届十二次全体（扩大）会议精神，听取并审议致公党杭州市第六届委员会工作报告。大会选举产生由21名委员组成的致公党杭州市第七届委员会。经七届一次全会选举，胡伟当选主任委员，吴静、方军、郑攀、蔡善强当选副主任委员，杨俊、朱幼群、沈佳音、韩新宇、肖仁东、金霞当选常务委员。会议表决通过七届委员会监督委员会组成人员名单，吴静兼任监督委主任。七

届一次常委会议任命吴静为秘书长（兼）

18
日 BA YUE

●● 市政协主席潘家玮到余杭区，就市政协"请你来协商"月度协商座谈会协商课题"加强耕地地力保护与提升"开展调研。张振丰、张仲灿参加。

调研组一行来到瓶窑镇农业公共服务中心和永安村调研走访。调研中，潘家玮指出，粮食安全是国家安全的"压舱石"，耕地是粮食生产的"命根子"。要深入学习贯彻习近平总书记关于"三农"工作的重要论述，落实中央和省委、市委全面推进乡村振兴的决策部署，进一步提高思想认识，健全体制机制，强化源头治理，坚持改革创新，采取综合措施，持续推进耕地质量管理的制度化、规范化和长效化，不断夯实粮食安全和绿色发展的基础，为杭州经济社会高质量发展、争当共同富裕示范区的城市范例做出新贡献。

18—19
日 BA YUE

●● 杭州市人大常委会主任学习会在余杭区召开。市人大常委会主任李火林讲话，张振丰介绍余杭区经济社会发展有关情况，郑荣胜主持，陈红英、罗卫红、卢春强、徐小林参加。

会议学习贯彻习近平总书记"七一"重要讲话精神和省委、市委全会精神，总结交流本届人大创新工作经验做法。各区县（市）人大常委会主任做交流发言。

会议指出，2021年是本届县乡人大履职的收官之年。近年来，全市各级人大聚焦中心工作、聚情民生关切、聚力依法履职、聚合代表力量，在打造人大监督硬核成果、发挥代表主体作用、提高机关服务保障能力、夯实基层基础等方面，形成了一些创新亮点，全市人大工作整体实效进一步增强。会议强调，全市各级人大要紧扣中心大局，坚决扛起展现国家根本政治制度优越性、助力争当浙江高质量发展建设共同富裕示范区城市范例的新使命。要坚持新理念、把握新任务、用好新方式、把握新契机、弘扬新作风。其间，与会人员还赴之江实验室、径山村考察。

●● 省委常委、政法委书记、依法治省办主任王昌荣在杭州专题调研学习宣传贯彻习近平法治思想和中央全面依法治国工作会议精神工作，走访上城区，了解社会矛盾风险防范化解重大多跨场景应用建设情况，到杭州市社会治理综合服务中心观看数字法治多跨场景应用运行演示。

其间，王昌荣主持召开座谈会，听取杭州市相关工作情况介绍。他指出，杭州市委、市政府高度重视学习宣传贯彻习近平法治思想和中央全面依法治国工作会议精神工作，在立法、执法、司法、普法等方面形成了一系列新成果，丰富了中国式现代化法治道路的杭州实践。

王昌荣强调，要在学用结合上聚焦聚力，把博大精深的科学思想转化为厉行法治的强大动力，把科学系统的部署要求转化为具体实在的成效亮点。要在服务大局上聚焦聚力，努力为浙江省高质量发展建设共同富裕示范区提供强有力法治保障。要在解决具体问题上聚焦聚力，不断增强人民群众获得感幸福感安全感。要在彰显特色上聚焦聚力，努力打造一批有浙江辨识度的法治建设成果。要在督导检查上聚焦聚力，推动《分工方案》、法治建设"一规划两纲要"和中央、省委各项决策部署落实落地。要在数字法治建设上聚焦聚力，以共建共享为原则推动数字法治体系化规范化建设，以实战实用为导向加快推动重大应用落地见效，以敢为人先的勇气着力解决改革难点堵点问题，当好全省数字化改革排头兵。许明参加调研和座谈。

●● 市政协召开十一届二十四次常委会会议，围绕杭州"高水平推进区域性创新高地建设"协商建言。市委副书记、市长刘忻通报2021年以来全市经济社会发展情况并讲话。市政协主席潘家玮主持并讲话。张仲灿、谢双成、王立华、周智林、冯仁强、陈国妹、滕勇参加。

会上，市政协教科卫体委员会做主题发言，相关民主党派、界别、区政协课题组代表发言，市发改委、市科技局介绍相关情况。会议审议通过《中国人民政治协商会议杭州市委员会协商工作规则》和有关人事事项。

刘忻简要通报上半年市政府主要工作推进情况，对市政协切实履行政治协商、民主监督、参政议政职能表示感谢，对广大政协委员围绕"高水平推进区域性创新高地建设"积极建言献策表示肯定。他指出，近年来特别是"十三五"以来，杭州深入学习贯彻习近平总书记重要讲话和指示精神，大力实施创新驱动战略，在打造创新活力之城上取得了显著成效，呈现出创新能力持续增强、创新质效明显提高、创新人才加速集聚、创新环境不断优化的良好态势，杭州日益成为人人向往的创新创业天堂。

●● 杭州市首个医卫关爱基金——"西湖医卫关爱基金"成立。"西湖医卫关爱基金"是为关心关爱医卫工作者而设立的专项基金，用于西湖区卫生健康局局属单位工作者本人及其直系亲属（父母、配偶、子女）疾病时的慰问，旨在动员组织社会力量，对医务人员提供更多的关爱和保障，在全社会营造共同关心关爱医务人员的良好氛围。仪式上，西湖区卫生健康局与西湖区红十字会签订"西湖医卫关爱基金"协议，标志着基金正式启动。现场捐赠金额10万元，其中胡庆余堂捐赠5万元，为"西湖医卫关爱基金"的首笔爱心捐赠。

19—20日 BA YUE

●● 中国民主同盟杭州市第十四次代表大会召开。

副省长、民盟省委会主委成岳冲等到会祝贺。市领导戚哮虎、陈新华、陈红英、王宏、滕勇出席大会。市委常委、宣传部部长戚哮虎代表中共杭州市委向大会致贺词。

大会期间，代表们学习贯彻习近平总书记在庆祝中国共产党成立100周年大会上的重要讲话精神和中共杭州市委十二届十二次全体（扩大）会议精神，审议民盟杭州市第十三届委员会工作报告。大会选举产生由47名委员组成的民盟杭州市第十四届委员会。宦金元当选主任委员，毛伟民、申屠敏、方爱龙、缪凌蓉、孙晓华、余红英当选副主任委员，李巍、何军、何斌、何艳虹、陆峰、袁雁飞、夏烈、钱晓华、高澜、章桂娣当选常务委员。会议表决任命申屠敏兼任秘书长；表决任命民盟杭州市第十四届委员会监督委员会组成人员，申屠敏任监督委员会主任。

市委常委、统战部部长陈新华应邀出席闭幕式并讲话。

20日
BA YUE

●● 由市委宣传部、市委直属机关工委、市教育局、市国资委、团市委主办的2021年杭州市青年理论宣讲大赛暨微型党课大赛举行。在比赛中，青年选手们创新宣讲形式，紧密结合当前的社会现象和热点，突出红船味、新时代味、浙江味、杭州味。经过综合评定，祝丹丹、缪乐颖、梁龙3名选手获特等奖，祝丹丹、缪乐颖、梁龙、梅莉、王翔、刘方竞、应维华、叶朱颖、沈云东、翁慧雯10名选手被授予"杭州市金牌理论宣讲员"荣誉称号。郎春泉、张磊、严景城等10名选手被授予"杭州市优秀理论宣讲员"荣誉称号。

20—21日
BA YUE

●● 中国农工民主党杭州市第十一次代表大会召开。

农工党浙江省委会主委罗建红等到会祝贺，市领导陈擎苍、陈新华、郑荣胜、胡伟、张仲灿出席会议。市委常委、市纪委书记、市监委主任陈擎苍代表中共杭州市委向大会致贺词。罗建红代表农工党浙江省委会向大会致贺词。致公党杭州市委会主委胡伟代表市各民主党派和市工商联致贺词。执行主席周智林致开幕词，并代表农工党杭州市第十届委员会做题为《凝智聚力促发展，履职尽责显担当，为杭州展现"重要窗口"头雁风采献计出力》的工作报告。

大会期间，与会代表听取并审议通过农工党杭州市第十届委员会工作报告。大会选举产生由39名委员组成的中国农工民主党杭州市第十一届委员会。经十一届一次全会选举，於卫国当选主任委员，倪晓娟、石仕元、章勤、蔡瑾、曾玲晖当选副主任委员，於卫国、倪晓娟、石仕元、章勤、蔡瑾、曾玲晖、韦云、林能明、方友青、傅丽华、李红、黄伟源、江筠、邵文涛、孙晓明当选常务委员。倪晓娟兼任秘书长。

21 日

BA YUE

●● 中共中央纪委国家监委网站公布：浙江省委常委、杭州市委书记周江勇涉嫌严重违纪违法，接受中央纪委国家监委纪律审查和监察调查。

●● 省委常委会召开会议，传达中央对周江勇涉嫌严重违纪违法进行纪律审查和监察调查的决定。省委书记袁家军主持会议并讲话。会议指出，对周江勇涉嫌严重违纪违法进行纪律审查和监察调查，充分体现了以习近平同志为核心的党中央坚定不移推动全面从严治党、把严的主基调长期坚持下去的坚强决心，充分体现了反腐败无禁区、全覆盖、零容忍的鲜明态度，充分体现了中国共产党勇于自我净化、自我完善、自我革新、自我提高的坚定意志。省委坚决拥护中央的决定。全省各级党组织和广大党员干部要切实增强"四个意识"、坚定"四个自信"、做到"两个维护"，心怀"国之大者"，坚决把思想和行动统一到中央决定精神上来，深刻汲取教训，举一反三、警钟长鸣，始终在思想上政治上行动上同以习近平同志为核心的党中央保持高度一致。

会议强调，要自觉扛起管党治党政治责任，深刻领会党中央关于全面从严治党一系列重大方针、重要部署的精神实质、丰富内涵，知责于心、担责于身、履责于行，以鲜明的态度、扎实的举措，层层压紧压实管党治党政治责任，健全完善"四责协同"机制，扎紧扎密权力运行的制度笼子，做到真管真严、敢管敢严、长管长严，不断推动清廉浙江建设取得更大标志性成果，更加充分发挥全面从严治党引领保障作用。

●● 市委常委会召开扩大会议，传达中央对周江勇涉嫌严重违纪违法进行纪律审查和监察调查的决定。省委副书记黄建发代表省委对杭州市下一步工作提出了要求，市委副书记、市长刘忻主持会议并讲话。

会议强调，要深刻吸取教训，压紧压实责任，以更加有力的举措坚决抓好全面从严治党。要切实加强党风廉政建设，始终保持正风反腐高压态势，坚持无禁区、全覆盖、零容忍，一体推进不敢腐、不能腐、不想腐，加强对"一把手"和领导班子的监督。要营造良好政治生态，严格党内政治生活，做到按程序决策、按规矩办事、按制度落实，抓早抓小、防微杜渐、刀口向内，使各项纪律规矩真正成为"带电的高压线"，做到真管真严、敢管敢严、长管长严。要恪守清正廉洁政治本色，以案为镜、以案为戒，知敬畏、存戒惧、守底线，坚决做到严以修身、严以用权、严于律己，从严管好自己、管好家属子女和身边工作人员，始终保持亲清政商关系，确保党和人民赋予的权力始终在正确的轨道上运行。

●● 市政府党组召开扩大会议，传达中央对周江勇涉嫌严重违纪违法进行纪律审查和监察调查的决定，传达省委常委会会议、市委常委会（扩大）会议精神，就抓好改革发展稳定各项工作进行部署。市政府党组书记、市长刘忻主持并讲话，戴建平、柯吉欣、缪承潮、王宏、胡伟、陈国妹、陈卫强、胥伟华出席。

会议强调，要深刻吸取教训，压紧压实责任，以更加有力的举措坚决抓好全面从严治党。要加强反腐败斗争，始终保持惩治腐败的高压态势，以系统施治、标本兼治的理念正风肃纪反腐，一体推进不敢腐、不能腐、不想腐。要加强党性修养、保持廉洁自律，把"不忘初心、牢记使命"作为终身课题，勤于检视心灵、洗涤灵魂、校准坐标，不断掸去思想上的灰尘，持续优化风清气正的政治生态。要以案为镜、以案为戒，加强对"一把手"和领导班子的监督，扎紧扎密权力运行的制度笼子，不断推动清廉杭州建设取得新成效。

●● 市人大常委会党组召开扩大会议，传达中央对周江勇涉嫌严重违纪违法进行纪律审查和监察调查的决定和省委常委会、市委常委会（扩大）会议精神。市人大常委会党组书记、主任李火林主持并讲话，郑荣胜、陈红英、卢春强、徐小林参加，罗卫红列席。

会议强调，要以更严格的要求加强党性修养，做到廉洁自律。坚定理想信念，对标对表党中央要求、党章党规党纪、人民群众新期盼，吸取教训，引以为戒，警钟长鸣，带头讲政治、顾大局、守纪律，树立为民务实清廉的良好形象。要以有力举措纵深推进全面从严治党和反腐败斗争。要落实管党治党"四责协同"机制，切实加强机关党的建设，狠抓中央及省委巡视反馈问题整改，不断增强党组织的创造力、凝聚力、战斗力。要以良好的精神状态和工作作风高质量完成全年各项工作。在市委领导下，全力抓好疫情防控、市县乡人大换届、人大数字化改革等工作，谋划好2022年和新一届人大工作，为杭州保持好发展快发展大发展的向上态势做出人大贡献。

●● 市政协党组召开扩大会议，传达中央对周江勇涉嫌严重违纪违法进行纪律审查和监察调查的决定，以及省委常委会会议、市委常委会（扩大）会议精神。市政协党组书记、主席潘家玮主持并讲话，张仲灿、叶鉴铭、王立华、周智林、冯仁强、滕勇参加。

会议强调，要坚持不懈把习近平新时代中国特色社会主义思想作为统揽政协工作的总纲，始终牢记习近平总书记对浙江、杭州工作的殷切嘱托，深入贯彻习近平总书记加强和改进人民政协工作的重要思想及中央政协工作会议精神，坚决落实中央和省委、市委决策部署，进一步强化责任担当，发挥政协职能优势，坚持双向发力，更加有力有效地做好当前政协各项工作，全力维护好杭州改革发展稳定大局。要吸取深刻教训，引以为戒、警钟长鸣，切实把全面从严治党要求落到实处，压紧压实管党治党主体责任，大力加强政治建设，深入开展党史学习教育，认真抓好中央巡视和省委巡视意见整改落实，扎实推进党风廉政建设，始终把纪律和规矩挺在前面，切实做到抓早抓小、防微杜渐，严格遵守廉洁自律各项规定，打造忠诚干净担当的政协工作队伍。

21—22日 BA YUE

●● 九三学社杭州市第九次代表大会召开。

浙江省人大常委会副主任、九三学社浙江省委会主委姒健敏等到会祝贺。市领导戴建平、陈新华、徐小林、陈国妹等出席大会。大会执行主席罗卫红致开幕词，并代表九三学社杭州市第八届委员会向大会做题为《同心同德聚合力，不忘初心再出发》的工作报告。市委常委、常务副市长戴建平代表中共杭州市委向大会召开表示热烈祝贺，向全体与会代表和全市九三学社社员致以诚挚问候。

大会期间，代表们学习贯彻习近平总书记在庆祝中国共产党成立100周年大会上的重要讲话精神和中共杭州市委十二届十二次全体（扩大）会议精神，审议九三学社杭州市第八届委员会工作报告。大会选举产生由40名委员组成的九三学社杭州市第九届委员会。罗卫红当选主任委员，何黎明、马彦、马冬娟、陈安、李勇进当选副主任委员，吴松杰、贺弢、杨茂成、蒋建圣、徐志忠、汪新来、古涛、张敏、罗建强、许轶洲、华先胜当选常务委员。会议表决任命陈安兼任秘书长；表决任命九三学社杭州市第九届委员会监督委员会组成人员，陈安任监督委员会主任。

22日 BA YUE

●● 市委召开杭州市领导干部会议，传达中央对周江勇涉嫌严重违纪违法进行纪律审查和监察调查的决定，以及省委常委会会议、市委常委会（扩大）会议精神。市委副书记、市长刘忻主持会议并讲话，李火林、潘家玮、陈擎苍、戚哮虎、许明、戴建平、毛溪浩、金志、陈新华、张振丰、朱建明、唐春所、胥伟华出席。佟桂莉传达有关精神。

会议要求，要坚决扛起管党治党责任，坚定不移把全面从严治党引向深入。全市各级党组织和领导干部特别是主要负责同志要深刻领会党中央坚定不移正风肃纪反腐的决心意志，以"七张问题清单"整改和省委巡视整改为契机，严格落实四责协同机制，严肃党内政治生活，加强对"一把手"和领导班子的监督，加强对领导干部的日常管理监督，切实做到抓早抓小、防微杜渐。持之以恒正风肃纪反腐，从政治上把握腐败问题的本质和危害，始终保持"赶考"的清醒，保持惩治腐败的高压态势，纵深推进全面从严治党，深化清廉杭州建设。坚守廉洁自律底线，切实加强党性修养和党性锻炼，坚决杜绝特权思想和特权现象，自觉抵御各种利益诱惑，自觉维护清清爽爽的同志关系、规规矩矩的上下级关系、"亲""清"干净的政商关系，努力营造风清气正的政治生态。

22—23日 BA YUE

●● 中国民主建国会杭州市第十四次代表大会召开。

省政协副主席、民建省委会主委陈小平等到会祝贺。市领导陈新华、胥伟华、卢春强、王立华等出席大会。民建杭州市第十三届委员会主委郭清晔做题为《坚守合作初心，积极履职尽责，为助推高水平打造"数智杭州·宜居天堂"争当浙江高质量发展建设共同富裕示范区城市范例贡献智慧和力量》的工作报告。市委常委、副市长胥伟华代表中共杭州市委致贺词。

大会期间，代表们学习习近平总书记在庆祝中国共产党成立100周年大会上的重要讲话精神和中共杭州市委十二届十二次全体（扩大）会议精神，审议并通过民建杭州市第十三届委员会工作报告。大会选举产生由52名委员组成的民建杭州市第十四届委员会。郭清晔当选主任委员，刘政奇、郑冰、许玲娣、潘伟红、温正胞、张琳当选副主任委员，丁琦伟、冯啸涛、刘琼、巫海武、沈啸、张敏、张瑾、陆夏峰、陈沸、贾元元、顾惠波、詹艳青、瞿虎当选常务委员。大会向离任的同志给予高度评价并表示崇高敬意，希望他们一如既往关心和支持民建杭州市委会的工作，继续发挥骨干带头作用，推进民建事业不断向前发展。

23 日

BA YUE

●● 市人大常委会召开专题会议，听取市发改委关于杭州市城市轨道交通四期建设规划有关情况的报告。市人大常委会主任李火林，郑荣胜、陈红英、罗卫红、卢春强、徐小林参加。杭州获批三期城市轨道交通建设规划，共计批复里程453.2千米。杭州市城市轨道交通运营线路9条、324千米，杭州都市区轨道交通运营线路11条391千米，192千米在建轨道交通线路将于2022年亚运会前全部建成通车。根据市委、市政府统一部署安排，市发改委会同市规划和自然资源局、市地铁集团等部门于2020年5月启动城市轨道交通四期建设规划研究。

会议指出，城市轨道交通建设是与人民群众生活息息相关的民生工程，是牵引城市发展和提升城市综合承载能力的"牛鼻子"项目。轨道交通四期建设规划前期基础好、思考谋划深、工作推进实，对于加快建设"轨道上的杭州"、支撑构建"一核九星、双网融合、三江绿楔"新型城市空间格局具有重要意义。

24 日 BA YUE

●● 市委常委会召开会议，学习贯彻习近平总书记关于全面从严治党的重要论述，研究部署当前重点工作。

会议指出，要锚定全年目标任务，围绕大局要稳、发展要进、社会要和、氛围要好，坚定信心、团结奋进，凝心聚力抓好当前各项工作。毫不松懈抓好常态化疫情防控，全面筑牢"外防输入、内防反弹"坚固防线。积极推进制度创新，坚决扛起争当浙江高质量发展建设共同富裕示范区城市范例的政治责任。全力推动经济平稳健康发展，切实抓好项目招引、产业引育、平台建设等工作，努力打造国际一流营商环境。做好城市空间格局优化调整文章，绘好市域规划"一张图"，全力提升城西科创大走廊等重大平台创新能级。深入推进数字化改革，全面落实"三张清单"和"一本账"，加快形成一批具有杭州辨识度的最佳应用。精心抓好亚运会筹办，全力推进场馆建设、环境整治、服务提升等工作，开展城市国际化主题活动。完善为民办实事长效机制，用好"民呼我为"数字平台，用心用情办好年初确定的十件民生实事。严密防范化解重大风险隐患，扎实做好安全生产、防汛防台、矛盾纠纷化解等工作，确保社会大局和谐稳定。高质量抓好市县乡换届工作，确保换出好班子、好生态、好气象。

25 日 BA YUE

●● 市人大常委会主任李火林到萧山区调研县乡人大换届选举工作。李火林一行赴义桥、戴村、河上、临浦等地实地考察调研，召开座谈会，听取萧山区人大及南片8个乡镇有关人大换届选举工作情况汇报。李火林指出，萧山区委、区人大及各乡镇对县乡人大换届选举工作高度重视，进行专题研究部署，深入调研摸底，针对新背景新情况，提出针对性对策举措，前期工作扎实有效。

李火林强调，要始终坚持党对县乡人大换届选举工作的全面领导，在各级党委的领导下，结合本地实际制定周密科学的工作方案，及时做出部署，加强组织实施，确保换届选举依法依规、圆满顺利、百姓满意。要坚持依法办事，认真学习贯彻地方组织法、代表法、选举法等，严格依照法定程序组织选举。要广泛发扬民主，践行全过程人民民主，依法选好人大代表。要继续研判破解重大问题，通过严肃的作风和细致的工作来破解选区划分、选民登记、投票组织、力量保障等方面的新问题。要运用好数字化改革成果，加强选民登记信息系统使用培训，通过数字赋能提高工作效率。要严肃换届纪律，营造风清气正的换届选举氛围。要做好常态化疫情防控工作，保障安全有序推进换届选举工作。

●● 市政协召开"请你来协商·加强耕地地力保护与提升"月度协商座谈会。市政协主席潘家玮讲话。王宏到会听取意见，张仲灿主持。会议以网络视频形式召开，设市民中心主会场并视频连线市政协农林界别委员工作站、浙江农林大学有关专家。在前期调研基础上，市政协农业农村委做主旨发言，10位政协委员、农林专家围绕耕地规划保护和综合整治、耕地污染防治、耕地地力提升3个专题交流发言。市农业农村局、市规划资源局等部门介绍情况并做互动发言。324名委员通过智慧履职平台在线参与网络议政，提出180多条建议。

委员们认为，市委、市政府坚决贯彻保护耕地的基本国策，认真落实耕地保护主体责任，各地各部门落实举措、创新探索，在保护和提高耕地地力方面做了大量富有成效的工作。委员们分别从构建全链条全环节耕地质量管理体系、有效遏制白色污染对地力的损害、建设"环境医院"、加强农田智慧管理和调动种地主体的积极性等方面提出建议。

26 日

●● 市政府党组书记、市长刘忻主持召开市政府党组（扩大）会议和市政府常务会议，学习贯彻习近平总书记在中央财经委员会第十次会议上的重要讲话精神，研究部署教育"双减"、能耗"双控"等工作。

会议审议《2021年杭州市能耗"双控"考核办法》和《杭州市固定资产投资项

目节能审查办法》。会议强调，要深入学习贯彻习近平生态文明思想，坚定不移推动低碳发展和绿色转型，层层传导压力、层层压实责任，纵深推进产业体系节能"降碳"行动，确保完成年度和"十四五"能耗"双控"目标任务，为实现碳达峰、碳中和打下坚实基础。会议还研究了林长制推行、湿地保护等事项，集体学习即将于9月1日起施行的新《安全生产法》。

●●《杭州市物业管理条例》新闻发布会召开，新修订的《杭州市物业管理条例》将于2022年3月1日起施行。发布会上，市人大常委会法工委就条例修订背景、主要内容进行了详细解读，市住保房管局就法规宣传、贯彻等情况做了介绍。条例审议修改历经了近8个月，收到社会各界意见建议1000多条，市人大常委会进行了研究审议，对合理内容积极予以采纳。相比条例修订前的7章68条1.4万字，修订后，条例增至9章93条2万余字。有6个方面的特色亮点：纳入基层治理，突出党建引领；完善业主自治组织，创设物管委制度；强调信息公开，保障业主知情权；突出数字赋能，提升物管效率；坚持问题导向，破解物管难题；增设专章，明确管理部门职责。

27
日 BA YUE

●● 中国电子信息行业联合会发布2021年度软件和信息技术服务企业竞争力报告及前100个企业名单，杭州海康威视数字技术股份有限公司、网易公司、浙江大华技术股份有限公司、新华三集团等10个杭州企业入围。

30
日 BA YUE

●● 杭州市教育局联合9个部门发布《关于进一步做好义务教育阶段学校课后服务工作的通知》，明确从2021年秋季学期开始，全市各小学、初中均要开设课后服务项目，实现课后服务学校全覆盖、有课后服务需求的学生全覆盖。课后服务主要包括放学后托管服务、初中晚自习服务、免费线上学习服务、暑期托管服务，以及为在校学生配套提供的就餐服务等。

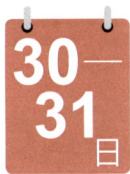

30—31日
BA YUE

●● 市十三届人大常委会第三十七次会议召开。市人大常委会主任李火林，郑荣胜、陈红英、罗卫红、卢春强、徐小林出席。

会议审议金志受市政府委托提请审议的《杭州市大型群众性活动安全管理规定（草案）》，审议《杭州市西湖龙井茶保护管理条例（草案）》《杭州市燃气管理条例（修订草案）》《杭州西溪国家湿地公园保护管理条例（修订草案）》《杭州市社会信用条例（草案）》，将根据审议意见作进一步修改。

会议审议戴建平代表市政府提请审议的《2021年第一批政府重大投资项目计划执行情况和2021年第二批政府重大投资项目计划（草案）》的议案，缪承潮代表市政府提请审议的《杭州西湖风景名胜区总体规划（2021—2035）》的议案、西湖西溪慢行通道建设项目选址的议案及推进文旅融合工作情况的报告；听取审议关于市本级2020年决算草案和2021年上半年预算执行情况报告、市本级2021年预算调整的报告、2020年度市本级预算执行和全市其他财政收支的审计工作报告；审议2021年上半年国民经济和社会发展计划执行情况的报告；听取审议部分省人大代表履职情况报告。

会议表决通过关于开展第八个五年法治宣传教育的决议、关于批准市本级2020年决算的决议、关于批准2021年市本级收支预算调整方案的决议、关于同意西湖西溪慢行通道建设项目选址的决定、关于2021年政府重大投资项目第一批计划执行情况和第二批计划（草案）的审议意见及人事任免事项，决定任命丁狄刚为市政府副市长；因年龄原因，决定免去王宏的副市长职务。

市政府、市监委、市法院、市检察院负责人列席会议。其间，召开列席会议市人大代表座谈会，举行乡村振兴法律法规专题讲座。会后，举行新任命人员宪法宣誓。

31 日 BA YUE

● ● 2021年杭州市绿道建设工作现场会在建德召开。全市民生绿道建设总计1137千米，截至8月底，共建设738.4千米，总进度为65%。此外，作为省级民生实事，杭州绿道建设任务为250千米，计划完成绿道建设总计276千米，截至8月底，共计建设绿道约248千米，总工程进度为99%。作为杭州市民生实事，全市绿道建设总计550千米，截至8月底，建设绿道约508千米，总工程进度为92.4%。

● ● 世界5G大会行业应用创新论坛公布中国5G十大应用案例。桐庐莪山畲族乡5G示范应用第一乡成功入选。5G十大应用案例从25个省（自治区、直辖市）的206项申报项目中评选出，涵盖工业互联网、智慧医疗健康、智慧交通等多个行业。

九月

1 日

JIU YUE

● ● 省长郑栅洁到杭州市富阳区调研，走访杭州富春湾新城、杭州华鹰游艇有限公司，考察富阳水上运动中心亚运场馆建设情况。他强调，高质量发展建设共同富裕示范区，需要坚实的产业支撑。富阳区位优势、生态优势突出，率先共同富裕大有可为、充满希望。要深入贯彻省委十四届九次全会精神，按照全省农业高质量发展大会和新一轮制造业"腾笼换鸟、凤凰涅槃"攻坚行动推进大会的决策部署，把产业项目摆在更加突出、更加重要的位置，强化坐不住、等不起、慢不得的紧迫感，自觉在全省乃至全国范围找差距、求突破、争先进，以日夜兼程、只争朝夕的状态，以埋头苦干、打破常规的干劲，抢机遇、抢时间、抢进度，为持续巩固高质量发展良好态势做出更大贡献。

刘忻、丁狄刚参加调研。

● ● 杭州市召开市委巡察机构在上下联动中更好发挥作用试点工作暨十二届市委第十八轮巡察动员部署会。会议传达中央巡视办试点工作动员部署会精神，就高质高效开展试点工作提出明确要求，会议还宣布十二届市委第十八轮巡察、市委巡察指导督导授权任职和任务分工。

会议指出，本次试点工作，是贯彻习近平总书记重要指示要求和党中央决策部署、落实上下联动意见、推动新时代巡视巡察工作高质量发展的具体举措。杭州作为全国七个试点城市之一，要切实提高政治站位，准确把握试点工作的目标要求，扎实抓好试点任务落实，紧扣"七个统筹"、17项任务、52个具体要求，坚持规定动作做到位，自选动作创特色，全面梳理本届党委巡察工作经验成果，及时总结试点中行之有效的做法，推动市县巡察迭代升级、整体提升。

● ● 杭州发布《杭州市进一步减轻义务教育阶段学生作业负担和校外培训负担实施方案》。

杭州"双减"着力在学校层面。在关注度较高的作业减负上，也做了详细部署。明确各年级作业总量，小学一、二年级不布置家庭书面作业，小学三至六年级尽量减少书面作业量，完成时间最多不超过60分钟，初中书面作业平均完成时间不超过90分钟；学校不得布置机械、无效作业，杜绝重复性、惩罚性作业。教师要指导小学生在校内基本完成书面作业，初中生在校内完成大部分书面作业。为了解决学生放学后看护难问题，杭州将在义务教育阶段学校全面推行以放学后托管、初中生晚自习、免费在线学习、暑期托管等为重点的课后服务，确保全市所有义务教育学校实现课后服务全覆盖，有需要的学生全覆盖。

杭州"双减"的另一个重点是加大对培训机构的监管力度。今后将不再审批新的面向义务教育阶段学生和普通高中学生的学科类校外培训机构，也不再审批新的面向学龄前儿童的校外培训机构。对培训机构的培训时间也做了明确规定。

此外，杭州将加快推进现有学科类培训机构统一转登为非营利性机构，加强培训广告管控，严格师资和教材管理，强化培训收费监管，建设完善"安心培训"数字化监管平台等一系列措施有效落地。

●● 全市中小学开学之际，杭州召开"双减"工作视频会议，全面部署推进"双减"工作。市委副书记、市委教育工作领导小组组长佟桂莉强调，要认真学习贯彻习近平总书记关于"双减"工作的重要指示精神，凝聚共识、系统治理、上下协同，积极稳妥地把中央和省委决策部署落实到位，交出让群众满意的答卷。戚哮虎主持会议，陈国妹部署有关工作。

会上，市教育局、市委政法委、市市场监管局、上城区、滨江区和杭州市基础教育研究室附属小学6个单位做交流发言，市民政局、市城市综合执法局做书面交流。

2 日

JIU YUE

●● 全国住房保障工作座谈会在杭州召开。会议座谈了解了各地发展保障性租赁住房进展情况，并对各地做好保障性租赁住房工作进行了部署。

会议指出，要提高对发展保障性租赁住房重要性的认识，认清住房保障工作的新使命主要是解决符合条件的新市民、青年人等群体的住房困难问题，新方式是加快建立多主体供给、多渠道保障、租购并举的住房制度，新目标是确立起保障性租赁住房的政策制度。会议明确，要把保障性租赁住房建设作为"十四五"住房建设工作重点，确保政策落地见效，推动建立"两多一并"制度。

●● 杭州市召开推进市属国有文艺院团深化改革加快发展动员部署会。

会议强调，要深刻领会中央和省委、市委推进国有文艺院团改革部署的重要意义，进一步提高认识、统一思想、振奋精神，推动市属文艺院团深化改革加快发展，努力在深化文艺院团改革中走在前做示范。

3 日 JIU YUE

●● 市委副书记、市长刘忻主持召开专题会议，研究部署进一步推进"创新活力之城"建设有关工作。他强调，要认真学习贯彻习近平总书记关于新时代科技创新的重要论述，提高政治站位、坚定政治忠诚、牢记政治嘱托，逐条逐项全面检视，对标对表狠抓落实，奋力打造更高水平的"创新活力之城"，为杭州展现"重要窗口"头雁风采、争当共同富裕城市范例提供更加强大的创新支撑。戴建平、胥伟华出席。

刘忻强调，2021年是"十四五"开局之年，党中央把科技创新摆在前所未有的战略高度，杭州作为"三个地"和"重要窗口"省会城市，必须扛起头雁担当、努力争创一流，以更大决心、更大魄力、更大手笔推进"创新活力之城"建设，努力成为新时代高水平创新型城市。要加大政府投入，市级财政5年拿出500亿元，以科技创新专项基金方式投入，坚持市场化、专业化、规范化运作，更好发挥政府引领撬动作用。要优化产业生态，围绕打造"互联网+"、生命健康、新材料三大科创高地，持续培育产业生态和做强产业链，做好补链、强链、延链文章，打造动力澎湃的产业"新引擎"。要强化要素保障，聚焦科技企业全生命周期需求，创新土地供应、融资支持、人才引育、研发补助等政策模式，全力构建要素一体供给、一应俱全的保障支撑体系。要深化数字赋能，坚持以数字化改革为引领，建设多跨协同、共建共享的科创服务平台，打造"全市域、全网络、全空间"的数字孪生"创新活力之城"。

●● 在2021年中国服务贸易交易会浙江主宾省活动中，2020年度浙江省数字贸易百强榜发布，杭州共91个企业上榜。

榜单选取了数字金融、人工智能、区块链、数字影视、数字游戏、数字教育、数字识别、电商服务、大数据和云计算10个细分领域，每个领域选取10个企业。上榜企业中，上市公司25个，独角兽和准独角兽企业31个，隐形冠军企业4个，瞪羚企业17个，高新技术企业61个。杭州已经成为各类数字服务企业创新发展的热土，显示出高端业务日益聚集的高质量发展特征和差异化发展特色。

从区域分布看，以数字识别、人工智能为特色的滨江区有28个企业入选，充分展现了该区域以数字技术为核心的企业资源和全国首批数字服务出口基地的综合实力；以跨境电商、大数据、云计算等为特色的余杭区有22个企业入选，其打造全国数字经济先行区建设路径愈发清晰。

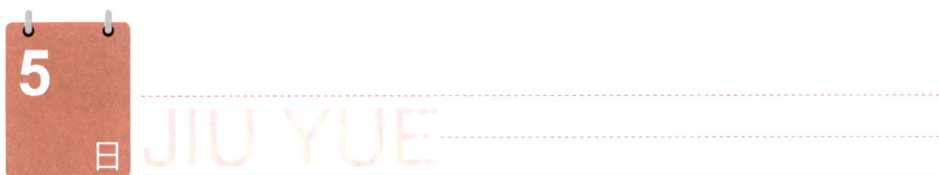

5 日

JIU YUE

●● 第四届"杭州国际日"在钱塘江畔开幕。副省长朱从玖出席开幕式，市委副书记、市长刘忻致辞，市领导佟桂莉、朱建明，中国科学院院士王建宇参加，柯吉欣主持。

"杭州国际日"正值G20杭州峰会5周年和杭州亚运会即将进入倒计时1周年。开幕式上，驻华大使代表以视频形式表达对杭州的美好祝福。亚奥理事会主席艾哈迈德亲王发来贺信，希望杭州进一步推动与世界和亚奥理事会大家庭的互联互通、合作共赢，并为2022年第19届杭州亚运会营造浓郁的国际氛围。乌拉圭驻华大使费尔南多·卢格里斯、阿根廷驻华大使牛望道出席线下活动。开幕式上举行科学家西湖计划全球发布、"钱江友谊使者"颁奖仪式，杭州与乌拉圭首都蒙得维的亚以及阿根廷第二大城市科尔多瓦签署了友好合作备忘录，"中国—中东欧国家智慧城市中心"揭牌。开幕式前，刘忻会见了出席活动的驻华使节、国际组织和"钱江友谊使者"等嘉宾代表。

"杭州国际日"主题展同步开展。主题展由国际邀请展、国际友城和"一带一路"地方合作委员会成果展、经贸产业展以及数动西湖五大板块组成。"杭州国际日"还安排了杭州亚运会主场馆群、良渚古城遗址等参观体验活动；"中意"爱情文化周、"我为杭州品牌代言"跨境直播秀、"创客天下"云路演、迎亚运全民健身活动、田园稻香节等贴近杭州百姓生活的系列活动持续至9月下旬。

● ● 历时两年改扩建的临平区体育中心亮相，成为首批启用的改扩建亚运场馆。

临平区体育中心总建筑面积9.5万平方米。该中心以白色为主基调，外观大气时尚；内设体育馆、体育场、游泳馆、综合训练馆和风雨操场五大场馆，并融入"丝绸之路"设计理念，以灵动的曲线设计和连廊平台构造，实现五大场馆之间的流畅串联。该中心承担亚运会足球和排球预赛、空手道预决赛以及亚残运会坐式排球预决赛。改建后的体育馆占地面积8383平方米，建筑面积16885平方米，中心球场长46米、宽28.5米。该体育场面积约22050平方米，是一座拥有400米标准环形径赛跑道的万人小型甲级体育场。在体育场塑胶跑道下方，新建的700多个地下停车位将在亚运会后向社会开放，进一步缓解临平城区停车难问题。

启用仪式现场，以"亚运来临·幸福来临"为主题的临平区迎亚运倒计时一周年系列活动也同步开启，举办亚运主题展览、"亚运四进"体育嘉年华等活动。

6 日 JIU YUE

● ● 中国大运河（杭州段）世界遗产党建联盟成立，并召开第一次全体成员大会，共同探讨运河世界遗产党建联盟运行机制，共商运河世界遗产保护管理的大计。

会上表决通过《中国大运河（杭州段）世界遗产党建联盟章程（试行）》，该章程明确了党建联盟的宗旨、主要任务、组织机构、成员单位和运行机制。该党建联盟是依据《杭州市大运河世界文化遗产保护条例》明确的法定职责，由杭州市园林文物局牵头，大运河世界遗产综合保护相关的各市级职能部门、市属国资企业和大运河沿线各属地城区共同组成的党建与遗产保护"双线融促"工作联合体。

中国大运河（杭州段）世界遗产党建联盟的宗旨是——以高质量党建引领高质量发展为出发点，以"保护好、传承好、利用好大运河"为目标，紧密结合大运河世界文化遗产"大型、线性、活态、开放"的特殊性，积极构建"共建、共创、共享、共赢"的世界遗产党建新格局，使党建联盟的整体效应在大运河世界遗产保护管理工作中显现积极作用；主要任务是围绕"保护体系共建、资源成果共享、管理举措共商、服务机制共创、文化品牌共育"五大方面，结合大运河世界遗产的保护、传承、利用，以及大运河文化带和运河国家文化公园建设的实际情况，不断推进区域化党建合作、破解治理难题。

会议还组织成员单位参观考察萧山区蒙山老东岳庙、浙东运河萧山展示馆等大运河文化展示点。

7
日 JIU YUE

●● 省委副书记黄建发在杭州调研"双减"工作，走访杭州保俶塔实验学校、学军小学。他强调，要深入学习贯彻习近平总书记关于教育工作的重要指示批示精神，贯彻落实党中央关于"双减"工作的部署要求，始终坚持系统谋划稳慎推进，突出问题导向精准发力，落实细化政策举措，一手抓校内、一手抓校外，坚定不移把"双减"工作落到实处。

在学军小学，黄建发主持召开座谈会，听取学校和机构代表对"双减"工作的意见建议和情况介绍，对杭州市积极稳妥、不断落实举措细化政策推进"双减"工作表示肯定。他强调，各地各部门要打好"组合拳"，把握好"双减"工作节奏，不搞"一刀切"，努力做到学校、机构、家长、孩子多方共赢。要坚持整体智治、高效协同，实现政府、学校、家庭、社会多方联动，强化部门间协同，尽快形成推进"双减"工作的合力。要抓住开学初这一重要时间窗口，积极引导学科类培训机构转型，帮助培训机构平稳过渡，切实把营利性学科类机构数量压减下来。要完善课后服务工作，各地要抓紧出台课后服务总体方案及相关配套政策，加快制订落实经费保障等激励措施，充分调动学校和教师工作积极性，提高课后服务质量。要加强监测预警，提前分析研判政策发布后可能出现的堵点、难点，逐一制订应对举措，预防"退费难""卷钱跑路"等现象发生。要做实做细思想工作，加强政策阐释宣传，主动回应机构诉求，落实"一企一策"等帮扶措施，确保浙江省"双减"工作既有力度又有温度。

刘忻、佟桂莉、丁狄刚参加有关活动。

●● 杭州市召开文化工作座谈会，学习贯彻习近平总书记关于社会主义文化建设的重要论述和对浙江、杭州重要指示精神，认真落实省委文化工作会议精神，研究部署杭州市文化建设工作。

市委副书记、市长刘忻主持会议并讲话。戚哮虎传达省委文化工作会议精神和省委书记袁家军在杭专题调研文化工作时的指示要求。朱建明、缪承潮、丁狄刚出席。

座谈会上，王冬龄、麦家、崔巍、陆琪等理论和文艺工作者代表，宋城集团、浙江华策影视集团、咪咕数字传媒有限公司、网易集团等文化企业代表，杭报集团、杭州文广集团、市文联、市社科联、市运河集团等市直部门负责人结合各自领域，就打造文化精品力作、提升文化产业竞争力、培育文化新标识等提出意见建议。

会议指出，建设世界一流历史文化名城是深入贯彻习近平总书记重要指示精神、坚决做到"两个维护"的实际行动，是增强城市软实力、提升城市综合能级的关键所在，是全面落实新时代文化浙江工程、争当浙江高质量发展建设共同富裕示范区城市范例的应有之义。要深刻认识新时代文化建设的重大意义，以高度的文化自觉和文化自信，积极探索展现国际水准、东方魅力、中国特色、江南韵味的文化繁荣兴盛之路，全力打造与社会主义现代化国际大都市相匹配的世界一流历史文化名城。

● ● 市人大常委会召开《杭州市淳安特别生态功能区条例》新闻发布会，就制定条例的背景、过程和主要特点等进行了解读和介绍。该条例经省十三届人大常委会第三十次会议批准，将于2022年1月1日起施行。这是淳安特别生态功能区设立以来首部"量身定制"的法规，也是全国首部生态"特区"保护法规。

高标准的生态保护是淳安特别生态功能区建设的前提。该条例对编制淳安特别生态功能区生态环境指标体系提出明确要求：生态环境状况指数稳定在优；保持千岛湖总体水质稳定，并逐步提高；当年度森林覆盖率稳定在前一年度水平之上。同时，条例对依法划定千岛湖保护范围、岸线保护范围做出规定。

● ● 市政协党组召开（扩大）会议，传达学习全国政协系统党的建设工作经验交流会精神，研究部署贯彻落实举措。市政协党组书记、主席潘家玮主持会议并讲话。张仲灿、叶鉴铭、王立华、陈国妹、滕勇参加。

会议指出，全国政协系统党的建设工作经验交流会深入学习贯彻习近平总书记"七一"重要讲话精神、习近平总书记关于加强党对人民政协工作领导的重要讲话重要指示精神，总结加强政协党建工作宝贵经验，专门部署下一步政协系统党的建设，充分体现了全国政协坚持和加强党对政协工作全面领导，以党的建设引领推进新时代人民政协工作高质量发展的政治自觉和行动自觉。全市政协系统要把学习贯彻会议精神作为一项重要政治任务，全面对标对表习近平总书记重要讲话重要指示精神，按照汪洋主席关于加强政协党建工作的部署要求，进一步提高政治站位，深化思想认识，完善工作举措，更加扎实有效推进全市政协系统党的建设，以高质量党建引领全市政协工作高质量发展。

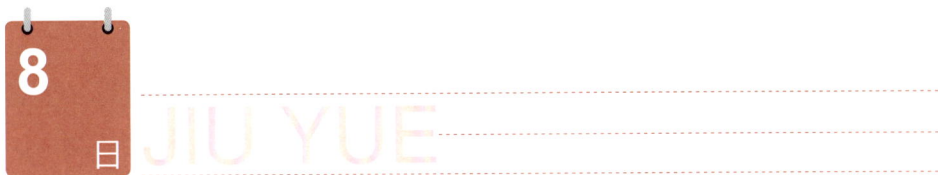

8 日

JIU YUE

● ● 国务院常务会议部署在部分城市开展营商环境创新试点，支持地方深化改革先行先试、更大力度利企便民。北京、上海、重庆、杭州、广州、深圳被确定为国家首批6个营商环境创新试点城市。

● ● 市政协主席潘家玮就"请你来协商"专题协商课题"宋韵文化保护与展示"开展调研。叶鉴铭参加。

调研组走访白塔、杭州孔庙（杭州碑林）和"严官巷南宋御街遗址"，与上城区、西湖西溪管委会、市园文局负责人和工作人员交流，了解文物遗址的历史文化价值、保护利用等情况，希望大家进一步加强文物遗址保护修缮和发掘研究工作，更好挖掘文物背后深厚的历史文化内涵，展示宋韵文化的价值和魅力，鼓励大家在加强文物保护的同时，积极发挥优势、创新形式，进一步加强对宋韵文化的宣传推广。在随后的座谈会上，上城区、市园文局负责人汇报相关工作情况，葛继宏、余莹、余青峰、姜青青4位市政协委员或市政协应用型智库专家分别提出针对性的意见建议。

潘家玮在充分肯定上城区、市园文局的工作成效和政协委员的意见建议后指出，加强宋韵文化保护与展示，是深入贯彻落实习近平总书记关于历史文化名城建设重要指示精神的必然要求，是自觉践行"八八战略"、建设"文化强省"的重要内容，是杭州争当浙江高质量发展建设共同富裕示范区城市范例的题中之意。要认真贯彻省委文化工作会议精神，进一步提高站位、深化认识，广泛凝聚共识和合力，共同做好宋韵文化保护与展示这篇文章。要不断深化对宋韵文化深厚丰富内涵的研究挖掘，全方位做好保护展示、传承融合、宣传推广工作。市政协要发挥独特优势，深入调查研究，积极协商建言，为打造具有杭州辨识度的宋韵文化做出政协贡献。

8—9日 JIU YUE

● ● 杭州亚运会代表团团长大会远程召开。亚奥理事会充分肯定了本次会议交流讨论成效和筹备工作取得的阶段性成果。会议尾声，亚奥理事会向亚洲和大洋洲各国家（地区）奥委会发出参赛邀请。

会后，亚奥理事会与杭州亚组委联合举行新闻发布会。亚奥理事会总干事、国际泳联主席侯赛因·穆萨拉姆，亚奥理事会终身名誉副主席魏纪中，亚奥理事会亚运会与竞赛部主任海德·法曼，亚奥理事会国际和奥委会部主任维诺德·帝瓦里等通过视频连线出席新闻发布会。杭州亚组委副秘书长、副市长陈卫强等出席发布会。

大会公布了总竞赛日程，对交通、物流、票务、安保等政策进行了详细介绍，精准了解参赛人员的需求，充分听取各方宝贵建议，各项议程顺利完成。

8—11日 JIU YUE

● ● 由中央统战部组织的"百年路·同心筑"媒体采访团到杭州，多维度深刻感受杭州新的社会阶层人士在建设中国特色社会主义事业中发挥的重要作用、呈现的生动局面。

在杭州期间，来自《人民日报》、新华社、《光明日报》、中国新闻网、《人民政协报》和《团结报》的媒体人到拱墅、上城、西湖、萧山、高新（滨江）等地，考察了公羊会、艺创小镇、运河·同心荟—新媒体新青年联盟、e港同心荟、知产·同心荟等同心荟示范项目，与杭州市各行各业新的社会阶层人士代表交流对话，了解他们发挥自身所长所能，在助推高质量发展建设共同富裕示范区、助力社会治理现代化、弘扬社会主义核心价值观和正能量、推进技术创新和科技成果转化应用等方面做出的重要贡献。

9日 JIU YUE

●● 市人大事业单位座谈会召开，市人大常委会主任李火林出席并讲话，秘书长张如勇主持。

市人大两个事业单位——市人大事务服务保障中心和"五四宪法"历史资料陈列馆负责人分别汇报了有关情况及下一步工作打算，8名事业单位干部围绕人大数字化改革和建设国家宪法宣传教育馆进行了交流发言。

李火林指出，在市人大常委会党组及机关党组的坚强领导下，市人大事务服务保障中心和"五四宪法"历史资料陈列馆深入学习贯彻习近平法治思想、习近平总书记关于坚持和完善人民代表大会制度的重要思想、习近平总书记对"五四宪法"历史资料陈列馆的重要指示精神，埋头苦干，勤勉工作，尽职尽责，在发挥宪法宣传教育独特阵地作用、持续擦亮"金名片"，推进人大数字化改革和立法、监督等工作，服务保障机关正常运转等方面做出了各自积极贡献。

●● 杭州市召开庆祝第37个教师节座谈会。市委副书记、市委教育工作领导小组组长佟桂莉出席并讲话。毛溪浩、陈红英、周智林参加。丁狄刚主持。

座谈会上，市领导为杭州市首批杰出教育工作者、浙江省中小学教坛新秀和杭州市优秀教师、优秀校长、优秀班主任、优秀教育工作者、农村教师突出贡献者颁奖，6位优秀教师和优秀教育工作者代表做交流发言。

10日 JIU YUE

●● 杭州亚运会倒计时一周年主题活动在杭州奥体网球中心举行。省委书记、省人大常委会主任袁家军发布杭州亚运会火炬形象，省委副书记、省长、杭州亚组委主席郑栅洁致辞，省政协主席葛慧君出席。国家体育总局副局长、中国奥委会副主席、杭州亚组委副主席高志丹，浙江省领导陈金彪、陈奕君、梁黎明、王文序，杭州市领导刘忻、李火林、潘家玮、佟桂莉、戴建平、朱建明、胥伟华、缪承潮、陈卫强，宁波市领导裘东耀出席。

活动以"盼"为主题，传递了浙江人民对杭州亚运会的热切期盼之情。现场大屏呈现出时空交错的视觉特效，名为"薪火"的火炬从玉琮道具中缓缓升起，袁家军走上主舞台发布并展示杭州亚运会火炬形象。杭州亚运会火炬寓意着中华文明薪火相传，象征着各国运动员团结共融。郑栅洁在致辞中首先代表浙江省委、省政府和亚组委，向积极参与和关心支持亚运会筹办工作的各界朋友表示衷心的感谢。高志丹、刘忻共同在邀请函上加盖"中国杭州"印章，向45个国家（地区）奥委会发出邀约。亚奥理事会、2018年印度尼西亚亚组委、2026年爱知·名古屋亚组委以及宁波、温州、湖州、绍兴、金华等协办城市通过视频或连线送上祝福。

活动期间还揭晓杭州亚运会官方体育服饰和礼仪服装形象。知名歌手、部分在杭高校师生等先后进行文艺表演。

● ● 省长郑栅洁到杭州部分中小学校看望慰问教师，调研推进"双减"工作，代表省委、省政府向全省广大教师和教育工作者致以节日祝福和诚挚问候。郑栅洁先后到临平一小世纪校区、临平一中望梅校区，实地察看学校建设情况，参观拓展性课程长廊、人工智能教室，观摩滚灯、人工智能、美术、书法等拓展课程，并与部分教师交谈，祝他们节日快乐。

郑栅洁指出，教书育人是教师的神圣职责。广大教师要铭记"为党育人、为国育才"的初心使命，对标"有理想信念、有道德情操、有扎实学识、有仁爱之心"的好老师标准，以德立身、以德施教，用高尚人格影响学生、教育学生，引导学生树立远大理想、家国情怀，注重培养学生的好奇心和良好学习习惯，促进他们德智体美劳全面发展，努力造就一大批堪当民族复兴大任的社会主义建设者和接班人。减轻义务教育阶段学生作业负担和校外培训负担，是以习近平同志为核心的党中央做出的重大决策部署。"双减"是一项政治任务，学校和教师是落实"双减"工作的关键。要提高政治站位，把"双减"工作作为维护教育公平的关键举措，坚持标本兼治、疏堵结合，让校外培训回归教育初心，助力学生全面发展。要更加关心关爱教师，依法保障教师权益和待遇，引导教师严守师德师风底线，用心提升校内教育教学能力，同时发挥个人特长开展丰富多彩的社团活动，让课后服务更精彩，全力以赴办好人民满意的教育。全社会都要重视教育、关心教育、支持教育，让尊师重教成为社会的一道靓丽风景。

成岳冲、刘忻、丁狄刚参加看望慰问和调研。

● ● 市委常委会召开会议，传达学习习近平总书记在中央民族工作会议、中央财经委员会第十次会议上的重要讲话和2021年中国国际服务贸易交易会全球服务贸易峰会视频致辞精神及《中共中央关于加强新时代检察机关法律监督工作的意见》，研究杭州市贯彻落实工作。

会议指出，要深入学习领会习近平总书记关于加强和改进民族工作的重要论述，坚持和完善民族区域自治制度，高质量高标准做好民族地区的对口支援，确保杭州市民族工作始终保持正确政治方向，为推动新时代党的民族工作高质量发展做出杭州贡献。要从中华民族伟大复兴的战略高度来充分认识民族工作的极端重要性，切实增强筑牢中华民族共同体的政治责任感和时代紧迫感；从"五个认同"的政治高度来加强党对民族工作的全面领导，聚力打造更多民族交流交往交融金名片；从高质量发展建设共同富裕示范区的全局高度来推进民族工作，不断增强各族群众获得感、幸福感、安全感。

● ● 市委副书记、市长刘忻看望慰问部分教师代表，代表市委、市政府向全市广大教师和教育工作者致以节日祝福和诚挚问候，勉励大家切实扛起为党育人、为国育才的光荣使命，落实立德树人根本任务，做学生为学、为事、为人的示范，努力办好人民满意的教育。丁狄刚参加。

刘忻指出，当前全市教育系统正在扎实推进"双减"工作。"双减"工作是党中央、国务院着眼全局做出的重大决策部署，是一项关乎万千家庭切身利益和孩子健康快乐成长的重大民生工程。希望广大教师和教育工作者切实提高政治站位，把落实好"双减"政策作为当前和今后一个时期的重要任务，严格按课程标准组织教学，严格控制作业布置量，积极创新课堂教学模式，强化教育教学与生产生活、社会实践的联系，注重提升学生的自主学习能力和创新思维能力，引导学生和家长摒弃"唯成绩论""唯分数论"，确保有效减轻学生过重学业负担、家长相应精力负担，推动人民群众教育满意度明显提升。

● ● 全市开发区（园区）人大工作推进会在桐庐县召开。市人大常委会主任李火林讲话，郑荣胜主持。

会前，与会人员集中观摩了桐庐经济开发区第一届议事会第一次会议，实地考察了富春未来城·快递科技小镇、桐庐经开区人大代表联络站。会上，列入全省开发区人大工作试点的萧山区、临安区、桐庐县人大常委会负责人交流试点工作情况。

李火林指出，探索开展开发区人大工作，是推进人民代表大会制度与时俱进、完善发展的重要举措，在完善治理体系、提升治理能力中具有重要地位。要深入学习贯彻习近平总书记"七一"重要讲话精神，认真落实省委、省人大常委会和市委部署要求，加快复制推广试点经验，推动全市开发区人大工作高质量发展。

● ● 2022年第19届亚运会和第4届亚残运会气象台揭牌仪式在市气象局举行，标志杭州亚运气象台启用。

亚运气象台以浙江省气象局和杭州市气象局为主体，统筹全省气象部门业务技术力量共同组建形成。在迎接杭州亚运会举办的时间里，亚运气象台将承担亚运会、亚残运会气象服务需求的收集分析、赛事期间的各项气象保障服务等八大工作任务，为杭州亚运会、亚残运会的顺利举办保驾护航。

截至目前，亚运气象台已完成33套亚运场馆专项气象站、4部X波段天气雷达、2部低对流层风廓线雷达、3部毫米波云雷达、10套便携式气象站等气象观测设施建设，并启动车载移动应急观测系统、亚运核心区气象泛在感知网建设。此外，在开展人工智能天气识别、强对流天气短临监测预警、重点水域百米级精细化预报等技术研发上也取得了阶段性成果，完成亚运气象台硬件环境、会商系统等升级改造。

● ● 全省首个新就业形态联合工会在杭州市职工服务中心"爱心驿家"成立，为湖滨街道辖区内10个新业态平台企业的6000多位新就业形态的职工劳动者服务。

为关心关爱新就业形态劳动者，最大限度地将新就业形态劳动者组织到工会中来，杭州市总工会在上城区湖滨街道总工会设立试点，打破了传统的组织隶属和行业产业等界限，整合区域内出行、外卖、即时配送等各类新业态、新就业群体资源，着力打造服务新就业形态劳动者的"五个家"：打造"思想·家"，通过开展开放式组织生活、面对面交流等形式，深入了解新就业形态劳动者群体的思想状况，强化思想引领；打造"品质·家"，通过开展各类培训讲座、文化活动、心理咨询等活动，丰富职工群众精神文化生活，切实提高生活品质；打造"服务·家"，为工会会员免费赠送意外伤害及家财损失保障，积极组织开展文化、健康、法律相关知识讲座以及困难帮扶救助等活动；打造"风采·家"，举办各类职业技能培训、岗位练兵、技能比武等活动，全面展示新就业形态劳动者风采；打造"智慧·家"，依托"数智群团"和"杭工e家"App等平台，推动新就业形态劳动者"一键入会"，实施"互联网+"工会普惠服务。

10—17日

● ● 2021年全国科普日暨杭州市第35届科普宣传周活动举行。

活动以"百年再出发，迈向高水平科技自立自强"为主题，围绕建党百年，回望创新发展，立足共同富裕，助力乡村振兴，开展系列科普活动。科普宣传活动周期间，并展"云上科普日"活动，在线上线下统筹推出话题互动、直播、短视频征集等网络科普活动。开展点赞科技志愿、"杭州科普"短视频征集、"迎亚运"科普微视频创作大赛、第二届最美科普人评选等针对不同群体的线上活动。

12日

● ● 市委副书记、市长刘忻连续在市防汛防台抗旱指挥部主持召开会议，就做好台风"灿都"防御工作进行具体部署。会议强调，要深入贯彻习近平总书记在浙江工作期间关于防汛防台一系列重要指示精神，坚决落实"四个宁可"要求，切实按照省委袁家军书记"八张清单"和省政府郑栅洁省长"六道防线"的部署要求，以彰显政治忠诚、应对大战大考的态度，以对人民群众生命财产安全高度负责的精神，把防汛防台作为当前最紧迫的重大任务，严阵以待、全力以赴，确保实现"不死人、少伤人、少损失"目标，为展示杭州城市形象、打造"重要窗口"保驾护航。戴建平、朱建明、缪承潮、王宏、丁狄刚出席。

根据省、市气象部门预报，台风"灿都"将于13日早晨至上午在舟山到宁波沿海一带登陆或穿过舟山群岛。受台风影响，12日夜里到15日，杭州市东部和北部区县有大雨到暴雨，局部地区可能出现极端降水，进而可能引发山洪、泥石流、中小流域洪水、城乡积涝等次生灾害。

13—16日 JIU YUE

●● 市人大常委会主任李火林率市人大代表团到四川省甘孜州对接对口帮扶和东西部协作工作。甘孜州人大常委会主任向秋、副主任陈洪暴、副州长颜磊，市人大常委会副主任卢春强参加有关活动。

其间，两地召开人大工作交流座谈会。会上，杭甘两地人大常委会签订了建立合作交流机制协议，"五四宪法"历史资料陈列馆与四川长征干部学院甘孜泸定桥分院签订了友好合作协议。在甘孜州期间，李火林一行看望了杭州援派干部，考察了四川长征干部学院甘孜泸定桥分院、康定市第二中学援建项目等。

14日 JIU YUE

●● 省长郑栅洁在余杭区调研人工智能小镇建设，参观人工智能小镇展厅，走访杭州字节跳动科技有限公司、杭州加速科技有限公司等科技创新型企业。他强调，特色小镇是省委、省政府着眼于推动浙江高质量发展做出的重大决策，也是打造"重要窗口"和共同富裕示范区的有力抓手，要对标更高目标，突出产城融合，加快资源集聚，加强产业创新，着力打造全面践行新发展理念的高端平台，为全省经济提质扩量增效注入新动力。

郑栅洁指出，产业是特色小镇的核心。要始终坚持产业立镇，瞄准高端产业和产业高端，集聚更多的行业龙头企业，培育更多的专精特新"小巨人"企业，带动更多的产业链上中下游企业进行整合，构建多主体协同、多要素联动的产业生态系统和符合小镇特点的创新生态系统，不断提升小镇能级和产业竞争力。

卢山、刘忻、张振丰、丁狄刚参加调研。

●● 第四届中国质量大会筹备工作落实推进会召开。市长刘忻主持会议，强调，要立足新发展阶段、贯彻新发展理念、构建新发展格局，把服务保障大会作为展示"重要窗口"省会城市形象的重大契机，进一步增强政治自觉、思想自觉、行动自觉，以最高标准、最实措施、最严作风、最好效果完成各项服务保障任务，为成功举办一届具有"国际视野、中国特色、浙江特点、杭州韵味"的大会做出应有贡献。胡伟出席。

刘忻强调，要把精致、细致、极致的要求体现到筹备工作的全环节、全链条、全过程，彰显杭州韵味，办出杭州水平，展现杭州风采。要慎终如始抓好疫情防控，对机场、火车站、宾馆、会场等重点场所的防疫措施再排查、再落实，把短板补齐、把漏洞堵上，筑牢"外防输入、内防反弹"的坚固屏障。要严紧细实强化安全保障，把大会安保作为筹办亚运的实战演练，严格做好证件管理、人员审查、安全检查、应急处置等工作，构建环环相扣、无缝衔接的安全管理闭环。要用心用情做好礼宾接待，在嘉宾迎送、会务服务、游览线路安排等环节中下足功夫、做足准备，努力创造宾至如归、令人惊艳的参会体验，让四海宾朋高兴而来、满意而归。要多措并举营造浓厚氛围，全周期、高频次、多视角加强会议主题宣传和城市形象宣传，形成同频共振的叠加效应，助力提升杭州城市影响力和美誉度。要立足长远推动成果转化，借助大会平台加强招商引资、深化企业服务、促进项目落地，为杭州经济持续健康发展注入新动能、激发新活力。

● ● 市政协召开全市政协主席学习会暨宣传思想工作会议，深入学习贯彻习近平总书记"七一"重要讲话精神，贯彻落实全国政协宣传思想工作座谈会精神，总结交流经验，研究部署工作。市政协主席潘家玮讲话，张仲灿、叶鉴铭、王立华、周智林、冯仁强、陈国妹参加。13位区县（市）政协主席和部分市政协界别小组召集人做交流发言。

会议指出，十一届市政协和各区县（市）政协深入学习贯彻习近平总书记关于加强和改进人民政协工作的重要思想，认真落实中央和省委、市委政协工作会议精神，坚持抓政治建设、强党建引领，抓平台载体、拓履职阵地，抓提质增效、增履职活力，抓基层基础、破"两个薄弱"，抓联合联动、增工作合力，守正创新、服务大局，各项工作都取得新进展新成效。

● ● 杭州2022年第19届亚运会官方宣布，杭州亚运会火炬"薪火"同款3D版数字火炬发布，于9月16日12时在支付宝开售，这也是亚运会70年历史上首次发行数字特许商品。

　　杭州亚运会数字火炬是一种数字收藏品，由蚂蚁链提供技术实现链上确权存证与发行，每个火炬都有独一无二的限量编号，共限量发行2万个，每个售价39元人民币。用户可以在支付宝App搜索"亚运火炬"进行购买。9月10日，在杭州亚运会倒计时一周年活动上，杭州亚运会火炬"薪火"发布。

● ●　由中国外文局主办的2021年第三届"第三只眼看中国"国际短视频大赛颁奖典礼在广东中山举行。杭州报送的《创变者（Mantra-SAM魏文杰）》《浙江运动之旅》《我与非遗的奇妙邂逅》《泰国小哥热爱的建德味道》4部作品获得大赛多类奖项，杭州市委宣传部则荣获大赛组委会大奖与优秀组织奖。

　　大赛组委会宣布下一届"第三只眼看中国"国际短视频大赛颁奖典礼落户杭州。

● ●　杭州银行等10个国企共同成立"信未来"党建联盟，共创"资源共享、优势互补、合作共赢"的新时代党建格局，以高质量党建引领高质量发展。

　　"信未来"党建联盟由市国资委指导，杭州银行、杭州市实业投资集团有限公司、杭州市商贸旅游集团有限公司、杭州市金融投资集团有限公司、杭州市国有资本投资运营有限公司、中宸建设发展有限公司、杭州拱墅投资发展有限公司、杭州市城市建设投资集团有限公司、杭州余杭金融控股集团有限公司、杭州钱塘建设工程有限公司10个单位共同发起，着力构建以"党务联合、工作联动、活动联办、阵地联建、品牌联创"为主要内容的党建共建合作机制，打造"跨系统、跨区域、跨行业"的新型党建阵地，营造更多的"红色朋友圈"，进一步带动形成"聚合效应"，激发国企"内动力"。

15
日　JIU YUE

● ●　杭州市召开高质量推进乡村振兴促进城乡共富工作会议。市委副书记、市长刘忻在会上强调，要深入学习贯彻习近平"三农"思想，把乡村振兴战略作为新时代"三农"工作总抓手，抓住用好浙江高质量发展建设共同富裕示范区的重大契机，锚定城乡共富目标，抓紧抓实"七个坚持"，加快形成一批具有杭州辨识度的制度创新实践范例，奋力打造共同富裕示范区的乡村振兴样板，让杭州大地处处成为令人向往的幸福美好家园。

潘家玮、张振丰、朱建明、陈红英、王宏在主会场或区县（市）分会场出席，佟桂莉主持。会上观看了杭州城乡区域统筹发展十年成果宣传片，表彰了乡村振兴（城乡区域统筹发展）工作成绩突出集体和个人。市委办公厅、市农业农村局、萧山区、余杭区、建德市乾潭镇、桐庐县芦茨村相关负责人做交流发言。

●● 市政府党组书记、市长刘忻主持召开市政府党组（扩大）会议和市政府常务会议，学习贯彻习近平总书记在中央深改委第二十一次会议和2021年秋季学期中央党校中青班开班式上的重要讲话精神，研究部署杭州市推进第二轮中央环保督察整改等工作。

会议指出，习近平总书记重要讲话对强化反垄断、深入推进公平竞争政策实施提出了明确要求，这为我们维护公平竞争市场秩序、推进高标准市场体系建设提供了重要遵循、指明了努力方向。要吃透精神实质、把握核心要义，更好统筹发展和安全、效率和公平、活力和秩序、国内和国际，坚持监管规范和促进发展两手并重、两手都要硬，加快健全市场准入制度、数字经济公平竞争监管制度等，加快建立全方位、多层次、立体化监管体系，推动杭州市场公平竞争秩序和城市营商环境稳步向好。

会议还集体学习《中华人民共和国环境保护法》，研究了居住证积分管理等事项。

●● 国家知识产权局专家组到杭州对中国（杭州）知识产权保护中心筹建工作进行考核验收。经过现场考核，专家组一致同意中国（杭州）知识产权保护中心建设合格通过验收。这也标志着杭州市知识产权保护工作开启了新的篇章。

中国（杭州）知识产权保护中心正式运行后，将进一步健全专利预审体系、深化协同保护体系、打造公共服务平台，其中包括开启专利审查"绿色通道"，此举将发明专利审查周期由22个月左右缩短到3～5个月，极大缩短相关领域专利的授权、确权和维权周期。同时，杭州保护中心目前已组建知识产权人民调解委员会，在全市范围内提供知识产权纠纷调解、维权援助的在线申请、在线办理等服务，逐步完善知识产权纠纷多元调解架构，健全完善便民利民的知识产权公共服务。

●● 杭州亚组委颁布聘书，12位来自国网杭州供电公司的业务骨干受聘成为亚运历史上首批"零碳"工程师。这支"零碳"工程师队伍由具有丰富能效优化工作经验的专业人员组成，将充分利用信息化、数智化降碳手段开展工作。

●● 富阳公望大桥通车。这不仅有效改善东洲岛交通状况，为亚运场馆提供重要交通保障，而且有助拆除东洲大坝，北支江将重新变成活水。

公望大桥北起高尔夫路和江滨东大道交叉口，南侧连接在建的环岛路和东望路延伸段，全长700米，桥面宽43米，双向六车道，设计时速60千米。大桥通车将进一步完善东洲岛区域路网，同时为富阳北支江水上运动中心赛事开展提供重要交通保障。

15—18日 JIU YUE

●● 农工党市委会到贵州省大方县开展巩固脱贫攻坚成果、助力乡村振兴精准帮扶活动。

农工党市委会会同党员企业向大方县卫健局捐赠了3台AED（自动体外除颤仪），并邀请杭州市急救中心党员在当地开展心肺复苏急救知识（AED使用）培训。帮扶组还向市委会结对乡镇——三元乡的5位家庭困难学生送上了助学金。帮扶组还实地调研大方生态源中药材种植专业合作社白芨种植基地，前往理化乡卫生院了解在杭州市中医院进修医师返岗后工作发展情况，考察凤山乡、星宿乡乡村振兴项目等，并听取三元乡对市委会之前捐赠的救护车和帮扶资金使用情况。

16日 JIU YUE

●● 市政协召开"请你来协商·提升杭州文创产业国际化水平"月度协商座谈会。市政协主席潘家玮讲话。戚哮虎到会听取意见，王立华主持。

会议在市民中心设主会场，并视频连线香港、澳门、深圳政协委员进行远程协商。会上，市政协港澳台侨和外事委做主旨发言，市委宣传部和西湖区、余杭区介绍有关情况，9位政协委员、列席代表、在杭专家、外籍人士交流发言。336名委员通过数智政协平台在线参与网络议政，提出238条建议。

委员们认为，市委、市政府一直高度重视文化建设，杭州在发展文创产业上具有先发优势和深厚基础，要着眼于高质量发展，积极提升文创产业国际化水平。委员们从营造发展环境、优化产业布局、完善产业政策、打造展示窗口等方面提出了具体建议。

● ● 位于上城区仁和路2号的杭州工运史资料陈列室工匠精神展示厅开馆。

工匠精神展示厅全厅以文字、图片和影像的形式展示了"思想引领，闪耀光芒""工匠精神，杭州实践""舆论反响，社会评价"等三部分内容。其中，"思想引领，闪耀光芒"展示了党的十八大以来，习近平总书记对于弘扬劳模精神、劳动精神、工匠精神的重要指示以及相关文字、图片、影像资料；"工匠精神，杭州实践"部分展示了杭州大力弘扬新时代工匠精神的实践与探索；"舆论反响，社会评价"部分展示了全国和省、市媒体关于弘扬工匠精神的相关报道和社会评价等内容。

启动仪式后，六位专家、劳模工匠代表还围绕"劳模精神、劳动精神、工匠精神"开展主题演讲。

16—17日 JIU YUE

● ● 第四届中国质量（杭州）大会在杭州国际博览中心举行，主题为"质量，数字，绿色，融合"，由国家市场监督管理总局、浙江省政府和杭州市政府共同举办。

国家主席习近平向大会致贺信。习近平指出，质量是人类生产生活的重要保障。人类社会发展历程中，每一次质量领域变革创新都促进了生产技术进步、增进了人民生活品质。中国致力于质量提升行动，提高质量标准，加强全面质量管理，推动质量变革、效率变革、动力变革，推动高质量发展。中国愿同世界各国一道，加强质量国际合作，共同促进质量变革创新、推进质量基础设施互联互通，为推动全球经济发展、创造人类美好未来做出贡献。

国务委员王勇出席大会，宣读习近平主席贺信并致辞。活动期间，王勇到浙江省市场监管部门、食品药品检验机构和制造企业调研质量工作。国家市场监管总局局长张工主持开幕式，省委书记袁家军致辞，省委副书记、省长郑栅洁出席。

开幕式上，荷兰副首相兼农业、自然和食品质量大臣卡罗拉·司考腾，老挝国会副主席宋玛·奔舍那，世界知识产权组织总干事邓鸿森，联合国副秘书长兼亚洲及太平洋经济社会委员会执行秘书阿尔米达·萨尔西娅·阿里沙赫巴纳，世界贸易组织副总干事让-马里·波冈，国际标准化组织主席埃迪·恩乔罗格通过视频致辞。随后，张工宣读第四届中国质量奖表彰决定，与会领导为获奖组织和个人颁奖，中国质量奖获奖企业和个人代表做发言。

开幕式后举行6个分论坛，与会人士围绕先进质量管理经验分享、质量变革与数字赋能、碳达峰碳中和标准化与可持续发展、产品质量提升与制造业高质量发展、服务质量提升与现代服务业发展、区域一体化与高质量发展等主题进行了深入探讨。中央和国家有关部门负责人孟扬、田世宏、王志军、彭华岗、鲁勇，山西省领导吴伟、湖北省领导张文兵、广东省领导袁宝成，省领导陈奕君、朱从玖及杭州市领导刘忻、潘家玮、佟桂莉、朱建明、胥伟华、胡伟、丁狄刚，外国驻华使节代表出席有关活动。

国家市场监督管理总局副局长、国家标准化管理委员会主任田世宏主持闭幕式。浙江省副省长徐文光、山西省副省长吴伟、四川省副省长罗强、广东省政协副主席袁宝成出席。杭州市委副书记、市长刘忻宣读《杭州质量倡议》。市领导朱建明、胡伟、丁狄刚参加。第五届中国质量大会将在四川成都举行，闭幕式上，杭州与成都交接了大会会旗。

17 日 JIU YUE

●● 杭州市举行各界人士中秋茶话会。省政协副主席张泽熙出席，市委副书记、市长刘忻讲话，李火林、佟桂莉等参加，潘家玮主持。

刘忻向全市各民主党派、工商联、无党派人士和人民团体，向广大工人、农民、驻杭部队官兵、知识分子和社会各界人士，向在杭港澳同胞、台湾同胞、归侨侨眷，向所有关心支持杭州发展的海内外人士致以节日的问候和美好的祝愿。他说，2021年是中国共产党成立100周年，是"十四五"开局之年、现代化新征程开启之年，也是浙江高质量发展建设共同富裕示范区的起步之年。我们要高举习近平新时代中国特色社会主义思想伟大旗帜，牢记习近平总书记"四个杭州""四个一流"等殷殷嘱托，厚植历史文化名城、创新活力之城、生态文明之都的特色优势，高水平打造"数智杭州·宜居天堂"，高水平建设社会主义现代化国际大都市，争当浙江高质量发展建设共同富裕示范区的城市范例，在全省发展大局中更好发挥头雁作用。希望大家始终把牢政治方向，进一步增强"四个意识"、坚定"四个自信"、做到"两个维护"，聚焦市委、市政府中心工作，充分发挥联系广泛、智力密集、资源丰富的特色优势，建言资政、凝聚共识、汇集力量，为杭州保持高质量发展的向上态势做出新的更大贡献。

潘家玮说，要高举习近平新时代中国特色社会主义思想伟大旗帜，深入学习贯彻习近平总书记"七一"重要讲话精神，胸怀"两个大局"，心系"国之大者"，充分发挥人民政协和统一战线的优势作用，紧紧围绕市委、市政府中心工作，协商建言谋新篇，凝心聚力促发展，强化责任显担当，为助推杭州"十四五"高质量发展、加快建设社会主义现代化国际大都市做出新的贡献。

市政协艺术团文艺工作者表演了民乐合奏《彩云追月》、双人舞《梦回西泠》、二重唱《不忘初心》等节目，共同祝福祖国和杭州的美好明天。

●● 市长刘忻主持召开会议，就抓好当前疫情防控和安全生产工作进行具体部署。会议强调，要深入贯彻习近平总书记关于疫情防控和安全生产的重要指示批示精神，全面落实党中央、国务院和省委、省政府有关部署要求，坚持人民至上、生命至上，严紧细实抓防控，担当尽责保平安，切实守护好广大人民群众的健康和安全。佟桂莉、戚哮虎、许明、戴建平、金志、朱建明、柯吉欣、缪承潮、陈卫强、丁狄刚出席。

会议强调，当前国际国内疫情形势复杂严峻，加上中秋、国庆"双节"将至，人员跨地区流动量大，重大节庆会展活动多，杭州市疫情防控工作面临较大压力。各级各部门要持续绷紧疫情防控这根弦，做到思想从紧、措施从细、行动从快、责任从严，坚决打好打赢新一轮疫情防控硬仗。要压实四方责任，指导督促属地、部门、单位、个人切实担负起疫情防控主体责任，不断完善值班值守、专班运行、督导巡查等工作机制，引导公众合理安排出行，倡导"非必要不外出"，凝聚起同心抗疫的强大合力。要拧紧防控链条，对中高风险地区来杭返杭人员、阳性病例密接次密接人员等快速精准做好流调溯源，严格落实闭环转运、"14+7+7"健康管理等措施，杜绝发生漏管脱管。要强化重点防控，落实落细发热门诊、旅游景点、酒店、机场、车站、地铁等重点场所的防疫措施，做好人流疏导、秩序维护、环境消杀等各项工作，确保守住不发生院内感染、聚集性疫情的底线。要深化精密智控，做优做强大数据平台，充分发挥基层治理网格作用，形成信息采集、智能预警、分类管控的全周期疫情防控闭环，打造更有韧性的城市防疫体系。

● ● 杭州地铁9号线一期北段开通运营。7号线市民中心站同步开通。

地铁9号线一期工程北段线路由南向北起于邱山大街站，止于龙安站，全长约6千米，均为地下线。全线共设站4座，分别为龙安站、五洲路站、荷禹路站、邱山大街站，均在临平区内，临平山北地区也由此开启"地铁时代"。9号线一期北段开通后，可与地铁1号线在客运中心站换乘，与杭海城际铁路在余杭高铁站换乘。全线开通后，乘客可在御道站换乘机场轨道快线，到达城西、萧山国际机场；在三堡站换乘6号线，到达富阳、滨江、奥体中心等区域；在钱江路站换乘2、4号线，到达市民中心、城西、萧山等区域；在观音塘站与7号线进行换乘，可到达吴山广场、萧山等区域。

地铁7号线市民中心站至奥体中心站（不含）线路长约3千米，穿钱塘江而过，可与4号线市民中心站实现"L"形通道换乘。

18
日 JIU YUE

● ● 市人大常委会党组书记、主任李火林到市委党校讲课，围绕学习贯彻习近平总书记关于坚持和完善人民代表大会制度的重要思想做了专题报告。

李火林从中国特色社会主义政治发展道路是符合中国国情、保证人民当家作主的正确道路，坚持走中国特色社会主义政治发展道路关键必须坚持党的领导、人民当家作主、依法治国有机统一，实行人民代表大会制度是坚持走中国特色社会主义政治发展道路的根本政治制度安排，坚持和完善人民代表大会制度必须切实提高人大履职行权的能力和水平，推动人民代表大会制度更加成熟更加定型是新时代坚持走中国特色社会主义政治发展道路的迫切任务五个方面，系统阐述了习近平总书记关于坚持和完善人民代表大会制度重要思想的形成发展、核心内容、实践要求等，通过深入浅出的理论阐释、生动鲜活的实证案例，为学员们上了一堂既有理论高度、又有思考深度的关于人民代表大会制度的辅导课。

2021年秋季干部进修班、党政正职班、中青二班、党外中青班、处级干部任职班等250多名主体班次学员参加。

● ● 杭州亚运重要保障工程项目——杭州西站枢纽的地标性建筑"云门"奠基，杭州云城南综合体（金手指）项目加速迈出建设步伐。

"云门"于8月13日开建地上部分。作为云城南综合体的核心体量，"云门"联系着西站站房以及周围的高层办公、裙房商业、休闲等综合开发项目，在"云门"二层，设置了与西站联通的进站通道，以便人们快速进出站房，再借由站房公共平台出入南北综合体，它的地下空间也与地铁联通，方便往来乘客"无缝换乘"。根据规划方案，"云门"14层、超过8万平方米的开发体量中，包含了办公、商业、餐饮等业态，将"一站式"满足商务、旅游、购物、会展等需求。此外，通过全息投影、数字灯光等高科技手段，配合不同节日，"云门"还将开启不同的"泛光模式"，成为颇具城市活力的公共空间。

在云城南综合体设计方案中，和"云门"相呼应，云城南综合体分布四幢塔楼，320米高的地标塔楼包含了五星级酒店、商业以及约300米高的观景平台；次高塔楼高300米，涵盖了公寓、酒店、商业等业态；最南边两栋约200米高的塔楼，为服务式公寓。在"云门"奠基前一天，滨江房产集团股份有限公司、新加坡鹏瑞利集团已签约，合作开发云城南综合体。

21 日

JIU YUE

● ● 以"智慧城市的演变"为主题的市长线上圆桌会议在杭州市国际友城——俄罗斯喀山市举行。来自杭州、哈尔滨、深圳、青岛、厦门等国内城市的市领导，与俄罗斯因诺波利斯、土耳其安卡拉、日本京都、摩尔多瓦基希讷乌市等国外城市的市长们在线上共话智慧城市的发展与变革。

22—24日 JIU YUE

●● 西藏自治区那曲市党政代表团到浙江省、杭州市考察调研。22日下午，杭州—那曲对口支援工作交流座谈会召开。杭州市委副书记、市长刘忻，那曲市委副书记、市长才仁郎公出席并讲话。杭州市领导许明、陈红英、王宏、丁狄刚、冯仁强，那曲市领导扎西平措、李猛、李东、索朗央巴参加。

刘忻说，党的十八大以来，在党中央、国务院的亲切关怀和自治区党委、政府的坚强领导下，那曲市坚决贯彻新时代党的治藏方略，谱写了脱贫攻坚、经济发展、社会进步、民族团结的壮丽篇章。杭州作为兄弟城市，坚持把对口支援那曲市色尼区作为光荣使命和政治任务，用心用情用力做好对口支援工作，先后派出9批44名优秀干部到色尼区工作，累计投入资金7亿余元，实施援建项目210多个，对口支援各项工作成绩显著、亮点纷呈。

才仁郎公说，自1995年对口支援色尼区以来，杭州市委、市政府始终从党和国家工作战略全局的高度出发，把做好对口援藏工作作为一项重大政治任务，把那曲的事作为"家里事、分内事"，有力助推了色尼区脱贫攻坚步伐和经济社会高质量发展。当前，那曲市正处于加快发展的黄金期、缩小差距的关键期、厚积薄发的战略机遇期。希望杭州一如既往关心支持色尼区发展，在乡村振兴、产业发展、电子商务等方面给予更多帮助，把杭州企业、市场、技术优势与那曲资源优势更好结合起来，为雪域高原发展注入新活力。

●● 市人大常委会主任李火林带队对杭州市贯彻执行《中华人民共和国文物保护法》等法律法规情况进行检查，罗卫红和部分市人大代表、文物保护专家参加。

执法检查重点包括不可移动文物保护管理、文物考古发掘、馆藏及民间文物保护管理、文物出入境管理、文物保护管理违法行为处罚等。前期，市人大常委会组织部分人大代表、专家、媒体等进行了暗访，各区县（市）人大常委会开展了执法检查，市级相关部门开展了自查。22日，执法检查组听取有关专家对执法检查重点内容的解读，检查组成员和市相关部门负责人进行了文物保护法律知识考试。执法检查组分别听取市相关部门及建德市政府有关情况汇报，并先后到建德、桐庐、上城、西湖风景名胜区实地检查了新叶村乡土建筑、德寿宫遗址、杭州孔庙碑林等9个国家级和省级文保单位。

执法检查组指出，近年来，全市各级各部门认真贯彻执行文物保护法等相关法律法规，突出科学统筹规划、强化保障措施、完善法规制度、公正严格执法，依法保护、管理和利用文物水平不断提高。要深入学习贯彻习近平总书记关于文物保护的重要指示精神，认真落实省委文化工作会议精神和市委决策部署，切实增强对历史文物的敬畏之心，全面提升杭州市文物保护水平，为争当城市范例注入文化力量。要增强文物保护意识，层层压实责任，真正把"保护为主、抢救第一、合理利用、加强管理"工作方针落到实处。要发挥执法检查"法律巡视"利剑作用，让法律制度的"牙齿"有力地咬合起来，依法推进文物保护、传承和利用。要坚持问题导向，深入查找短板，以开展文物安全大排查大整治大提升攻坚行动为契机，加强文物安全日常检查和监视监测，严厉打击文物违法犯罪，注重用改革的思路和创新的方法推动问题解决，强化数字化技术运用，提升文物安全防护能力，真正把承载历史文脉、体现杭州文化底蕴的文物资源保护好。

23 日

JIU YUE

●● 市委理论学习中心组（扩大）专题学习会召开，学习习近平总书记在中央政治局第三十次和第三十一次集体学习时的重要讲话精神，研究加强杭州市国际传播能力建设、争当守好"红色根脉"传承红色基因排头兵等相关工作。

会议指出，加强国际传播工作是党和国家的重要战略，事关国家形象、事关中国国际舆论话语权、事关国家文化软实力的提升。要深刻认识加强国际传播能力建设的重要意义，以国家重大战略为契机谋势造势、聚力汇场，全方位展现新时代杭州新形象，走出一条特大城市国际传播创新之路。把当代中国价值观念贯穿始终，主动把杭州国际传播融入国家战略全局谋划思考，讲好中国故事，传播好中国声音，牢牢把握新时代加强国际传播能力建设的正确方向。抢抓亚运等重要契机，持续推进城市国际化主题活动、亚运城市行动，办一届成功的亚运会和亚洲之光国际艺术节，进一步提升杭州城市国际影响力。建立与时俱进的国际传播格局，持续完善国际传播全媒体矩阵，匠心组建立体故事库，在守正创新中传播杭州声音。丰富传播内容，创新传播载体，搭建传播平台，用好传播中介，充分展现中华文化、江南韵味、杭州魅力。

● ● 2021年中国农民丰收节杭州主场庆祝活动在临安区举行。市委副书记、市长刘忻致贺信。郑荣胜、王宏、谢双成出席活动。

杭州主场活动以"庆丰收、感党恩、奔共富"为主题，开展群众文艺会演、乡村振兴成果展、丰收集市、乡村产业大师成果展示等活动。在现场，市领导向2021年杭州市乡村产业技能大师授牌，为首届杭州市农合联"双十佳"会员代表颁奖。活动现场同时启动上线杭州市数字乡村智慧平台。接下来一个月，陆续开展稻香小镇开镰节、鱼羊美食节、千岛农品擂台赛、国际稻香节等活动，通过农事体验、自然教育、美食交流等形式，展现杭州新时代美丽乡村建设和农业高质量发展的丰硕成果。

● ● 中共中央宣传部召开文化高质量发展座谈会。会议揭晓第十三届"全国文化企业30强"名单，杭州企业华数集团荣登榜单。这也是华数集团连续两年蝉联该榜单。

● ● 浙江省计量科学研究院在全国率先探索建设的远程智控方舱计量实验室揭牌成立，通过实施"传统实验室+远程智控"技术改造，把实验室"嵌入"企业产品生产链末端，做到企业产品线上检测、零距离服务。实验室可实时对接"浙江质量在线"平台的质量服务赋能场景，使企业实现检测周期"一次不跑，一屏通办"，有效破解了企业送检"最后一公里"难题。

该实验室在严格保证检测公正、质量要素全控的前提下，构建以物联视讯、智能安防、环境保障、数据安全为核心的高集成度、高智能化物联控制系统，实现自动控制检测过程。还配备远程智控系统，通过智控中心的大屏幕实现远距离控制和操作开展计量检定、校准和检测工作。检测人员通过智控系统实现两地交互，远程下达指令，控制实验室计量标准器和被检样品按照设定程序运行，检测流程全程可视，自动采集、计算、处理分析数据，生成证书报告，并形成产品质量的科学大数据，为企业决策提供第一手资料。此外，实验室可实时对接"浙江质量在线"的"浙里检"一站式服务，实现检测周期"一次不跑，一屏通办"。这种服务新模式不仅"大幅度"提升了检测效率，检测周期由过去的7个工作日缩短至4小时，检测效率提升42倍，而且能够"断崖式"下降送检成本，预计每年能为企业节省物流运输、重复包装和人力等直接成本超千万元。

24 日
JIU YUE

●● 第十三届"西湖·日月潭"两湖论坛通过杭州市与南投县两地视频连线方式举行，主题为"山水相连，共兴两湖"。杭州市市长刘忻、南投县政界人士林明溱出席开幕式并致辞。杭州市领导徐小林、丁狄刚、叶鉴铭，南投县政界人士陈正昇参加。

论坛采取"1+2+3"模式，包括一个主论坛、两个分论坛和三个相关主题活动。主论坛上，杭州市桐庐县、南投县环保局分别做主旨发言，介绍两地乡村环境治理的经验和做法。分论坛围绕"幼儿教育"和"跨境电商"两个主题进行了深入交流探讨。"杭州南投两地青年探访最美乡村"、"月伴两湖福满中秋"音乐会和"杭州南投青少年'新时代富春山居图'主题书画展"等活动让两地民众越走越近、越走越亲。

●● 由科技部等5个部委共同指导、浙江省科技厅主办、浙江火炬生产力促进中心承办的2021年第十届中国创新创业大赛浙江赛区暨第八届浙江省"火炬杯"创新创业大赛总决赛在杭州高新区举行。

大赛于6月启动，征集到927个科技型项目，涵盖新一代信息技术、高端装备制造、生物医药、新材料、新能源、新能源汽车、节能环保七大战略新兴产业。4个初创组、7个成长组共21个项目晋级决赛初创组赛德半导体有限公司、成长组杭州分叉智能科技有限公司、杭州光粒科技有限公司分别获得初创组和成长组一等奖。

●● "杭州共同富裕研究中心"在浙大城市学院举行揭牌仪式。研究中心立足杭州、深耕杭州，以"一核九星"错位协同发展的实践逻辑为研究范本，打造跨领域、矩阵式的智库平台。

研究中心由市发改委和浙大城市学院共同牵头成立，旨在围绕争当共同富裕示范区城市范例的目标和任务，联合多方智库力量，探索以"揭榜挂帅"等形式推动共同富裕相关研究，做深做透城市范例实践，集智助力推动共同富裕先行示范。研究中心将重点着眼四个方面开展研究。着眼杭州创新实践，总结提炼杭州经验，力争上升到理论高度，固化为制度成果；着眼省市级试点，加强理论指导，为基层实践创新提供智力支持；着眼全国先进城市、全球通行标准，开展杭州共同富裕的补短板研究，推动"大杭州、高质量、共富裕"；着眼学术交流、传播推广，加强与学术界互通、与新闻媒体互动，解码共同富裕的"杭州样本"，宣传推广杭州的好经验、好做法。

● ● 上城区、拱墅区、余杭区、临平区治水办共同签署《京杭运河流域共治协议书》，开启京杭运河杭州段流域治理机制联动、资源共享。

根据协议内容，4个城区将深化流域共治机制，构建联合共同体，进一步深化区域环境联合治理联席会议制度，互相交流经验，通报信息，共同研究解决上下游的环境问题，集中资源推进治水工作，助力水环境的提升。在"共防、共治、共保、共建、共享"的良好合作局面基础上，进一步整合多元力量，深化在上下游、左右岸、干支流方面的全面协作。同时，积极控源截污减排，共同推进运河上下游沿线排污口的整治工作，加强污染防治，共同实施区域联合执法监督，开展定期或不定期现场检查。建立信息互通机制，定时互通运河断面的水质监测情况、河岸环境情况、污染源和应急事故等信息。

活动现场，闸弄口街道、四季青街道、彭埠街道运河护河队分别被授旗，护河队沿京杭运河进行巡河，志愿者们沿河查找问题并上报，在巡河护河中展现系统治理大运河的民间力量。

25日 JIU YUE

● ● 庆祝2021年"926工匠日"暨第五届"杭州工匠"认定发布会在市职工文化中心举行。中华全国总工会副主席高凤林，省人大常委会副主任、省总工会主席史济锡，市委副书记、市长刘忻，市人大常委会主任李火林，市政协主席潘家玮出席并为获奖者颁奖，毛溪浩主持，朱建明、郑荣胜参加。

"杭州工匠"认定范围覆盖制造业、数字经济、市政公用建设和传统手工业、交通运输、文化、教育等多行业、多工种，重点聚焦推进数字化改革、建设亚运场馆、助力乡村振兴、促进共同富裕等领域，选树各行各业的高技能人才及能工巧匠。

●● 位于西湖区天目山路363号的全国首个劳模工匠文化公园开园。市人大常委会主任李火林宣布开园，市领导毛溪浩、郑荣胜、缪承潮、冯仁强参加开园仪式。

杭州市劳模工匠文化公园位于西溪国家湿地公园和西湖风景名胜区之间，占地26公顷，是一座综合性开放式主题公园。该公园以杭州城西休闲公园绿色生态为基底，不砍树不毁绿，以节点改造的形式，巧妙融入古今中外工匠文化和新中国劳模文化的相关元素，赋予公园新的时代内涵和文化灵魂。园区内有杭州工匠林、劳模记忆带、"天下巧工"浮雕景墙、抗疫群英像、格言墙、时代走廊等劳模工匠主题景观。杭州工匠林树阵广场上还设置了10组荣誉柱，目前刻录了第1至4届共120位"杭州工匠"名单。

活动现场，杭州市总工会和甘孜州总工会领导共同为甘孜—杭州劳模工匠交流基地揭牌，把劳模工匠文化公园作为两地劳模工匠、职工群众共同交流协作的平台。

●● 全国工商联公布"2021中国民营企业500强"榜单（根据2020年度数据评出），进入"中国民营企业500强"的营业收入总额门槛由上一年度的202.04亿元提高到235.01亿元。杭州市有36个企业进入"2021中国民营企业500强"行列，占全国的7.20%，占浙江省的37.50%。杭州市入围"中国民营企业500强"企业数已连续19年列全国城市第一位。

全国工商联还发布"2021中国民营企业制造业500强"名单和"2021中国民营企业服务业100强"名单。杭州市有26个企业进入"2021中国民营企业制造业500强"行列，占全国的5.20%，占浙江省的26.08%；有5个企业进入"2021中国民营企业服务业100强"行列，占全国的5.00%，占浙江省的41.67%。

依照往年惯例，本次全国工商联上规模民营企业调研仍旧采取企业自愿参加原则，杭州市共有193个2020年度营业收入总额超过（含）5亿元人民币的民营企业参加调研，其中：超过10亿元的136个，超过50亿元的68个，超过100亿元的52个，超过150亿元的43个，超过500亿元的13个，超过1000亿元的7个。

从分布区域上来说，杭州市"2021中国民营企业500强"中萧山区占比最高，有9个企业上榜，上城区7个、滨江区和拱墅区各有2个、西湖区及富阳区分别有3个、余杭区2个、临平区和临安区各1个。

25—26日 JIU YUE

●● 由团省委、省人力社保厅联合主办，团市委、市人力社保局承办的2021年"振兴杯"浙江省青年职业技能竞赛主体赛在杭州职业技术学院举行。作为"振兴杯"的预选赛，本次省级赛完全对标国赛相关技术标准开展，全省133名青年技能人才参加。

主体赛只举办学生组比赛，参赛选手均是年龄在16～25周岁（含）之间的省内全日制学生。竞赛分理论知识和实际操作两部分，前者占总成绩的30%，后者占总成绩的70%。和往年相比，这届比赛在传承第二产业强势竞赛工种的同时，还向新兴产业相关工种发展。竞赛职业（工种）有3个，除车工、计算机程序设计员（云计算平台与运维）外，工业机器人系统操作员也是首次亮相"振兴杯"。

省级选拔赛的优胜者，代表浙江省参加第十七届"振兴杯"全国青年职业技能大赛。根据组委会安排，此次竞赛获各职业（工种）单人赛项前8名、双人赛项前4名的选手，符合条件的，由团省委授予"浙江省青年岗位能手"称号。获各职业（工种）单人赛项前5名，双人赛项前3名的选手，按相关规定晋升高级工职业技能等级。

26日 JIU YUE

●● 中国匠心大会在杭州召开。中华全国总工会副主席、大国工匠高凤林做主旨演讲。佟桂莉致辞。毛溪浩、郑荣胜、冯仁强出席。

大会上，工匠、企业家和学者代表围绕匠心主题发表主旨演讲。大会成立中国企业家和工匠联合会，并发表《匠心筑梦——中国企业家和工匠杭州联合宣言》。大会还举办匠心论坛，嘉宾们围绕新制造、数字经济与传统手工艺等主题开展交流，共议企业家精神和工匠精神新内涵。

●● 市人大常委会召开2022年度预算草案"三审制"工作推进会。市人大常委会主任李火林出席并讲话，徐小林主持。

会上，市人大常委会财经工委、市财政局、市审计局分别汇报了2022年度预算草案"三审制"工作安排、年度预算编制总体情况和部门预算编制要点、相关预算单位历年审计发现问题情况及部门预算监督重点。

2021年是杭州市推进预算草案"三审制"工作的第三年，重点审查的预算单位和专项资金均由2020年的6个增加到12个。由市人大常委会各相关工委牵头、区县（市）人大常委会协助，组织了6个监督小组，代表参与人数增加至90多位，为更好发挥代表积极性和专业特长，还将探索代表跨组监督。

●● 市政协召开委员工作站建设暨界别工作经验交流会，表彰先进，交流经验，部署工作。市政协主席潘家玮讲话，张仲灿、谢双成、周智林、冯仁强、陈国妹参加。

潘家玮强调，要深入学习贯彻习近平总书记关于加强和改进人民政协工作的重要思想，认真落实中央政协工作会议精神和省委、市委部署要求，坚持质效导向，进一步提升组织化程度，深化委员工作站建设和界别工作，不断彰显特色、打造品牌、提升影响力，更好释放专门协商机构潜能效能。要加强思想政治引领，充分发挥"三个重要"独特作用，依托委员工作站深入抓好委员学习和委员自我教育，坚持把凝聚共识融入委员工作站履职活动全过程，积极面向基层和群众传播共识、增进共识，更好地凝聚人心、凝聚力量，把更多的人团结凝聚在党的周围。要强化协商功能，积极对接"请你来协商"主平台，聚焦党政要事、民生实事、社会难事，依托委员工作站组织开展界别协商，推动界别协商和基层协商相衔接，充分彰显政协专门协商机构特色。要不断拓展和创新方法载体，依托委员工作站更好地联系和服务界别群众，深入做好新时代政协群众工作。

会议通报表彰了12个2020年度市政协先进委员工作站，并为新建的4个委员工作站授牌。市政协界别小组和委员工作站、区县（市）政协的12名代表在会上做交流发言。

●● 杭州（萧山）移民事务服务中心启用，阿根廷驻华大使牛望道、巴西驻沪总领事乐思哲和印度尼西亚驻沪总领事戴宁等国际友人线上致辞。

杭州（萧山）移民事务服务中心采用国家移民管理局主导、出入境部门牵头、多政府部门集聚的"1+1+N"模式，市公安局出入境管理局、市外办、市贸促会、杭州跨境电商综试办、杭州城市品牌促进会等政务服务平台入驻，共同开展移民融入服务，帮助涉外产业项目顺利落地。

中心设置有综合行政服务中心、国际人才融创服务中心、移民融入信息服务中心、国际青年人才中心以及数字贸易（跨境电商）人才生态中心5个分中心，精准对接外籍人才。比如，综合行政服务中心可进行外国人签证办理、外国人来华工作许可申请、境外人员住宿登记、外商投资企业设立登记、离境退税办理等多项涉外业务，一站式提供外籍人才到杭、离杭全流程服务。而针对海外高端人才，国际人才融创服务中心还设置了国际社区工作室、跨境电商工作室、国际经贸交流厅等，利用钱江世纪城集聚众多第三方企业、机构的优势，提供多元的社会融入服务，既有涉外政策咨询、外国人医疗保障、外籍商业保险、外籍儿童就学咨询、培训体验活动等日常生活类服务，也兼顾了高端国际论坛、涉外企业圆桌会、涉外劳动仲裁与调解、留学生创业创新实习等专业类高频事项。

现场还成立了集聚区外籍志愿者联盟和杭州国际人才俱乐部。

● ● 杭州新时代乡村建设研究院（筹）·联盟共建揭牌仪式举行，由浙江省通信产业服务有限公司杭州市分公司、浙江省建筑设计研究院、浙江江南工程管理股份有限公司、浙江金道律师事务所、阳光保险股份有限公司浙江省分公司分别作为牵头单位发起的数智联盟、设计师联盟、项目管理服务联盟、法律服务联盟、金融服务联盟五大联盟共同亮相。这意味着杭州的乡村建设正由以往政府主导推动，逐步走向政府、企业、科研院所、高校等社会各界合力共建的新局面。

筹备中的杭州新时代乡村建设研究院将是一个集聚乡村建设领域各方资源的合作平台，按照"5+2+X"模式的专业职能分工，除了率先揭牌的五大联盟外，还有"乡建智库"和"培训基地"两个"资源库"平台，并将打造"数智超市"功能应用场景。研究院成立后将积极探索与大学院校合作共建，建设跨学科、交叉型、多元化创新研究平台，在决策咨询和理论研究方面产出一流成果，促进对内对外开展多种形式的交流学习，合力塑造"杭州乡建"品牌，为杭州城乡一体化高质量发展提供重要的智库支持和学术支持。

27
日 JIU YUE

●● 省政协主席葛慧君带队在上城区调研政协工作。市政协副主席张仲灿参加。

葛慧君走访了采荷街道幸福19民生议事堂、彭埠街道政协民生议事展示中心，她强调，市、县（市、区）政协开门是群众，出门是基层，要把握好"民生议事堂"功能定位，遵循"不建机构建机制"的要求，做到协商于民、协商为民；要彰显政协作为专门协商机构的特色特点，加强政协协商与基层协商的有效衔接，充分体现政协专的特色、专的质量、专的水平；要注重加强有效的工作机制建设，落实组织领导、强化统筹协调，发挥委员作用、压实委员责任，构建上下左右联通的机制，坚持建言资政和凝聚共识双向发力，推动协商更有质量、更有成效。

葛慧君还考察了南宋御街遗址陈列馆，了解杭州宋韵文化。

●● 杭州市召开数字化改革暨重大产业项目推进比学赶超会议，深入学习贯彻习近平总书记致世界互联网大会贺信精神，以数字化改革撬动各领域改革，牢牢抓住推进产业项目、优化营商环境、守住安全底线不动摇，不断开创改革发展新局面，充分体现省会城市的担当作为。

市委副书记、市长刘忻点评并讲话，李火林、潘家玮等市四套班子领导出席，佟桂莉主持。会议采取视频短片和书面材料交流的形式，展示了各区县（市）和市直部门有关工作及特色亮点，现场扫码测评、成绩实时呈现。

会议充分肯定了2021年以来杭州市数字化改革和重大产业项目推进工作取得的阶段性成效，强调要围绕"稳""进""和""好"四个字，推动全市数字化改革和重大产业项目落实落细。前期谋划要彰显高度。突出制度重塑，整体推动生产力水平跃升、生产关系优化和经济社会质量变革、效率变革、动力变革。聚焦"数智城生金，文平总美服"工作抓手，加强产业链招商，引进更多有实力的企业和投资机构，构建具有核心竞争力的产业生态。

28 日 JIU YUE

●● 由市社科联、上城区委宣传部、上城区社科联、小营街道工作委员会联合主办的2021年杭州市社会科学普及周在小营·江南红巷启动。

活动主题为"传承红色基因，担当历史使命"。启动仪式上，上城区红色宣讲团成立——该宣讲团以省新四军历史研究会宣讲团为"主力军"，整合融入"最美邻里"宣讲团、"青春力量·弄潮儿"青年理论宣讲团等原有区级红色宣讲资源力量，面向全区，辐射全市；随后进行《红巷新声》情景宣讲和《为真理而死的共产党人》党史故事宣讲。"传承红色基因，推动共同富裕"主题访谈也在中共杭州小组纪念馆同步举行，由市科联、市科协共同主办的广场咨询活动也在小营公园开展。活动现场还发布了"杭州市云上社科普及基地"应用程序——"乐游基地"。该程序主要设置有"我要参与"和"我要打卡"两个板块。

市社科联、杭报集团还联合启动"我心中的社科普及基地"系列征集活动：活动面向18周岁以下的青少年，征集内容围绕纳入《杭州市级社科普及基地手绘地图》的45个市级社科普及基地展开，参与形式包括绘画类、摄影类和作文类。具体征集要求、投稿方式可通过"乐游基地"应用程序查看。

●● 中国水稻研究所建所40周年成就展暨学术交流和新成果转化展示会在富阳区举行。1981年6月，经国务院批准，中国第一个以水稻为主要研究对象的多学科综合性国家级研究所在杭州成立。目前，在富阳区拥有一个包括实验室群、试验农场等在内的科学实验基地，占地353.33公顷。

活动现场，举行水稻科学发展基金捐赠、"禾天下"优秀研究生奖学金揭牌和成果转化签约仪式。中国水稻研究所授予王喜法等13位同志"终身荣誉职工"称号，授予王熹等17位同志建所40周年"杰出贡献者"称号。

●● 杭州"石榴籽党建联盟"在位于西湖区的"转塘·石榴籽家园"成立并召开第一次联席会议。

该联盟成员单位是来自各机关、街道、高校、企业、部队等的基层党组织，联盟成立后，将创新工作机制，发挥各自成员单位特色，设立生动载体，向社会各界不同领域播撒民族团结的"金种子"，促进杭州市各民族朝着"共同团结奋斗、共同繁荣发展"的方向继续迈进。

现场，西湖区转塘街道、浙江工业大学、浙江警察学院等14个单位的基层党组织负责人和市民族宗教事务局全体党员参加，共同举行授牌仪式。来自5所高校石榴籽驿站"杭城美"志愿者服务团队的大学生用青春的语言讲述铸牢中华民族共同体意识和杭州"石榴籽党建联盟"成立的故事。

28—29日

JIU YUE

●● 市人大常委会主任李火林带队对杭州市贯彻执行《中华人民共和国土壤污染防治法》情况进行检查，卢春强、胡伟，部分市人大代表、相关咨询专家参加。

执法检查重点包括土壤污染防治责任落实、宣传教育和科学普及、土壤环境质量监测制度实施等9个方面情况。前期，市人大常委会开展了实地踏勘和暗访，通过线上方式广泛征求人大代表及社会公众意见建议，各区县（市）人大常委会开展了执法检查。在听取市政府及相关部门土壤污染防治法贯彻执行情况汇报、组织土壤污染防治法律法规知识考试后，执法检查组先后到西湖、拱墅、临平、余杭的5个点位实地检查了土壤污染重点监管企业管理、工业污染土地治理修复、耕地安全利用和质量提升等情况。

执法检查组强调，要深化认识、提高站位。深入学习贯彻习近平生态文明思想、习近平法治思想，切实增强做好土壤污染防治工作的思想自觉、行动自觉，依法助推净土保卫战各项部署和重要任务落到实处。要突出重点、聚焦问题。紧盯9方面检查重点，以点带面，逐条对照法律规定开展检查，充分发挥执法检查"法律巡视利剑"作用，让法律制度的"牙齿"有效有力地咬合起来；坚持问题导向，强化预防保护和风险管控，坚决杜绝增加新的污染，强化数字化技术运用，引导企业开展技术创新，因时因地有序有效开展治理修复工作。要依法防治、形成共识。抓紧完善配套法规制度，织牢织密土壤污染防治法制网；督促各责任单位、责任主体全面落实法律规定，在法治轨道上推进防治工作；持续加大普法宣传力度，形成全社会参与防治土壤污染、保护生态环境的格局，推动新时代美丽杭州建设取得更大成效，为争当城市范例夯实生态本底。

29 日
JIU YUE

●● 第十七届中国国际动漫节开幕式暨动漫产业高峰论坛主论坛举行。国家广播电视总局副局长、党组成员杨小伟，省委常委、宣传部部长朱国贤，市委副书记、市长刘忻，中央广播电视总台编务会议成员薛继军出席开幕活动并进行巡馆考察。国家、省有关部门负责人及市领导戚哮虎、丁狄刚参加。

开幕式上，国家广播电视总局"第四届社会主义核心价值观优秀动漫短片"发布并颁发证书。动漫产业高峰论坛主论坛联合央视财经频道《对话》栏目，聚焦"'动漫+'时代"，围绕推动新时代动漫产业高质量发展、助力精神富有文化先行进行了深入交流探讨。

动漫节以"共富新时代、动漫创未来"为主题，持续至10月4日，通过线上和线下相结合，开展展览展示、权威论坛、品牌赛事、商务交易和大型活动五大板块若干项内容，集中展示中国动漫产业发展的最新成果、发展态势和前沿趋势，做到"线下不乏亮点，云端精彩无限"，确保内容"瘦身"、品质不减、品牌延续。本届动漫节产业博览会全部使用电子票，采用实名制预约购票方式。所有展商、嘉宾、观众、媒体记者和工作人员信息接入"杭州健康码"大数据中心，进入场馆均须查验48小时内核酸检测阴性报告、"杭州健康码"和行程卡"双绿码"。同时，在保留预排、晋级总决赛资格的基础上，延期举办动漫彩车巡游、中国COSPLAY超级盛典、声优大赛等活动。为庆祝建党百年，动漫节还推出"永远跟党走"红色动漫致敬百年风华主题展，集中展示《从未变过》等一批优秀红色动漫作品，以动漫的方式推动红色基因传承。

截至10月4日统计，动漫节有56个国家和地区、335个中外企业机构、4031名展商客商和专业人士通过线上线下参与各项活动，开展一对一洽谈1646场，现场签约金额4.8亿元。线下及线上通过"云上国漫"平台参与动漫节互动的人数超过1300万人次。

●● 第十七届中国国际动漫节"金猴奖"颁奖仪式在杭州举行。市委副书记、市长刘忻，中央广播电视总台编务会议成员薛继军出席活动并为获奖作品颁奖。市领导戚哮虎、丁狄刚参加。

"金猴奖"大赛采取线上方式面向全球征集原创动漫作品，共收到来自16个国家和地区的1176部原创动漫作品，投稿作品数量较2020年大为增加。结合庆祝建党百年这一主题，本届"金猴奖"大赛除了设置"综合奖"和"潜力奖"两大类别常规奖项外，还全新增设了红色动漫奖奖项，鼓励国内动漫人用原创动画、漫画的形式生动反映党的百年发展历程中的重要节点，共收到130多部红色动漫作品，数量占投稿作品总数的11%以上。

经初评、终评环节，从1176部参赛作品中评选出89部作品入围终评，并最终评选出31个获奖作品，其中红色动漫特别奖1个、红色动漫优秀奖3个和综合动画系列片、综合动画短片、综合漫画等类别的金、银、铜奖以及潜力最佳动画短片2个、潜力动画短片10个、潜力最佳漫画1个、潜力漫画5个。

在2020年首次成功举办"金猴奖"入围作品创业投资对接会的基础上，这次新增专家点评环节，进一步凸显"赛事与产业一体化、打造动漫产业生态圈"的办赛宗旨和特色。入围作品创业投资对接会吸引了80%以上的参赛企业和机构，合作项目涉及出版发行、版权保护、衍生产品开发、舞台剧演绎、投资、虚拟形象制作、动漫画创作等多个领域。

●● 动漫产业高峰论坛C.A.K.E TALK精锐班在杭州白马湖建国饭店举行。论坛以"漫游共建，全球共享"为主题，围绕如何实现IP拓展、ACGN（动画、漫画、游戏、小说）行业的共建互赢、全球共享，以及如何在后疫情时代下维持拓展国际业务等热门话题展开讨论。

30 日 JIU YUE

●● 中国第八个烈士纪念日上午，省和杭州市党政军领导与社会各界代表一起，在杭州云居山浙江革命烈士纪念碑前举行敬献花篮仪式，学习英烈事迹、铭记英烈功勋、弘扬英烈精神，走好新时代的长征路。

省四套班子和有关方面领导，副省级以上老同志，省军区、武警浙江省总队领导，老战士、烈士家属代表，部分机关干部，驻杭解放军、武警官兵、公安干警代表，大中小学生代表等共600人参加活动。刘忻、李火林、潘家玮、佟桂莉等市领导参加。当天上午，市直机关同步举行向烈士敬献花篮仪式，近200名市直机关干部代表在杭州市革命烈士陵园向烈士敬献花篮。

● ● 市长刘忻到地铁7号线吴山广场站建设施工现场、望江路农贸市场、城站火车站等处检查节日城市安全和供应保障工作。他强调，要深入贯彻落实习近平总书记关于疫情防控和安全生产的重要指示批示精神，坚持以人民为中心的发展思想，牢固树立安全红线意识和底线思维，全力以赴抓防控、保安全、惠民生，确保广大市民群众过一个健康平安欢乐的国庆节。

● ● 第十七届中国国际动漫节·中国网络作家村IP直通车专场活动在滨江区动漫广场举行。

活动现场，杭州行简影视文化传媒有限公司、起点影视文化有限公司、恺英网络股份有限公司、掌阅文学、洛城东、浙江中南卡通股份有限公司、中国网络作家村等10多个企业或机构进行了多项重大项目签约，签约额超过2亿元。围绕IP为国漫服务所包含的内容、金融、上下游产业等要素，活动现场还举办了以"助力国漫IP新势力"为主题的IP直通车圆桌论坛。

十月

HANGZHOU JISHI

1
日 SHI YUE

●● 省委书记袁家军，省委副书记、代省长王浩在杭州看望慰问国庆假期值班值守人员，检查节日民生保障、疫情防控等工作，向大家致以诚挚问候和节日祝福。袁家军强调，全省各地要深入贯彻落实习近平总书记关于疫情防控和安全生产的重要指示批示精神，深入践行以人民为中心的发展思想，牢固树立安全红线意识和底线思维，坚持"干部在岗、群众过节"，严格落实新冠肺炎疫情常态化防控各项措施，切实做好节日期间安全生产民生保障等各项工作，确保广大人民群众过一个健康安定祥和的国庆长假。

省、市领导陈奕君、成岳冲、刘忻、金志、朱建明陪同有关看望慰问和检查。

●●《杭州市无障碍环境建设和管理办法》施行。

新办法不论是对于无障碍环境的定义，还是对于无障碍环境建设的理念，都赋予了全新的内容——首次明确了"无障碍环境建设是全社会的共同责任"，规定任何单位和个人都可以就无障碍环境建设情况向有关部门提出意见和建议；要求有关部门聚焦老年人、残障人士等特殊群体的信息化需求，并将此纳入杭州智慧城市建设内容；新办法将《无障碍环境建设条例》的"社区服务无障碍"扩展至"社会服务无障碍"，重点关注公共服务、考试、选举、社区服务、导盲犬导行、应急场所服务等场景；新办法还明确规定，有关部门、单位及个人都应支持和配合检察机关依法开展的无障碍环境建设公益诉讼工作。

新办法提出了"打造国际一流无障碍城市"的要求，包括硬件建设和软件建设。硬件建设要解决的是"有没有"，软件建设要解决的是"好不好"。软件建设，不仅包括建章立制、完善管理与服务，还包括在全社会形成关爱弱势、善待弱势的导向与自觉。

2 日

● ● 2021年"天眼杯"中国（杭州）国际少儿漫画大赛颁奖典礼在杭州青少年活动中心举行，共有5007位海内外选手在本届赛事中获得各类奖项。

大赛分为"向未来启航""团结就是力量""日记"3个主题。大赛前期共收到4.2万件投稿作品，分别来自国内外14个分赛区，其中包含马来西亚、日本、新加坡、英国、德国5个境外分赛区。投稿作品表达形式新颖多样，单幅漫画、四格及多格漫画、连环画、绘本等均有涉猎，内容精彩纷呈。

大赛首次采用线上征集、网络评审方式，实现了线上线下互动，同时在上届大赛的培育发展基础上，首推分赛区申请制度及最佳分赛区评选机制。经过前期初评、复评，评委团评选出特等奖10位、金奖477位、银奖748位、铜奖1537位、优秀奖若干，并评选出优秀组织奖及优秀辅导教师奖。

3 日

● ● 第十七届中国国际动漫节·"梦梦杯"国际游戏创意大赛总决赛结束。大赛历时5个多月，共158天，收到来自清华大学、浙江大学、中国传媒大学、南京艺术学院等众多高校学生以及社会专业组选手的优秀作品。历经了层层筛选，最终12支团队进入总决赛，其中：高校组为7支团队，专业组为5支团队。大赛特别邀请了多位资深游戏制作人及行业大咖组成了阵容强大的评审团，并以导师身份助力大赛。

在现场，选手们演示并讲解了作品的创意来源、团队组成以及未来展望。高校组和专业组选手们乘风破浪，用精心准备的作品倾诉对游戏的热爱。同时，各位专业评委针对作品玩法、创新、美术等方面进行了现场专业点评，提高参赛者游戏制作专业技能。最终，来自清华大学的"五维空间"团队带来的作品《五维空间》获得高校组最佳游戏奖，"坦尔游戏"团队带来的作品《觉醒者之崛起》获得了专业组最佳游戏奖,《降维打击》《疫不容辞》《STOP》《藏梦》等作品获最佳游戏、最佳玩法、最佳美术、最佳叙事等专项奖。

6 日 SHI YUE

● ● 第二十三届中国西湖情五粮液玫瑰婚典在杭州举行,来自西藏、新疆、内蒙古、云南、广西、贵州、四川、湖南、吉林、甘肃、湖北、河北等省(自治区、直辖市)的100对新人参加。

玫瑰婚典以"56个民族和美一家亲,同庆建党百年"为主题,由市委宣传部(市文明办)、宜宾五粮液股份有限公司、共青团杭州市委、市民族宗教事务局、杭州青少年活动中心共同主办,设置幸福启程、花车巡游、红毯风采、彩船畅游、西湖迎亲、醉美喜宴、盛世华典7个篇章。

7 日 SHI YUE

● ● 省委副书记、代省长王浩到余杭区特色小镇、专精特新企业和之江实验室南湖园区,检查指导科技创新工作,走访未来科技城、梦想小镇、之江实验室等。他要求深入学习贯彻习近平总书记关于科技创新的重要论述,全面落实省委决策部署,坚定不移实施人才强省、创新强省首位战略,建好用好高能级科创平台,着力推动产学研用深度融合,持续营造良好创新生态,加快集聚高端资源要素,以创新引领打造高质量发展强大引擎。

刘忻、张振丰、丁狄刚参加。

8
日

● ● 在全省能耗"双控"工作电视电话会议结束后，市长刘忻主持召开续会，就抓好会议精神贯彻落实做出具体部署。会议强调，要深学笃行习近平生态文明思想，切实按照党中央、国务院和省委、省政府部署要求，进一步增强做好能耗"双控"工作的责任感使命感紧迫感，担当有为、聚力攻坚，综合施策、多措并举，确保完成能耗"双控"年度目标任务，有力促进杭州低碳转型和绿色发展，为争当浙江高质量发展建设共同富裕示范区城市范例擦亮生态底色。戴建平出席。

会议指出，要进一步深化对抓好能耗"双控"工作的思想认识。充分认识能耗"双控"对加强生态文明建设、促进节能降耗、推动高质量发展的重大意义，从增强"四个意识"、坚定"四个自信"、做到"两个维护"的政治高度出发，不折不扣抓好中央和省能耗"双控"部署要求的贯彻落实，真正让绿色成为杭州发展最动人的色彩。

● ● "湿地万物生·少年研学行"——第十届湿地主题绘画大赛颁奖仪式暨《西溪青少年研学读本》新书发布会在中国湿地博物馆举行。本次活动以线上、线下结合的方式进行，全国各地的获奖者和观众在线收看直播、参与互动。

第十届湿地主题绘画大赛获奖作品展开幕，展览持续至12月。大赛于2月2日世界湿地日启动征集，截至7月30日共征集到7504件参赛作品，最终评选出特等奖作品10幅、金奖作品50幅、银奖作品100幅、铜奖作品200幅、优秀奖作品383幅，以及组织奖42个、优秀指导教师50名。

中国湿地博物馆同步推出"湿地绘画大赛十年优秀作品巡展"活动，走进西湖区青少年宫及5所中小学校，以展览和讲座结合的方式开展宣传。同时，博物馆精选出历年获奖作品40幅，捐赠给湖北恩施巴东县神农中小学进行展出，受到土家族、苗族小朋友的欢迎。

当天活动中，中国湿地博物馆还发布《西溪青少年研学读本》系列丛书，包含诗词散文、动物植物、民俗文化、民间故事、人文景观和研学百科6册，由杭州出版社出版发行。博物馆向求是教育集团、文新小学、行知小学、竞舟小学、文溪小学、三墩小学、留下小学、富春第九小学等共建学校捐赠了这套书籍。

9日 SHI YUE

●● 杭州2022年第4届亚残运会倒计时一周年主题活动在杨绫子学校举行。中国残疾人联合会副理事长、杭州亚残运会组委会副主席王梅梅宣读邀约词。副省长、杭州亚残运会组委会副主席王文序发布亚残运会火炬形象。市委副书记、市长、杭州亚残运会组委会副主席、秘书长刘忻向亚残运会开幕式主创团队颁发聘书。市领导朱建明、徐小林、陈卫强、丁狄刚、周智林参加活动。

整场活动以"盼"为主题，表达了杭州人民对于亚残运会的热切期盼。开场播放的杭州亚残运会筹办工作短片，立体全面地展现了目前各项筹办工作所取得的进展和成效。亚残奥委员会主席马吉德·拉什德发来的视频祝福。活动现场举行杭州亚残运会邀约仪式。王梅梅和魔术师向亚残奥委员会大家庭发出邀约。杭州亚残运会火炬形象发布。火炬设计方案名为"桂冠"，设计思想源自实证五千年中华文明史的良渚玉琮和杭州市花——桂花。火炬以良渚玉琮为文化本源，以芳香四溢的杭城桂花寓意"阳光、和谐、自强、共享"的办赛理念。

杭州亚残运会开幕式主创团队亮相，总导演沙晓岚代表主创团队分享开幕式构想，刘忻地向他们颁发了聘书。活动现场还举行文艺演出。

9—11日 SHI YUE

●● 第八届中国笔业博览会在桐庐县分水镇举行。中国知名制笔企业、制笔生产基地以及30多个全国知名文具协会、礼品协会代表参加。

笔博会展出面积1.5万平方米，设置标准展位526个，按产业细分设立了品牌展区、圆珠笔展区、机械设备展区等9个展区，涵盖成品笔类、制笔行业零部件、制笔行业配套加工等制笔行业全品类。展会首日，共达成合作意向8000多项，较往年提升近1倍。开幕式上，通用型笔体组装流水线，笔业模具检测及技术应用服务，年产3000万支眉笔、眼线笔及5000万支揿动中性笔采购等一批项目签约。

10 日

● ● 省委副书记、代省长王浩到萧山区检查指导制造业高质量发展工作，走访浙江杭可科技股份有限公司、浙江大胜达包装公司、杭州逸暻化纤有限公司等。他指出，制造业是强省之基、富民之源，制造业稳则经济稳。各地各部门要深入贯彻落实习近平总书记关于制造强国建设的重要论述，按照省委决策部署和全省新一轮制造业"腾笼换鸟、凤凰涅槃"攻坚行动要求，把加快制造业高质量发展摆在更加突出的位置来抓，持续深化"亩均论英雄"改革，全力建设全球先进制造业基地，奋力实现产业强、企业强、创新强、品牌强、融合强，为打造"重要窗口"、建设共同富裕示范区做出新的更大贡献。

卢山、刘忻、佟桂莉、丁狄刚参加。

11—14 日

● ● 由市委宣传部和新华社新闻信息中心组织的城市国际化主题宣传活动"2021境外主流媒体杭州行"举行。

来自法新社、古巴拉美通讯社、葡萄牙卢萨社、哈萨克斯坦通讯社、越南之声、日本每日新闻、东京新闻、北海道新闻、西日本新闻等10多个海外知名主流媒体以及中国媒体新华社、《参考消息》的记者们，一同到杭州开展采访活动，亲身感受杭州作为历史文化名城、创新活力之城、生态文明之都的独特韵味。

11—17日 SHI YUE

● ● 2021年杭州市网络安全宣传周活动启动，主题为"网络安全为人民，网络安全靠人民"。

其间，全市开展网络安全主题展、网络安全主题城市光影联动秀、"护航亚运"网络安全主题活动、网络安全攻防演练等一系列宣传活动，市民们可通过广播、电视、网络、地铁公交和户外大屏等看到网络安全的优秀宣传作品。以校园、电信、法治、金融、青少年和个人信息保护等为主题的主题日活动陆续开展，市民们可在互动体验中提高网络安全意识，掌握网络安全技能。同时，上城区推出10期《网络安全小课堂》音频节目和线上线下网络安全知识竞赛等。

仪式现场，还公布了2021年杭州市网络安全宣传优秀作品和数字化改革网络安全优秀案例。

网络安全主题展在市民中心举办，分7个部分，包括习近平总书记关于网络强国的重要思想、网络安全最新的法规政策、党委（党组）网络安全工作责任等重点，省市网络安全领域重要成就、当前网络安全面临的风险挑战、"十四五"时期杭州市网络安全新规划、杭州市数字化改革网络安全优秀案例选树情况等内容。

13日 SHI YUE

● ● 全省基层党建工作会议在杭州召开，省委书记袁家军出席会议并讲话，强调要深入学习贯彻习近平总书记关于基层党建重要论述精神，深入贯彻新时代党的建设总要求和党的组织路线，大力弘扬伟大建党精神，以实现党建和事业相融合为突破口，以构建党建统领基层整体智治体系为导向，以抓深抓实"七张问题清单"提高党的领导力为关键，以数字化改革为牵引，建立目标、工作、政策、评价"四大体系"，一体系统推进政治、思想、组织、作风、纪律、制度"六大建设"，实施政治铸魂领航、全面领导扎根、组织体系优化、新能力提升、党群连心共进、清廉单元建设等"六大行动",打造变革型基层组织、提高基层塑造变革能力,为忠实践行"八八战略"、奋力打造"重要窗口",争创社会主义现代化先行省,高质量发展建设共同富裕示范区打牢坚实基础、提供坚强保证。

省委副书记、代省长王浩主持,会议以视频会议形式召开,各市、县(市、区)、乡镇(街道)设分会场,葛慧君、黄建发、朱国贤、许罗德、王昌荣、彭佳学、陈奕君、刘小涛、史济锡在主会场或有关分会场出席。会上,与会省领导为"十大强基先锋"、担当作为好支书代表颁奖。部分县(市、区)、乡镇(街道)党组织负责人及获奖代表章寿禹、赵如浪、庞永刚、田健晖、张新建、张仕恒、蔡洪流做交流发言。"十大强基先锋"代表、安吉县溪龙乡黄杜村党总支书记、村委会主任盛阿伟宣读"筑基红色根脉、奋进时代征程"倡议书。

省直有关单位负责人,驻浙中央直属单位和部分企事业单位主要负责人等参加会议。刘忻、潘家玮、佟桂莉等市四套班子领导在杭州分会场或各区县(市)分会场参加。

●● 中国农业科学院与杭州市政府举行高质量推进乡村振兴促进城乡共富战略合作签约仪式。农业农村部党组成员、中国农业科学院院长、中国工程院院士唐华俊,市委副书记、市长刘忻出席签约仪式并为城乡共富研究院揭牌。中国农业科学院副院长、中国工程院院士王汉中和市领导王宏参加签约。市委副书记佟桂莉主持。

根据战略合作协议,未来五年,双方将围绕农业科技创新、农业资源利用、科创平台建设、人才培养交流、城乡共富研究院共建等方面开展深层次合作,加快推动科技成果转化利用,努力实现合作共赢、共同发展。

签约仪式上,双方还分别就茶产业、蔬菜产业、水果产业、优质稻选育推广、生猪产业、数字农业发展、小麦产业、蜂业、食用菌产业、中药材产业等签订了一揽子合作协议,深度开展产学研合作,推动杭州加快形成以市场为导向,政府、企业、科研院所高质量协同的农业科技创新体系。

●● 市长刘忻主持召开市政府常务会议,分析研判前三季度经济形势,研究部署冲刺四季度的政策举措。会议强调,要深入学习贯彻习近平总书记对杭州的重要指示批示精神,完整、准确、全面贯彻新发展理念,牢牢把握浙江高质量发展建设共同富裕示范区的重大契机,聚焦关键切口,坚定必胜信心,努力攻坚克难,奋发有为,确保实现"全年红",为"十四五"发展开好局、起好步。

会议听取前三季度经济总体运行情况及重点行业发展情况的汇报。会议指出，2021年以来，面对严峻复杂的国内外环境，全市上下坚决贯彻中央和省委、市委决策部署，落实落细各项工作举措，巩固经济回升向好势头，经济运行总体呈现结构趋优、质量趋好、活力趋强的良好态势。同时要清醒看到，当前经济运行中还存在疫情防控形势反复、能耗"双控"压力大、部分经济指标与预期目标有差距等问题。做好四季度经济工作，要直面风险、坚定信心，下好"先手棋"、打好"主动仗"，重点落实好八个方面政策举措，奋力交出全年高分报表。

会前，市政府党组召开扩大会议，学习习近平总书记在陕西考察、在中央人才工作会议、在纪念辛亥革命110周年大会上的重要讲话精神。

● ● 杭州召开"双减"工作专题会议，总结前阶段全市"双减"工作，研究部署下一步任务。市委副书记、市委教育工作领导小组组长佟桂莉强调，要对照中央和省委部署要求，完善制度标准，狠抓工作重点，严密防范风险，推动"双减"工作扎实开展，以"双减"工作成效推进"美好教育"建设，促进学生健康成长、全面发展。戚哮虎、丁狄刚参加。

会上，市教育局汇报了全市"双减"工作进展及工作计划。佟桂莉指出，全市"双减"工作全面启动以来，市"双减"工作专班各负其责、协同配合，举措务实、推进有力，取得了阶段性成效。接下来，"双减"工作将向纵深推进，希望各地各部门牢固树立打持久战的意识，认清形势、持之以恒，统筹协调、精准施策，不折不扣落实好各项任务，确保实现"双减"工作目标。

● ● 中国（浙江）自由贸易试验区建设新闻发布会在杭州举行。会上发布了浙江自贸试验区建设第六批十大成果、第二批最佳制度创新案例，并预告了第四届世界油商大会、首届全球数字贸易博览会等近期将举行的重大活动。

第六批十大成果中，杭州片区共有四项上榜。第二批最佳制度创新案例中，杭州片区四个案例上榜。

第四届世界油商大会暨大宗商品投资贸易推广月同日开幕。油商大会期间，杭州片区还举办大宗商品金融服务创新峰会，以金融力量服务实体经济。

● ● 浙江省"学史力行重实践，法治护航启新程"惠民惠企普法现场会在临平召开。

现场会上，临平发布并启动市场监管法治教育基地项目。该项目将建立起市场监管学院，分投诉举报、现场检查、执法办案和复议诉讼四大考核模板，以模拟演练的方式对持证人员进行考核。同时，项目还将增加公众互动体验模块，市民通过模拟演练、角色互换等方式，亲身体验执法办案或者调和矛盾纠纷的过程，了解市场监管工作和相关法律法规，增强法律意识。

●● 杭州市标准与可持续发展论坛举行。市市场监管局汇集省、市、区相关单位和国际标准化组织相关委员会等专家学者、企业代表120多人参会。本次论坛的主题是数字经济与电子商务国际标准化，专家们分别就数字化与标准化对产业升级、融合发展的路径和作用做深入探讨与分享。

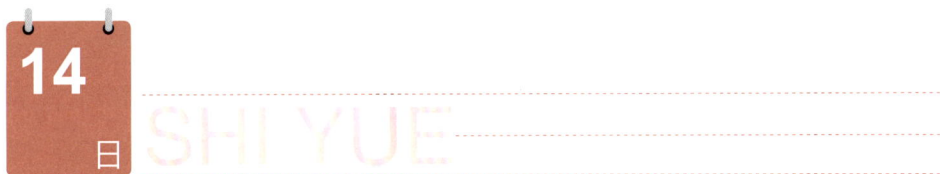

14日

●● 市委常委会召开会议，传达学习习近平总书记在中央人才工作会议上的重要讲话精神，研究杭州市贯彻落实工作；研究分析杭州市前三季度经济形势，部署下阶段工作。

会议指出，习近平总书记在中央人才工作会议上的重要讲话内涵丰富、思想深刻，蕴含关键的顶层设计和战略谋划，是为新时代人才工作谋篇布局的纲领性文件。要深入学习贯彻习近平总书记重要讲话精神，坚决落实新时代人才强国战略，对标对表中央部署和省委要求，全方位培养、引进、用好人才，加快打造人才生态最优城市和全球人才蓄水池，为高水平建设社会主义现代化国际大都市提供强有力的人才支撑。

会议指出，2021年以来，全市上下深入学习贯彻习近平总书记在浙江、杭州考察时的重要讲话精神，全面落实中央和省委决策部署，统筹推进疫情防控和经济社会发展，稳妥有序推进行政区划优化调整，高质量做好区县（市）领导班子换届工作，经济指标运行在合理区间，呈现稳中有进、结构趋优、质量趋好、活力增强的态势，为实现"全年红"奠定了坚实基础。要增强信心、保持定力，准确把握当前经济形势，努力保持稳中向好发展势头。

●● 市委全面深化改革委员会第十一次会议召开，深入贯彻落实中央和省委改革工作部署，研究下一阶段改革任务。

会议听取市委全面深化改革委员会各专项小组关于2021年以来重点改革任务

进展、临安区推进全国数字乡村试点建设情况汇报，审议并原则通过《杭州市关于全面推行林长制的实施意见》《关于推进文化和旅游深度融合高质量发展的实施意见》。

会议指出，全面深化改革是推动杭州高质量发展实现共同富裕的重要抓手，要全力推进改革突破争先，不断提高谋划、推进、落实改革的能力和水平，推出更多具有首创性、标识度、影响力的改革举措，确保继续走在全国全省前列。

●● 市委副书记、市长刘忻专程走访看望百岁老人，代表市委、市政府向全市老年人致以节日的真挚问候和美好祝福。

走访看望中，刘忻强调，各地各有关部门要认真学习贯彻习近平总书记对老龄工作的重要指示精神，全面落实积极应对人口老龄化国家战略，加大制度创新、政策供给、财政投入力度，健全完善多层次养老服务体系，努力提供更加科学化、专业化、精细化、智慧化的优质服务，让广大老年人老有所养、老有所安、老有所乐。要大力弘扬孝亲敬老传统美德，不断营造尊老、爱老、助老浓厚氛围，持续推动老年人优待政策落地落实，更好发挥老年人在优化基层治理、促进社会和谐中的积极作用，让他们在杭州打造共同富裕城市范例的进程中共享发展成果、实现自身价值。

●● "圣洁甘孜迎亚运"——甘孜州到杭州市文艺交流演出（《永远跟党走》）在杭州大剧院举行。演出以庆祝建党百年为主题，由甘孜州民族歌舞团精心编排，用歌舞艺术叙事性地表达在党的领导下甘孜人民奋力奔小康、同心共筑中国梦的实践事迹，向浙江人民展示甘孜大地上发生的巨大变化和各行各业取得的辉煌成就。

15日 SHI YUE

●● 第五届世界休闲博览会与2021年中国国际丝绸博览会开幕。第二十三届中国杭州西湖国际博览会、电商中国·第八届中国（杭州）国际电子商务博览会、第二十二届中国（杭州）美食节/知味中国·第三届中国（杭州）国际美食博览会同期举行。

2021年中国国际丝绸博览会用现代视角解读丝绸文化和非遗文化。现场设置有东方国丝、织造技艺、国风国潮文创文博、收藏古玩、非遗传承、休憩区七大专区，产业博览以全新形式展开，国内知名丝绸品牌展现传统非遗技艺，呈现了"丝绸+科技"的全新概念设计，用丝绸这一具有杭州特色的文化载体诠释杭州亚运的独特魅力。

休博会、西博会以"数智生活·休闲天堂"为主题，以休闲为依托、以杭州特色产业为基础，通过国际参与、市场运营、专业服务等路径创新办展。

电商中国·第八届中国（杭州）国际电子商务博览会延续上一届"看趋势、找服务、选产品"的基本原则，聚焦新零售、直播电商、跨境电商、农村电商，通过会议、展览、活动三大板块构建全产业链电商生态圈。

第二十二届中国（杭州）美食节/知味中国·第三届中国（杭州）国际美食博览会则关注数字美食、"到家"食材等新消费场景，从前沿设计、商业思路、平台领域等角度，邀请餐饮行业、企业代表共同探讨数字经济下的未来餐饮方向，进一步拓宽疫情常态化下餐饮消费应用的边界，为餐饮行业注入数字化新动能。

16 日 SHI YUE

● ● 第八届中国国际版权博览会开幕式暨中国版权金奖颁奖仪式在杭州白马湖国际会展中心举行。中共中央宣传部副部长张建春，省委常委、宣传部部长朱国贤，市委副书记、市长刘忻，世界知识产权组织中国办事处主任刘华出席并致辞。全国政协文化文史和学习委员会副主任、中国版权协会理事长阎晓宏，中国文联副主席、书记处书记胡孝汉，省政协副主席周国辉，市领导戚哮虎、丁狄刚、叶鉴铭参加有关活动。

博览会为期3天，展览面积近3万平方米，设有国内展区、国际展区、版权产业展区和浙江展区等多个展区，重点展示图书音像、影视音乐、动漫游戏、计算机软件、工艺美术等优秀版权作品，充分展示近年来中国版权产业发展成果。300多个版权相关单位、机构和企业参展。

开幕式上，世界知识产权组织与中国国家版权局联合举行"2020中国版权金奖"颁奖仪式。《攀登者》等6部作品获作品奖，景德镇陶溪川文创街区等5个单位获得推广运用奖，最高人民法院民事审判第三庭第五合议庭等5个单位获得保护奖，北京市版权局版权管理处等4个单位获得管理奖。

博览会期间，国家版权局主办的"著作权法实施30周年成就展"，全面展示了30年来在中国共产党的领导下中国在版权立法、版权保护、版权产业和版权国际交流合作等方面取得的重大成就。此外，还举办版权保护促进电影产业发展论坛、版权助力民营经济发展论坛、版权护航文化娱乐产业高质量发展论坛、第二届中国国际著作权集体管理高峰论坛、短视频版权保护研讨会等10多项主题活动。

18—19日 SHI YUE

● ● 市政协召开"请你来协商·杭州宋韵文化保护与展示"专题协商会。市政协主席潘家玮讲话。戚哮虎到会听取意见，张仲灿、叶鉴铭、谢双成、周智林、冯仁强、陈国妹参加。

会议以网络视频形式召开，设市民中心主会场和上城、拱墅、萧山、建德分会场。上城区政府、西湖西溪管委会、市文化广电旅游局和市园文局分别介绍情况，市政协文化文史和学习委员会代表课题组做主旨发言，12位政协委员、专家学者和区县（市）政协代表分别交流发言，相关部门做互动回应。285名委员通过数智政协平台在线参与网络议政，提出178条建议。

委员和专家们认为，近年来，市委、市政府认真学习贯彻习近平总书记关于历史文化名城建设的重要指示精神，深入开展"文化兴盛"行动，在宋韵文化挖掘保护和传承利用方面做了大量卓有成效的工作。同时，大家从加强宋韵文化挖掘研究、丰富宋韵文化展示、促进宋韵文化普及传播、擦亮宋韵文化品牌、推动宋韵文化产业高质量发展等方面提出了意见建议。

● ● 杭州亚运会第一次世界媒体大会在杭州举行。大会旨在向参会媒体介绍杭州亚运会的各项筹办工作进展，帮助媒体更好了解杭州亚组委赛时提供的媒体服务。

大会以线下结合线上形式召开，亚奥理事会，大洋洲奥委会，日本、韩国、科威特等亚洲和大洋洲国家（地区）奥委会，新华社、美联社、法新社等国际通讯社和亚洲主流媒体、国内媒体在内的110多个新闻机构代表，亚洲田径联合会、世界现代五项协会等单项体育联合会，日本爱知·名古屋亚组委、汕头亚青会、三亚亚沙会、成都大运会组委会有关负责人400多人参会，为亚运会历史上规模最大的一次世界媒体大会。

会上，杭州亚组委交流杭州亚运会主媒体中心初步规划设计方案、媒体注册报名政策、新闻信息服务等内容，介绍竞赛日程、场馆建设等媒体关注的工作进展，并就媒体抵离、交通、物流、住宿、餐饮、收费卡等政策与参会媒体进行沟通。

大会期间，与会代表参观运河亚运公园、黄龙体育中心、杭州奥体中心体育馆、游泳馆及媒体村样板房等亚运场馆。大会中，还举行媒体负责人座谈会、外媒代表座谈会、单边专题会等会议。杭州亚组委将在听取各方意见和建议的基础上，进一步细化杭州亚运会各项媒体服务计划。

● ● 全国地质灾害隐患点、风险区"双控"试点工作现场会在杭州召开。在现场观摩了临安区在地质灾害隐患点、风险区"双控"方面的做法和成效，来自自然资源部，以及四川、贵州、云南等各地代表对杭州市在地质灾害精密防治方面探索成效频频点赞。

● ● 2021年中国杭州国际人力资源峰会在拱墅区举行。峰会由市委组织部（市委人才办）、市人力社保局、拱墅区委、拱墅区政府主办，聚焦京杭大运河经济带建设与国家战略有效衔接，旨在准确把握"行业方向"，主动对接"人才所需"，推动京杭大运河沿线人力资源产业数字化转型与协同发展，促进人才优化配置，激发人才发展活力。政府部门代表，国内从事人力资源管理与研究的专家学者，国内知名人力资源企业负责人，浙江知名企业负责人等共计800多人参会。

峰会开幕式上，拱墅区先后与AI Space、中智上海科技人才公司、赛事中国研究院、关爱通研究院4个全球数字化人才机构签署战略合作意向，并聘请奥的斯中国人力资源副总裁Jordi Casas为国际引才大使。北京、天津、石家庄、济南、苏州、杭州6个国家级产业园共同成立京杭大运河沿线国家级人力资源产业园协同创新发展联盟。峰会还发布京杭大运河沿线数字经济人才研究成果。浙江"共享人力资源，助力共同富裕"行动计划发布。该计划立足人力资源服务行业市场化优势，将浙江省内的国家级、省级人力资源服务产业园和相关人力资源机构，与浙江山区26县建立一对一、一对多的共享互助关系；鼓励双方通过共建人力资源服务产业园、开展创新创业指导、提供实用技能培训、送岗上门等形式，开展多层次多维度的合作互助，提高人才资源的市场化配置效率。

峰会还发布了2021年全球人力资源服务机构50强，以及全球人力资源领军企业"征集令"，邀请全球百强人力资源机构到杭州发展，为浙江乃至长三角地区提供优质市场化人才服务。

开幕式结束后，科瑞国际CEO李跃章、阿斯利康中国人才发展执行总监胡胜兰等8位行业专家学者先后登台，围绕数字转型下的产业融合创新、组织—人才—文化协同等热点话题展开交流分享。

● ● 2020年"魅力中国——外籍人才眼中最具吸引力的中国城市"评选结果揭晓。评选结果显示，杭州居榜单第三位，连续11年入选，多项人才净流入数据保持第一位。

榜单显示，前十强城市分别为北京、上海、杭州、广州、西安、成都、宁波、苏州、深圳、青岛。此后排名11～20名的城市分别为南京、无锡、武汉、天津、昆明、东莞、长沙、泉州、合肥、烟台，为"魅力中国"最具潜力城市。

● ● 市总工会召开第二届杭州职工文化节闭幕式暨《杭州工人运动历史》首发仪式。

活动现场还举行《杭州工人运动历史》首发仪式。全书通过客观宏大的史志叙事手法，将杭州工人运动发展进程完整地记录和呈现了出来，既是一部展示杭州工人运动全貌的历史书，又起到了以史明志、以史为鉴、以史铸魂、以史资政的重要作用。

活动现场，市总工会还为杭州从事工会工作时间累计满35周年（含）的80名工会干部颁发了"风华35年"工会工作留念章，向他们为杭州市工运事业发展做出的积极贡献致以崇高的敬意。

19 日 SHI YUE

● ● 省委副书记、代省长王浩在杭州检查调研杭州亚运会、亚残运会场馆建设和筹办工作。他指出，办好杭州亚运会、亚残运会是贯彻落实习近平总书记关于体育强国重要论述的具体实践，是建设"重要窗口"和共同富裕示范区的重大标志性成果。做好杭州亚运会、亚残运会筹办工作使命光荣、时间紧迫、意义重大。目前筹办已进入最后的冲刺阶段，大家一定要牢记习近平总书记嘱托，进一步提高政治站位，胸怀"国之大者"，切实增强使命感、责任感和紧迫感，把思想、工作、力量和精力聚焦到亚运会上来，紧之又紧、细之又细、实之又实抓好任务落实，付出百倍努力办一届"中国特色、浙江风采、杭州韵味、精彩纷呈"的体育文化盛会。

刘忻、佟桂莉、陈卫强参加。

●● 由中国侨联、浙江省侨联、杭州市政府共同主办，杭州市侨联与高新区（滨江）管委会、政府联合承办的"创业中华——2021侨界精英创新创业（中国·杭州）峰会"在杭州开幕。全国政协常委、中国侨联副主席李卓彬，市领导陈新华、徐小林、胡伟、王立华参加。

峰会以"新起点，高质量，共富裕"为主题，围绕争当高质量发展建设共同富裕示范区城市范例，聚焦科技领军人才、创新团队和项目引进，为构建国内国际双循环发展格局、推进长三角地区侨创融合发展、促进共同富裕凝聚侨界力量。

开幕式上，高新区（滨江）海外高层次人才创新创业基地获授"中国新侨创新创业基地"，天和高科产业园等5个单位获授"浙江省侨界创新创业基地"，侨界精英双创项目、金融助侨项目及杭州侨联与高校侨联、校友会举行现场签约仪式，高新区（滨江）作创投环境推介，财经作家吴晓波做主旨演讲。

峰会期间，举办长三角城市侨创论坛、西湖蒋村论坛、网络直播助力共同富裕论坛、海外高层次人才项目资本对接会、海外人才（侨领）杭州行等活动，为参会的海外高层次人才和海外侨领提供交流合作的平台。这次峰会共签约项目29个，投资总额超110亿元，涵盖人工智能、数字经济、生物医药、软件行业等多个领域。市侨联、高新区（滨江）和长城战略咨询在会上联合发布了高新区（滨江）创业指数、资本热度。

19—22日

SHI YUE

●● 2021年云栖大会举行，主题为"前沿·探索·想象力"。副省长高兴夫、市长刘忻出席开幕式并致辞。柯吉欣、丁狄刚、周智林参加。

大会在前沿科技展区邀请来自5个顶级研发机构的47位科学家，共携带30个项目参展，其中19个项目为全球首次公开展示。大会的行业展区以"云上创新"为主旨，充分展现重点行业在数字化浪潮中转型升级的最新进展。特别设立的"数智风暴馆"，对标CES国际消费电子产品展，为众多智能科技的开发者和爱好者打造一场沉浸式体验的创新嘉年华。

19—25日 SHI YUE

● ● 2021年全国大众创业万众创新活动周举行。活动周以"高质量创新创造，高水平创业就业"为主题，线上线下同步举行。

浙江分会场作为全国8个与北京会场双向视频连线的会场之一，在高新区（滨江）奥体博览城网球中心"小莲花"启动。在"小莲花"里，分会场设有浙江"双创"主题展区，围绕全省双创总体情况、双创示范基地风采、地市双创特色、杭州高新区（滨江）双创成果、双创特色企业和支撑项目6个方面进行了集中展示，全面展现浙江省创新创业的丰硕成果。

20日 SHI YUE

● ● 由省网信办、浙报集团主办的2021年全国媒体融合平台化发展论坛在杭州举行。围绕主流媒体的融合与突围、媒体平台的转型策略、扩大全媒体国际传播影响力等议题，各路专家学者参加，通过主旨演讲及主题沙龙分享真知灼见，共同探索媒体传播的未来路径。省、市领导朱国贤、佟桂莉出席并致辞。

现场发布天目智库报告并启动天目新闻国际传播协作计划。同日，"宋韵：传世与传播"分论坛在鼓楼召开。

21

日

SHI YUE

●● 市人大常委会主任李火林到萧山区走访企业开展"三服务"活动。走访中，李火林走进企业生产制造车间，查看产品生产情况，仔细询问产品设计工艺、生产流程、市场销售等情况，并主持召开座谈会，与企业负责人面对面沟通交流，了解企业生产经营情况，听取企业困难诉求和意见建议。

李火林说，改革开放以来，在党的坚强正确领导下，在党的路线方针政策指引下，杭州民营企业家开拓进取、改革创新，带领企业不断发展壮大，荣盛和恒逸取得的成绩令人鼓舞。他鼓励企业家在新发展阶段，准确把握新发展机遇，在服务构建新发展格局中实现更好发展、展现更大作为。他希望企业胸怀"国之大者"，认真落实中央碳达峰碳中和重大战略决策，按照省委、市委部署要求，坚持以创新、协调、绿色、开放、共享的发展理念为引领，强化科学技术支撑，加强内部潜力挖掘，推动节能减碳技术改造，积极推进数字化变革，提高全要素生产率，实现产业转型升级。要着眼长远、主动作为，持续发挥品牌优势，积极拓展市场空间，更好融入国内大循环为主体、国内国际双循环相互促进的新发展格局。

针对企业反映的用能紧张、项目推进、人才保障等问题，李火林叮嘱市、区两级部门认真分析研究，真心实意、精准高效、优质周到做好服务工作，加大政策要素保障力度，切实帮助企业解决影响发展的突出问题，为民营企业进一步做大做强、高质量发展营造良好环境。

●● 杭州市第十二届社工节暨社区工作者"迎亚运"欢乐嘉年华活动在拱墅区运河大剧院举行。活动上举行"薪火相传"仪式，年轻一代社工向省、市治社名师代表献上鲜花，名师代表向新进社工传授经验心得。

●● 第七届"创客天下·杭向未来2021杭州市海外高层次人才创新创业大赛"留学人员创新创业项目专场生命健康组决赛在钱塘区杭州医药港举行，决赛由市委、市政府主办，市委组织部（市委人才办）、市人力社保局、市科技局承办，钱塘区协办。

大赛于3月启动，共征集到1532个海外创新创业项目报名参赛，历经海选、复赛，48个项目脱颖而出，进入大赛专业组决赛。此次共有12个项目进入生命健康组决赛，在杭州医药港生物医药加速器角逐3张总决赛入场券，涉及基因治疗、抗肿瘤药物、植入器械等多个领域，由牛津大学、斯坦福大学、日本早稻田大学等高精尖海外华人领衔，其中不少项目已获得千万级融资与数项专利，极具发展前景。

12个项目的负责人从核心技术、竞争优势、产业化情况、营销等方面进行10分钟的项目路演+5分钟在线交流问答展示项目。7位来自知名企业、投资机构的专家担任本次赛事评委，大赛评委从关键技术、商业模式、市场前景等多个维度对参赛项目进行了打分和现场点评。

"新型AAV基因治疗载体的开发与应用"最终获第一名。该项目拥有独立自主的基因治疗技术开发平台，构建的新型AAV基因治疗载体，能够提高AAV载体的纯度，极大程度地降低了缺陷型病毒的产生。"高性能脱细胞关节软骨再生材料"和"眼科视网膜疾病的手术机器人与生物治疗"分获生命健康组第二名和第三名，3个项目同时晋级总决赛。

决赛同步启动第二届浙江钱塘才创月，作为杭州国际人才交流与项目合作大会子活动，围绕"引力篇、魅力篇、动力篇、活力篇"四大篇章，开展"揭榜挂帅·全球引才"（生物医药）科洽会、中国医药企业家科学家投资家大会、大学生第一课等13项系列活动，展现浙江钱塘人才创业园风貌，进一步浓厚钱塘创新创业氛围。

21—22日 SHI YUE

●● 海南省党政代表团在浙江考察。21日下午，两省在杭州召开经济社会发展情况座谈会，共商浙琼合作发展大计。浙江省委书记袁家军主持会议并讲话，海南省委书记沈晓明讲话。浙江省委副书记、代省长王浩，海南省委副书记、省长冯飞分别介绍两省经济社会发展情况。海南省政协主席毛万春、海南省委副书记李军出席。

代表团一行在杭州考察了新华三集团、滨江区缤纷未来社区、余杭区梦栖小镇、浙江大学杭州国际科创中心、奥体博览城主体育场；在宁波考察宁波舟山港穿山港区、宁波工业互联网研究院、宁波软件园创新共享中心、宁波市社会治理工作中心。

浙江省领导彭佳学、陈奕君、梁黎明、高兴夫、马光明，杭州市领导刘忻、张振丰、朱建明，宁波市领导裘东耀，浙江大学领导吴朝晖；海南省领导沈丹阳、孙大海、周红波、何西庆、倪强参加有关活动。

22日

● ● 全市数字化改革工作专题培训会召开。萧山区、市公安局、余杭区的"一把手"，走上讲台，为全市各机关主要领导进行一场围绕数字化改革意义内涵、系统框架、开发机制、技术工具等方面的专题培训。

● ● 杭州市快递物流行业妇女联合会宣告成立。50名来自快递物流行业的妇女代表齐聚一堂，选举产生了快递物流行业妇联第一届妇联执委会。

快递物流行业妇联班子的构成，以"主管部门+龙头企业"为组织架构，吸纳申通快递、顺丰速运、杭州百世网络技术有限公司、浙江京鸿供应链管理有限公司、杭州市交通运输管理服务中心、杭州汤氏物流、浙江正北实业、浙江长运物流、浙江传化公路港物流发展有限公司等龙头企业精英女性，发挥行业妇建的引领作用，多渠道整合女性力量。

会上还发布了市妇联"巾帼同行，温情传递"暖六条，包括为全市1000名快递物流行业从业女性提供"两癌"免费筛查服务活动、在全市快递物流行业网点和"城管驿站"发放1000份"温情传递"暖心包、依托"一缘一会"交友平台开展专场交友活动、在全市快递物流行业开展"最美家庭"寻找推荐活动、开展基层妇联干部执委走亲联系"五个一"等，切实传递关心关爱。

22—24日

● ● 2021年中国大运河文化带京杭对话活动在杭州举行，主题为"走向共同富裕的千年运河"。北京市委常委、宣传部部长莫高义，浙江省委常委、宣传部部长朱国贤，中国新闻社社长陈陆军，杭州市委副书记、市长刘忻等出席开幕式并致辞。杭州市领导戚哮虎、朱建明参加。

开幕式和主论坛上，北京通州区与杭州拱墅区签署缔结友好城区战略合作框架协议，杭州运河集团与北京首钢建设投资有限公司签订合作协议，进一步深化两地务实合作。主办方负责人和国内外政产学研各界嘉宾，共同为大运河文化带和大运河国家文化公园建设发声，为保护好、传承好、利用好大运河世界文化遗产建言，为千年大运河走向共同富裕献策。

京杭对话开展"1+N"场活动，即1个开幕式暨主论坛以及多场子活动，包括"走向共同富裕的千年运河"文化展、大型京剧交响套曲《京城大运河》、魅力北京浙江周文旅活动、中国大运河庙会、大运和鸣——大运河国际诗歌节、京杭对话雅集等，共同组成一场文化盛宴。

23 日 SHI YUE

●● 西湖大学云谷校区交接启用暨三期项目开工活动在西湖大学举行。十二届全国政协副主席、中国科学院院士、西湖大学顾问委员会主席韩启德，十一届全国政协副主席、中国科学院院士王志珍出席活动。省政协主席葛慧君出席。省委副书记黄建发讲话并宣布西湖大学云谷校区三期项目开工。杭州市领导刘忻、潘家玮、毛溪浩、罗卫红、丁狄刚参加。

活动现场播放了云谷校区建设情况介绍视频。西湖大学、杭州市西湖区委、项目承建方负责人发言。与会领导和项目承建方代表，西湖大学教职工、学生代表共同宣布云谷校区交接启用。

黄建发指出，西湖大学云谷校区是浙江省重点建设项目，也是学校未来发展的重要基础。希望参建各方全力以赴推进三期项目建设，以扎实细致的工作做到疫情防控不松懈、安全生产不放松、工程进度不停步，确保云谷校区整体按期交付。他强调，西湖大学要始终坚持以习近平新时代中国特色社会主义思想为指导，全面贯彻党的教育方针，落实立德树人根本任务，充分发挥新型研究型大学的体制优势和发展潜能，把握好研究和成果转化的问题，开启建设世界一流新型研究型大学的新篇章。要坚持人才高地和创新高地作用，深入推动科教融合、学科交叉、协同创新，加快引育培养具有国际视野和创新能力的复合型、高层次人才。要坚持瞄准世界科技前沿，主动融入国家科技创新体系，积极承担国家重大科技任务攻关，超前部署有望产出原创性、颠覆性成果的基础前沿研究。要主动对接浙江省重大发展战略，聚焦共同富裕示范区建设、三大科创高地建设、碳达峰碳中和、生命健康等关键领域，孵化加速浙江省战略性新兴产业和未来产业发展，为示范区建设提供强力支撑。省委、省政府将一如既往支持西湖大学，进一步加强政策供给、要素供给和服务供给，以更加开放、更加积极的举措推进浙江高等教育迭代升级，汇聚各方力量联动创造更加适合西湖大学发展的办学土壤。

活动前，与会人员参观了西湖大学办学成果展。

●● 由中华女子学院（全国妇联干部培训学院）、浙江省妇联主办，建德市委市政府、杭州市妇联、全球妇女发展研究院共同承办的第三届全球女性发展论坛在建德召开。来自国家、省、市妇联的代表和业内专家学者参加了此次论坛，同时，来自埃塞俄比亚、尼泊尔、巴基斯坦等近20个国家的60多名官员代表也在线上参会。

论坛主题为"传承·弘扬·创新：中国共产党领导下的妇女解放与妇女发展——发挥'半边天'作用，实现共同富裕"。与会嘉宾和专家学者以建德千鹤作为"妇女能顶半边天"思想的重要发源地为落脚点，以论坛汇集众智，以交流增进共识，深入研究总结中国共产党领导下的中国妇女事业发展取得的伟大成就，探讨如何发挥以千鹤妇女精神为代表的妇女"半边天"作用的制度机制等重大理论和实践问题，为中国特色社会主义发展道路提供创新理论支撑。

会上还达成助力共同富裕、彰显女性新作为的"千鹤共识"。即：传承并发扬千鹤妇女精神，发挥妇女半边天作用，以行动建功新时代，以奋斗创造美好生活，以自身发展的"一小步"，推动全球妇女运动发展的"一大步"；坚定不移加强全球合作，为国际妇女事业发展贡献中国经验、中国方案。

●● 由杭州市政府与世界休闲组织主办，中国公共关系协会等单位支持的第二届世界会长大会暨第十二届西湖公共关系论坛在杭州举行。大会以"数字经济与人类命运共同体"为主题，开通视频会议直播平台，采用"线上+线下"相结合的方式召开。300多位来自政府、海内外商协会会长、行业机构、高校智库、科研机构的代表，立足全球视野，共商数字赋能的城市治理和数字产业化，共谋人类命运共同体建设。

全国政协委员、中国公共关系协会副会长张小影，浙江省政协副主席周国辉等分别致辞。协会常务副会长兼秘书长王大平主持主题圆桌论坛。协会副会长、政府公共关系委员会主任委员董关鹏、协会教育培训委员会主任委员杨宇军分别主持"全球城市智慧治理与公共关系"分论坛及圆桌论坛。

来自天津、重庆、安徽、湖北、内蒙古等国内部分省（自治区、直辖市）分会场，以及美、英、德、俄等10个国家分会场相关负责人通过视频连线方式参会并发表了致辞。

大会现场还宣读了《数字经济与人类命运共同体杭州倡议》。在主题圆桌论坛环节，中国科学院院士、中国科学院大学杭州高等研究院长王建宇，国际欧亚科学院院士、科技部原副部长张景安发表主旨演讲。恩施州委常委、副州长王磊，黔东南州委常委、副州长魏世平，浙江省发展改革委巡视员、浙江省服务业联合会会长张国云，浙江省交通投资集团有限公司副总经理、浙江省商业总会会长邵文年，第二届世界会长大会组委会执行主席兼秘书长、杭州市工业经济联合会会长王水福等参加了圆桌论坛，围绕大会主题分享各自观点。

大会属于第五届世界休闲博览会项目，由杭州市公共关系协会联合国内外数百个社会组织共同承办。在主题为"全球城市智慧治理与公共关系"的平行分论坛上，来自政府、行业协会、学界、媒体、企业界的嘉宾，就智慧治理时代的"智慧公共关系"：如何让AI、大数据与5G全媒体技术与理念助力公共关系理论与实践持续升级等话题，展开主旨演讲和平行论坛研讨。

25 日 SHI YUE

● ● 省委召开县（市、区）委书记工作交流会。省委书记袁家军在会上强调，要深入学习贯彻习近平总书记重要讲话精神，扛起"红色根脉"的政治担当，拿出决战决胜的精神、奋力冲刺的干劲，梳理并研究解决工作中存在的突出问题，优化政策举措，完善机制抓手，奋力冲刺四季度、确保实现全年红，以浙江的稳与进为全国发展大局做出更大贡献。

王浩、葛慧君和其他省领导出席，黄建发主持。会议以视频会议形式召开，各市、县（市、区）设分会场。滨江区、江北区、龙湾区、长兴县、秀洲区、柯桥区、柯城区、嵊泗县、玉环市、龙泉市10个县（市、区）负责人在分会场交流了高质量发展建设共同富裕示范区、深入推进数字化改革等经验做法和下阶段工作思路举措。省直单位党委（党组）主要负责人参加。刘忻、李火林、潘家玮、佟桂莉等市四套班子领导在杭州分会场或各区县（市）分会场出席。

袁家军指出，2021年以来，省委坚决贯彻落实习近平总书记重要指示批示精神和中央各项决策部署，结合浙江实际，深入开展党史学习教育，全面实施"红色根脉"强基工程，推动高质量发展建设共同富裕示范区破题起步，深入推进数字化改革，健全平台经济治理体系，统筹做好能耗双控和能源保供，促进房地产市场平稳健康发展，织密织牢疫情防控网，部署推进新时代文化高地建设，完善风险闭环管控大平安机制，促进社会和谐稳定，进一步巩固了浙江省良好的发展态势，为完成全年目标任务打下了坚实基础。

●● "致公党长三角区域合作发展论坛·2021"在杭州举行。致公党中央副主席、上海市政协副主席、致公党上海市委会主委张恩迪，安徽省人大常委会副主任、致公党安徽省委会主委谢广祥，浙江省政协副主席、致公党浙江省委会主委郑继伟，市领导胡伟出席开幕式。

主旨演讲环节介绍数字化改革的杭州探索实践。

●● 市长刘忻以普通党员身份，参加所在的市政府办公厅第四党支部主题党日活动，参观"百年恰是风华正茂"主题档案文献展。他强调，要认真学习贯彻习近平总书记关于党史学习教育的重要讲话和指示精神，以守好"红色根脉"的政治担当，不断增强党史学习教育走在前列的思想自觉、政治自觉、行动自觉，进一步昂扬精神斗志、凝聚实干力量，为开创"大杭州、高质量、共富裕"发展新局做出更大贡献。丁狄刚参加。

"百年恰是风华正茂"主题档案文献展由中央档案馆、新华通讯社主办，市委办公厅、市政府办公厅、市纪委、市委组织部、市委宣传部等承办。展览由序篇和"信仰的力量""理论的力量""组织的力量""人民的力量""斗争的力量""行动的力量""制度的力量""万山磅礴看主峰"8个篇章组成，聚焦党史上的重大事件、重要会议、重要人物，展出珍贵档案文献500多件，其中近半数为首次公开，生动展现了中国共产党的奋斗历程和伟大成就，深刻诠释了中国共产党为什么能、马克思主义为什么行、中国特色社会主义为什么好的道理。

●● 全省人大法治政府建设监督应用场景现场会在杭州余杭召开，会议总结交流了全省法治政府建设监督应用场景试点开发建设的经验和成效，充分肯定了杭州和余杭的试点工作，研究部署了下一阶段在全省三级人大全面推广和应用的工作任务。省人大监察司法委、全省11个设区市人大常委会监察司法工委负责人和开发技术团队参加会议，省人大监察司法委副主任委员、常委会监察司法工委副主任、办公厅一级巡视员郑军主持会议，省人大常委会委员、监察司法委主任委员朱恒毅出席会议并讲话。

会上，余杭区人大常委会副主任金国平致辞。杭州市人大常委会监察司法工委主任江成器介绍杭州市人大法治政府建设监督应用场景试点工作情况，并代表省市区法治政府监督场景建设专班，详细阐述了应用场景"1+2+3+4"的整体构架，即一个系统：在全省统一的系统中实现统一维度、统一指标体系、统一场景建设、统一系统应用、统一数据支撑，市县也可以增量开发；两个模型：建立算法模型和分析模型；三个板块：看一看、评一评和督一督板块；四个变革：通过系统建设推进理念变革、制度变革、方法变革和队伍变革。舟山市人大监察司法委主任委员赵利平演示了舟山市法治政府一键督应用场景有关情况，各设区市人大监察司法委负责同志围绕法治政府监督应用场景开展了交流讨论。

●● 杭州市首个社会组织孵化地方标准《社区社会组织"双孵化"服务规范》在上城区凯旋街道启用。这意味着，以后对于初成立、尚"幼小"的社会组织，从申请"入壳"、成长指导，到达标"出壳"、追踪服务，杭州各街镇社会组织服务中心有了一套具体的考评指标与工作标准。

该规范以"一领四双五强"为核心，进一步明确了社区社会组织规范化建设、培育发展、督导评估、出壳服务等方面的要求，可为推动社会组织积极承接公共服务、参与社会治理提供组织保障。

26 日 SHI YUE

●● 浙江省第25个环卫工人节之际，杭州市在萧山会议中心举行相关庆祝活动。

活动现场气氛热烈，环卫职工自编自导自演了《有你才美》《党建引领，杭"橙"当先》等文艺节目。同时，全市20名优秀环卫工作者、90名优秀城市美容师、20个市容环卫先进作业集体和10个市容环卫先进管理集体受到了表扬。另外，沈高峰、汪余存、王伟、姜燕飞、高玉勇、刘侠、沈水芬、徐金良、胡舒怀、徐丽娟10名环卫工人被评为2021年度杭州市"十佳城市美容师"。

活动现场，市总工会、市福彩中心和杭州城橙公益基金会等筹集专项慰问金83.8万元，资助400名一线困难职工及特困家庭；新华人寿保险捐赠21.439万元，为全市环卫工人量身定制专属意外伤害险；市建设工会环卫工人捐赠6万元慰问品。

26—27日

SHI YUE

●● 由福建省宁德市委书记梁伟新、市长张永宁率领的党政代表团到杭州考察。26日下午，杭州市委副书记、市长刘忻会见代表团一行。杭州市领导朱建明、丁狄刚、谢双成，宁德市领导兰斯琦、杨方、缪绍炜、陈惠、吴允明、李彦等参加会见。

刘忻对宁德市党政代表团来访表示欢迎。他说，宁德和杭州都是习近平总书记曾经工作和生活过的地方，都是在总书记亲自关心指导下迅速发展起来的城市，交流合作、互学互鉴的空间广阔。当前，杭州正对标对表习近平总书记赋予的新目标新定位，忠实践行"八八战略"、奋力打造"重要窗口"，争当浙江高质量发展建设共同富裕示范区的城市范例，全力筹办好2022年亚运会，奋力夺取经济社会发展高分报表。希望两地始终牢记政治嘱托，积极交流经验做法，携手拓展合作共赢新空间，为浙闽两省和全国发展大局做出新贡献。

梁伟新表示，要认真学习借鉴杭州在数字经济发展、营商环境打造、城市建设管理、乡村振兴、文化兴盛等方面的好经验好做法，增强宁德高质量发展超越的内生动力，开创新时代宁德发展新局面。

26—28日 SHI YUE

●● 贯彻中央人大工作会议精神部署会暨全省各级人大常委会主任学习会在杭州召开。省委书记、省人大常委会主任袁家军出席会议并讲话。

袁家军指出，中央人大工作会议在中国社会主义民主政治建设进程中具有里程碑意义。习近平总书记在会上发表的重要讲话，深刻回答了新时代发展中国特色社会主义民主政治、坚持和完善人民代表大会制度的一系列重大理论和实践问题，丰富和拓展了中国特色社会主义民主政治和人民代表大会制度的政治内涵、理论内涵、实践内涵，是一篇充满马克思主义真理力量的纲领性文献。学习贯彻习近平总书记重要讲话和中央人大工作会议精神，是当前和今后一个时期的重大政治任务。要以"两个维护"的政治自觉和守好"红色根脉"的使命担当，深学笃行习近平总书记重要讲话精神，贯彻落实中央决策部署，推动新时代浙江省人大工作高质量高水平发展，展现人民代表大会制度在浙江的生动实践。袁家军对全省各级人大学习贯彻习近平总书记重要讲话和中央人大工作会议精神提出具体部署要求。

学习会期间，安排了学习贯彻中央人大工作会议精神等专题讲座，省人大常委会各位副主任做学习交流。省人大常委会组成人员，各市、县（市、区）人大常委会主任等参加学习。

27日 SHI YUE

●● 市委常委会召开会议，传达学习习近平总书记致广交会贺信和全国老龄工作会议精神，研究部署推动杭州市数字贸易发展、举办全球数字贸易博览会及老龄工作高质量发展等；传达学习习近平总书记在中央人大工作会议上的重要讲话精神，研究杭州市贯彻落实工作。

会议指出，要认真学习贯彻习近平总书记贺信精神，在促进杭州外贸高质量发展、培育贸易发展新动能新业态、用好重要对外开放平台等方面下足功夫，不断提高杭州的开放型经济发展水平和城市国际化水平。要深入学习领会习近平总书记在中央人大工作会议上的重要讲话，坚决贯彻落实，自觉把中央人大工作会议精神转化为做好地方人大工作的具体行动，让制度优势更好地转化为治理效能。要深入贯彻习近平总书记重要指示和全国老龄工作会议精神，不断提高老龄工作的针对性和实效性，持续擦亮"老有颐养"幸福民生品牌，加快推进老年友好型社会建设，奋力开创杭州老龄工作新局面。

●● 市委理论学习中心组（扩大）召开专题学习会，学习贯彻习近平总书记《扎实推动共同富裕》重要文章精神，进一步研究部署争当浙江高质量发展建设共同富裕示范区的城市范例相关工作。

会议指出，习近平总书记的重要文章，深刻阐明新发展阶段促进共同富裕的重要意义、科学内涵、目标任务、基本原则、思路举措，是扎实推动共同富裕伟大实践的根本遵循。要切实提高政治站位，学深悟透习近平总书记关于共同富裕的重要论述，认真贯彻中央和省委部署要求，深化改革创新，抓实硬核举措，争当浙江高质量发展建设共同富裕示范区城市范例，以杭州的先行先试为全省全国探路示范。

●● 争当浙江高质量发展建设共同富裕示范区城市范例领导小组专题会议召开，深入学习贯彻习近平总书记关于共同富裕的重要论述，按照省委、省政府要求，研究部署杭州市"扩中""提低"的主要目标、实施路径以及保障措施，切实推动这项标志性重大任务。

市委副书记、市长刘忻主持并讲话，佟桂莉、戴建平、朱建明、胥伟华、柯吉欣、缪承潮出席。市发改委负责人汇报高质量发展建设共同富裕示范区城市范例工作进展及《杭州市"扩中""提低"行动方案（2021—2025）》起草情况，国家统计局杭州调查队负责人汇报杭州市城乡居民收入情况，市人力社保局、市民政局、市农业农村局和各区县（市）负责人做书面汇报。

会议指出，"扩中""提低"是构建橄榄型社会结构、推动共同富裕的具体路径，也是群众最关注、最期盼的牵动性改革。要明确目标、强化支撑、突出重点、统筹推进，全面实施就业保障提质、"双创"生态优化、人力资源开发、分配机制完善、公共服务减负、农民增收提速、兜底帮扶提质等七大行动，创造性地抓好落实。要精准画像，建立群体规模变化跟踪监测体系，既考虑收入、又考虑支出，既考虑物质层面，又考虑精神、环境等因素，充分体现幸福感受，综合运用大数据等手段，率先构建"全面覆盖+精准画像"的群体结构数据库，加快形成动态预警监测机制、综合评价指标体系。

●● 第二届中国自由贸易试验区发展论坛在杭州片区滨江区块举行。论坛由商务部和浙江省政府指导，商务部有关领导、各自贸试验区代表、自由贸易试验区领域专家学者、中外知名企业代表等以线上线下方式参加。

论坛以"新格局，新使命，新担当"为主题，聚焦自贸试验区推动构建新发展格局、推动自贸试验区高质量发展、对接国际经贸新规则、数字经济赋能自贸试验区发展等重要议题，为中国自由贸易试验区建设和发展凝聚共识、建言献策。

论坛上，中国（浙江）自由贸易试验区杭州片区与中国（安徽）自由贸易试验区合肥片区签署战略合作协议，双方将在数字经济、跨境电商、科技创新、人才交流等领域强化合作，推动协同创新，构建合作生态，形成长三角区域自贸试验区合作新典范。

论坛期间，商务部国际贸易经济合作研究院、国研新经济研究院、浙江大学、之江实验室、长城企业战略研究所、杭州数字自由贸易研究院以及来自河南、山东、北京、上海、福建等地嘉宾，围绕打造数字经济与自贸试验区未来发展、对接高标准自贸协定促进自贸试验区建设、以自贸试验区建设为引领加快制度型开放、打造"数字自贸区"以及数字新时代背景下的数据产业发展及信息安全等话题展开专题发言和圆桌对话交流。商务部国际贸易经济合作研究院还发布了《中国自由贸易试验区发展报告2021》，系统梳理和总结了2020年中国自贸试验区的建设进程和成果。

27—28日 SHI YUE

●● 2021年中国器官移植大会暨第八届中国器官移植医师年会在杭州市举行。大会由中国工程院医药卫生学部指导，中国医师协会、中国医师协会器官移植医师分会主办，浙江大学医学院附属杭州市第一人民医院、中国肝移植注册中心、《中华移植杂志（电子版）》共同协办。中国工程院院士、中国医师协会器官移植医师分会会长郑树森教授担任大会主席。

中国人体器官捐献与移植委员会主任委员黄洁夫教授、国家卫生健康委员会医政医管局局长郭燕红以视频形式在开幕式上致辞，中国医师协会杨民副会长，浙江大学周天华副校长，杭州市卫生健康委员会党委书记、主任孙雍容等领导出席开幕式。郑树森院士、詹启敏院士、国家卫生健康委员会医政医管局医疗质量处马旭东处长、Jan Lerut教授做大会主题演讲。

大会以"博文约礼，勤业思行"为主旨，设立了肝、肾、心肺移植、器官捐献等相关学术专题/活动，主题涵盖器官移植临床探索、基础研究、转化医学等重要发展领域，各专家针对热点问题和前沿进展进行探讨。

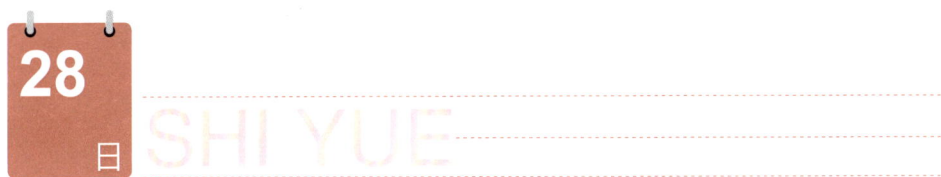

28 日

● ● 2021年亚洲设计管理论坛暨生活创新展（ADM）在拱墅区举行。活动有超过60个来自全球的跨领域专家，聚焦四大坐标、八大板块，超200个前沿创新参展商、50场沉浸式互动体验等系列活动同步展开。

开幕论坛聚焦主题为"设计即使命"，邀请院校协会专家、知名品牌创始人、设计机构主理人等各领域代表人物，从自身经历及实践出发，给出对于"使命"的全新思考。

活动期间，举行2021年浙江服务贸易设计展，邀请浙江本土知名IP企业、设计公司，同时引入一批国外潮流艺术IP产品，打造国际整合服务平台，助力浙企设计品牌走向国际，让更多"中国品牌"走出国门。

● ● 杭州市发布《义务教育阶段校外培训机构培训服务项目审核鉴定操作方案》，这也预示对于机构培训"学科类""非学科类"审核进入快车道。专家委员会成员名单同步公布。

接下来由培训机构所在区县（市）教育局牵头，组织审核鉴定专家委员会对校外培训机构提交的材料进行审核，包括培训的对象、目标、内容、进度安排、实施方式、评价方式、所使用的教学资源或培训材料等。必要时可进行现场审核，包括实地查验、课堂观察、随机选取员工、参训学生及家长访谈，了解课程安排、培训内容等相关事项。尔后，经审核鉴定专家委员会综合研判，给出明确的"学科类"

或者"非学科类"审核鉴定结论，并出具书面的审核鉴定意见书。

● ● 由市体育局、市卫生健康委主办，市老年人体育协会和各区县（市）老年人体育协会承办的杭州市第九届老年人体育健身运动会闭幕。

杭州市第九届老年人体育健身运动会于4月7日开赛，历时半年多，赛事共有14个大项，参加人数达2130多人次。赛事对前八名给予奖励证书、奖牌，前三名同时给予奖章。

其间，同步开展9个项目裁判员、教练员的培训，计430多人参加。组织12支代表队参加了全省12项交流活动。5月19日，桐庐承办了近2000人参加的全国太极拳大联动主会场活动。5月27—29日，临平承办了220多人参加的全省老年人乒乓球交流活动。

● ● 市老年活动中心新场馆亮相，首批建成的50个杭州市老年友好型社区名单公布。

市老年活动中心新场馆位于拱墅区顾扬路200号，新馆共五层，功能区块划分清晰、动静结合。除了常规的11个功能教室外，各层还增设适合老年人的专业运动场地，如气排球室、乒乓球室、台球室、门球场等。新馆内不仅有兼具健康体检和健身功能的康体健身房，还有配备专业化激光舞台设备的阶梯式报告厅。

28—29日 SHI YUE

● ● 市十三届人大常委会第三十八次会议召开。市人大常委会主任李火林，郑荣胜、陈红英、罗卫红、卢春强、徐小林出席。

会议学习贯彻习近平总书记在中央人大工作会议上的重要讲话和会议精神作为第一项内容，并举行分组学习。大家一致表示，要进一步增强学习贯彻的思想自觉政治自觉行动自觉，更好把制度优势转化为治理效能和发展胜势。

会议表决通过《杭州市西湖龙井茶保护管理条例》《杭州市燃气管理条例》，将报省人大常委会批准后公布施行。听取审议《杭州市大型群众性活动安全管理规定（草案）》《杭州市国有土地上房屋征收与补偿条例（草案）》，将根据审议意见做进一步修改。听取审议戴建平做的关于2020年度全市国有资产管理情况综合报告。听取审议缪承潮做的关于文物保护法律法规贯彻实施情况报告，胡伟做的关于土壤污染防治法贯彻实施情况报告，常委会执法检查组做的关于开展文物保护法律法规、土壤污染防治法和省街道人大工作条例执法检查情况报告。听取审议丁狄刚做的关于市十三届人大六次会议代表建议、批评和意见办理情况报告，关于市本级2021年预算调整报告。表决通过关于批准2021年市本级收支预算调整方案的决议、代表议案审议结果报告及人事任免事项。

陈卫强，市监委、市法院、市检察院负责人列席会议。

29日，市十三届人大常委会第三十八次会议列席代表座谈会召开，市人大常委会主任李火林与代表座谈交流，副主任郑荣胜主持，秘书长张如勇参加。

座谈中，8位市人大代表围绕深入学习贯彻习近平总书记在中央人大工作会议上的重要讲话和会议精神，坚持和完善人民代表大会制度，不断发展全过程人民民主，依法履行代表职责进行交流，并结合财政资金使用管理、金融风险防范、土壤污染防治、房屋拆迁安置、城市物业管理、老旧小区改造等工作对常委会2022年监督议题等提出意见建议。

29日 SHI YUE

●● 全省数字化改革推进会在杭州召开。省委书记、省数字化改革领导小组组长袁家军出席并讲话。他强调，要深入学习贯彻习近平总书记关于全面深化改革和第34次集体学习时的重要讲话精神，抢抓数字文明新时代的机遇，全面深化数字化改革，高水平建设数字浙江，进一步聚焦重大问题，加快全面贯通，打造最佳应用，推动形成一批在全国有影响力的重大标志性成果，努力从整体上推动省域经济社会发展和治理能力质量变革、效率变革、动力变革，加快构建引领发展、面向未来的全球数字变革高地，在数字文明新时代干在实处、走在前列、勇立潮头，走好新时代赶考之路。

省委副书记、代省长王浩主持会议，葛慧君、黄建发、朱国贤、许罗德、王昌荣、陈奕君、梁黎明、朱从玖、高兴夫、成岳冲、王文序、卢山、徐文光、王成国出席。

会上，省委改革办负责人汇报前一阶段数字化改革总体进展情况、存在问题和下一步打算，省委办公厅、省政府办公厅、省经信厅、省发展改革委、省委政法委负责人分别围绕体系架构、重大应用、"三个贯通"、成果评价、综合评价、机制和做法等六个方面汇报本系统数字化改革推进情况，省大数据局负责人汇报前一阶段一体化智能化公共数据平台建设进展情况、存在问题和下一步工作打算，衢州市委负责人汇报省、市、县"152"体系与县以下"141"体系有机衔接进展情况、存在问题和下一步打算。省公安厅、省交通运输厅、省卫生健康委、省应急管理厅、省市场监管局、省法院，嘉兴市、临安区、仙居县，以及浙江舜云互联技术有限公司负责人做典型发言并演示相关应用建设情况。

会议以视频会议形式召开，各市、县（市、区）设分会场。省直有关部门负责人在主会场参加。刘忻、李火林、佟桂莉、陈擎苍、戚哮虎、许明、戴建平、金志、张振丰、朱建明、胥伟华、柯吉欣、缪承潮、王宏、胡伟、陈卫强、丁狄刚在杭州分会场或各区县（市）分会场参加。

● ● 2021年宋韵文化节在钱塘江畔开幕。省委常委、宣传部部长朱国贤出席开幕式并讲话，副省长成岳冲，省政协副主席张泽熙出席。市委副书记、市长刘忻致辞，市领导戚哮虎、朱建明、罗卫红、丁狄刚、叶鉴铭参加。

开幕式上，"宋韵文化研究传承中心"揭牌。"宋韵最杭州"主题晚会以南宋诗词为贯穿，以宋时三大发明为呈现主体，展示千年宋韵的创造性转化、创新性发展，展现新时代浙江、杭州的发展成就和人民的幸福美好生活。

2021年宋韵文化节以清河坊历史街区、钱江新城、湖滨步行街等为主要展示空间，开展全方位、多视觉、多样化的宋韵文化主题活动，包括首届"悦读宋韵节"、"中国历代绘画大系"阶段性成果巡展、宋韵杭式生活季等，推出宋代琴棋书画、焚香茶道、篆刻博雅等文化体验。活动持续至11月10日。

● ● 第五届上海合作组织国际美术双年展暨第八届"画说西湖"国际美术论坛在富阳区公望美术馆开幕。来自上海合作组织秘书处官员及上合组织各国艺术家等100多位国内外嘉宾出席。上海合作组织秘书长弗拉基米尔·诺罗夫、市政协主席潘家玮分别致辞。市政协副主席王立华主持。

活动由上海合作组织秘书处、杭州市政协和中国美术家协会共同主办，以"光辉历程"为主题，展出来自上合组织14个国家160多位艺术家精心创作的主题画作，通过人文艺术交流方式，献礼中国共产党建党100周年，庆祝上海合作组织成立20

周年，进一步促进上合组织各国之间的文化互动与国际交流合作。

●●《杭州市公共服务领域外文译写导则（试行）》（2021修订版）发布会暨导则培训讲座举行。

2020年底，杭州市外办组织专家委员会对《杭州市公共服务领域外文译写导则（试行）》进行修订，经广泛征求各部门和有关权威专家的意见建议、数易其稿后，最终定稿发布。《杭州市公共服务领域外文译写导则(试行)》（2021修订版）由《杭州市公共服务领域英文译写导则》《杭州市公共服务领域日文译写导则》《杭州市公共服务领域韩文译写导则》三部分组成。其中英文部分为主要内容，包含通则、交通、旅游、文化娱乐、体育、教育、医疗卫生、邮电电信、餐饮住宿、商业金融十大部分。日文和韩文标识导则主要用于旅游景点。除各地通用的标识语外，2021年版还包括了部分独有的标识语，比如各景区景点名称、各机构单位实体名称等。

会上，专家委员会副主任、浙江大学教授陈刚从公示语翻译简况回顾、英文译写者的基本要求、《译写导则》规范外词条使用原则、《译写导则》词条／篇章译写原则和方法4个方面，为参会人员进行了培训。

●●第十四届西湖文化研讨会举行，主题为"双西合璧，宋韵杭州"，来自市社科、科协界的代表围绕主题展开交流。

研讨会由市风景园林学会、市历史学会、杭州古都文化研究会、西湖区西溪文化研究会、市城市科学研究会、市图书馆协会、市旅游协会、省游船协会、杭州钱镠研究会联合举办，同时编印《第14届西湖文化研讨会论文集》。

30 日 SHI YUE

●●之江实验室举行智能计算数字反应堆启动会，并联合10多个创新机构共建这一重大科学装置。活动现场，之江实验室还同步启动了智能计算数字反应堆第一批重大攻关项目，包括计算材料、计算育种、计算制药、计算天文、计算基因五大方向，全面赋能相关领域的科研创新和产业发展。

中国科学院院士、上海大学材料基因组工程研究院院长张统一，中国工程院院士、中国水稻研究所所长胡培松，长三角绿色制药协同创新中心执行主任苏为科教授，中国科学院国家天文台研究员、FAST首席科学家李菂，之江实验室特聘专家黄行许教授分别受聘智能计算数字反应堆计算材料、计算育种、计算制药、计算天文和计算基因领域首席科学家。

启动仪式当天，之江实验室还启动了智能计算数字反应堆的首批重大应用项目，首次发布了智能计算数字反应堆计算育种、计算天文、计算制药、计算材料等系列白皮书，加速促进智能计算与材料、制药、基因、育种、天文等领域的深度耦合，支撑中国重大战略领域的科学研究，助力浙江"三大科创高地"建设。

●● 由杭州国际城市学研究中心（浙江省城市治理研究中心）主办的"（中国）城市学年会·2021"开幕式暨城市学高层论坛在杭州举行，主题为"城市高质量发展与共同富裕"。在开幕式上，各界专家聚焦探索城市的高质量发展和共同富裕的路径，从各自领域发表主旨演讲。

开幕式上，举行浙江图书馆教育分馆揭牌、杭州市社会科学普及基地揭牌、天元公学教育戏剧中心揭牌、天元OTO（OMO）教育发展联盟揭牌、"城市书房"揭牌、王书平作品捐赠、杭州城市学智库与中国铁建投资集团华东指挥部签约、杭州城市学智库与浙江省建筑设计研究院签约等仪式，并为第十一届"钱学森城市学金奖"、第十一届"西湖城市学金奖"、第一届"超常儿童教育奖"优秀研究成果颁奖。

●● 杭州市第十六届"公民爱心日"活动在滨江宝龙城商场外围广场举行。

"公民爱心日"主会场活动以爱心文艺会演和爱心公益集市两部分组成。爱心文艺会演邀请热心公益组织和困境儿童演出，现场开展困境儿童画作拍卖；为2022年杭州将举行的2022年第4届亚残运会做准备，进行日常手语教学，分享公益活动经验等。爱心公益集市募捐所得款项，将全部进入杭州市慈善总会专款专用。所得书籍将用于困难家庭未成年人、留守少儿、外来务工人员子女以及其他困难特殊未成年人群体。

"公民爱心日"汇聚20多个企业加入，同时，活动倡议广大市民群众为公益事业献爱心。

31 日

●● 国务院印发《关于开展营商环境创新试点工作的意见》，部署在北京、上海、重庆、杭州、广州、深圳6个城市开展营商环境创新试点，聚焦市场主体关切，加快打造市场化法治化国际化的一流营商环境，更大力度利企便民。

意见指出，要以习近平新时代中国特色社会主义思想为指导，立足新发展阶段，完整、准确、全面贯彻新发展理念，构建新发展格局，以推动高质量发展为主题，统筹发展和安全，以制度创新为核心，赋予有条件的地方更大改革自主权，进一步转变政府职能，一体推进简政放权、放管结合、优化服务改革，推进全链条优化审批、全过程公正监管、全周期提升服务，推动有效市场和有为政府更好结合，促进营商环境迈向更高水平，更大激发市场活力和社会创造力，更好稳定市场预期，保持经济平稳运行。

下旬

●● 市人大常委会2022年度预算草案"三审"制工作进入人大代表预审阶段。市人大常委会主任李火林，郑荣胜、陈红英、罗卫红、卢春强、徐小林和80多名市人大代表，分别参加了6个监督小组对相关部门预算草案的预审工作。

预审中，6个监督小组听取12个被审查部门的部门预算草案和重点专项资金预算编制情况汇报。代表们围绕提高预算编制完整性科学性绩效性、规范项目设置、统一支出标准、优化支出方式、突出支出重点、强化资源共享等提出270条意见建议。

6个监督组认为，开展预算草案"三审"制工作，是贯彻落实中央人大工作会议精神、发展和践行全过程人民民主、加强和改进新时代人大工作的重要举措，是认真履行人大监督职责的重要抓手。12个被审查部门认真开展2022年度预算草案编制工作，专项（项目）安排更加合理、预算支出更加细化、绩效评价指标更加科学，充分体现了尊重代表的意识和求真务实的作风。要认真贯彻落实中央和省委、市委关于预算编制的总体要求，紧扣全市中心大局，坚持科学谋划、有保有压、突出重点，聚焦聚力推动高质量发展、促进共同富裕、亚运会服务保障、改善民生等重点任务，扎实做好2022年工作安排和预算编制。要切实提高预算编制质量，突出基本支出定额化、项目支出标准化、专项资金绩效化，深化控制总量、整合存量、优化增量相结合的文章，做到决策有评估、编制有目标、执行有监控、完成有评价、结果有应用。要牢固树立"过紧日子"思想，合理安排支出项目，强化预算执行管控，真正把有限的资金用在"刀刃"上，充分发挥财政资金的最大效用。要充分吸纳代表意见，积极回应代表关切，及时把科学合理、切实可行的意见建议调整完善到预算草案编制当中，做到民有所呼、我有所应。市人大常委会各牵头工委要运用财政综合监督系统，监督推动代表意见建议落地落实，提高预算草案"三审"制工作质效。

● ● 市政协主席潘家玮，副主席张仲灿、叶鉴铭、谢双成、王立华、周智林、冯仁强、陈国妹、滕勇分别带队到市相关部门和部分区县（市），就市政府2022年民生实事项目选题开展集中调研，围绕群众关心的民生领域问题征集意见建议、凝聚智慧共识。

各调研组深入市直相关部门和区县（市）基层医疗卫生、养老服务机构、学校、社区等调研座谈，共收集到有关民生领域短板意见和2022年民生实事项目建议150多条，主要集中在公共服务城乡统筹、老旧小区改造、生态环境等方面。市政协各界别小组（委员工作站）也通过开展界别活动、联系界别群众等，积极征集民生实事项目选题意见建议。

潘家玮一行到桐庐江南镇钱江缘颐养院、城南街道东兴社区卫生服务中心、春江小学和桐君街道洋塘小区等地调研，听取当地医务人员、教师、社区工作者和居民对民生保障、公共服务、环境质量、基层治理等的期盼，并召开座谈会听取桐庐县政府和县相关部门工作汇报。

潘家玮指出，近年来，全市各级党委政府深入践行习近平总书记以人民为中心的发展思想，扎实推进各项富民惠民安民便民举措落实落地，持续推动解决群众身边急难愁盼问题，群众幸福感获得感安全感不断提升。开展民生实事项目选题调研征集和协商，是人民政协发挥特色优势、广泛凝聚各方共识力量、更好服务人民群众对美好生活的向往的必然要求。

十一月

HANGZHOU JISHI

1 日

SHI YI YUE

●● 2021年中国（温州）新时代"两个健康"论坛举行，全国工商联发布《2021年"万家民营企业评营商环境"报告》，杭州连续3年在营商环境城市排名中居全国第一位，同时再次获得"营商环境最佳口碑城市"称号。报告显示，浙江省在营商环境省份排名中获全国第一位。

8—10月，全国工商联开展2021年"万家民营企业评营商环境"工作，并根据31个省（自治区、直辖市）的355个城市69120份大中小微民营企业有效问卷数据和官方统计数据加权计算，得出营商环境总得分。

营商环境最好的十个省份是浙江、广东、上海、江苏、山东、北京、四川、湖南、河南、福建。营商环境最好的十个城市为杭州、温州、苏州、深圳、宁波、青岛、南京、广州、长沙、成都。由企业填写印象中营商环境最好的省份和城市，广东、浙江、上海、江苏、北京得票最高，成为"营商环境最佳口碑省份"；深圳、杭州、广州、苏州、南京在城市选项中得票最高，成为"营商环境最佳口碑城市"。

●● 第六届"创客中国"中小企业创新创业大赛全国总决赛闭幕，决出一批"全国好项目"。由杭州赛区推荐的浙江时迈药业有限公司"基于自主创新药物开发平台打造抗体药物源头创新项目"获二等奖，并被评为网络人气项目。此前，该项目在浙江赛区获得一等奖。

2 日

SHI YI YUE

●● 由市社科联（院）、市委市政府咨询委员会办公室、市政府研究室共同主办的杭州市社会科学界第七届学术和咨政年会召开。本届学术年会以"助力杭州高水平打造'数智杭州·宜居天堂'"为主题，130多位来自市社科联、有关市直单位、市属高校、区县（市）社科联的专家领导和市属各社科社团、市社科重点研究基地、年会优秀论文作者、市社科优秀青年人才代表齐聚一堂，探讨杭州城市发展路径，促进学术成果转化，提高决策咨询水平。

会上，浙江省发展规划研究院副院长、杭州市社科智库特聘专家兰建平做了题为《从数字经济到数字化改革》的报告。主题报告后，进行3个专场论坛。其中，作为专场论坛之一的经济专场暨第二届浙江省企业社会责任学术研讨会，以"数智化与社会责任管理创新发展的融合"为主题，60多位来自高校、企业和社会组织的专家学者，从企业数字化改革与社会责任履行相结合的视角，围绕企业数字化转型和社会责任创新等议题，以主旨演讲、学术分享和业界案例的方式，进行了深入探讨。论坛由杭州市哲社重点研究基地——浙大城市学院数字化转型与社会责任管理研究中心主办。

学术年会还表彰了30篇文章为本届年会优秀论文，并授予28名高校、研究机构人才为第三期"杭州市哲学社会科学优秀青年人才"称号。

25日

SHI YI YUE

● ● 市政协主席潘家玮率市政协代表团到澳门开展团结联谊活动，拜访了全国政协副主席何厚铧、澳门特别行政区行政长官贺一诚和澳门中联办，王立华参加。

在澳门期间，代表团参加由市政协港澳台侨和外事委、市文创产业发展中心、西湖区委宣传部、香港杭州政协之友联谊会和澳门杭州政协之友联谊会主办的第四届"杭港澳发展论坛暨文创产业创新发展论坛"。潘家玮在致辞中，寄语杭港澳加强合作交流，共推文创产业创新发展，共促文化产业和文化事业繁荣发展，广泛凝聚讲好中国故事、推动中华文化走出去的共识和力量。他热情欢迎港澳朋友抓住杭州举办亚运会、高质量发展建设共同富裕示范区城市范例等契机，到杭投资兴业、创新创业、实现新发展。香港商务及经济发展局副局长陈百里作视频致辞，澳门文化局文化创意产业厅厅长何鸿斌出席并致辞。杭州市和西湖区文创产业在论坛上做了推介，浙江华策影视公司、杭州经纬天地创意产业园、澳门疯堂十号创意园等企业负责人和专家做交流分享，杭澳文创产业相关协会、企业签署合作协议。

潘家玮一行走访了澳门知名人士中华总商会副理事长贺定一、澳门浙商联合会会长廖春荣等，与澳门杭州政协之友联谊会顾问、正副会长座谈交流，听取对杭州发展、政协工作和政协之友联谊会工作的意见建议。视频连线了市政协香港委员，召开港澳委员座谈会，开展"新时代发挥港澳委员双重积极作用"专题宣讲，并为市政协特邀二组委员工作站（澳门）揭牌。

3日 SHI YI YUE

●● 市委副书记、市长刘忻专题调研基层党建工作，走访东新园社区"邻聚里"邻里活动中心、市党群服务中心等。他强调，要深入学习贯彻习近平总书记"七一"重要讲话精神和关于基层党建的重要论述，全面贯彻新时代党的建设总要求和党的组织路线，大力弘扬伟大建党精神，认真落实全省基层党建工作会议部署要求，强化大抓党建、大抓基层的鲜明导向，以实施"红色根脉强基工程"为总抓手，推动基层党建全面进步全面过硬，为争当浙江高质量发展建设共同富裕示范区城市范例提供坚强组织保证。毛溪浩、朱建明参加。

在随后召开的基层党建工作座谈会上，市委组织部汇报了全市基层党建工作情况，拱墅区王马社区、临平区塘栖村、传化集团、安恒信息等基层单位做交流发言。

●● 市委副书记、市长刘忻到萧山区调研数字化改革工作。他强调，要深入贯彻省委、省政府部署要求，把数字化改革作为"一把手"工程，坚持制度改革、技术创新"双轮驱动"，高标准、高质量推进各项工作任务，全面贯通、系统集成、塑造变革，抓好"152"工作体系与县以下"141"工作体系相互衔接，推进城市治理体系和治理能力现代化，更好保障城市运行有序和人民群众生命财产安全。佟桂莉、朱建明、缪承潮、丁狄刚参加。

刘忻指出，各地各部门推进数字化改革要强化"0和1"理念，坚持政府、市场、社会协同发力，聚焦自然人和法人两个全生命周期，对照群众所需、企业所盼、治理所急，全面提升审批、管理、监督水平，切实增强群众获得感。要充分运用项目管理的意识和方法，深入梳理重大应用的需求出发点、场景着力点、制度突破点，着眼于体制机制创新，推进深层次系统性制度重塑，加快流程重造、职能重组、资源重配、机制重构、生态重建。推进跨层级、跨地域、跨系统、跨部门、跨业务的协同管理和服务，建立健全"一地创新、各地共享"的有效机制，强化线上线下联动，打通"最后一公里"，做到横向到边、纵向到底。要加强队伍建设，营造良好氛围，进一步提升广大干部特别是领导干部的数字化素质和能力，强化数字化理念、深化数字化认知、用好数字化手段，不断提高对现代化的把握能力、引领能力、驾驭能力。

● ● 第十五届杭州文化创意产业博览会开幕式在杭州创意设计中心举行。文博会以"创意杭州·联通世界——文化引领美好生活"为主题，集中展示国内外最新的文化产业发展成果和各类文化精品，大力弘扬推广中华传统优秀文化、红色文化、宋韵文化。

文博会采取"线上文博会+线下论坛及指数发布活动"相结合的方式办展，参展企业及品牌达3000多个，好物涵盖茶器文玩、设计好物、非遗精品、创意新农、家居服饰等多个门类。主打抖音"创意精抖云"、东家·守艺人App"宋韵江南"两大线上会场。其中，"创意精抖云"线上会场推出"创意短视频"和"文化直播"两大互动专区、发起"创意话题挑战赛"活动。"宋韵江南"线上会场开设了"主题直播""好物秒杀""专场拍卖""主题馆""瀑布流专区""社区话题互动"六大活动模块。同期，240多场精彩文化直播在线上陆续举办，助推文化企业数字化转型发展。

11月2—3日，文创新势力颁奖盛典、杭州文化消费白皮书线上发布会、杭州文化创意产业投融资发展论坛、杭州—台湾"创意对话创意"4场专业论坛活动在线上线下举办。同期，集中发布一系列文化产业年度发展指数成果。

在文博会上新发布的《中国数字内容产业发展指数及评估报告（2021）》显示，杭州数字内容产业发展居全国第一梯队（全国第四名），是长三角产业圈层的代表城市。此外，由市委宣传部、市文创产业发展中心牵头，为打通文化企业服务"最后一公里"而创新开发的"文创e点通"数字化服务平台上线。

4日

SHI YI YUE

●● 市长刘忻主持召开市政府常务会议，研究部署全球数字贸易博览会筹备、粮食安全保障、全国文明城市创建等工作。会议强调，要深入学习贯彻习近平总书记对杭州的重要指示批示精神，完整准确全面贯彻新发展理念，着力服务和融入新发展格局，全力办好展示数字经济发展成果的高水平盛会，持续夯实粮食安全"压舱石"，不断擦亮全国文明城市"金字招牌"，为争当高质量发展建设共同富裕示范区的城市范例增势蓄能、增光添彩。

会议还研究了康养体系建设、医保市级统筹等事项。会前，市政府党组召开扩大会议，学习习近平总书记在中央政治局第三十四次集体学习时、在深入推动黄河流域生态保护和高质量发展座谈会上的重要讲话精神等。

●● 杭州市召开文明单位创建工作培训会，总结回顾在深化新时代文明单位创建方面的经验做法，部署下阶段工作任务，进一步凝聚文明单位合力，发挥企业和单位的示范性、先进性，加强文明单位创建工作培训，助力新一轮全国文明城市创建和全国文明典范城市创建。

会上向60个新命名市级文明单位授牌西湖区文明办、建德市文明办、市国资委、市发改委就加强文明单位孵化培育、组织管理等做交流发言。浙江省文明办相关业务处室负责人围绕文明单位创建工作做专题辅导。

●● 杭州全市农村文化礼堂2.0版建设暨新时代文明实践中心建设工作现场推进会在临安区板桥镇上田村召开。

会议指出，要以数字化改革为牵引，推动农村文化礼堂从"建好"向"用好"提升。积极构建农村文化礼堂建设新格局，运用数字化技术和思维，从硬件到软件、从内容到功能、从载体到队伍、从管理到运行进行统筹规划，构建"一张网"、做好"一体化"、实现"可评价"。突出农村文化礼堂内容新主题，坚持供给智慧高效、内容丰富多彩，进一步增强"浙江味""杭州韵""新时代特色"，持续探索开发各类新场景应用，让群众得到更便捷、更有质量的精神文化生活体验。探索农村文化礼堂运行新模式，着力深化"文化管家"社会化管理，推广文化礼堂联盟建设，推行数字化管理。要以全域化推进为抓手，推动新时代文明实践中心建设从"破题"向"解题"转变。着力在聚焦传播新思想、引领新风尚的主责主业上下功夫，讲好红色必修课、文明公开课和文化素质课，打造文明实践中心的"最优形态"。坚持因地制宜、分类实施、分层推进，加大全市域文明实践中心的建设力度，进一步拓展到农村基层、未来社区和线上线下，构建文明实践中心的"最佳格局"。努力构建"15分钟文明实践服务圈"，壮大文明实践主体队伍，办好群众身边关键小事，实现文明实践中心的"最好成效"。要以系统化重塑为目标，着力做好责任落实，统筹整合阵地资源，推动两大阵地建设从"先行"向"示范"奋进，努力成为杭州争当高质量发展建设共同富裕示范区城市范例征程中鲜明的文化标识。

● ● 省发展改革委公布"浙江省命名和创建特色小镇2020年度考核结果"，杭州市滨江物联网小镇等6个命名类小镇、临安云制造小镇等7个创建类小镇获评优秀等级，优秀数量分别占全省46%和27%，考核成绩持续保持全省领先。

浙江省命名特色小镇优秀等级：滨江物联网小镇、西湖云栖小镇、萧山信息港小镇、临平艺尚小镇、余杭梦想小镇、建德航空小镇；合格等级：富阳硅谷小镇、余杭梦栖小镇、上城玉皇山南基金小镇、西湖龙坞茶镇、西湖艺创小镇。

浙江省创建特色小镇优秀等级：临安云制造小镇、杭州大创小镇、滨江互联网小镇、桐庐健康小镇、余杭人工智能小镇、西湖蚂蚁小镇、拱墅智慧网谷小镇；良好等级：拱墅运河财富小镇、余杭良渚生命科技小镇、浙大紫金科创小镇、萧山机器人小镇、滨江创意小镇、上城丁兰智慧小镇、萧山图灵小镇、杭州医药港小镇、上城南宋皇城小镇、富阳药谷小镇、桐庐智慧安防小镇；退出等级：拱墅跨贸小镇。

5 日

SHI YI YUE

● ● 省人大常委会党组副书记、副主任李卫宁带队到杭州调研县乡人大换届选举、民生实事项目人大代表票决制立法等工作。市人大常委会党组书记、主任李火林，党组副书记、副主任郑荣胜参加。

调研组实地考察了东新园人大代表联络站，并召开座谈会，听取上城区、拱墅区人大常委会及部分人大街道工委相关工作汇报。县乡人大换届选举工作启动以来，全市各地认真贯彻落实党中央决策部署和省、市有关工作安排，严格按照新修改的选举法规定，加强党的领导，强化组织指导，精心组织实施，各项工作平稳有序、进展顺利。

李卫宁指出，做好县乡人大换届选举，对于坚持和完善人民代表大会制度、高质量发展建设共同富裕示范区具有重要意义。各级人大要深入学习贯彻习近平总书记在中央人大工作会议上的重要讲话和会议精神，坚决贯彻落实习近平总书记关于做好县乡人大换届选举工作的重要指示精神，提高政治站位，深化思想认识，切实增强责任感和使命感。要坚持党的全面领导，按照党委部署扎实推进换届选举各项工作，把党的领导贯穿于换届选举工作的全过程。要贯彻全过程人民民主理念，充分尊重和保障人民群众行使人民当家作主权利，更好发挥人民代表大会制度优越性。要加强各种风险防范，用好选民登记信息系统并确保其数据安全，严格落实疫情防控措施，坚决守住安全底线。要持续深化人大数字化改革，推动已建应用场景的迭代升级，更好支持和保障代表依法履职，提升代表工作质量和水平。

会上，大家围绕民生实事项目人大代表票决制立法工作，就坚持普惠性导向、加大本级财政投入、拓宽征集渠道、做好项目衔接、构建闭环监管机制等提出建议。

李火林强调，市人大常委会将在市委的领导下认真贯彻落实省人大常委会的部署，加强指导协调，严格依法推进，确保换届选举风清气正、选举结果人民满意。

其间，李卫宁一行还走访看望了部分省、市人大代表。

● ● 省人大常委会副主任李学忠带队到杭州调研《中国（浙江）自由贸易试验区条例（修订草案）》立法和数字化改革工作。市人大常委会主任李火林，副主任徐小林参加。

调研组首先召开自由贸易试验区条例（修订草案）征求意见座谈会。市商务局、市地方金融监管局、市司法局、市市场监管局、钱江海关及部分市人大代表、企业代表和协会负责人围绕加强土地金融人才等要素保障、推进服务业领域有序开放、支持企业参与制定国际标准、国际数字交易平台建设、加大数据安全保护力度及具体法规条文修改等提出建议。

李学忠指出，修订《中国（浙江）自由贸易试验区条例》是省人大常委会2021年的一类立法项目。大家提出了许多有价值的意见建议，省人大常委会相关部门要认真研究、积极采纳。要深入学习贯彻习近平总书记关于自由贸易试验区建设的重要指示精神，认真贯彻落实党中央、国务院和省委的决策部署，确保立法决策与改革决策相统一。要立足地方立法权限，处理好地方立法与上位法之间的关系，切实维护国家法制统一。要总结提炼地方实践中的好经验好做法，努力把改革创新成果上升为法规制度，更好发挥立法的引领保障推动作用。

随后，调研组听取市人大预算监督、国资监督、经济监督、重大项目监督、审计监督等数字化应用场景建设情况汇报。

李火林强调，杭州市人大常委会将认真贯彻落实省委、省人大常委会和市委要求，加快形成杭州人大数字化改革标志性成果，为全省人大数字化改革提供杭州方案和样本。

● ● 2021年信用杭州"诚信建设万里行"活动周在钱塘江畔开幕。本届活动周主题是"诚促共富，信护平安"，旨在通过扩大信用建设宣传、展示信用建设成果，大力弘扬重信践诺的传统美德，积极倡导诚实守信的价值准则。

活动周开幕式上，发布为小微企业和个体工商户量身定制的"共富信易贷"助企产品。作为以信用为核心的新型贷款模式，"共富信易贷"充分利用大数据、人工智能等数字化技术手段，依托杭州市公共信用信息平台的企业核心信用数据，实现与"杭州e融"平台、亲清在线、企业码的多跨融合，形成具有杭州特色的信贷服务专区。杭州诚信巴士开通。

● ● 代号为"浙江金盾—21（杭州·西湖）"的杭州市暨西湖区人民防空检验性演习举行。21个人防指挥部成员单位、11个乡镇（街道）、18个村（社区）、3个重要经济目标单位、12支人防专业队以及社会各界群众共2000多人参加演习，出动各类装备188台（套）。

演习按照作战筹划、临战准备、行动实施等流程，重点演练平战转换、人口疏散、重要经济目标防护等内容，采取上导下演、计划导调与随机导调相结合、室内推演和现场实兵相结合的方式，组织全系统、全要素、全过程、实案化、实名化、实战化的人民防空检验性演习，旨在不断提升杭州人防防空袭斗争能力。

作为杭州人防年度工作安排的一项，本次演习集中展示了近年来杭州人民防空建设成果，全面检验了杭州人民防空指挥部关键要素，检验了信息网络赋能、综合态势感知、数据辅助决策、精算深算细算等数字化改革的成效。

6 日 SHI YI YUE

● ● 省政府发布《关于命名第五批省级特色小镇的通知》，18个特色小镇跻身第五批省政府验收命名特色小镇。杭州医药港小镇、滨江互联网小镇、余杭人工智能小镇、临安云制造小镇、西湖蚂蚁小镇5个小镇成功入选。

● ● 杭州地铁6号线二期开通，从富阳桂花西路站发车，沿途经过西湖区、滨江区、萧山区，穿钱塘江而过，直达新开通的三堡站、昙花庵路站、元宝塘站、火车东站（东广场）站，终点来到枸桔弄站，全程34个车站，大约需要1小时30分。丰北站和亚运村站暂缓开通。未来6号线二期可以在三堡站与地铁9号线实现换乘前往临平方向。

此前，杭州地铁6号线一期已开通，从双浦站经美院象山站至丰北站，开通运营时原杭州至富阳城际铁路（杭州地铁杭富线）并入杭州地铁6号线主线，双浦站至美院象山站段改为支线。

6—8 日 SHI YI YUE

● ● 乡村人才振兴促进共同富裕大会在建德召开。来自天津、山西、广东、贵州、四川、浙江等地领导、专家、乡村人才代表和农业企业代表共100多人参会，共同分享交流典型经验，探索构建"乡村人才振兴促进共同富裕"新格局。

论道与考察相结合，是本次会议的一项特点。与会代表们先后到建德杨村桥镇、梅城古镇、下涯镇，现场考察特色乡村数智草莓产业、乡村女性创业人才和美丽乡村建设，一路感受乡村人才带来的乡村巨变。会议在激烈讨论的基础上形成《乡村人才振兴促进共同富裕杭州倡议》：锚定共同富裕跑道，以浙江和杭州的先行探索，为全国乡村人才振兴示范探路，努力推动乡村人才优势转化为共同富裕全局胜势。

7 日

SHI YI YUE

●● 2021年杭州国际人才交流与项目合作大会举行。大会由浙江省委、浙江省政府、欧美同学会主办，浙江省委组织部、浙江省人力社保厅、杭州市委、杭州市政府承办，聚焦人才引领高质量发展战略，推进共同富裕示范区建设，建设汇集国内外智力资源、广聚天下英才的长三角人才开放平台。

全国人大常委会副委员长、民盟中央主席、欧美同学会会长、中国科学院院士丁仲礼视频致辞。省委书记、省人大常委会主任袁家军致辞，省委副书记、代省长王浩出席开幕式。省领导陈奕君、徐文光出席，市委副书记、市长刘忻致辞，联合国驻华协调员常启德视频致辞，中国工程院院士、浙江大学杭州国际科创中心领域首席科学家吴汉明作为人才代表致辞。市领导李火林、潘家玮、佟桂莉、戴建平、毛溪浩、陈新华、张振丰、朱建明、胥伟华、柯吉欣、王宏、叶鉴铭，浙江大学领导任少波出席开幕式。部分与会领导共同按下按钮启动大会。

开幕式现场还发布了"建设人才生态最优城市，打造人才创新高地行动方案"、"西湖对话"高端国际人才对话品牌。中国科协副主席、中国科学院院士、西湖大学校长施一公代表百名院士现场宣读"弘扬科学家精神，推动高质量发展，建设共同富裕示范区"倡议。大会举办2021年中国留学生论坛等40多场系列活动。

●● "纪念钱学森110周年诞辰活动暨钱学森故居'科学家精神培育基地'挂牌仪式"在杭州小营街道举行。中国科学院院士叶培建、中国科协党组副书记徐延豪为本次活动视频致辞。省科协党组书记、副主席谢志远宣读省委书记袁家军的批示。市领导毛溪浩与中国工程院院士潘云鹤、钱学森家属代表钱永刚教授等嘉宾共同为钱学森故居"科学家精神培育基地"揭牌。

揭牌仪式后，潘云鹤、高从堦、董石麟、潘德炉、朱位秋、都有为、杨华勇、杨树锋、黄荷凤、戴民汉、叶志镇、孙立成、吴汉明、陈汉林14位院士专家和领导一起参观"科学家精神培育基地"钱学森故居和杭州科学家群落。

"2021年院士专家杭州行"活动于11月6—11日举行。

●● 由市委、市政府、全球化智库（CCG）联合主办的"2021西湖对话"在杭州西湖博物馆举行，来自政策界、国际组织、国际商会、跨国公司、国际青年英才代表及著名专家学者等开展对话，激荡思想，凝聚共识。

"西湖对话"聚焦"共同富裕与人才贡献"主题，分为两个分论坛。分论坛一主题为"共同富裕与人才贡献"，分论坛二主题为"国际人才与世界名城建设"，大家就确保人才在跨国公司和中国营商环境中实现软着陆的措施、全球人才发展中的经验和教训等话题展开探讨。此外，论坛上，国际青年领袖项目外籍青年代表还就世界青年友好城建设进行了对话。

7—8日 SHI YI YUE

● ● 2021年杭州"揭榜挂帅·全球引才"（生物医药）科洽会在钱塘区举行。作为杭州市和钱塘区参与第四届进博会的重要配套活动和2021年杭州国际人才交流与项目合作大会的重点活动，本次生物医药科洽会以"揭榜挂帅·全球引才"为主题，来自杭州各区县（市）的10个生物医药行业领先企业与上海交通大学、中科院武汉病毒所等10所高校、科研院所达成合作，60多个重点企业在现场洽谈区搭建展台，总发榜金额约5亿元。

活动现场，杭州生物医药"揭榜挂帅"创新共享中心在杭州医药港设立，持续汇聚全市生物医药产业和重点企业的科技需求，导入中科院系统、高校、新型研发机构等生物医药领域人才资源，促成企业技术需求端和人才供给端的实时对接，以及各类创新资源的共享，搭建生物医药企业服务和科研转化的高效平台。钱塘区首创生物医药产才融合平台也于现场启动。

8日 SHI YI YUE

● ● 杭州市召开推进亚运城市行动专题会议，就贯彻落实省委书记专题会议精神进行具体部署。市委副书记、市长刘忻在会上强调，要认真学习贯彻习近平总书记关于体育强国建设的重要论述，按照省委袁家军书记提出的"一个总目标、七个具体目标"和"六个进一步"要求，冲刺冲锋、决战决胜、善作善成，全面推进亚运城市行动，努力把亚运会、亚残运会办成杭州争当共同富裕城市范例的标志性工程、展示中国特色社会主义制度优越性的"重要窗口"，高水平呈现一场"中国特色、浙江风采、杭州韵味、精彩纷呈"的体育文化盛会。

戚哮虎、缪承潮、胡伟、陈卫强、丁狄刚出席。会上，亚运城市八大行动工作组牵头单位分别做汇报发言。

刘忻强调，当前距离亚运会开幕仅有306天，赛会筹办和亚运城市行动组织实施工作已进入最关键、最吃劲的冲刺阶段。要高水平推进赛会组织，把亚运城市行动作为凝聚市民群众的"连心桥""进军鼓""冲锋号"，充分激发市民群众的参与热情和主人翁精神，共同投入到办好亚运会、建设大都市、促进共富裕的时代伟业中去，全面提升城市统筹力、动员力、驾驭力。要高水平做好建设运营，全力推进亚运场馆和亚运村建设，确保按时高质量完工、按时高效率交付、按时高标准运行，同步加快实施轨道交通、快速路、高速公路、铁路西站枢纽等重大基建项目，全面提升城市承载力、辐射力、带动力。要高水平组织开闭幕式，兼顾政治性和艺术性，突出浙江元素和杭州元素，用好现代科技和文化底蕴，把开闭幕式打造成为弘扬中国文化、提振民族精神、展现时代风采、彰显浙江气质、呈现杭州韵味的文化盛宴、视听盛宴、艺术盛宴，全面提升城市感染力、影响力、震撼力。要高水平体现数字赋能，充分运用数字化改革成果，进一步提高赛事运行、服务保障、城市治理的智慧化水平，把"智能亚运"品牌打造成为具有全球影响力的一张金名片，全面提升城市创新力、竞争力、综合实力。要高水平完善服务体系，深化细化礼宾接待、交通组织、环境整治、志愿者培训等工作，确保各项工作规范清晰、权责明确、有机衔接、到点到位，让各国运动员和嘉宾享受宾至如归的精细服务。要高水平强化安全保障，把形势想得更严峻一些，把问题预估得更充分一些，把应急准备做得更周全一些，切实守护好政治安全、防疫安全、城市安全、公共安全，在大战大考中交出高分答卷。

● ● 2021年杭州国际人才交流与项目合作大会余杭分会场暨"国际人才月"启动仪式在未来科技城学术交流中心举行。

启动仪式以线上线下形式同步举行。市委常委、区委书记张振丰致欢迎辞。中国科学院院士段树民、中国工程院院士林君、龚晓南，杭州师范大学党委书记陈春雷，省人力社保厅党组成员、副厅长陈中，省委组织部人才办副主任金奇，比利时驻上海总领馆商务领事Bart Boschmans，区领导金承涛、阮文静、沈昱，以及国内知名高校和之江实验室、良渚实验室、湖畔实验室、北航杭州创新研究院（余杭）等重点科创平台相关负责人，海内外高层次人才及青年科学家代表等在主会场参加。

余杭区开发的"才金直通车"数字化应用场景于活动当日发布上线。"才金直通车"数字化应用场景通过与区内外银行、基金、风投、保险等机构深度合作，上线"人才贷""人才投""人才保"等70多款专属金融产品，各类人才只需通过"余您携手，杭启未来"微信服务号就能享受低利率、高总额、一站式、实时化的金融支持。当天，还举行"杭启未来"人才主题分享会和"智汇余杭"项目路演对接会。

●● 由市委宣传部、杭报集团、杭州文广集团、市新闻工作者协会及各区县（市）委宣传部共同主办，以"守正创新，我们再出发"为主题的杭州市庆祝第22个中国记者节暨重大主题报道表彰·记者分享会举行。

会议表彰了杭州市2021年度创新重大主题报道优秀新闻作品（含新媒体作品）45件、优秀国际传播作品11件、优秀融媒体项目（活动）14件。杭报集团、杭州文广集团记者代表分享"我的故事"，澎湃新闻副总编胡宏伟做分享交流。

●● 第十届杭州·桐庐"君山引凤"科技人才周活动开幕。来自20多个国家，上百位中外院士、国家级专家、杰出乡贤和优秀青年人才参加。

现场，全球化智库（CCG）长三角研究中心在桐庐挂牌成立，国务院参事王辉耀、国际组织代表、国际商会负责人、中外公司高管、智库专家等嘉宾围绕"长三角区域一体化发展格局中的桐庐机遇""大健康产业与绿色发展前景"议题，开展首届富春江国际论坛，深入探讨桐庐构建以快递物流和大智造、大健康、大旅游为主体的"1+3+X"特色产业体系的现实路径。当天，桐庐为高层次人才颁发首批企业人才限价房准购证，并将桐庐人才码2.0版进行升级发布。

8—9日 SHI YI YUE

●● 全市人大常委会主任学习贯彻中央人大工作会议精神专题学习会召开。市人大常委会党组书记、主任李火林出席会议并讲话，郑荣胜、陈红英、罗卫红、卢春强、徐小林，各区县（市）人大常委会主任会议成员、市人大机关各部门负责人等参加。

李火林以《做好新时代人大工作的行动纲领和科学指南》为题，通过重要会议、重大成就、重大论断、重要原则、重点任务、重要标准、基本观点、重大理念、重要定位和重要文件十个关键词，对中央人大工作会议精神做了辅导讲座。与会人员分成6个小组开展集中自学、分组讨论，并进行了会议交流。

9日 SHI YI YUE

●● 市委理论学习中心组（扩大）召开专题学习会，学习贯彻习近平总书记在中央人大工作会议上的重要讲话精神和关于数字经济的系列重要讲话精神。

会议指出，习近平总书记在中央人大工作会议上的重要讲话站位高远、视野宏大、内涵丰富、思想深刻，是一篇闪耀着马克思主义真理光芒的纲领性文献。要从战略和全局高度深刻把握核心要义和实践要求，增强"四个意识"、坚定"四个自信"、做到"两个维护"，着力推动人大工作与时俱进、创新发展，为杭州争当浙江高质量发展建设共同富裕示范区城市范例提供有力保障。要切实加强党对人大工作的全面领导，全市各级党委要支持人大及其常委会依法履职、开展工作，党委有关部门要加强与人大有关方面协调配合，"一府一委两院"及其部门要健全协调沟通机制，各级人大常委会党组要努力打造让党放心、让人民满意的政治机关、国家权力机关、工作机关、代表机关。要坚持围绕中心大局开展工作，以高质量立法引领推动改革发展，以高效能监督助力工作落实，以高水平履职提升治理效能，以高标准推进数字化改革，努力打造更多全过程人民民主"杭州实践"的标志性成果。

会议指出，习近平总书记在中央政治局第三十四次集体学习时的重要讲话等关于数字经济的系列重要讲话精神，为推动数字经济健康发展提供了根本遵循。要学深悟透习近平总书记重要讲话精神，切实提高政治站位，坚决扛起责任担当，坚持以数字化改革为引领，在新赛道、新竞争、新领域中提升硬核实力、厚植特色优势，打造数字经济创新发展示范城市，为服务助力全省全国数字经济健康发展做出应有贡献。

● ● 全市新一轮制造业"腾笼换鸟、凤凰涅槃"攻坚行动推进大会召开。市委副书记、市长刘忻在会上强调，要深入贯彻习近平总书记关于制造强国的重要指示精神，坚决落实省委、省政府决策部署，坚定不移推动制造业"腾笼换鸟、凤凰涅槃"，以数字化改革为牵引、以制度创新为动力，奋力推进"低效整治、创新强工、招大引强、质量提升"四大攻坚行动，开创制造业提质扩量增效新局面，加快把杭州建成具有全球影响力的先进制造业强市。柯吉欣主持。

会上，市经信局对《杭州市新一轮制造业"腾笼换鸟、凤凰涅槃"攻坚行动方案（2021—2023年）（征求意见稿）》进行了解读。萧山区、滨江区、桐庐县、市规划与自然资源局分别就存量空间优化、产业竞争力提升、资源要素优化配置、低效用地全域整治等主题做了交流发言。

刘忻指出，"腾笼换鸟、凤凰涅槃"是习近平总书记在浙江工作期间创造性提出的理念，是引领新世纪浙江经济发展的"指南针"。当前，浙江正忠实践行"八八战略"、奋力打造"重要窗口"，高质量发展建设共同富裕示范区。杭州要展现头雁风采、争当城市范例，必须在推进"腾笼换鸟、凤凰涅槃"上体现更大作为。要以创新驱动提升产业核心竞争力，以产业带动提升整体生态凝聚力，以高质量推动提升城市综合实力，实现经济社会发展新蝶变。

10 日 SHI YI YUE

● ● 市长刘忻到民生实事项目实施一线调研指导，走访钱学森学校、小营巷社区、戒坛寺巷社区、保亭人家回迁安置房小区、古荡街道成长驿站。他强调，要认真学习贯彻习近平总书记对杭州的重要指示批示精神，牢固树立以人民为中心的发展思想，坚持和完善为民办实事长效机制，着力解决群众最关心最直接最现实的民生问题，确保兑现向人民做出的庄严承诺，真正实现"办实每件事，赢得万人心"。缪承潮参加。

●● 位于西湖区灵隐街道青芝坞石虎山18号的环浙大玉泉人工智能产业带启用，石虎山机器人创新基地作为首个启用园区揭牌。

石虎山机器人创新基地项目作为环浙大玉泉人工智能产业带中的重要一环，以"智能机器人与未来科技"为主题，以技术转化、创业孵化、人才培养为主要功能，以"产学研创一体化"为特色，建筑面积6000多平方米，其中2200平方米为控制学院产学研孵化基地。已经入驻了智能协作机器人、巡检机器人、智能检测机器人、自主无人驾驶等创新工坊12个，已孵化注册企业10多个；还吸引软体机器人、医疗机器人、生物机器人等10多个机器人控制领域的行业先锋团队项目入驻。

上旬 SHI YI YUE

●● 浙江党史学习教育"我为群众办实事、我为企业解难题、我为基层减负担"专题实践活动最佳实践案例评选结果出炉，33个案例获评。其中，杭州有4个入选，分别是：杭州市"民呼我为"数智平台、西湖区"幸福荟"——幸福西湖民生综合体、上城区数智减负"一表通"，以及浙江省卫生健康委、杭州市富阳区联合申报的医学检验检查结果共享互认。

10—11日 SHI YI YUE

●● 杭州市工商联（总商会）第十四次代表大会召开。市委副书记、市长刘忻出席开幕式并讲话。省委统战部副部长、省工商联党组书记陈浩，大会执行主席和市各民主党派、市各人民团体、省内兄弟城市工商联代表分别致贺词，陈新华、朱建明、徐小林、丁狄刚、冯仁强出席。市领导向市总商会荣誉会长授牌。

大会期间，代表们审议并通过杭州市工商业联合会（总商会）第十三届执行委员会工作报告；选举产生杭州市工商业联合会（总商会）第十四届执行委员会。冯仁强当选为市工商联（总商会）第十四届执行委员会主席（会长）。

大会发出《践行"两个健康"，助力高质量发展，同心筑梦共建共同富裕美好社会》倡议书，号召全市各级工商联组织和广大会员不辱使命，不负重托，同心筑梦，奋力奔跑，共建共享共同富裕美好社会，为再创杭州民营经济高质量发展新辉煌，谱写新时代杭州市工商联事业新篇章，做出新的更大贡献。

11日 SHI YI YUE

●● 省人大常委会副主任姒健敏带队到杭州调研指导市县乡人大换届选举工作。市人大常委会主任李火林，副主任郑荣胜参加。姒健敏一行调研了西湖区文新街道选举办事处、竞舟社区选民登记站，详细了解换届选举工作进展情况。随后，召开座谈会，听取市本级、西湖区及北山、文新街道有关情况汇报。

姒健敏指出，杭州市各级党委、人大高度重视换届选举工作，统筹谋划、精心部署，周密安排、稳妥组织，各项工作推进平稳顺畅。他强调，要充分认识县乡人大换届选举工作的重要意义，这是践行全过程人民民主最生动、最直接的体现，充分彰显人民代表大会制度的优越性，是高质量发展建设共同富裕示范区的重要保证。要把坚持党的全面领导贯穿换届选举工作始终，在同级党委领导下，各级人大要切实承担工作职责，发挥好联席会议作用，为换届选举提供坚强的政治保证和组织保证。要把严格依法依规办事贯彻换届选举工作始终，坚持法治理念和法律要求，强化纪律意识、规矩意识和风险意识，树立底线思维，加强风险防控，严格依法按程序推进各项工作，营造良好的换届选举氛围。要统筹协调、扎实推进下一阶段工作，以高度负责的精神和严谨扎实的作风，切实做好宣传、选民登记、代表候选人提名推荐、投票选举、数据安全、疫情防控等工作。

李火林强调，市人大常委会将在市委的坚强领导下，落实好省人大常委会的部署，严格按照时间节点，细化各项工作流程，确保县乡人大换届选举工作顺利进行。

● ● 在全省校园安全专项整顿会议结束后，杭州市召开续会进行具体部署。市委副书记、市委教育工作领导小组组长佟桂莉强调，要认真学习领会落实习近平总书记关于校园安全工作重要指示批示精神，贯彻落实全国、全省会议部署要求，精心组织专项整顿工作，建立常态长效校园安全防控机制，全力建设更高水平、更高质量的平安校园。丁狄刚主持会议。

会议还就"双减"工作和校园疫情防控做出部署。

● ● 全省人大数字化改革工作座谈会在杭州召开，介绍全省人大协同推进数字化改革总体进展和下一步工作打算。一批新的人大数字化改革应用场景在会上亮相。其中，就有杭州人大开发建设的财政综合监督系统审计监督子应用场景和规划监督应用场景。

审计监督系统是财政综合监督系统五大子系统之一。该系统通过"全方位了解审计工作、全过程掌握问题整改、全领域应用审计成果"，监督审计发现问题整改，助推审计职能作用发挥。以全景视窗和功能模块，对审计文本信息进行数字化应用、可视化表达，实现了人大对问题整改工作和两项报告情况的"查""督""评"功能。

规划监督应用场景，是市人大为更好履行"把牢图"职能开发建设的特色应用场景。根据可看、预警、评估、互动四大功能定位，该应用场景主要设置了人大规划监督视屏窗、数图展示、监督预警、体检评估、人大监督等模块内容。

12 日
SHI YI YUE

● ● 市长刘忻主持召开安全生产工作会议，就抓好岁末年初的安全生产工作进行专题部署。会议强调，要深入贯彻习近平总书记关于安全生产的重要论述，严格落实省委、省政府部署要求，坚持人民至上、生命至上，以"如坐火山、如临深渊、如履薄冰"的工作状态，以"零容忍"的硬要求硬举措，抓紧抓实安全生产各项工作，坚决防范遏制重特大安全事故发生，打好打赢年度"收官战役"，奋力夺取平安高分报表。缪承潮参加。

会上，市应急管理局负责人汇报了2021年以来安全生产总体情况及下一步工作安排。会议指出，当前冬季疫情防控、极端天气、森林防火、道路交通、能源保供等安全风险交织，安全生产总体形势较为严峻。全市上下要始终绷紧安全生产这根弦，保持"隐患无处不在、成绩每天归零"的危机感，树牢底线思维和红线意识，以实而又实、细而又细的工作作风和举措，不断提升本质安全水平，建久安之势、成长治之业。

14 日 SHI YI YUE

● ● 中国—乌克兰双边科技交流活动在杭州国际博览中心举行。市委副书记、萧山区委书记佟桂莉出席并致辞。市领导胥伟华主持开幕式。

会上，乌克兰驻华大使馆代办张娜·列亲斯卡为浙江巴顿焊接技术研究院中方院长冯长根颁发乌克兰国家科学院外籍院士证书；浙江省特种设备科学研究院、乌克兰国家科学院巴顿焊接研究所、浙江巴顿焊接研究所签约共建"金属材料表面工程检测专业实验室"；杭州汽轮机股份有限公司与浙江巴顿焊接技术研究院签约共建"燃气轮机构件先进制造技术联合实验室"。同时，会议还举行浙江巴顿焊接技术研究院"先进焊接工程应用中心"启用仪式和中国宇航学会、中国兵工学会在浙"学会服务站"授牌仪式。

该活动是世界青年科学家峰会分会场之一，被列入中国科协双边活动交流项目。"一带一路"国际科学组织联盟主席、中国科学院学部主席团名誉主席白春礼院士，乌克兰驻上海总领事阿尔泰姆·普希金，乌克兰科学院院士郭瑞·弗拉基米尔以及中国科学院院士潘际銮、杨树锋，中国工程院院士高从堦、潘德炉、陈宗懋等中外院士专家出席活动。

● ● 在杭州亚运会倒计时300天之际，杭州亚运会志愿者之歌《等你来》亮相，歌曲MV同步全球发布。歌曲由亚运会志愿者形象大使单依纯、东京奥运会冠军汪顺、浙江音乐学院教师王滔、流行歌手钟祺和浙江卫视主持人伊一等共同演绎。同时，浙江大学、浙江音乐学院、杭州师范大学的青年志愿者们和城市志愿者、国际志愿者等各行各业志愿者群体共同参演MV。

"西泠名家亚运主题篆刻展"在杭州亚组委（昆仑中心一楼大厅）开幕，展出西泠名家亚运主题篆刻作品74方，包括历届亚运会口号、杭州亚运会40个竞赛项目及与亚运相关的体育题材等作品，展览持续至26日。

15 日

●● 市委常委会召开扩大会议，传达学习贯彻党的十九届六中全会精神。

会议强调，学习宣传贯彻党的十九届六中全会精神，是当前和今后一个时期的首要政治任务。全市各级党组织和广大党员干部要迅速行动起来，以更高的政治站位和政治自觉，全面系统学习领会全会精神的丰富内涵与核心要义，用全会精神统一思想、凝聚共识、坚定信心、增强斗志，从党的百年奋斗历程中不断汲取智慧和力量，在实现中华民族伟大复兴的新征程上展现杭州的担当作为。

●● 第三届中国快递物流创新创业大赛在桐庐举行，包括中国邮政和通达系的快递人、投资人，以及浙江大学、浙江工业大学、杭州电子科技大学等100多位业界专家学者和快递企业资深从业者参加，围绕"新使命，新智造"主题，交流快递物流行业的痛点问题，共话"快递未来"。

总决赛重点关注快递物流行业与智能制造、数字化的深度融合与升级，也带来了数字智造与新经济、智慧物流与新能源、绿色智造与新材料等快递产业相关的创新项目。

经过前期筛选比拼，现场共有12个创新项目从125个报名项目中脱颖而出，进入决赛。其中，吸引眼球的是采用了无人驾驶技术的移动机器人，解决了机器人代替人工的物流搬运问题；低功耗物联网无线供电系统解决了物联网的能耗问题；高清高速的三维机器视觉系统将运用在工业机器人上。

决赛现场，12个项目轮番上台或线上路演，最终曼巴智能科技（苏州）有限公司、楚山（深圳）新能源科技有限公司、北醒（北京）光子科技有限公司分别获得一、二、三等奖。

●● 工业和信息化部关于第六批制造业单项冠军名单公示结束，杭州新增5个单项冠军示范企业和1个单项冠军产品。加上前五批，杭州已经拥有22个单项冠军示范企业和4个单项冠军产品，单项冠军示范企业数量居全国第二位。

新上榜的杭州企业分别是：杭州中科微电子有限公司、新华三技术有限公司、杭州科百特过滤器材有限公司、浙江万向精工有限公司、杭州格林达电子材料股份有限公司。上榜的产品是南方泵业股份有限公司的冲压焊接多级离心泵。

● ● 杭州市工业经济联合会、杭州市企业联合会、杭州市企业家协会公开发布2021年杭州市制造业（数字经济）百强榜。

百强榜单是根据国际、国内通行规则，本着自愿申报原则，以上一年度企业营业收入为基本排序标准。2021年杭州市制造业（数字经济）百强企业上榜"门槛"为14.93亿元。按区域分布来看，萧山区有24个，钱塘区有14个，滨江区有11个，拱墅区10个，上城区有8个，临安区有7个，余杭区、西湖区、富阳区各有6个，临平区有4个，建德市有3个，桐庐县有1个。按企业性质来看，国有企业有18个，民营企业有82个。按是否上市主体来看，上市企业有67个。

2020年，百强企业营业收入总额31864.89亿元，较上一年增长20.22%，利润总额2958.08亿元，较上一年增长6.87%。从行业分布看，剔除掉进行多元化投资和经营的主体外，百强企业分布主要分布在机械与专用设备制造行业（23个），石油化工与纺织行业（18个），通信网络与光纤行业（8个），软件与信息技术服务行业（6个），生物医药与护理用品行业（6个），汽车与零配件行业（6个），金属冶炼与加工行业（6个），新材料行业（6个），电子产品与智慧物联网行业（5个）。同时，企业研发投入不断加大，自主创新能力持续增强。2020年，杭州市制造业（数字经济）百强企业共投入研发费用1223.05亿元，同比增长16.37%。

市"三会"首次发布了制造业（数字经济）高成长性百强企业榜。该榜单是统计2020年营业收入在1亿～10亿元之间、营业收入增长较上年增长超过20%且企业研发费用占营业收入比重不低于全市平均水平的企业经营主体。榜单显示，杭州市高成长性百强企业中2020全年营业收入较上一年增长幅度超过100%的企业，有19个；增长幅度超过50%的企业，有18个；增长幅度超过20%的企业，有25个。2021杭州市高成长性百强企业前10位分别为：杭州润恒医疗器械有限公司、杭州贝丰科技有限公司、杭州尚格半导体有限公司、杭州睿丽科技有限公司、杭州海康存储科技有限公司、杭州谱育科技发展有限公司、贝壳找房（杭州）科技有限公司、建德市朝美日化有限公司、杭州装点文化创意有限公司、海正生物制药有限公司。

16 日

●● 全省深化"千万工程"建设新时代美丽乡村现场会在萧山区召开，省委书记袁家军在会上强调，要深入学习贯彻党的十九届六中全会精神，对标对表习近平总书记关于实施乡村振兴战略和推进共同富裕的重要论述精神，围绕环境"美"、产业"旺"、活力"足"、风尚"好"、韵味"浓"、服务"优"、价值"高"、机制"畅"，绘就共同富裕大场景下新时代美丽乡村新图景，将浙江的美丽乡村建设成为农民幸福生活的美好家园、市民旅游休闲的理想乐园、大众创业创新的希望热土、浙江共同富裕的展示窗口，努力为全国推进乡村振兴和全体人民共同富裕贡献更多的浙江力量、提供更多的浙江素材。

省委副书记、代省长王浩主持会议，省委副书记黄建发宣读《关于命名2020年度浙江省新时代美丽乡村示范县的通知》，省领导彭佳学、陈奕君、刘小涛、史济锡、徐文光、陈小平及杭州市领导刘忻出席，与会领导为全省11个荣获"2020年度浙江省新时代美丽乡村示范县"的县（市、区）进行现场授牌。建德市是杭州唯一获此殊荣的地区。

会上，省农业农村厅、萧山区、泰顺县、柯城区沟溪乡、德清县仙潭村负责人做交流发言。会前，与会代表考察了萧山美丽乡村建设情况。市委副书记、萧山区委书记佟桂莉做交流发言。

●● 市人大常委会党组第95次（扩大）会议召开，传达学习党的十九届六中全会精神，按照省委、市委部署要求，研究部署贯彻落实工作。市人大常委会党组书记、主任李火林主持并讲话，副主任郑荣胜、陈红英、罗卫红、卢春强、徐小林发言。

会议指出，党的十九届六中全会是在中国共产党走过百年光辉历程的重大时刻，站在"两个一百年"奋斗目标的历史交汇点上召开的一次具有重大里程碑意义的会议。习近平总书记重要讲话和全会《决议》，科学回答了一系列方向性、根本性、战略性重大问题，是具有极强历史穿透力、思想引领力、政治动员力、时代感召力的马克思主义纲领性文件。市人大常委会及机关要把学习宣传贯彻十九届六中全会精神作为当前和今后一个时期的重大政治任务，与学习贯彻中央人大工作会议精神结合起来，坚持党的领导、人民当家作主、依法治国有机统一，着力深化全过程人民民主的杭州实践，在争当城市范例中更好发挥人大职能作用。

●● 市政协党组召开扩大会议，学习贯彻党的十九届六中全会精神和省委、市委部署要求，研究部署贯彻落实工作。市政协党组书记、主席潘家玮主持并讲话。张仲灿、叶鉴铭、谢双成、王立华、周智林、冯仁强、陈国妹、滕勇参加。

会议指出，党的十九届六中全会是在中国共产党成立一百周年的重要历史时刻、站在"两个一百年"奋斗目标的历史交汇点上召开的一次具有重大里程碑意义的重要会议。全会通过的《决议》，是一篇光辉的马克思主义纲领性文献，是新时代中国共产党人牢记初心使命、坚持和发展中国特色社会主义的政治宣言，是以史为鉴、开创未来、实现中华民族伟大复兴的行动指南。全市政协系统要把学习贯彻全会精神作为重大政治任务，迅速掀起学习贯彻热潮，引导参加政协各党派团体和各族各界人士全面系统学习领会六中全会核心要义、精神实质、实践要求。要深刻领悟"两个确立"是时代呼唤、历史选择、民心所向，深刻领悟中国特色社会主义进入新时代的历史性成就和历史性变革，深刻领悟党的百年奋斗历程和宝贵历史经验，深刻领悟新时代共产党人的使命任务，深刻领悟以史为鉴、开创未来的重要要求，坚决把思想和行动统一到全会精神和部署上来，增强"四个意识"、坚定"四个自信"、做到"两个维护"。要坚持把习近平新时代中国特色社会主义思想作为统揽政协工作的总纲，把坚持党的领导贯穿政协工作各方面全过程，把发展全过程人民民主落实到政协履职实践中，加强专门协商机构建设，强化统一战线组织功能，发挥"三个重要"作用，更好汇聚起奋进新征程、建功新时代的智慧和力量。

●● 工业和信息化部发布《关于公布第三批服务型制造示范名单的通知》，杭州获批国家服务型制造示范城市，杭州制氧机集团股份有限公司、浙江春风动力股份有限公司获评国家级服务型制造示范企业，杭州万泰认证有限公司"面向制造全过程的认证及管理优化服务平台"获评国家级服务型制造示范平台。

17 日 SHI YI YUE

●● 市委召开全市领导干部会议，对党的十九届六中全会精神进行再学习再动员再部署，推动全市上下持续兴起学习宣传贯彻全会精神热潮。

会议传达了党的十九届六中全会和全省领导干部会议精神。副市级以上领导干部、老同志和市直单位、各区县（市）主要负责人等参加会议。

会议指出，党的十九届六中全会是在党成立一百周年的重要历史时刻，在向第二个百年奋斗目标迈进的重大历史关头召开的一次具有开创性、里程碑意义的重大历史性会议。全会审议通过的《中共中央关于党的百年奋斗重大成就和历史经验的决议》，是一篇具有极强历史穿透力、思想引领力、政治动员力、时代感召力的马克思主义纲领性文献。要深刻领会党的十九届六中全会的深远意义，深刻领会"两个确立"的重要政治成果，深刻领会党百年奋斗取得的重大成就，深刻领会党经过长期实践积累的历史经验，深刻领会当代中国共产党人肩负的新的历史使命，持续兴起学习贯彻党的十九届六中全会精神的热潮，切实把思想和行动统一到中央重大决策部署上来。

●● 市委民族工作会议召开，学习贯彻习近平总书记关于加强和改进民族工作的重要思想，认真落实中央和省委民族工作会议精神，以铸牢中华民族共同体意识为主线，研究部署"十四五"期间杭州市民族工作，推动新时代党的民族工作高质量发展，让全市各族人民像石榴籽一样紧紧抱在一起，为争当浙江高质量发展建设共同富裕示范区城市范例团结奋进。

会议指出，近年来，杭州市认真贯彻落实党的民族方针政策，依法加强民族事务治理，深入开展民族团结进步创建，民族工作格局新、民族团结亮点多、民族乡村发展快、社会治理机制活、对口支援效果好，形成了各民族和睦相处、和衷共济、和谐发展的良好局面。要深入学习领会习近平总书记关于加强和改进民族工作的重要思想，深刻把握新时代民族工作的根本遵循、历史方位、鲜明主线、大政方针，从中华民族伟大复兴战略高度深刻认识民族工作肩负的使命任务，坚定不移走中国特色解决民族问题的正确道路，更好服务党和国家事业发展全局。

●● 市政府党组召开扩大会议，传达学习贯彻党的十九届六中全会精神。市政府党组书记、市长刘忻主持并讲话。

会议指出，党的十九届六中全会是在中国共产党走过百年光辉历程的重大时刻、站在"两个一百年"奋斗目标的历史交汇点上召开的一次十分重要的会议，对推动全党进一步统一思想、统一意志、统一行动，团结带领全国各族人民夺取新时代中国特色社会主义新的伟大胜利，具有重大现实意义和深远历史意义。市政府党组和全市政府系统要把学习宣传贯彻全会精神作为当前和今后一个时期的首要政治任务，紧密结合党史学习教育，分层分类开展学习培训，引领带动广大党员干部学思践悟、融会贯通、见行见效，有效推动全会精神深入基层、深入群众、深入人心。

18 日 SHI YI YUE

●● 杭州市召开学习贯彻党的十九届六中全会精神"六讲六做"大宣讲动员部署会。会议强调，要深入学习贯彻党的十九届六中全会精神，按照省委总体部署，精心组织"六讲六做"大宣讲，持续掀起宣讲热潮，形成人人都是宣讲员、个个都是行动者的生动局面，推动全会精神家喻户晓、深入人心，营造牢记重要嘱托、守护"红色根脉"的浓厚氛围，不断开辟干在实处、走在前列、勇立潮头的新境界。

市委副书记、市长刘忻讲话，李火林、潘家玮、佟桂莉等市四套班子领导出席。戚哮虎通报市委关于深入学习贯彻党的十九届六中全会精神在全市组织开展"六讲六做"大宣讲行动的总体安排，"百团万场"宣讲员代表发言。

●● 市委宣传部召开宣传文化系统工作会议，学习贯彻党的十九届六中全会精神和省委、市委部署要求，研究部署全会精神学习宣传贯彻工作。

会议指出，学习宣传贯彻党的十九届六中全会精神是当前和今后一个时期的首要政治任务。要深刻把握全会主要精神，迅速兴起学习宣传热潮，深入宣传总结党的百年奋斗重大成就和历史经验的重大意义，深入宣传习近平总书记在全会上的重要讲话精神、党的百年奋斗的初心使命和重大成就、中国特色社会主义进入新时代的历史性成就和历史性变革、党的百年奋斗的历史意义和历史经验、以史为鉴开创未来的重要要求，以及杭州市贯彻落实全会精神的生动实践，引导广大党员干部加深对全会重大意义、丰富内涵、核心要义的理解和认识，做到内化于心、外化于行，凝聚起建功新时代、奋进新征程的强大力量。

●● "海创天下·领航未来" 2021年海外高层次人才发展论坛暨第四届致公明志论坛在西湖区举行。

论坛聚焦"人才助力·科创兴国·共建科技产业生态圈"主题，旨在搭建交流平台。以2021年西湖英才创享活动为契机，致公党杭州市委会明志海创联盟、致公党杭州市西湖区基层委员会和杭州市海创会共同主办了本次论坛，向明志海创联盟第二批创业导师授牌，并邀请周春生、郑攀、程建军、华绍炳等经济专家、创业导师、科学家与行业翘楚进行圆桌对话，分享个人创业创新经历，共话新经济、新业态发展趋势，并与参会的海归创业者代表交流互动。

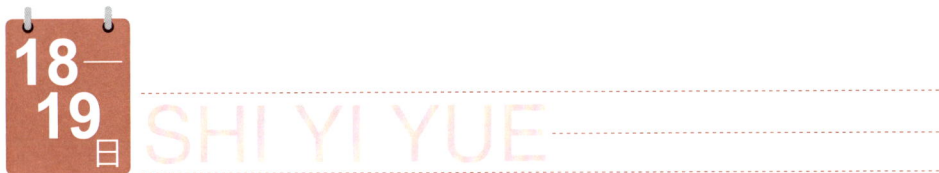

18—19日

●● 杭州亚残运会代表团团长大会召开。开幕式以视频连线方式举行，亚残奥委员会主席马吉德·拉什德，杭州亚残组委主席、中国残联主席、中国残奥委会主席张海迪视频致辞。杭州亚残组委副主席兼秘书长、市委副书记、市长刘忻发言。市领导陈卫强出席。

首日会议，杭州亚残组委全面介绍了新冠疫情防控措施、竞赛服务与报名、反兴奋剂、竞赛场馆、注册制证、抵离服务、交通服务、礼宾服务等筹备进展和相关政策，并与参会代表进行了交流讨论。第二阶段会议于19日下午召开，会后还举行新闻发布会，集中回应相关热点问题。

19日

●● 市政协召开专门委员会工作会议，深入学习贯彻党的十九届六中全会精神，贯彻落实中央政协工作会议、全国政协专门委员会工作会议精神，总结交流经验，研究部署加强改进专委会工作。市政协主席潘家玮讲话，张仲灿、叶鉴铭、谢双成、王立华、周智林、冯仁强、陈国妹参加。部分市政协专委会、区县（市）政协及其专委会做交流发言。

潘家玮强调，加强改进专委会工作是坚持和完善人民政协制度、发挥人民政协专门协商机构作用、推动政协工作高质量发展的必然要求。要深入学习贯彻习近平总书记关于加强和改进人民政协工作的重要思想，按照中央和全国政协部署，省委、市委要求，把牢正确方向，突出质效导向，坚持探索创新，推动杭州市政协专委会工作再上新台阶。要始终把加强思想理论武装工作摆在首位，坚持用习近平新时代中国特色社会主义思想凝心铸魂，认真学习贯彻十九届六中全会精神，深化党史学习教育，巩固委员读书活动成果，夯实共同思想政治基础，增强"引"的张力。要着力夯实专委会在专门协商机构中的基础地位，精心组织协商监督活动，抓实调查研究基础环节，用活用好数字化手段，强化"台"的作用。要依托专委会优势特点，把加强联络、联合、联动作为重要工作方式，拓展"联"的功能。要持续加强专委会自身建设，强化党建引领，打造高素质专业化队伍，提升履职能力水平，厚植"专"的底色。

● ● 长三角一体化发展上升为国家战略三周年浙江省系列主题活动启动仪式在省人民大会堂举行。省推进长三角一体化发展工作领导小组办公室相关负责人介绍浙江省推进长三角一体化发展三年进展情况及三周年系列活动安排。

活动现场表彰推进长三角一体化先进集体、先进个人，发布长三角一体化最佳实践名单。杭州市发改委区域发展处入选推进长三角一体化先进集体，杭州的《发挥龙头企业引领作用共建长三角面向物联网领域"感存算一体化"超级中试中心》和《余杭输出梦想小镇模式，培育长三角一体化发展新动能》入选最佳实践名单。

长三角（湖州）产业合作区、浙江长三角飞航智能技术中心在活动现场揭牌。活动现场还开展了一体化重大项目签约。其中，浙大城市学院、浙江大学先进技术研究院、中国科技产业化促进会遥感数据应用与服务专业委员会、遥聚信息服务（上海）有限公司签约共建城市大脑空天信息实验室。

● ● 中共中央宣传部发布《关于表彰基层理论宣讲先进集体、个人和优秀理论宣讲报告、微视频的决定》，桐庐"新村夜话"宣讲团荣获2021年度全国基层理论宣讲先进集体称号。该项荣誉不仅是桐庐首次获得，更是全省唯一获奖的集体。

2022日 SHI YI YUE

● ● 杭州福井缔结友好城市30周年纪念活动举行。

受疫情影响，原定的两市结好30周年纪念活动延期至11月，并以线上方式在两地举行。活动期间，余杭文昌高级中学和福井市足羽高中、杭州观成实验学校和日本福井市安居中学的学生结对在"云端"分享中文和日文学习情况，互相展示绘画、书法、音乐作品，分享各自对艺术与生活的理解。活动还组织料理体验课堂和两地文化知识竞赛，向杭州市民推介福井市文化旅游资源和当地风味美食。

22 日

SHI YI YUE

●● 省十三届人大杭州中心组代表视察杭州争当浙江高质量发展建设共同富裕示范区城市范例工作。市人大常委会主任李火林参加并讲话，戴建平、郑荣胜等60位省人大代表参加。

视察组一行实地视察了滨江区缤纷未来社区、新华三集团、富阳区大源镇望仙"杭派民居"、杭黄未来社区、"富芯"项目等情况，并召开座谈会，听取有关工作情况汇报。座谈中，代表们围绕优化产业布局、完善交通教育医疗等配套、缩小地区和城乡差距、挖掘传承宋韵文化、发挥法治保障作用等提出建议。

●● 在全省见义勇为先进人物记功奖励暨见义勇为工作会议后，杭州市召开续会，为杭州市受表彰的见义勇为先进人物和家属代表颁发奖章与证书。

会上，马樟强、张明、徐铭、邓高、陈发庭、陈亮亮、沈叶平、何斌8人被市政府记（追记）二等功，其中马樟强、张明、徐铭因事迹特别突出，被省政府记（追记）一等功。网易慈善基金会向市见义勇为基金会捐赠300万元。

●● 农业农村部公布第七批农业产业化国家重点龙头企业名单，余杭区仁和街道企业——杭州宏盛粮油贸易有限公司上榜，是本次杭州唯一上榜企业。

农业产业化国家重点龙头企业由农业农村部、国家发展改革委等8个部门共同认定。上榜企业都是各地多年发展起来的大型农业企业集团，在全面推进乡村振兴、引领乡村产业发展和促进农民就业增收中发挥着重要作用。宏盛粮油成立于2000年，是一个以粮油加工销售为主营业务的农业企业，旗下拥有"鲁满浓""严记""钱江绿农"等多个自主品牌。

23 日 SHI YI YUE

●● 市委常委会召开会议，学习贯彻习近平总书记在第四届进博会开幕式上的主旨演讲精神，总结杭州市参会情况，研究部署有关工作。

会议指出，习近平总书记在第四届中国国际进口博览会开幕式上以视频方式发表的主旨演讲，为推进更深层次改革、更高水平开放指明了前进方向、提供了根本遵循。要站在增强"四个意识"、坚定"四个自信"、做到"两个维护"的政治高度，深入学习贯彻习近平总书记重要讲话精神，深刻领会中国"言必信、行必果"的重大担当，深刻领会"开放是当代中国的鲜明标识"的重大论断，深刻领会"四个坚定不移"的重大举措，深刻领会推动经济全球化、共建开放型国际经济的重大方向，切实把思想和行动统一到党中央重大决策部署上来，以更加开放的姿态争当浙江高质量发展建设共同富裕示范区城市范例。

●● 第八届杭州国际友城市长论坛举行，围绕"国际化与城市发展"主题，共谋合作、共话发展。世界城地组织亚太区秘书长博纳蒂娅、杭州市市长刘忻视频致辞。亚奥理事会总干事、国际泳联主席侯赛因致贺信。柯吉欣、胡伟、陈卫强出席主论坛或在分论坛上发表演讲。

论坛以线上线下相结合的方式举行，除开幕式和主论坛外，还设置有"疫情形势下的城市经济复苏""体育赛事和城市国际化""城市优势资源推介与接洽"3个分论坛，就杭州与友城共同关注的热点议题展开深入交流探讨，助力助推城市国际化进程。

24 日 SHI YI YUE

●● 市委副书记、市长刘忻来到钱塘区河庄街道东沙湖社区，与党员干部群众亲切交流，面对面宣讲党的十九届六中全会精神。他强调，要把学习宣传贯彻六中全会精神作为当前和今后一个时期的重大政治任务，从党的百年奋斗中汲取砥砺奋进的智慧和力量，全面对标对表习近平总书记重要讲话精神和《中共中央关于党的百年奋斗重大成就和历史经验的决议》精神，在学深悟透笃行上下功夫，以更加昂扬的姿态争当浙江高质量发展建设共同富裕示范区城市范例，展现"重要窗口"头雁风采。戚哮虎参加。

刘忻指出，杭州作为"三个地"和"重要窗口"省会城市，在学习宣传贯彻党的十九届六中全会精神中更应该先行一步、学深一步。要扎实开展"六讲六做"大宣讲活动，持续兴起学习宣传贯彻六中全会精神的热潮，争做"两个确立"的忠诚拥护者、"两个维护"示范引领者。社区等基层党组织要坚持干部带头，充分发挥老党员等作用，推动党员全面学、系统学、主动学，学出统一思想、统一意志、统一行动。要把抓好基层党建作为检验政治判断力、政治领悟力、政治执行力的试金石，围绕经济、政治、文化、社会和生态文明"五位一体"总体布局抓基层、抓基础、抓基本，推动党的组织嵌入生产生活全服务链，推动党的领导在基层有形有效全覆盖，努力把"五条经纬"织成锦绣实景。要突出党建引领，坚持人民至上，充分发挥基层党组织战斗堡垒作用和党员先锋模范作用，从群众急难愁盼处着手，切实为群众办实事、办好事，团结带领群众扎实做好疫情防控、服务民生、环境治理、安全生产、邻里互助等工作，在共同富裕的新征程上共建美好家园、共创幸福生活。

●● 市十三届人大常委会第三十九次会议召开。市人大常委会主任李火林，副主任郑荣胜、陈红英、罗卫红、卢春强、徐小林出席。

会议听取审议关于2022年市人大换届选举工作的报告，表决通过市人大常委会关于设立杭州市选举工作委员会的决定、关于杭州市第十四届人民代表大会代表名额分配的决定和市人大常委会代表资格审查委员会关于个别代表的代表资格的报告。

25 日 SHI YI YUE

●● 市委召开十二届十三次全体会议，审议通过《关于召开中国共产党杭州市第十三次代表大会的决议》，决定于2022年2月召开市第十三次党代会。

市第十三次党代会的主要议程是：听取和审查中共杭州市第十二届委员会报告；审查中共杭州市第十二届纪律检查委员会工作报告；选举中共杭州市第十三届委员会；选举中共杭州市第十三届纪律检查委员会；选举杭州市出席中国共产党浙江省第十五次代表大会的代表。

全会明确，市第十三次党代会是在深入学习贯彻党的十九届六中全会精神、高水平建设社会主义现代化国际大都市的关键节点召开的一次十分重要的会议。这次大会的主要任务是，高举习近平新时代中国特色社会主义思想伟大旗帜，全面贯彻党的十九大和十九届二中、三中、四中、五中、六中全会精神，深入贯彻习近平总书记对浙江、杭州重要指示批示精神，认真落实中央和省委决策部署，统筹推进"五位一体"总体布局，协调推进"四个全面"战略布局，忠实践行"八八战略"，奋力打造"重要窗口"，认真总结市第十二次党代会以来的工作，研究提出今后五年的奋斗目标和主要任务，选举产生中共杭州市第十三届委员会和中共杭州市第十三届纪律检查委员会，团结带领全市各级党组织、广大党员干部群众，坚定不移干在实处、走在前列、勇立潮头，厚植历史文化名城、创新活力之城、生态文明之都特色优势，为高水平打造"数智杭州·宜居天堂"、高水平建设社会主义现代化国际大都市，争当浙江高质量发展建设共同富裕示范区城市范例而努力奋斗。

市委委员、候补委员出席会议。

● ● 全市乡镇（街道）党（工）委书记工作交流会召开。市委副书记、市长刘忻出席并讲话，市委副书记佟桂莉主持，陈擎苍、戴建平、朱建明出席。紫阳街道、东新街道、北山街道、西兴街道、戴村镇、余杭街道、义蓬街道、新登镇、锦南街道、分水镇等乡镇（街道）党（工）委书记围绕数字化改革、产业转型升级、重大项目推进、重点改革攻坚等做工作交流。

会议指出，2021年以来，全市各乡镇（街道）充分发挥基层战斗堡垒作用，在疫情防控、防汛防台、平安维稳等一线火线中经受住了承压测试，为推动全市高质量发展提供了有力支撑。要牢牢抓住政治建设不动摇，以更强政治担当抓好党的十九届六中全会精神贯彻落实，争做"两个确立"忠诚拥护者、"两个维护"示范引领者。坚持人民至上，用心用情服务群众、服务企业、服务驻地单位，牢牢守住疫情防控、安全生产、社会稳定、环境保护、突发事件、清正廉洁六条底线。筑牢基层基础，围绕"五位一体"总体布局，建强堡垒、织密网络，通过做好每一项工作、办好每一件实事温暖人心、凝聚民心，在"重要窗口"建设中展现更强"硬核"担当、拿出更多"硬核"成果。

●● 市长刘忻主持召开市政府常务会议，就"十四五"专项规划、出租车行业推广使用新能源汽车、慈善事业发展等议题进行研究部署。会议强调，要学深悟透党的十九届六中全会精神，进一步统一思想、统一意志、统一行动，切实下好"十四五"专项规划"先手棋"，加快推动公共交通体系低碳化转型，努力打造慈善事业蓬勃发展的"爱善之城"，为杭州展现"重要窗口"头雁风采、争当共同富裕城市范例提供坚实有力支撑。

会议审议重大建设项目、公共服务、综合交通、金融业、数字经济、科学技术、商务发展、市场监管等"十四五"专项规划。研究杭州市出租车行业加快推广使用新能源汽车有关工作。审议《关于加快推进慈善事业高质量发展的实施意见》。

会前，市政府党组召开扩大会议，学习习近平总书记在近期中央政治局会议上、在第三次"一带一路"建设座谈会上、在第四届中国国际进口博览会开幕式上的重要讲话精神等。

26
日
SHI YI YUE

●● 市长刘忻在市防汛防台抗旱指挥部主持召开视频调度会议，就抓好当前防疫工作进行部署落实。他强调，要深入贯彻习近平总书记关于新冠肺炎疫情防控工作的重要指示批示精神，坚决落实省委、省政府决策部署，坚持人民至上、生命至上，在疫情防控新一轮大战大考中沉着应战、果断处置、精准施策，确保疫情不扩散、不蔓延、不反弹，牢牢守住来之不易的防疫成果，以高分答卷展现杭州担当、扛起杭州责任、体现杭州作为。

金志、陈卫强、丁狄刚出席会议。会上，市防汛防台抗旱指挥部办公室、西湖区负责人等汇报了流调溯源、隔离管控、社区封控、服务保障等工作进展情况。

●● 市人大常委会主任李火林到余杭区宣讲党的十九届六中全会精神。

李火林在仓前街道人大代表中心联络站，与市、区两级人大代表、街道居民议事会议成员、镇街人大干部面对面交流，深入阐述六中全会的重大意义、重大成果、重大部署。实地考察了瓶窑镇人大代表中心联络站、瓶窑老街改造提升情况、中法航空大学建设情况。

● ● 省政协委员杭州联络组集体视察调研大运河国家文化公园建设情况。市政协主席、杭州联络组召集人潘家玮带队，市领导陈新华、胡伟、叶鉴铭、冯仁强参加。

考察组一行来到拱墅区，实地考察大运河杭钢工业旧址公园、滨水公共空间、文化公园等项目建设情况。座谈会上，拱墅区、市运河集团介绍了有关情况。委员们认为，近年来，杭州市按照国家、省市大运河文化保护传承利用规划和国家文化公园建设方案，积极实施遗产活态传承、文旅深度融合等六大工程，建设京杭大运河博物院、杭钢旧址综保等十大标志性项目，打造杭州运河文化品牌，重塑两岸滨水风貌景观，杭州大运河国家文化公园建设初步呈现靓丽形象。委员们也从持续扩大运河文化影响力、提升人居生态环境、打造创新创业平台等方面提出了意见建议。

● ● 中国首条民营资本控股的高速铁路——杭台高铁进入试运行。

杭台高铁在浙江省铁路布局中的地位举足轻重。它连接杭州、绍兴、台州三地，北起杭州东站，利用杭甬高铁至绍兴北站，之后新建正线至台州市温岭站。设计时速350千米，线路全长约266.9千米，其中新建线路约226.3千米，设绍兴北、上虞南、嵊州北、嵊州新昌、天台山、临海、台州、温岭8个车站，每个站房都充分融合了当地特色文化元素，实现了"一站一景"。

杭台高铁开通后，将结束嵊州、新昌、天台不通铁路的历史，并连通沪昆、商合杭、宁杭、杭黄、杭深高铁，接入长三角地区高铁网，使台州到杭州最快铁路出行时间由2小时左右压缩至1小时左右。

● ● 杭州市总工会与苏州市总工会共同开展"匠心苏杭，共筑天堂"两地工匠对话活动，邀请两地工匠以视频连线、线上互动的形式围绕如何更好发挥劳模工匠作用、助推长三角区域一体化高质量发展展开线上对话。

活动中，8位来自杭州和苏州两地的工匠围绕文物修复、传统工艺、现代制造等内容展开交流。在主题分享环节，杭州锅炉集团股份有限公司高级技师葛小青，杭州国芯科技股份有限公司首席技术专家梁骏，江苏亨通光电股份有限公司设备总监、高级工程师韦冬，鸿准精密模具（昆山）有限公司产品制程技术课长徐维贵等四名工匠轮流发言，共同探讨工匠精神对提升现代制造业发展水平、推动高质量发展的重要意义。活动中，两地工匠还共同宣读了《匠向未来》宣言。

29 日

SHI YI YUE

● ● 市委召开学习贯彻党的十九届六中全会精神专题学习会，开展学习研讨交流，扎实推动贯彻落实见行见效。

会议指出，做好学习贯彻工作，要全面系统领会党的十九届六中全会的丰富内涵和核心要义，准确把握实现中华民族伟大复兴这一主题，准确把握"两个确立"的决定性意义，准确把握中国特色社会主义新时代取得的历史性成就、发生的历史性变革，准确把握党百年奋斗的重大成就、历史意义、历史经验，准确把握伟大自我革命引领伟大社会革命，坚决做"两个确立"忠诚拥护者、"两个维护"示范引领者。

● ● 市长刘忻主持召开市政府常务会议，研究部署不动产登记、文物保护利用等事项。会议强调，要深学笃行党的十九届六中全会精神，把全会精神落实到高水平推动杭州市高质量发展上来，体现到以人民为中心的具体实践中去，以数字化改革助力不动产登记进一步便企利民，以加强文物保护利用促建一流历史文化名城，努力在新的赶考路上拿出"硬核"成果、交出优异答卷、干出杭州风采。

会议审议《杭州市不动产登记若干规定（草案）》《杭州市加强文物保护利用改革实施方案（2021—2025年）》。

会前，市政府党组召开扩大会议，学习习近平总书记在中央深改委第二十二次会议上的重要讲话精神，集体学习《不动产登记暂行条例》。

● ● 全市人大数字化改革工作座谈会召开，专题研究部署代表工作数字化改革。市人大常委会主任李火林出席并讲话，郑荣胜主持，罗卫红、卢春强、徐小林参加。

会上，市人大常委会人事代表工委和西湖区、富阳区、临安区人大常委会分别介绍演示了代表履职应用场景建设有关情况。各区县（市）人大常委会围绕加大全市统筹、强化数据集成、注重实用管用、突出方便快捷、推动多跨场景畅通、坚持线上线下相结合等提出意见建议。

● ● 美哉少年——杭州市第十七届美德少年（新时代好少年）发布活动在杭州文广集团举行。王若伊、严沐欢、宋晨涵、傅一然、余添玺、陈高莜、刘纪圣、徐铭润、马思涵、沈家锐等10位同学被选树为杭州市第十七届美德少年（新时代好少年）。柴雯雯等10位同学获得杭州市第十七届美德少年（新时代好少年）提名。

29—30 日 SHI YI YUE

● ● 市政协主席潘家玮到淳安县宣讲党的十九届六中全会精神。潘家玮在千岛湖镇镇政府会议室与当地基层干部群众、在淳安的市政协委员面对面交流，分享学习六中全会精神的体会和感悟。实地走访了千岛湖镇云村村、富城村、前坞村、宅里村、坪山村等地，考察村容村貌，了解农业发展、农户增收等情况。

30 日 SHI YI YUE

● ●《良渚遗址周边地区景观控制规划（草案）》公示。据公示草案，此次规划范围以良渚古城遗址为圆点、周边12千米可视范围为半径向外"画圆"：规划范围东至杭宁高速、杭州塘，南至文一西路、石祥西路，西至山体山脊线、235国道，北至大遮山北侧山脚。涉及杭州市余杭区、西湖区、拱墅区，以及湖州市德清县，总覆盖面积约482平方千米。其中杭州市范围内为426平方千米，核心景观管控约162平方千米。

核心管控的162平方千米，即良渚遗址核心的城址、外围水利系统、墓地祭坛、玉器等出土物所在，范围与在编的《良渚遗址和鲤鱼山—老虎岭水坝遗址保护总体规划》的规划范围一致。此次规划牢牢"锁定"良渚遗址的遗产价值要素进行分析研究，梳理城、坛、坝、山等核心遗址景观要素与外围城镇空间的关系，力求妥善协调好保护与发展的矛盾，更好延续良渚遗址"群山环渚映古城"的整体景观格局，以及"悠远、苍茫、博大"的文明意境。

1 日 SHI ER YUE

●● 市人大常委会召开换届选举工作会议，按照市委要求，对市人大换届选举工作进行统一部署。市人大常委会主任李火林出席并讲话，副主任郑荣胜通报市十四届人大换届选举工作方案。市选举工作委员会成员、市级有关单位及区县（市）相关负责人参加。

按照市人大换届选举总体安排，经提名推荐、考察审查、组织选举等环节，1—2月，各选举单位将依法选举产生市第十四届人民代表大会代表。市十四届人大代表总名额为515名。

李火林指出，本次市人大换届选举正值深入贯彻党的十九届六中全会精神、全力冲刺杭州2022年亚（残）运会筹办的关键时期。做好市人大换届选举工作是坚持和完善人民代表大会制度、发展全过程人民民主的重要实践，是助力争当高质量发展建设共同富裕示范区城市范例、实现"十四五"目标任务的重要保证，是加强地方政权建设、推进城市治理体系和治理能力现代化的重要途径。要按照中央和省委、市委关于换届选举工作的决策部署，提高站位，认清形势，增强做好换届选举工作的责任感和紧迫感，确保高标准高质量完成换届选举各项任务。

●● 沪杭高速临平段改建工程主线开通。沪杭高速临平段改建工程西起杭浦高速，东至运河二通道，与运河二通道的沪杭高速桥相接，全长3.04千米。工程采用上层高架桥+下层地面道路的标准断面形式，上层高架为双向六车道高速公路，设计速度120千米/小时。

2 日 SHI ER YUE

●● 市委召开领导干部会议，宣布中央关于杭州市委主要领导调整的决定。省委书记袁家军出席会议并讲话，省委组织部常务副部长张学伟宣读中央文件。刘捷讲话，刘忻主持，李火林、潘家玮、佟桂莉出席。

会议宣布：中央批准，刘捷任浙江省委委员、常委和杭州市委书记。

袁家军指出，刘捷同志担任杭州市委书记是中央和省委根据工作需要和浙江省、杭州市领导班子建设实际，从大局出发，通盘考虑、慎重研究决定的，体现了以习近平同志为核心的党中央对浙江、杭州工作的高度重视，省委坚决拥护中央的决定。杭州市领导干部要切实把思想和行动统一到中央决定精神上来，提高政治站位、团结协作、恪尽职守，全力支持刘捷同志开展工作。杭州各地各部门和广大党员干部要在以刘捷同志为班长的市委班子带领下，牢记习近平总书记殷切嘱托，深入学习党的十九届六中全会和省委十四届十次全会精神，不断打造具有杭州辨识度、全省引领性、全国影响力的标志性成果，高水平建设社会主义现代化国际大都市，在浙江践行"八八战略"、打造"重要窗口"、高质量发展建设共同富裕示范区中展现头雁风采、干出杭州担当。

刘捷表示，中央决定我担任杭州市委书记，我深感责任重大、使命光荣。我一定倍加珍惜杭州发展的好局面好态势，倍加珍惜服务杭州人民的难得机会，做到心怀感恩、心存敬畏、心无旁骛，忠诚履职、夙夜在公、踏实干事，永葆绝对忠诚的政治本色、坚决做到"两个维护"，勇于担当尽责、凝心聚力推动高质量发展，坚守初心使命、切实保障和改善民生，从严管党治党、营造风清气正政治生态，坚持严于律己、坚守清正廉洁底线，决不辜负党中央及省委的信任和重托，决不辜负杭州人民的期盼和厚望。

刘忻表示，坚决拥护、完全服从中央决定，争做"两个确立"忠诚拥护者、"两个维护"示范引领者；带头严守政治纪律和政治规矩，带头执行落实市委各项决定，坚决维护市委权威；齐心协力、一以贯之抓好工作落实，充分发挥省会城市龙头领跑示范带动作用，奋力交出经济社会发展高分报表。

副市级以上领导干部、副市级以上老同志，市委委员、候补委员，各区县（市）党政主要负责人，市直单位主要负责人，市属企事业单位主要负责人，市各民主党派主要负责人等参加会议。

● ● 市委常委会召开会议，学习《殷切的期望——习近平同志对杭州工作的重要指示批示精神》，传达学习省委十四届十次全会精神，研究部署杭州市贯彻工作。省委常委、市委书记刘捷主持会议并讲话。

会议指出，习近平总书记对杭州工作关心关怀、寄予厚望，做出了一系列重要指示批示。这些重要指示批示，是引领航向的"指南针"，是破解发展难题的"金钥匙"，是习近平总书记给予杭州的极其宝贵的精神财富。要坚定不移做"两个确立"忠诚拥护者、"两个维护"示范引领者，在思想上高度信赖核心、感情上衷心爱戴核心、政治上坚决维护核心、组织上自觉服从核心、行动上始终紧跟核心，进一步统一思想、统一意志、统一行动，不断提高政治判断力、政治领悟力、政治执行力。要坚持把杭州工作放在习近平新时代中国特色社会主义思想的宏大思想体系和整体战略安排中来思考谋划，学深悟透笃行习近平总书记重要指示批示精神，牢记殷殷嘱托，继续走在前列，推动杭州在新时代新征程上展现新气象新作为，让"八八战略"在杭州大地结出更多硕果，充分展示习近平新时代中国特色社会主义思想的真理伟力。

●● 市政府党组书记、市长刘忻主持召开市政府党组（扩大）会议，学习贯彻省委十四届十次全会精神，研究部署政府系统抓落实、抓推进的具体举措。会议强调，要学深悟透党的十九届六中全会精神，紧紧围绕省委全会做出的重要战略部署，坚定不移做"两个确立"忠诚拥护者、"两个维护"示范引领者，不断开辟杭州干在实处、走在前列、勇立潮头的新境界，努力在新的赶考之路上塑造新优势、打造新成果，以优异成绩迎接党的二十大召开。

会议指出，此次省委全会是在党的十九届六中全会闭幕后不久召开的一次重要会议。会议深入学习领会六中全会的核心要义、精神实质、实践要求，全面总结党在浙江百年奋斗史特别是"八八战略"实施以来浙江取得的历史性成就、发生的历史性变革，对放大浙江在新的赶考之路上的新优势进行战略部署，必将有力推动全省上下进一步统一思想、统一意志、统一行动，凝聚起忠实践行"八八战略"、奋力打造"重要窗口"，争创社会主义现代化先行省，高质量发展建设共同富裕示范区的磅礴力量。

●● 市总工会与浙大城市学院联合成立浙大城市学院新时代劳动教育研究中心。

在市总工会的牵头组织下，浙大城市学院与杭州市第一人民医院、杭州文广集团综合频道、杭州市工运史资料陈列室、杭州市劳模工匠文化公园、杭州市西湖区贵山窑陶瓷艺术研究室5个单位共建劳动教育实践基地，并聘请了12位多个行业的劳模、工匠担任劳育导师，共育高素质人才。

浙大城市学院新时代劳动教育研究中心主要开展劳模精神、劳动精神、工匠精神理论与实践研究，为指导开展市校合作新时代劳动教育系列学习实践活动提供支撑。具体可分为：开展高校大学生劳动教育项目策划、基地开发、白皮书编写，劳动教育案例研究；马克思主义劳动观研究；劳动幸福观与劳动幸福指数研究；大学生劳动教育与思想政治教育融合载体与机制研究。

3
日 SHI ER YUE

● ● 浙江省举行贯彻落实习近平总书记对"五四宪法"历史资料陈列馆重要指示精神五周年座谈会，省委书记袁家军出席并讲话，强调要深入学习贯彻党的十九届六中全会精神、习近平法治思想和习近平总书记关于宪法的重要论述精神，深入贯彻落实习近平总书记对"五四宪法"历史资料陈列馆的重要指示精神，扛起"红色根脉"使命担当，以贯彻实施宪法为关键抓手，在学习、研究、宣传、实施宪法上走在前、做表率，打造法治浙江建设升级版，进一步放大浙江省民主法治新优势，争当笃学践行习近平法治思想的优秀实践范例。

省委常委、杭州市委书记刘捷致辞，省领导王昌荣、陈奕君出席，梁黎明主持座谈会。杭州市人大常委会党组书记、主任李火林汇报发挥陈列馆在宪法宣传教育中的独特阵地作用有关工作情况。杭州市领导许明、朱建明出席。中国法学会宪法学研究会名誉会长、中国人民大学法学院教授韩大元通过视频致辞。省司法厅负责人汇报推进新时代宪法学习宣传教育有关工作。"五四宪法"历史资料陈列馆负责人做表态发言。普法志愿者代表以视频形式在"五四宪法"历史资料陈列馆宣誓墙前宣读倡议书。

● ● 市人大常委会党组召开（扩大）会议，传达学习省委十四届十次全会、全市领导干部会议和市委常委会第172次会议精神，研究部署贯彻落实工作。市人大常委会党组书记、主任李火林传达并讲话，郑荣胜、陈红英、罗卫红、卢春强、徐小林参加。

会议指出，省委十四届十次全会是在全省上下深入学习贯彻党的十九届六中全会精神之际召开的一次重要会议。全会深入学习贯彻党的十九届六中全会精神，审议通过贯彻落实六中全会精神的决议，为全省上下从党的十九届六中全会精神中充分汲取智慧和力量，全力放大新时代新征程浙江干在实处、走在前列、勇立潮头的新优势，坚定不移做"两个确立"忠诚拥护者、"两个维护"示范引领者提供了重要遵循。

●● 在习近平总书记对"五四宪法"历史资料陈列馆做出重要指示五周年之际，市人大常委会党组召开（扩大）会议，重温总书记重要指示精神，学习贯彻浙江省贯彻落实习近平总书记对"五四宪法"历史资料陈列馆重要指示精神五周年座谈会精神，研究部署贯彻落实工作。市人大常委会党组书记、主任李火林主持并讲话，郑荣胜、陈红英、罗卫红、卢春强、徐小林参加。

会议指出，宪法是国家的根本法，是治国安邦的总章程。市人大常委会要把贯彻落实习近平总书记对"五四宪法"历史资料陈列馆重要指示精神作为一项重大政治任务，按照省委、市委的部署要求，以高度的思想自觉、政治自觉、行动自觉，深刻学习领会、一体抓好落实，持续擦亮"五四宪法"历史资料陈列馆独特阵地"金名片"，真正成为"红色根脉"的守护者、红色基因的传承者、红色阵地的建设者、红色窗口的展示者。

●● 市政协党组召开扩大会议，学习贯彻省委十四届十次全会、全市领导干部会议和市委常委会第172次会议精神，研究部署贯彻落实工作。市政协党组书记、主席潘家玮主持并讲话。张仲灿、叶鉴铭、谢双成、王立华、周智林、陈国妹参加。

会议认为，省委十四届十次全会引领全省上下持续学深悟透党的十九届六中全会精神，对坚定不移争做"两个确立"忠诚拥护者、"两个维护"示范引领者做出全面部署，充分体现了省委高举旗帜、对标看齐的政治自觉，彰显了守好"红色根脉"、打造"重要窗口"、高质量发展建设共同富裕示范区的责任担当。全市政协系统要把深入学习贯彻党的十九届六中全会精神与学习贯彻省委全会精神结合起来，深刻领会精神实质，进一步统一思想、统一意志、统一行动，切实把"两个确立"转化为坚决做到"两个维护"的高度自觉，转化为推进新时代政协工作高质量发展的强大动力，在奋斗新时代、奋进新征程中展现绝对忠诚和使命担当。

●● "12·5"国际志愿者日暨杭州市"迎亚运，讲文明，树新风"志愿服务雷锋广场主题日活动在湖滨步行街中心广场举行。

活动以"'志'敬最美，'益'起亚运"为主题，创新采用场内+场外、线上+线下、展示+服务的形式举行。活动现场，全市"最美志愿者""最美志愿服务组织""最美新时代文明实践志愿服务基层站（点）"的代表身披绶带接过属于他们的荣誉证书和象征杭州志愿服务精神的"杭州最美志愿者·同心圆"。优秀志愿者代表们也一同发出亚运城市志愿服务倡议——"志愿同行·'益'起亚运"。与此同时，"志愿同行·'益'起亚运"短视频征集评选活动启动。

6日

SHI ER YUE

●● 第五届中国—阿拉伯国家广播电视合作论坛以线上线下结合方式在北京开幕。本届论坛由国家广电总局、浙江省政府、阿拉伯国家联盟秘书处、阿拉伯国家广播联盟等共同主办，来自16个国家和地区的150多名中外嘉宾参加。

中共中央政治局委员、中央宣传部部长黄坤明做视频致辞。黄坤明指出，上届论坛习近平主席专门发来贺信，为中阿广电交流合作指明了前进方向、注入了强大动力。面对百年不遇的新冠肺炎疫情，中阿守望相助、共克时艰，双方友谊在携手抗疫中得到升华。

省委副书记、代省长王浩在杭州分会场出席开幕式并致辞。他指出，当前，浙江正深入贯彻落实党的十九届六中全会精神，忠实践行"八八战略"、奋力打造"重要窗口"，争创社会主义现代化先行省，高质量发展建设共同富裕示范区。大家要认真学习领会习近平主席对第四届中阿广播电视合作论坛贺信精神，以"推动媒体融合发展、打造智慧广电媒体、发展智慧广电网络"为重点，进一步深化浙阿广播电视领域交流合作，为推进中阿文明交流互鉴发挥更大作用。要围绕服务国家对外开放和共建"一带一路"大局，坚持共商共建共享，进一步加强浙阿经贸、能源、产业等领域交流合作，为携手打造面向新时代的中阿命运共同体做出新贡献。

浙江省领导成岳冲，杭州市领导刘忻、戚哮虎、丁狄刚在杭州分会场参加有关活动。

●● 为加大公共租赁住房筹集力度、着力解决群众住房困难的民生问题，市政府办公厅印发《关于加快杭州市公共租赁住房筹建工作的通知》，明确自2021年12月起的两年内，将集中开工建设约4万套公共租赁住房。

根据通知，杭州将在上述基础上再新增250万平方米的公租房建设，建成后预计可增加供应约4万套。房源全部采用划拨供地形式，单独选址、集中建设，且商品住宅用地配建部分不包括在计划内。选址方面，需充分考虑产业结构、供需分布及地块周边交通情况和配套服务功能，重点考虑在教育医疗设施完善、地铁站点周边2千米范围内的地块，规模适中，每个项目地上总建筑面积控制在10万平方米以内。

通知明确，公租房原则上要在供地后6个月内开工、5年内全部竣工。各区根据区域经济社会发展情况，统筹考虑、科学制定年度公共租赁住房项目落地和开竣工计划方案。对未按规定执行的辖区将暂停其后续商品住宅用地出让工作。在房源分配方面，上城区、拱墅区、西湖区、滨江区、钱塘区的公租房建成后无偿移交给市住保房管局，由市住保房管局统筹分配使用；萧山区、余杭区、临平区、富阳区、临安区建成后移交给属地政府，其中50%的房源用于市级统筹分配使用。市、区两级房源分配后尚有剩余的，可统筹调配使用。

为保障工作有效推进，通知还要求建立工作机制、强化责任督查，将公租房的筹建工作纳入杭州市加快培育和发展住房租赁市场试点工作有关考核项目，并由市住保房管局牵头建立例会、通报、巡查、信息报送等制度，及时研究解决公共租赁住房建设推进工作中的相关问题。

● ● 科技部官网公示《国家重点研发计划"区块链"重点专项2021年度拟立项项目公示清单》。其中，"区块链生态安全监管关键技术研究"研发计划由杭州云象网络技术有限公司牵头主持，参与单位包括浙江大学、北京理工大学、南京航空航天大学、上海期货交易所、之江实验室等知名机构。

这是全国唯一以企业作为牵头单位成功立项的国家级"区块链"重点专项科研项目。该研发计划针对区块链生态"实体数量庞大、关联关系复杂、风险种类多样、链群空间异构"等现状，面向区块链生态中大规模实体、多层级风险的监管需求，项目围绕"大规模实体精准识别、多层级风险及时发现、跨平台关联有效监管"三个关键科学问题，重点突破大规模实体识别与关联分析、多层级风险发现与及时预警、跨链群跨空间账户关联与身份映射、跨账户跨平台穿透式关联监管等关键技术，构建"实体识别精准、风险发现及时、关联监管有效"的区块链生态安全监管技术体系框架，研建全维度穿透式高可用的区块链安全生态监管技术平台，并在法定数字货币与金融科技等场景中开展大规模应用示范。

● ● "山海共富农优产品展销窗口"新闻发布会在杭州召开，浙江首个农产品流通领域的山海协作项目亮相，淳安等首批16个山区县现场签约入驻。

"山海共富农优产品展销窗口"项目位于杭州农副产品物流中心，由现代联合集团依托山海协作工程打造，重点为浙江山区26县的农优产品提供集中展示、选品、培训、直播、营销、孵化的展销窗口和孵化平台，促进农业产业升级，增加农民收入。项目主要由26县数据展厅、县域馆、直播基地、公共空间和相关配套组成，县域馆单馆面积则根据所入驻县域实际情况在100～200平方米不等。

该项目旨在通过县域品牌立体式孵化、农创品牌沉浸式展示、电商团队溯源式直播、农品供需精准化对接、品牌全网数字化营销、农创人才教练式培训6个服务功能，解决山区26个县农产品流通领域的痛点难点问题，促进农民共同富裕。

山海共富农优产品展销窗口得到了浙江山区26个县的积极响应。发布会上，淳安、文成、泰顺、苍南等16个县现场签约入驻，其他各县也陆续与项目就入驻和政策支持等具体细节进行对接。浙江大学国际创新研究院、中国工业设计协会乡村振兴设计研究院等10个单位签约成为项目战略合作伙伴。

6—9日 SHI ER YUE

●● 由浙江省政府、商务部共同主办，杭州市政府、浙江省商务厅、商务部贸发局共同承办的首届全球数字贸易博览会在杭州举行。

博览会的主题是"数字贸易，商通全球"，包括"一会、一馆、一展、一平台、一系列体验活动"等内容。按照会展和产业一体化运营模式，开展"合作伙伴"招募，从"引进来"转化为"携手办"——与全球知名会展企业共同举办全球数字贸易生态大会，作为数贸会的"会中会"；邀请全球知名展会核心团队策划执行数字消费展区。

活动期间发布《G20五周年中国数字经济国际发展与合作报告》以及成果清单，总结中国参与数字经济国际合作情况；举办之江数字贸易论坛等高层次的论坛和闭门会议，发布数字贸易发展指数、数字贸易标准体系等重大成果；对标CPTPP、DEPA等高标准国际经贸规则，开展多维度的探讨交流；此外，浙江发布首个省级层面《关于大力发展数字贸易的若干意见》，形成可复制的制度成果。

6—10日 SHI ER YUE

●● "人民至上"——纪念杭州市人大常委会设立40周年书画展在杭州画院举行。展览由市人大常委会办公厅、市文联主办，市人大工作研究会、杭州画院、杭州美术家协会承办，展出书画作品90多件。

7日 SHI ER YUE

●● 省委常委、市委书记刘捷到市疫情防控指挥部指挥调度疫情防控工作，听取杭州市疫情防控工作汇报，并视频连线各区县（市），分析研判疫情防控形势，研究下一阶段疫情防控工作。他强调，要深入学习贯彻习近平总书记关于新冠肺炎疫情防控工作的重要讲话和指示批示精神，按照省委、省政府部署要求，充分认识当前疫情防控的严峻复杂形势，迅速紧张起来，全面细致地落实各项举措，切实抓好疫情防控各项工作，以最短时间控制住疫情，确保疫情不蔓延不扩散。刘忻、朱建明、陈卫强参加。

●● 省政府新闻办举行中国（浙江）自由贸易试验区新闻发布会，会上发布了两个月来浙江自贸试验区探索形成的第七批十大成果。其中，杭州片区生物医药重大项目、贸易便利化突破和协同联动发展3项举措入选。

●● 中国（阿联酋）贸易博览会在迪拜举行。

开幕式以线上线下相结合的方式在杭州、迪拜两地同时举行。展会采取境外实体办展，境内参展商线上联动的双域双线展览方式，得到了参展企业和采购商的积极参与。来自浙江、江苏、广东、山东、河北等地的近200个企业参加，其中杭州企业近100个；1万余名来自阿联酋等周边国家和地区的采购商报名参加。

●● 2021年杭州众创大会在钱塘区国际创博会展中心举行。大会由杭州市人力社保局、钱塘区政府主办，杭州市就业管理服务中心、钱塘区人力社保局、浙江省国际交流实业公司承办，来自不同行业领域的众多创业企业、创业大咖、投资机构、创业孵化机构、银行、高校代表共同探讨创业未来。

大会现场，银行、高校、风投机构、孵化空间、创服机构、政府部门、创业导师等34个展台前，聚集了众多创业者前来咨询。他们的话题围绕创业资金、创业场地、创业扶持政策、税务、法务、财务等现实困难展开。

大会定向邀请了浙江声研科技、杭州扶摇职上等93个2021年新入库的创业项目，来自新型材料、人工智能、云计算技术、文化创意等众多创新领域。除了现场展示，这93个创业项目通过杭州人力社保服务号"创业项目"展示平台常年常态化图文展播。入库项目将获得项目展示推介、创业服务资源商洽对接和创业伙伴共赢交流等精准服务。

8 日

SHI ER YUE

●● 省委常委、市委书记刘捷到市疫情防控指挥部指挥调度，检查指导疫情防控工作，通过实时视频连线，听取相关城区组织开展流行病学调查、相关人员核酸检测、密接者集中隔离管控等情况汇报，部署下一步工作。他强调，要深入贯彻习近平总书记关于新冠肺炎疫情防控工作的重要讲话和指示批示精神，按照省委、省政府决策部署，坚持最高标准、最严要求，发扬连续作战的优良作风，保持劲头不松、力度不减，加强主动防控、科学防控、精准防控，从严从实从细做好疫情防控工作。

刘忻、陈卫强参加。

●● 市长刘忻到防疫一线检查督导，实地检查核酸检测采样点、涉疫封控小区等。他强调，要深入贯彻习近平总书记关于新冠肺炎疫情防控工作的重要讲话和指示批示精神，认真落实省委、省政府部署要求，全面紧起来、严起来、实起来，进一步在精密、精准、精细防控上下功夫，用最短时间阻断疫情传播链，坚决有效遏制疫情扩散蔓延，切实守护好人民群众健康安全，确保打赢这场疫情防控遭遇战、阻击战。

9 日 SHI ER YUE

●● 省委常委、市委书记刘捷到市疫情防控指挥部检查指导疫情防控工作，与各区县（市）视频连线，听取疫情防控工作情况汇报，进一步研究部署杭州市疫情防控工作。他强调，要深入学习贯彻习近平总书记关于新冠肺炎疫情防控工作的重要讲话和指示批示精神，按照省委、省政府部署要求，充分认识当前疫情防控工作的复杂性、严峻性，细而又细、实而又实抓好各项举措，进一步加大排查和流调溯源力度，确保应急响应和处置措施跑在病毒蔓延扩散之前，坚决阻断病毒传播链，以最快时间把疫情控制在最小范围，全力保障人民群众生命财产安全和城市安全有序运行。

刘忻、陈卫强参加。

●● 省委常委、市委书记刘捷到中国共产党杭州历史馆调研，并宣讲党的十九届六中全会和省委十四届十次全会精神。他强调，学习宣传贯彻中央和省委全会精神，是当前和今后一个时期的重大政治任务。要切实把思想和行动统一到习近平总书记重要讲话精神和中央、省委决策部署上来，从百年党史中汲取智慧和力量，忠诚拥护"两个确立"、坚决守好"红色根脉"。

随后，刘捷与党史馆工作人员、大学生志愿者、红色传承志愿者、党建联盟成员单位代表、社区工作者围坐在一起，与大家交流学习体会。

●● 市政府、市政协召开2022年民生实事项目专题协商会。市政协主席潘家玮讲话。戴建平到会介绍情况、听取意见，张仲灿、叶鉴铭、谢双成、王立华、周智林、冯仁强、陈国妹参加。

会上，市政协教科卫体委做主旨发言。章越峰、林蔚、项晓明、程平、邹峻、张钎6位政协委员发言，分别就农贸市场建设、山塘水库整治、老旧小区提升改造、体育设施建设、适老化改造、文化礼堂建设等提出建议。

潘家玮指出，要深入学习贯彻党的十九届六中全会精神和省委、市委部署要求，认真践行以人民为中心的发展思想，把人民至上的理念落实到工作的全过程各方面，聚焦争当共同富裕示范区城市范例，抓重点、补短板、强弱项，持续办好办实每一件民生实事，加快打造具有杭州辨识度的为民办实事标志性成果。要贯彻全过程人民民主要求，落实民生实事"党领导、群众提、政协议、人大定、政府干"工作机制，坚持协商于决策之前和决策实施之中，推动民生实事"政协议"工作更加制度化、规范化、程序化。要持续双向发力，把凝聚共识更好融入项目调研和协商实践之中，加强与界别群众联系，积极宣传中央和省委、市委民生工作决策部署，更好营造全社会协同推进民生实事建设的良好氛围。

10 日

● ● 省委书记、省新冠肺炎疫情防控工作领导小组第一组长袁家军主持召开领导小组扩大会议，对杭州市、宁波市、绍兴市三地疫情应急处置和全省疫情防控工作进行研究部署。他强调，要深入学习贯彻习近平总书记关于新冠肺炎疫情防控工作的重要讲话和指示批示精神，清醒认识当前疫情防控的严峻复杂形势，全面落实全国疫情防控工作电视电话会议部署要求，持续深化"源头查控+硬核隔离+精密智控"工作机制，着力防松懈、堵漏洞、补短板、提能力、严把关，迭代升级重点关口、重点场所、重点人群防控措施，以最短时间、最快速度、最高效率、最严措施打赢这场疫情遭遇战阻击战，坚决不给全国大局添乱、不给"重要窗口"抹黑，展现"两个确立"忠诚拥护者、"两个维护"示范引领者的担当作为。

省委副书记、代省长、省新冠肺炎疫情防控工作领导小组组长王浩出席会议并讲话。会上，陈金彪汇报浙江省当前疫情形势、防控举措和下一步工作重点。刘捷、彭佳学和绍兴市负责人汇报杭州、宁波、绍兴疫情处置情况及下一步防控工作重点。许罗德、陈奕君、高兴夫、成岳冲、卢山、王成国出席会议。

会议以视频会议形式召开，各设区市设分会场。省直有关部门负责人在主会场参加会议。刘忻、佟桂莉、戚哮虎、许明、戴建平、金志、柯吉欣、陈卫强、丁狄刚在杭州分会场参加。

● ● 省委副书记、代省长王浩在杭州检查指导疫情防控工作，走访拱墅区东新园小区封控点、上城区钱江国际时代广场。他强调，杭州要深入贯彻习近平总书记关于新冠肺炎疫情防控工作的重要讲话和指示批示精神，按照国务院联防联控机制部署和省委、省政府工作要求，以一严到底的态度、一控到底的决心，牢牢把握疫情防控主动权，坚持科学、精准、快速，抢时间、快查控、防漏洞，做到率先"清零""见底"，确保人民生命安全和身体健康。

王浩代表省委、省政府向奋战在基层防疫一线的同志表示慰问和感谢，希望大家以更加扎实的行动落实好习近平总书记关于疫情防控的重要指示精神和党中央、国务院决策部署，坚持问题导向，严之再严、细之再细、快之再快，持续强化属地防控、社区防控、群防群控，做到守土有责、守土担责、守土尽责，一鼓作气打赢这场疫情防控遭遇战、阻击战。

刘捷、刘忻参加检查。

●● 市委常委会召开会议，传达学习习近平总书记在全国宗教工作会议上的重要讲话精神，研究杭州市贯彻落实工作；传达学习习近平总书记在中央政治局第三十五次集体学习时的重要讲话精神，研究部署杭州市贯彻落实工作。省委常委、市委书记刘捷主持会议并讲话。

会议指出，习近平总书记在全国宗教工作会议上的重要讲话，全面总结了宗教工作的成绩经验，深入分析了宗教工作面临的形势任务，系统阐述了新时代宗教工作的新思想新理念新战略，是马克思主义宗教观同中国具体实际相结合的最新成果，为做好新时代党的宗教工作指明了前进方向、提供了根本遵循。全市上下要深入学习贯彻习近平总书记重要讲话精神，认真落实中央和省委部署，紧密结合杭州市宗教工作实际，巩固中央、省委宗教督查整改成果，深化宗教中国化杭州实践，确保杭州市宗教工作始终沿着正确方向前进，不断开创宗教工作新局面。

会议指出，习近平总书记在中央政治局第三十五次集体学习时的重要讲话，全面总结了党的十八大以来中国特色社会主义法治体系建设取得的历史性成就，系统部署了坚持法治体系建设正确方向、加强重要领域和民生领域立法、深化法治领域改革、统筹推进国内法治和涉外法治、加强法治理论研究和宣传等重点工作。要坚持学深悟透，深刻领会习近平法治思想的精髓要义，自觉做习近平法治思想的坚定信仰者、积极传播者、模范实践者，不断提高运用法治思维和法治方式深化改革、推动发展、化解矛盾、维护稳定、应对风险的能力，让习近平法治思想在杭州彰显更为强大的实践力量、历久弥新的时代价值。

●● 杭州市召开疫情防控工作视频会议。省委常委、市委书记刘捷主持会议并讲话。他强调，要深入学习贯彻习近平总书记关于疫情防控的重要讲话和重要指示精神，按照省委、省政府部署要求特别是全省疫情防控工作领导小组会议精神，把疫情防控作为当前的头等大事，以最高标准、最严要求、最实作风抓好各项举措，以最快时间实现见底清零，坚决打赢疫情防控遭遇战、阻击战。

市委副书记、市长刘忻讲话，市委副书记佟桂莉，市领导戚哮虎、许明、戴建平、金志、柯吉欣、陈卫强、丁狄刚出席。会议传达学习省新冠肺炎疫情防控工作领导小组扩大会议精神，上城区、拱墅区、萧山区党委主要负责人汇报本地疫情处置情况及下一步防控工作重点。

● ● 由新华社参考消息报社、新华社新闻信息中心联合主办的首届"中国城市国际传播论坛"在北京开幕，杭州等10个城市荣获"中国国际传播综合影响力先锋城市"称号。

参考消息报社发布了《中国城市海外影响力分析报告（2021）》。报告指出，海外新闻网站和社交媒体对杭州的正面评价较高，位居国内城市前列，内容倾向成为杭州最具优势的指标。在新闻网站方面，国际关注主要来自美国、德国、英国、加拿大、荷兰、墨西哥、马来西亚、韩国、印度等国；社交媒体关注度则来自美国、泰国、印度尼西亚、日本、印度、英国等国。

11 日

SHI ER YUE

● ● 省委常委、市委书记刘捷到市疫情防控指挥部检查指导疫情防控工作，听取杭州市疫情防控工作情况汇报。他强调，要深入贯彻习近平总书记重要讲话和指示批示精神，按照省委、省政府部署要求，把疫情防控作为当前头等大事，持续深化"源头查控+硬核隔离+精密智控"工作机制，切实堵漏洞、补短板，以最严格、最有力的防控措施，坚决遏制疫情扩散蔓延态势。

刘忻、陈卫强参加。

● ● 省委常委、市委书记刘捷专题调研杭州亚运会、亚残运会筹办工作，考察杭州体育馆、杭州地铁机场快线沈塘桥站、莫干山路提升改造工程、亚运村建设情况、奥体中心主体育场、网球中心、亚运会智能展示中心等。

刘捷主持召开座谈会，听取杭州亚运会、亚残运会筹办工作情况汇报。他指出，做好亚运筹办工作，是习近平总书记和党中央交给杭州的光荣政治任务，也是杭州市面临的重大历史机遇。要在思想上迅速紧张起来，抓紧实战演练，健全赛时指挥体系，突击重大项目，优化赛事服务，提前进入赛时运行状态。要坚持全民动员，持续加大宣传力度，大力推进国际传播，进一步引燃全社会参与热情，充分激发市民群众的"主人翁"精神，形成"人人都是东道主、人人都要做贡献"的良好局面。要守牢安全底线，全面检验赛时运行指挥、应急处置、赛事组织、城市运行等工作，抓紧研究"带疫办赛"的风险挑战和应对方案，确保办会万无一失。要抓住办赛机遇，全面优化市容环境、提升文明水平、升级公共服务、扩大开放，切实提升城市综合能级和核心竞争力。

12 日 SHI ER YUE

●● 省委常委、市委书记刘捷到市疫情防控指挥部检查指导疫情防控工作，听取有关部门工作情况汇报，深入分析研判疫情形势，研究部署下一步重点工作。他强调，要深入学习贯彻习近平总书记关于新冠肺炎疫情防控工作的重要讲话和指示批示精神，全面落实省委、省政府部署要求，提高政治站位、增强全局意识，清醒认识当前疫情防控的严峻复杂形势，发扬连续作战精神，从严从细抓好防输入防扩散各项举措，确保人民群众生命安全和身体健康，确保社会大局和谐稳定。

刘忻、陈卫强参加。

●● 市委召开读书班，以个人自学与集体学习讨论相结合的形式，专题学习贯彻党的十九届六中全会和省委十四届十次全会精神。省委常委、市委书记刘捷在会上强调，要全面落实中央和省委部署要求，持续兴起学习宣传贯彻六中全会和省委全会精神热潮，推动领导干部在真学真懂真信真用上发挥带头作用，争做"两个确立"忠诚拥护者、"两个维护"示范引领者，在守好"红色根脉"上展现头雁风采、干出杭州担当。

刘忻、李火林、潘家玮、佟桂莉、陈擎苍、戚哮虎、许明、戴建平、毛溪浩、陈新华结合思想和工作实际，做了交流发言。市四套班子领导、市直有关部门主要负责人出席。

13 日

SHI ER YUE

●● 省委常委、市委书记刘捷到市疫情防控指挥部检查指导疫情防控工作，听取有关部门疫情防控工作情况汇报。他强调，要深入学习贯彻习近平总书记关于新冠肺炎疫情防控工作的重要讲话和指示批示精神，认真落实省委、省政府部署要求，清醒认识、准确把握疫情变化，以对人民群众高度负责的精神，压紧压实责任，毫不放松落实各项防控措施，扎紧篱笆扫除盲区，构筑外防输入、内防扩散的坚强屏障，切实保障人民健康、城市安全。

刘忻、金志、陈卫强参加。

14 日

SHI ER YUE

●● 省委常委、市委书记刘捷到市疫情防控指挥部检查指导疫情防控工作，听取各有关部门关于疫情防控的情况汇报和工作建议。他强调，要深入贯彻落实习近平总书记重要讲话和指示批示精神，全面落实省委、省政府工作部署，始终绷紧疫情防控这根弦，杜绝盲目乐观情绪、松懈麻痹思想、疲劳厌战心理，落实"四早"要求、压实"四方责任"，加强科学应对，建立长效机制，有力有序做好疫情防控各项工作。

刘忻、陈卫强参加。

●● 省委常委、市委书记刘捷到城西科创大走廊调研，走访西湖大学云栖校区、之江实验室，了解杭州云城高铁西站枢纽项目建设情况。他强调，要深入学习贯彻习近平总书记关于科技创新的重要指示精神，认真落实省委、省政府部署要求，优化完善体制机制，提升创新策源能级，举全市之力推动城西科创大走廊更好更快发展，争创综合性国家科学中心，努力成为高水平创新型省份建设的核心力量、国家战略科技力量支撑之地和全球科技创新版图重要一极。戴建平、胥伟华参加。

随后，刘捷主持召开座谈会，听取城西科创大走廊建设发展情况汇报。他指出，规划建设城西科创大走廊是省委、省政府落实创新驱动发展战略、实现高水平科技自立自强而做出的重大决策部署。要准确把握城西科创大走廊建设发展的努力方向，加强组织领导，优化工作机制，健全组织机构，实现充分融合，调动一切可以调动的力量，以超常规举措推进大走廊建设。要聚焦统筹协调和综合管理，打破区划壁垒，强化资源整合，有力有效推动人才、项目、资金在大走廊范围内自由流动、均衡布局、优化配置。

● ● 市政府常务会议召开，分析研判1—11月经济运行，研究部署营商环境建设、制造业转型升级等工作。市长刘忻主持会议。会议强调，要认真学习贯彻中央经济工作会议精神，按照省委、省政府部署要求，统筹疫情防控和经济社会发展，统筹发展和安全，稳字当头、稳中求进，全力冲刺确保2021年圆满收官，精准施策争取2022年精彩开局，以杭州的"稳"和"进"为全国全省发展大局多做贡献，以优异成绩迎接党的二十大胜利召开。

会议听取市发改委、市统计局、市经信局等关于1—11月全市经济总体运行情况和重点行业发展情况的分析汇报，审议《杭州市关于建设国家营商环境创新试点城市的实施方案》。会前，市政府党组召开扩大会议，学习习近平总书记在近期中央政治局会议上、中央经济工作会议上、全国宗教工作会议上的重要讲话精神等。

15日 SHI ER YUE

● ● 省委常委、市委书记刘捷到市疫情防控指挥部检查指导疫情防控工作，听取杭州市疫情防控工作情况汇报，分析研判近期疫情形势，安排部署下一步工作。他强调，要深入贯彻落实习近平总书记重要讲话和指示批示精神，认真落实省委、省政府部署要求，更加主动地加强对疫情的科学研判，更加精准地落实外防输入、内防扩散各项措施，更加有效地做好疫情防控服务保障，坚决遏制疫情传播蔓延，确保全市疫情防控大局持续稳定。

刘忻、陈卫强参加。

● ● 省委常委、市委书记刘捷和市委副书记、市长刘忻，市人大常委会主任李火林，市政协主席潘家玮，市委副书记佟桂莉到上城区第122选区市民中心投票站参加选举投票，依法行使民主权利，选举所在地的区人大代表。当天，市四套班子其他领导和机关广大干部职工也在各自选区投票或委托他人投票。

全市共有560多万名选民参加本次换届选举投票（部分市辖区因行政区划调整已先行开展选举的除外）。共划分县级人大代表选区1900多个、乡镇人大代表选区3000多个。通过差额选举，将选举产生新一届县乡人大代表9400多名。

15—16日

SHI ER YUE

●● 杭州2022年第19届亚运会技术代表大会在线上召开。亚运会技术代表是经亚奥理事会授权的国际单项体育组织或亚洲单项体育联合会向杭州亚组委指派的技术专家，代表亚洲（国际）单项体育联合会，对相关比赛项目的竞赛规范和要求进行指导。

赛前举办技术代表大会是亚运会的筹办惯例，将帮助各技术代表及时、全面地了解赛事筹备情况，并就相关工作提出意见建议，以确保亚运会的筹办工作符合亚奥理事会与单项体育组织的规范要求。

会上，杭州亚组委向参会各方详细汇报了竞赛管理、反兴奋剂、注册、抵离、媒体运行、转播服务、场馆建设、信息技术、交通、制服、亚运村、餐饮、住宿、新冠肺炎疫情应对措施及医疗服务14个业务领域的筹备情况，现场回答了部分技术代表与竞赛主任的相关问题。

16日

SHI ER YUE

●● 省委常委、市委书记刘捷到市疫情防控指挥部检查指导疫情防控工作，听取市疫情防控工作情况汇报。他强调，要深入贯彻习近平总书记重要讲话和指示批示精神，落实省委、省政府部署要求，紧盯风险领域与薄弱环节，毫不松懈筑牢防线，切实做好外防输入、内防扩散各项工作，坚决打赢疫情防控遭遇战、阻击战。

刘忻、陈卫强参加。

● ● 省委常委、市委书记刘捷代表市委与区县（市）换届干部集体谈话，希望大家始终牢记习近平总书记对县委书记和年轻干部的殷殷嘱托，深入学习贯彻党的十九届六中全会和省委十四届十次全会精神，增强紧迫感、责任感、压力感、使命感，干成一番新事业、干出一片新天地，不辜负组织和干部群众的信任和期盼。

陈擎苍出席，毛溪浩主持。6位新提拔干部代表做了交流发言。

刘捷在谈话时说，区县（市）一级是我们党执政兴国的"一线指挥部"，其中领导班子是核心关键。要提高政治站位、保持政治定力，始终做政治上的"明白人"。全面对照习近平总书记对杭州工作的重要指示批示精神，强化思想理论武装，严守政治纪律规矩，增强政治敏锐性，不断提高政治判断力、政治领悟力、政治执行力，坚定不移做"两个确立"忠诚拥护者、"两个维护"示范引领者。

● ● 市政协召开市法院、市检察院工作情况通报协商会。市政协主席潘家玮出席并讲话。张仲灿、王立华、周智林、冯仁强、陈国妹参加。市中级人民法院院长斯金锦、市人民检察院检察长陈海鹰分别通报情况，并就委员意见建议互动回应。

黄伟源、周建平、张浙亮、徐国英、邹华、侯公林等委员在会上发言。大家认为，2021年以来，市法检"两院"在市委的坚强领导下，坚持统筹发展和安全，紧扣杭州经济高质量发展、城市治理现代化，服务大局彰显担当，依法履职守护公正，改革创新践行法治，强基固本争当头雁，交出了高水平建设平安杭州法治杭州的高分答卷。委员们结合各自专业和关心问题，就深化法治营商环境、优化财产保全、未成年人保护、数字平台应用、法律服务站建设等提出建议。

17
日 SHI ER YUE

● ● 省委信访工作会议在杭州召开，省委书记袁家军出席会议并讲话，强调要深入学习贯彻习近平总书记关于加强和改进人民信访工作的重要思想和党的十九届六中全会精神，扛起"红色根脉"的政治担当，坚持和发展新时代"枫桥经验"，以党建统领为核心，以信访积案和信访矛盾风险清单为抓手，以信访"一图一指数"为工作载体，系统重塑理念思路、体制机制、手段方法，不断提升信访工作专业化、系统化、法治化、数智化水平，为忠实践行"八八战略"、奋力打造"重要窗口"，争创社会主义现代化先行省，高质量发展建设共同富裕示范区提供坚强保障。

省委副书记、代省长王浩主持会议。会议以视频会议形式召开，各市、县（市、区）设分会场。省政协主席葛慧君，刘捷、许罗德、王昌荣、彭佳学、陈奕君、修长智、刘小涛、梁黎明、王成国、李占国在主会场或有关分会场出席。会上，省信访局和台州市、德清县、杭州市上城区清波街道、宁波市鄞州区下应街道湾底村负责人做交流发言。省直有关部门负责人在主会场参会。刘忻、李火林、潘家玮、许明、金志在杭州分会场出席。

● ● 市委常委会召开会议，传达学习中央经济工作会议和全省领导干部会议精神，分析杭州市2021年经济形势，研究2022年经济重点工作。省委常委、市委书记刘捷主持会议并讲话。

会议指出，这次中央经济工作会议，是在"两个一百年"历史交汇点，全党全国深入学习贯彻党的十九届六中全会精神之际召开的一次重要会议。要认真组织学习、深刻领会精神，准确把握2021年中国经济发展取得的历史性成就及规律性认识、中央对2022年经济形势和国际经济环境的科学判断、2022年经济工作的总体要求和政策取向、新发展阶段的重大理论和实践问题、中央关于加强和改善党对经济工作领导的明确要求，切实把思想和行动统一到中央对形势的分析判断和决策部署上来。

18 日

SHI ER YUE

● ● 市新冠肺炎疫情防控工作领导小组扩大会议召开。省委常委、市委书记刘捷主持会议，他强调，要深入学习贯彻习近平总书记关于疫情防控的重要讲话和重要指示精神，认真落实孙春兰副总理在浙江检查指导疫情防控时的重要讲话要求，按照省委、省政府决策部署，坚定不移贯彻"外防输入、内防反弹"总策略，坚持"动态清零"总方针，树立"坚持就是胜利"的意识，落实"四早"原则，压实"四方责任"，扎扎实实抓好疫情防控各项工作，全力以赴实现见底清零，为全省打赢疫情防控遭遇战、阻击战打下坚实基础，为"两节"、冬奥会举办营造良好环境。

市委副书记、市长刘忻传达孙春兰副总理在绍兴调研指导疫情防控工作时的重要讲话精神和省委、省政府部署要求。会议通报了近期杭州市疫情防控工作情况。佟桂莉、戚哮虎、许明、戴建平、金志、柯吉欣、陈卫强、丁狄刚出席。

会后，刘捷到杭州东站、万象汇、海外海百纳大酒店、集中隔离点等处实地检查了疫情防控工作，看望慰问一线防疫人员。晚上，刘捷到市疫情防控指挥部，听取有关部门疫情防控工作汇报。他强调，要防松懈、堵漏洞、补短板、严把关，持续提升监测、流调、检测能力，把社区防控、基层防控责任压紧压实，确保各项措施严格落实落地。

● ● 省委常委、市委书记刘捷到淳安县调研，走访下姜村，考察淳安数字化改革"秀水卫士"应用场景，乘船沿途考察千岛湖水域生态保护情况。

调研中，刘捷与淳安县、下姜村干部座谈交流，共商发展、共话愿景。他指出，在浙江的"红色根脉"中，淳安具有重要地位、担负特殊使命。要旗帜鲜明讲政治，争做"两个确立"忠诚拥护者、"两个维护"示范引领者，把学懂弄通做实习近平新时代中国特色社会主义思想与学深悟透笃行习近平总书记对杭州、淳安工作的重要指示批示精神紧密结合起来，增强忠诚核心、拥护核心、紧跟核心的理性认同和情感认同，切实转化为推进共同富裕的实际行动。要以淳安特别生态功能区建设为总抓手，守牢生态保护底线，巩固提升临湖地带综合整治成果，推动上下游流域共保共建、共赢共享；加强规划引领和政策支持，持续打造特色产业生态，推动旅游、水、农业等深绿产业成为富民增收的支柱产业。要"跳出下姜、发展下姜"，高水平推进大下姜联合体建设，推进规划统筹、平台共建、激励约束、资金分担、信息共享、政策协调、品牌共塑，探索走出新时代"先富带后富、区域共同富"的乡村振兴新路子。要加强党的组织建设，压紧压实管党治党的政治责任，营造良好政治生态，着力打造忠诚干净担当的高素质干部队伍，争做新时代的发展带头人、新风示范人、和谐引领人、群众贴心人。

20
日

SHI ER YUE

●● 省委书记、省新冠肺炎疫情防控工作领导小组第一组长袁家军在绍兴主持召开全省疫情防控视频会议，深入学习贯彻习近平总书记关于疫情防控的重要讲话和重要指示精神，全面落实孙春兰副总理在绍兴调研指导疫情防控工作时提出的各项要求，部署下一阶段疫情防控的重点任务，进一步压实各级各方责任，把疫情防控的笼子扎得更紧，做好疫情防控后半篇文章。

会议以视频会议形式召开，各设区市设分会场。省委副书记、代省长、省新冠肺炎疫情防控工作领导小组组长王浩，省领导陈金彪、刘捷、彭佳学、陈奕君、刘小涛、高兴夫、卢山、王成国出席。省政府有关副秘书长汇报全省疫情防控总体态势和下一步工作重点。杭州市和宁波市负责人分别汇报贯彻落实孙春兰副总理在绍兴调研指导疫情防控工作时讲话精神的举措，本市疫情处置情况和下一步工作重点。金华市和台州市负责人分别汇报本市安置管控上虞区隔离人员情况。

●● 杭州市召开新型冠状病毒肺炎疫情防控工作第四十一次新闻发布会，对本轮疫情防控工作进行通报，针对大家关心的疫情特点、社会层面疫情防控措施以及奥密克戎变异株防护，进行了相关解读。市政府新闻办副主任马莉莉主持发布会，市政府副秘书长毛根洪、市卫生健康委副主任王旭初介绍情况。

自12月7日萧山区报告本土确诊病例以来，在省委、省政府的正确领导下，市委、市政府第一时间果断采取措施，在一个潜伏期内有效控制了疫情的传播。截至12月19日，本次疫情累计报告新冠肺炎确诊病例29例，其中轻型18例、普通型11例。疫情涉及5个区、17个街道。本次疫情的全部感染者中，除最先通报的2例病例外，其余27例均为在集中隔离点管控人员中发现。杭州市共排查密接2407人、次密接14283人，累计核酸检测78.56万人份，除病例外均为阴性；社会面累计核酸采样188.88万人份，结果均阴性。

根据疾控部门研判，绝大多数病例发现较早，管控到位，后续疫情扩散可能性较低。因此，在做好集中隔离点管控、定点医院病例医治等工作的基础上，杭州市考虑从20日起转入常态化防控阶段，萧山、上城、拱墅也将根据疫情形势，综合研判评估后，有序放开社会面疫情防控措施。

●● 省委老干部局以视频会议形式召开"志愿浙江—银耀之江"全省老干部志愿服务数字化改革重大应用上线仪式暨应用推广会。

　　5月，富阳区被列入全省老干部志愿服务平台建设唯一试点单位，推进"银耀之江"重点场景建设。12月7日，在浙里办"志愿浙江"模块上线试运行。自系统试运行以来，全区已开展老干部志愿服务活动135次、参与人数1931人、服务时长956小时，基本实现了"易用、实用、愿用"的目标。富阳试点为"志愿浙江—银耀之江"应用场景的改版升级提供了数据支撑，也为下一步该场景在全省范围的推广积累了实践经验。

●● 浙江省境外投资企业协会、浙江省之江跨国公司研究院联合发布了2021年浙江本土民营跨国公司经营50强榜单，杭州18个企业上榜，数量全省领先。

21日 SHI ER YUE

●● 省委常委、市委书记刘捷到市疫情防控指挥部检查指导疫情防控工作，听取有关部门疫情防控工作汇报。他强调，要深入学习贯彻习近平总书记关于疫情防控的重要讲话和重要指示精神，认真落实省委、省政府部署要求，保持清醒头脑，压实"四方"责任，从严从紧抓好常态化疫情防控，把忠诚拥护"两个确立"、坚决做到"两个维护"的高度自觉转化为打好疫情防控遭遇战、阻击战的实际行动，做到守土有责、守土尽责、守土负责。

　　刘忻、陈卫强参加。

●● 省委常委、市委书记刘捷专题调研数字化改革工作，考察萧山区城市智治中心、杭州海康威视数字技术股份有限公司、西湖区"民呼我为"和"西湖码"应用场景、和睦社区乐养中心、华媒一米国托育园。他强调，要深入学习贯彻习近平总书记重要指示精神，按照省委、省政府部署要求，服从服务全省大局，注重解决实际问题，对标对表抓好重点任务落实，加快形成更多具有杭州原创性、浙江辨识度、全国影响力的"硬核"成果，不断提升民生福祉、企业获得感和治理效能，在全省数字化改革中更好发挥头雁作用。许明、戴建平、柯吉欣、胡伟参加。

刘捷主持召开数字化改革工作汇报会，听取市委办公厅、市政府办公厅、市委改革办、市委政法委、市发改委、市经信局、市数据资源局负责人相关工作情况汇报。

●● 市人大常委会主任李火林到临安区调研。卢春强参加。

李火林一行实地考察了昌化镇美丽城镇、8300线上市集、白牛电商小镇、天目山镇月亮桥村"天目月乡"村落建设等情况，在昌化镇人大代表联络站了解乡镇人大代表换届选举情况。

●● 浙江省城乡环境整治工作领导小组公布了浙江新时代美丽城镇建设工作2021年度考核验收结果。

17个省级样板镇街分别为：萧山区新街街道、戴村镇、衙前镇，余杭区良渚街道、闲林街道，临平区崇贤街道、运河街道，钱塘区义蓬街道，富阳区场口镇、洞桥镇，临安区高虹镇、河桥镇，桐庐县合村乡、富春江镇，淳安县姜家镇，以及建德市乾潭镇、大洋镇。

22 日

SHI ER YUE

●● 市人大常委会专题听取《杭州市城市国际化促进条例》和《杭州市城市轨道交通管理条例》实施情况的报告。

《杭州市城市国际化促进条例》自2018年8月1日起施行以来，杭州市围绕产业国际化、城市环境国际化、公共服务国际化、文化国际交流融合等方面，全面推进城市国际化各项工作，城市国际化水平不断提升。《杭州市城市轨道交通管理条例》自2019年3月1日施行以来，为促进杭州市轨道交通建设，规范轨道交通管理，保障运营安全，便利百姓出行提供了有力的法治保障。

23 日 SHI ER YUE

●● 省委经济工作会议杭州分会场进行分组讨论。省委常委、市委书记刘捷在参加讨论时强调，要把学习贯彻省委经济工作会议精神与学习贯彻党的十九届六中全会和中央经济工作会议精神紧密结合起来，坚持稳中求进工作总基调，坚定不移抓创新驱动、重大项目、产业升级、内涵发展，统筹推进疫情防控和经济社会发展，以杭州的"稳"和"进"为全国全省大局多做贡献。

市委副书记、市长刘忻，市人大常委会主任李火林，市政协主席潘家玮，市委副书记佟桂莉等市四套班子领导参加讨论。各区县（市）委书记先后做发言。

刘捷指出，省委经济工作会议是在"两个一百年"历史交汇点、共同富裕示范区建设新征程开启的关键节点召开的一次重要会议，贯彻了稳字当头、稳中求进的总要求，展现了唯实惟先、变革重塑的大手笔，构建了政策组合、贯通落实的新模式。要把握好当前形势与长期态势的关系，进一步保持信心、增强定力，切实把思想和行动统一到中央、省委对形势的分析判断和决策部署上来，不断增强工作的前瞻性、系统性，坚定不移做好自己的事情，推动经济持续健康发展和社会大局稳定。

24 日 SHI ER YUE

●● 市委常委会召开会议，传达学习习近平总书记在中国文联第十一次全国代表大会和中国作协第十次全国代表大会开幕式上的重要讲话精神，听取市文联工作情况汇报，研究贯彻落实意见。省委常委、市委书记刘捷主持会议并讲话。

会议指出，习近平总书记在中国文联十一大、中国作协十大开幕式上的重要讲话精神，站位高远，博大精深，高度评价一百年来在党的领导下广大文艺工作者发挥的重要作用，充分肯定党的十八大以来中国文艺事业取得的巨大成就，给广大文艺工作者提出殷切希望，对于新时代中国特色社会主义文艺工作繁荣发展、建设社会主义文化强国具有重大指导作用。要深入学习领会习近平总书记重要讲话精神，自觉扛起文艺事业繁荣发展的使命担当，切实抓好贯彻落实，将其转化为推动杭州市文艺事业繁荣发展的思路理念和生动实践，自觉承担起新时代赋予的光荣使命，全面推进文艺高质量发展，统筹谋划推进文化繁荣，在打造浙江文化高地中展现头雁风采。

●● 市委全面深化改革委员会第十二次会议召开。省委常委、市委书记、市委全面深化改革委员会主任刘捷主持会议。刘忻等市委全面深化改革委员会成员出席。

会议学习贯彻中央全面深化改革委员会第二十三次会议精神，听取2021年全市全面深化改革推进落实情况和下一步工作打算、杭州市推进新时代乡村集成改革情况汇报，审议通过《关于推进知识产权高质量发展的意见》《关于加快康养体系建设推进养老服务高质量发展的实施意见》《2021年杭州市改革攻坚行动考评办法》。

会议指出，2022年是党的二十大召开之年，也是亚运会举办之年，做好改革工作意义重大。要提高政治站位，科学谋划今后一个时期全市改革工作，精心谋划好一批牵一发动全身的重大改革项目，推出更多具有首创性、标识度、影响力的改革举措，确保发展指向哪里，改革就推进到哪里。要扛起省会担当，推动全面深化改革向广度和深度进军。围绕体系架构抓重点，坚持和完善"1+7+N"的体系架构，力争跑出全省最快加速度。聚焦数字化改革这个总抓手，做实七大领域重点改革这个基本盘，唱好N项重大改革这台重头戏，打造更多实战管用、群众爱用、基层受用的应用场景，为发展添动力、让治理提效能、使群众得实惠。勇于开拓创新抓试点，按照既定时间节点、既定目标任务推进国家和省改革试点，一项一项抓好落实、抓出亮点。坚持问题导向抓难点，围绕制约发展的瓶颈问题和群众急难愁盼的民生问题，真刀真枪坚决改、彻底改。

●● 全市"扩大有效投资、推进重大项目"专题工作会议召开。市长刘忻在会上强调，要认真学习贯彻中央和省委经济工作会议精神，坚持稳中求进工作总基调，完整准确全面贯彻新发展理念，树立"大抓项目抓大项目"鲜明导向，强化项目谋划全方位把关、项目引育全周期管理、项目落地全要素保障，千方百计扩大有效投资，更好发挥投资的"压舱石"和"助推器"作用，为杭州经济的"稳"和"进"提供有力支撑、注入强劲动能。

柯吉欣、丁狄刚出席。会上，市发改委、市经信局、市国资委、市钱投集团等部门（单位）汇报2021年预计指标任务完成情况和2022年有效投资、重大项目安排，各区县（市）做表态发言。

●● 市政协召开全市政协系统党的建设工作推进会。市政协党组书记、主席潘家玮讲话，张仲灿、王立华、陈国妹参加。市委有关部门负责人应邀参加。

会上，市政协机关党委、专委会分党组、区县（市）政协党组和专委会分党组党员委员活动小组、镇街委员工作站党支部及党员委员代表做交流发言。

潘家玮强调，加强新时代政协党的建设，是坚持人民政协这一中国特色制度安排的根本保证，是坚持党对政协全面领导的基础工程，是发挥政协专门协商机构作用的必然要求。要深入学习贯彻习近平总书记关于党的建设的重要论述，全面贯彻新时代党的建设总要求，进一步强化政治责任，提高政治站位，以政治建设为统领全面推进政协党的各项建设，不断推动新时代政协党的建设高质量发展。要把思想政治建设摆在首位，持续学深悟透党的十九届六中全会精神，强化党的创新理论武装，加强思想政治引领，把旗帜鲜明讲政治落实到各项工作中，坚定不移做"两个确立"忠诚拥护者、"两个维护"示范引领者，最大限度汇聚团结奋进的智慧和力量。要推动政协党的组织体系运转更加健全规范、党员委员活动小组和党支部活动更加常态常效、党员委员先锋模范作用发挥更加凸显展现，高质量推进"两个全覆盖"工作。要把握政协党建工作特点规律，积极探索实践，创新方法手段，用好平台载体，强化数智赋能，打造党建品牌，不断提升政协党建的活力和成效。要压紧压实党建责任，强化政协党组领导作用，巩固深化统一领导、双线运行、两级推动、互促共进的政协党建工作推进机制，合力推动全市政协党建工作进一步开创新局面。

●● 省发展改革委会同省水利厅在杭州召开杭州市第二水源千岛湖配水工程竣工验收会议。省发展改革委、省水利厅、省自然资源厅、省生态环境厅、市政府办公厅、市林水局、市规划和自然资源局、市生态环境局、市委办公厅档案处、市水库管理服务中心、市水利水电质安管理服务中心、沿线5个区县（市）代表，市城投集团，市水务集团，千岛湖原水公司以及参建单位代表、特邀专家参加。

验收组在实地查看现场，观看工程建设影像，查阅工程档案资料，听取项目法人的汇报后，专家组依次发表意见，提出针对性建议，共同讨论工作报告。验收组对工程的建设及运行管理给予了高度肯定，认为配水工程建设得好、管理得好、总结得好，是政府与国有企业合作的典范工程、样板工程，首创的井库流量补偿式配水系统及碗式配水井获得了高度赞扬。最后，与会人员一致同意配水工程通过竣工验收。

●● 位于钱塘江南岸的杭州亚运村首次全面试灯。杭州亚运村的夜景灯光效果充分考虑了赛时与赛后的平衡，体现"绿色、智能、节俭、文明"理念，其中运动员村区块以住宅为主，夜景照明以顶部为重点，简单、适度地亮化。

25 日

SHI ER YUE

●● 杭州—衢州山海协作视频联席会议召开。省委常委、杭州市委书记刘捷出席并讲话，杭州市委副书记、市长刘忻主持。衢州市委书记汤飞帆讲话，衢州市委副书记、市长高屹，杭州市领导朱建明、王宏，衢州市领导王良春、王良海出席。

会上举行杰美（浙江）新材料有限公司年产4万吨纺织新材料生产项目、安通产业集团（杭州）有限公司安通产业园项目签约仪式，山海协作数智援建应用平台上线发布。

刘捷代表市委、市政府向衢州各项事业取得的进步表示祝贺，向衢州长期以来对杭州发展的支持和帮助表示感谢。他指出，山海协作工程是习近平总书记在浙江工作时亲自谋划、亲自部署、亲自推动的一项重要工作，是"八八战略"的重要组成部分。经过这些年的具体实践，我们深切体会到山海协作是推动区域协调发展的客观需要，是实现高质量发展的必然要求，是一件互利双赢的大好事、大实事，对于建设共同富裕示范区具有十分重要的作用。我们必须坚定不移沿着习近平总书记指引的方向，认真贯彻落实省委、省政府决策部署，提高站位、携手联心，以更强的责任感和使命感推进杭衢山海协作。

汤飞帆说，杭州是全省发展的排头兵，也是衢州学习的榜样。近年来，随着山海协作工程的深入推进，两地的协作关系更加紧密，双方越走越近、越走越亲，杭衢同城化一体化取得了显著成果。当前，衢州全市上下正在全力打造四省边际共同富裕示范区、加快建设四省边际中心城市、积极谋划推进浙西省级新区，不断强化产业支撑、改革赋能、开放协作和生态保护，加快推动衢州跨越式高质量发展。真诚期望两市加快重大交通基础设施的互联互通，加强各类"飞地"平台的共建共享，推动生态和社会事业的互促共进，共同打造新时代共同富裕背景下的山海协作升级版，续写杭衢合作、共同发展的新篇章。

26
日 SHI ER YUE

●● 省委常委、市委书记刘捷到桐庐县、建德市调研，走访康基医疗器械有限公司、富春未来城（快递科技小镇）客厅、梅城古镇等。他强调，要全面贯彻中央和省委经济工作会议精神，坚持以人民为中心的发展思想，深入开展企业大走访，持续优化营商环境，激发市场主体活力，帮助企业解决实际问题，为推动高质量发展提供有力支撑。朱建明参加。

27
日 SHI ER YUE

●● 中国水利工程协会公布2019—2020年度中国水利工程优质（大禹）奖工程名单，钱塘区萧围北线标准塘工程、滨江区华家排灌站两处工程入选其中。

钱塘区萧围北线标准塘工程全长12.713千米，主要建筑物标准塘为1级，防洪潮标准为100年一遇。2018年9月26日完工，并于2019年通过省级水利工程标准化管理验收。该工程为了进一步优化海塘沿线生态环境，在一线海塘内侧选取了43千米试验点，增加种植桃花、红梅、梨花、桂花等各类花果，果树与防护林交相辉映，进一步提升海塘视觉美观度，而且，工程对"十里梨花""十里海棠""十里桂花"等特色海塘景观带进行了规划试点建设；另外，增设部分休闲娱乐设施，为市民提供包括"休息厅""文化墙"等休闲娱乐场所。

华家排灌站是浙江省践行"绿水青山就是金山银山"理念、"五水共治"的重大举措，也是2016年G20杭州峰会的保障项目。该项目位于钱塘江、富春江、浦阳江三江交汇处，是保障杭州国家高新区水安全的中型工程。工程2016年8月完工，2020年6月竣工验收。华家排灌站针对钱江涌潮破坏力强的特点，闸站设置涌浪排气设施、外江侧盘头圆弧形外倾挡墙，有效降低了涌浪对闸站的直接冲击，提高了闸站抵御强涌潮的能力。该工程经受了中华人民共和国成立以来登陆浙江省第三强的2019年"利奇马"台风正面袭击等风暴潮考验，工程自2015年投入运行以来，累计排涝及配水3.9亿立方米，解决了滨江区多年以来的内涝问题，河道水质由劣Ⅴ类提高到Ⅲ类以上，实现了水生态环境大幅提升。

28 日

●● 市委召开市各民主党派、工商联负责人和无党派人士代表座谈会，就"服务建设'数智杭州·宜居天堂'，高水平推进市域治理现代化"专项民主监督开展协商。中共浙江省委常委、杭州市委书记刘捷出席会议并讲话。陈新华主持，柯吉欣出席。

座谈会上，民革市委会主委林革、民盟市委会主委宦金元、民建市委会主委郭清晔、民进市委会主委楼秀华、农工党市委会主委於卫国、致公党市委会专职副主委兼秘书长吴静、九三学社市委会主委罗卫红、市工商联主席冯仁强、无党派人士代表吴建华先后发言，结合各自工作及调查研究提出意见建议。

●● 省委常委、市委书记刘捷到富阳区调研，走访富春湾新城杭黄未来社区展厅、富芯模拟芯片项目建设现场等。他强调，要深入贯彻中央和省委经济工作会议精神，扎实做好"六稳""六保"工作，千方百计扩大有效投资，谋深抓实重大政策、重大改革、重大平台，推动资源要素向重大项目集中，全力优生态、拉长板、提能级，为实现高质量发展增添强劲动力。朱建明参加。

●● 滨盛路下穿隧道开放试通车。

滨盛路下穿隧道是连通滨江区与萧山区之间交通要道，也是杭州奥体博览城（核心区）主要配套道路之一，西起扬帆路，东至金鸡路，横跨滨江、萧山两区，是联系滨江区、萧山钱江世纪城的重要城市次干道。隧道下穿飞虹路、杭州奥体博览城（核心区）、博奥路，全长约1738米，贯穿整个杭州奥体博览城，并且与奥体中心主体育场（大莲花）、国际博览中心及体育游泳馆地下二层车库相连。隧道主线为双向四车道，限速50千米/小时。在双向四车道的主线外，还设置有双向二车道的地库专用道，供车辆由此行驶进道路两侧的奥体中心主体育场（大莲花）、国际博览中心及体育游泳馆地下二层车库。

滨盛路下穿隧道的建成，让各大场馆"串珠成链"，将整个奥体博览城近100万平方米的地下空间连成一体，是赛会保障的重要交通承载，赛后利用的重要区域命脉，为奥体区块的互联互通、资源共享提供支撑。

29 日

SHI ER YUE

● ● 纪念杭州市人大设立常委会40周年座谈会召开。省委常委、市委书记刘捷在会上强调，要认真学习贯彻习近平总书记关于坚持和完善人民代表大会制度的重要思想，全面落实党的十九届六中全会和中央人大工作会议精神，把发展和完善全过程人民民主的要求落实到人大立法、监督、代表、自身建设等各项工作中去，不断推动人大工作创新实践，提升人大工作质量和水平，努力打造展现中国特色社会主义民主政治制度优越性的重要窗口。

市人大常委会主任李火林主持，市领导柯吉欣、朱建明、郑荣胜、陈红英、戴建平、罗卫红、卢春强、徐小林出席。市人大代表、老同志代表及市直有关部门负责人做交流发言。

刘捷指出，40年来，市人大常委会始终坚持党的领导、人民当家作主、依法治国有机统一，切实履行宪法和法律赋予的各项职责，地方立法卓有成效、人大监督扎实有力、人大决定任免作用彰显、代表工作创新发展、自身建设不断加强，为杭州改革开放和现代化建设提供了重要保障。这40年杭州的具体实践从市域层面充分证明，人民代表大会制度是符合中国国情和实际、体现社会主义国家性质、保证人民当家作主、保障实现中华民族伟大复兴的好制度，是我们党领导人民在人类政治制度史上的伟大创造，是在中国政治发展史乃至世界政治发展史上具有重大意义的全新政治制度。我们必须毫不动摇坚持、与时俱进完善人民代表大会制度，加强和改进新时代人大工作。

李火林要求，市人大常委会要坚持党的领导、人民当家作主、依法治国有机统一，坚定不移走中国特色社会主义政治发展道路。要始终坚持党的全面领导这一最高政治原则，确保人大各项工作都在党的领导下进行。要紧扣围绕中心依法履职这一鲜明主题，做到党委工作重心在哪里，人大工作就跟进到哪里。要遵循发展全过程人民民主这一本质要求，着力打造发展全过程人民民主的市域典范。要扛起建设"四个机关"这一重要任务，提升人大工作整体实效，高水平高质量推进新时代杭州人大工作。

●● 杭州2022年第19届亚运会亚运村竣工仪式暨媒体开放日活动举行。这标志着杭州亚运村赛时使用建筑建设目标实现。

杭州亚运村位于钱塘江南岸的钱江世纪城北部，项目规划总用地面积1.13平方千米，赛时总建筑面积241万平方米，是杭州亚运会最大的非竞赛场馆，由运动员村、技术官员村、媒体村、国际区和公共区组成。杭州亚运会举办期间，它将为1万余名运动员和随队官员、4000多名技术官员和5000多名媒体人员提供住宿、餐饮、医疗等服务保障，成为向亚洲各国展现"中国特色、浙江风采、杭州韵味、精彩纷呈"的重要舞台。

杭州亚运村项目于2018年6月开工建设，2020年12月主体结构结顶，2021年12月赛时使用建筑竣工。杭州亚运村建设紧紧围绕"中国新时代·杭州新亚运"的定位，切实贯彻"绿色、智能、节俭、文明"的亚运办赛理念。项目注重杭州文化元素的应用，在设计中充分展现杭州的传统文化和国际化，演绎杭州从"西湖时代"到"拥江发展"的步伐。

29—30日

SHI ER YUE

●●● 市十三届人大常委会第四十次会议召开。市人大常委会主任李火林，副主任郑荣胜、陈红英、罗卫红、卢春强、徐小林出席。

会议学习贯彻党的十九届六中全会精神作为第一项内容，举行分组学习交流。会议听取审议《杭州市社会信用条例（草案）》《杭州市国有土地上房屋征收与补偿条例（草案）》，将根据审议意见做进一步修改。会议表决通过《杭州西溪国家湿地公园保护管理条例》和《杭州市大型群众性活动安全管理规定》，将报省人大常委会批准后公布施行。会议听取审议副市长胡伟代表市政府做的关于2021年民生实事项目实施情况的报告、关于城西科创大走廊建设情况的报告、关于审计发现问题整改情况的报告，听取审议关于2021年市人大常委会审议意见、意见建议函办理情况的报告，并进行满意度测评。会议表决通过关于全面落实宪法宣誓制度的决定、关于修改部分常委会工作制度的决定。会议补选两名省十三届人大代表。会议表决通过关于接受陈擎苍请求辞去市监察委员会主任职务的决定，决定陈一行代理市监察委员会主任职务。会议决定任命罗杰为市政府副市长，决定免去戴建平的副市长职务。会议还表决通过其他人事任免事项。

副市长丁狄刚，市监委、市法院、市检察院负责人列席会议。

其间，还举行监察法律法规讲座，举行新任命人员宪法宣誓。

30 日

SHI ER YUE

● ● 全省宗教工作会议在杭州召开。省委书记、省人大常委会主任袁家军出席会议并讲话，强调要全面贯彻习近平总书记关于宗教工作的重要论述精神，坚持中国宗教中国化方向，紧扣忠实践行"八八战略"、奋力打造"重要窗口"，高质量发展建设共同富裕示范区，以数字化改革为引领，推进浙江省宗教工作系统性制度性重塑，打造宗教中国化"重要窗口"展示区、宗教和谐进步样板区、平安宗教建设示范区、宗教事务治理数字化改革先行区，形成具有浙江辨识度的理论体系和实践范例，努力建设宗教中国化和宗教事务治理现代化示范省。

会议以视频会议形式召开。省委副书记、代省长王浩主持第一次全体会议。黄建发、陈金彪、刘捷、许罗德、王昌荣、彭佳学、陈奕君、修长智、刘小涛、梁黎明、李卫宁、王成国、陈铁雄、李占国、贾宇在省主会场或有关分会场出席。第一次全体会议上，省民宗委、省委网信办和温州市委统战部、义乌市负责人做交流发言。下午举行小组讨论，黄建发在随后召开的第二次全体会议上做总结讲话。

省宗教工作协调小组成员单位主要负责人，省直有关部门主要负责人参加会议。刘忻、李火林、潘家玮、陈新华、丁狄刚在杭州分会场参加。

● ● 2022年亚运会和亚残运会杭州市运行保障指挥部第一次会议召开。省委常委、市委书记刘捷主持并讲话。他强调，要深入贯彻习近平总书记重要指示精神，按照省委、省政府部署要求，提高政治站位，切实增强做好筹办工作的责任感、使命感和紧迫感，对标对表"中国新时代·杭州新亚运"的定位和"中国特色、浙江风采、杭州韵味、精彩纷呈"的目标，站在充分体现中国特色社会主义制度优势、奋力展现"重要窗口"头雁风采的高度，以拼搏奋进的精神状态和严谨细致的工作作风，高质量做好亚运筹办各项工作，向中央、省委和全市人民交上高分答卷。

刘忻、金志、戚哮虎、许明、柯吉欣、马小秋、唐春所、胥伟华、陈一行、戴建平、卢春强、缪承潮、王宏、陈卫强、丁狄刚、罗杰、周智林出席。会议听取亚运会和亚残运会运行保障指挥部整体方案和近期工作安排、亚组委赛事筹办倒排计划、亚运保障倒排计划安排情况汇报。

●● 省委常委、市委书记刘捷到上城区江汀社区、常青拆迁安置房项目施工现场、城管驿站新塘路站等看望慰问一线工作人员和基层群众，代表市委、市政府感谢大家一年来为杭州改革发展做出的贡献，祝愿大家在新的一年里生活愉快、工作顺利、幸福安康。朱建明参加。

●● 市侨联成立60周年纪念会议召开。省、市领导吴晶、朱建明、王立华出席会议并讲话。

●● 杭州市党史学习教育领导小组办公室举办党史学习教育"民呼我为"最佳实践案例"向人民汇报"活动，集中展示杭州市党史学习教育"三为"专题实践丰硕成果。

●● 2021年中国幸福城市论坛以线上线下相结合的方式举行，揭晓本年度"中国最具幸福感城市"调查推选结果。杭州连续第15年荣获"中国最具幸福感城市"称号，富阳区、拱墅区获评"中国最具幸福感城区"。

●● 省商务厅关于首批十大省级示范智慧商圈名单公示结束，杭州湖滨智慧商圈、武林智慧商圈、城西银泰智慧商圈入选，数量在全省居首位。

●● 市教育局联合4个部门印发《杭州市校外培训机构预收费管理实施办法（暂行）》，依法规范校外培训机构办学行为，加强对培训机构预收费监管。

该办法的监管对象，主要面向经教育行政部门批准并经市场监管或民政部门登记、采用预付式消费开展经营活动的、注册地在杭州市范围内的学科类校外培训机构。机构自主在杭州市范围内选择一个银行开设唯一的预收费专用托管账户，专门用于收缴学员预付费用，并报注册地教育行政部门备案，专户信息在"安心培训"平台进行公开。

31 日

SHI ER YUE

●● 市委十二届十四次全体（扩大）会议召开。出席这次全会的市委委员56名，候补委员11名。市委常委会主持会议。省委常委、市委书记刘捷讲话，市委副书记、市长刘忻部署2022年经济工作，市委副书记金志出席。

会议高举习近平新时代中国特色社会主义思想伟大旗帜，深入学习贯彻党的十九届六中全会和省委十四届十次全会精神、中央和省委经济工作会议精神，听取和讨论刘捷受市委常委会委托做的工作报告，审议通过《中共杭州市委关于深入学习贯彻党的十九届六中全会精神，坚定不移做"两个确立"忠诚拥护者"两个维护"示范引领者的决议》，进一步动员全市上下从党的百年奋斗历程中不断汲取智慧和力量，深入推进"八八战略"在杭州的具体实践，认真做好2022年及今后一个时期工作，高水平建设社会主义现代化国际大都市，争当浙江高质量发展建设共同富裕示范区城市范例，让习近平新时代中国特色社会主义思想在杭州大地展现巨大的真理伟力。全会结束时，刘捷就贯彻落实中央和省委、市委全会精神，做好当前工作做了讲话。

不是市委委员的副市级以上领导干部，市纪委委员、监委委员，各区县（市）委书记和区县（市）长，市直属各单位主要负责人，部分市党代表、在杭非市属金融机构负责人等参加会议。担任过副市级以上领导职务的老同志应邀参加上午的会议。

●● 2022年杭州新年音乐会在杭州大剧院举行，主题为"迎新春、迎亚运"。刘捷、刘忻、李火林、潘家玮、金志等市四套班子领导、老领导、老同志，省、市有关部门领导，抗疫先进、劳动模范和道德模范、亚运场馆建设者、亚运城市志愿者、公安、武警、医务工作者、环卫工人、机关干部、民营企业家以及音乐爱好者等社会各界代表参加。

●● 浙江省首单知识产权证券化产品在深圳证券交易所完成首期发行。该项目由杭州未来科技城管委会牵头设计实施，省、市、区知识产权局等有关部门共同指导。项目储架发行额度为10亿元，首期发行金额为1.1亿元，发行票面利率3.9%，期限为1年。

此次发行的知识产权证券化项目，是对企业持有的知识产权进行价值评估后再质押以构建底层资产，通过风险隔离、信用增进、信用评级等方式对债券产品进行设计并发行，再由证券机构在资本市场上出售以实现融资的过程。项目入池的基础资产基于杭州未来科技城区域内12个高新技术企业共计195件授权专利，涵盖人工智能、高端装备制造、生物医药等多个产业领域，其中发明专利63件，实用新型专利132件，评估价值共计1.445亿元。

与传统的知识产权质押贷款相比，企业通过知识产权证券化获得融资的成本更低、额度更高。此次发行的知识产权证券化产品的票面利率为3.9%，比普通知识产权质押贷款利率低40%左右，预计累计为企业节约融资成本300多万元，融资额度可达上千万元。

● ● 宋韵文化国际传播园在吴山城隍阁景区开园，是杭州首个以多元文化活动为载体，以精准传播为导向的宋韵主题文化园区。

"宋风雅韵——高甬春书画展"同步开展。作为宋韵文化国际传播园首个展览，其汇集了立轴、工笔、团扇、册页、诗词、花鸟、山水作品等形式丰富的书画作品，以简约小物彰显大家之道。展览分为"小品大境""诗词歌赋""扇解人意""花开时节"4个部分，紧扣宋韵文化主题，以笔尖镌写内心之意，表达大爱之美。

城隍阁还发起宋韵原创音乐作品征集暨音乐人聚合计划，面向全球音乐爱好者征集宋韵主题的优秀原创歌曲和原创音乐。

奋进新时代

FENJIN XIN SHIDAI

建设新天堂